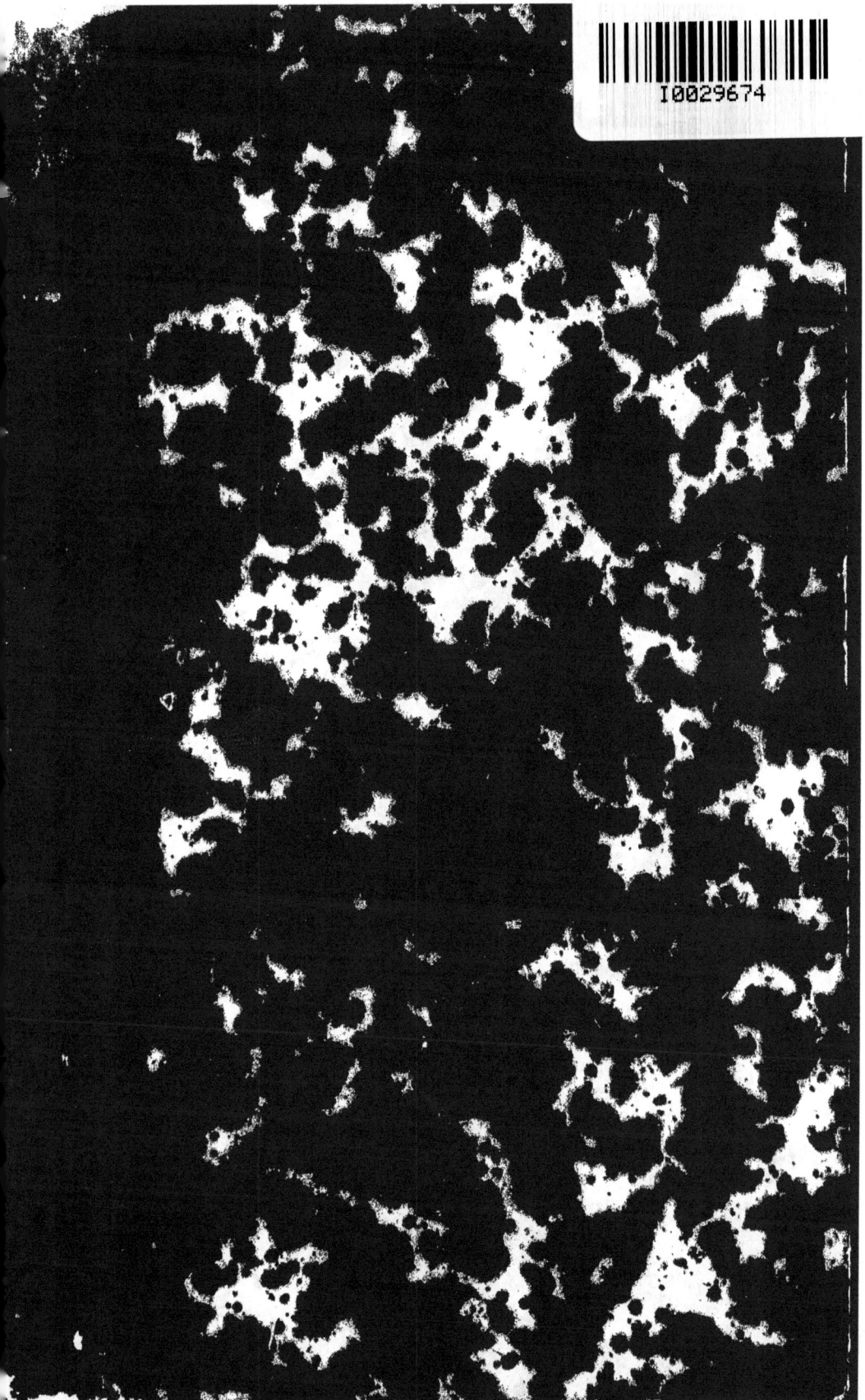

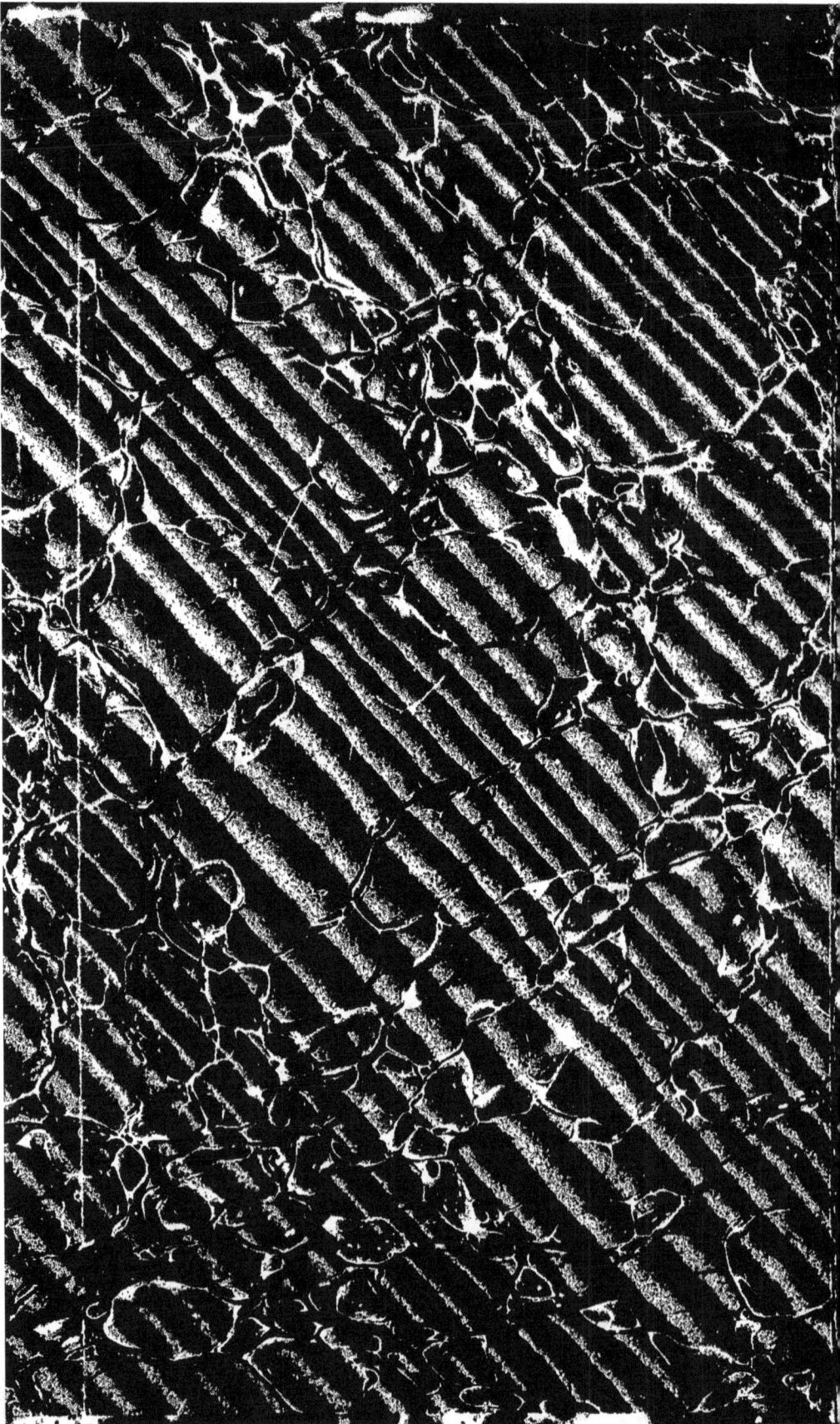

# LES COUTUMES

# DU BEAUVOISIS.

# A PARIS,

## DE L'IMPRIMERIE DE CRAPELET,

RUE DE VAUGIRARD, N° 9.

M. DCCC. XLII.

# LES COUTUMES
# DU BEAUVOISIS,

PAR

## PHILIPPE DE BEAUMANOIR,

JURISCONSULTE FRANÇAIS DU XIII° SIECLE ;

### NOUVELLE ÉDITION,

PUBLIÉE, D'APRÈS LES MANUSCRITS DE LA BIBLIOTHÈQUE ROYALE,

## PAR LE COMTE BEUGNOT,

DE L'ACADÉMIE ROYALE DES INSCRIPTIONS ET BELLES-LETTRES.

### TOME PREMIER.

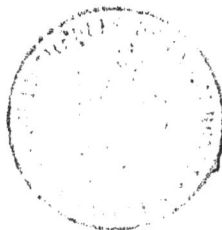

## A PARIS,

### CHEZ JULES RENOUARD ET Cⁱᵉ,

LIBRAIRES DE LA SOCIÉTÉ DE L'HISTOIRE DE FRANCE,

RUE DE TOURNON, N° 6.

M. DCCC. XLII.

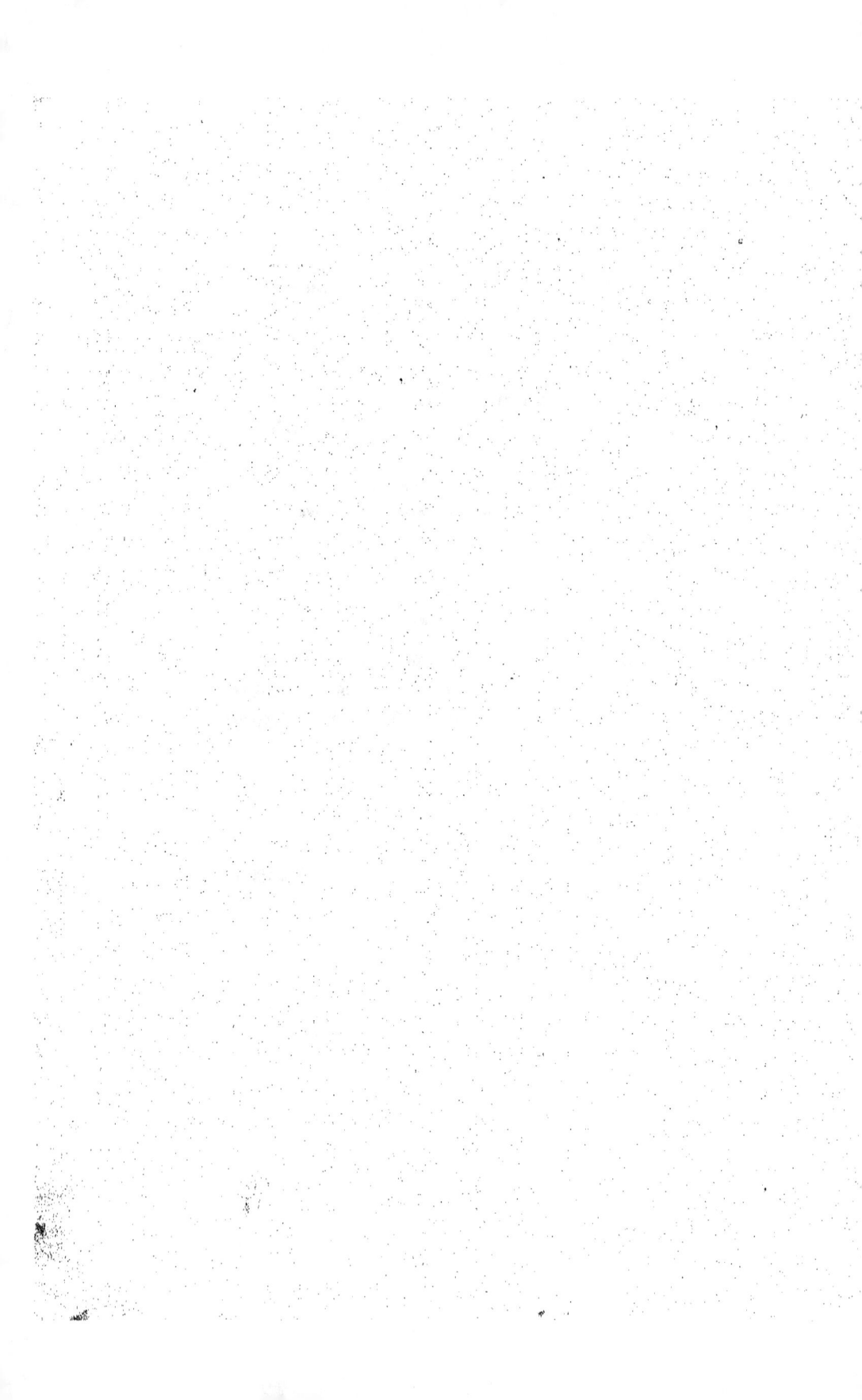

# NOTICE

SUR

## PHILIPPE DE BEAUMANOIR.

« C'est luy qui a rompu la glace et ouvert
« le chemin. » (Antoine Loysel.)

———

Le XIII<sup>e</sup> siècle est une époque mémorable dans l'histoire du développement des idées et des institutions politiques en France. La royauté, rétablie enfin dans ses droits, et prenant d'une main ferme la direction des intérêts généraux de la société ; les grands vassaux domptés et punis dans la personne du roi d'Angleterre et du comte de Flandre ; le scandale des excommunications et des interdits réprimé par la pragmatique sanction ; la bourgeoisie affermissant son indépendance ; le peuple des villes plaçant ses associations sous l'égide de la couronne, et celui des campagnes appelé de toutes parts à la liberté ; le droit de posséder des fiefs accordé aux roturiers, et les terres rentrant dès lors dans la circulation ; la faculté d'interjeter appel au roi admis dans toutes les juridictions ; le parlement, l'échiquier de Normandie, les grands-jours de Troyes, la cour de Toulouse, les sénéchaussées et les bailliages distribuant une bonne et prompte justice et faisant reconnaître dans tout l'empire le dogme de

I.                                                     *a*

la suprématie royale; le conseil privé et la cour
des comptes naissant pour alléger le fardeau de
devoirs qui pesait sur la cour du roi; l'institution
des baillis étendue et fortifiée; le droit romain,
cet implacable adversaire des doctrines féodales,
traduit en langue vulgaire, enseigné avec éclat et
étudié avec enthousiasme; le législateur s'essayant
à doter la France d'un code de lois complet, et
soutenant l'industrie naissante par des règlements où respire la plus admirable prévoyance;
enfin un esprit nouveau s'emparant de cette nation guerrière et la portant à corriger les vices
de son organisation politique sans recourir à la
violence et par la seule application des principes
du droit commun : tels sont les faits qui rem-
plissent cette période de temps qu'illustrèrent
trois souverains, Philippe-Auguste, saint Louis
et Philippe-le-Bel, sans lesquels d'aussi grandes
choses n'auraient pas été accomplies. Cependant
cette époque ne semble être, dans l'histoire extérieure du moins, qu'un temps de luttes et d'agitation violente, comme toutes celles du moyen
âge : la guerre entre la France et l'Angleterre,
celle des Albigeois et les deux croisades de saint
Louis paraissent en effet la remplir uniquement;
mais si l'on perce cette apparence trompeuse, si
l'on étudie les idées de préférence aux faits, on
trouvera que le XIII° siècle fut pour la France
une époque d'étude, de critique et de réforme, et
qu'il est peu de matières religieuses, morales ou

politiques que l'esprit de la nation n'ait, durant cette période de temps, soumis à une analyse sévère, peu de questions graves qu'il n'ait sou- levé dans les diverses branches des connaissances humaines, peu de préjugés qu'il n'ait attaqués, sans jamais s'être laissé égarer par la passion ou par l'orgueil dans la voie nouvelle où il marchait.

Quand un peuple est animé du désir de se connaître lui-même, de rechercher ce qu'il est, ce qu'il sait, ce qu'il doit désirer ou répudier, il est impossible que la législation, cette science de la vie des nations, n'appelle pas ses premières pensées. Il en fut ainsi pour la France, quoique des obstacles nombreux s'opposassent à ses pro- grès dans l'étude de cette science.

Il existait au moyen âge, chez tous les peuples de l'Europe, deux législations distinctes ; la législa- tion religieuse ou canonique, et la législation féodale. La première, formée par cette longue chaîne de traditions que les temps de barbarie n'avaient pu briser, était une science complète qui avait ses codes et ses commentaires ; étudiée dans les cloîtres, appliquée dans les cours de chrétienté, elle conserva, durant de longues an- nées de désordre et d'ignorance, les plus pré- cieuses notions du droit.

La législation féodale, c'est-à-dire le recueil des usages qui déterminaient les rapports des seigneurs avec leurs vassaux et avec leurs sujets, ne prit jamais en France le caractère d'une science, ou plutôt elle ne le prit que quand la féodalité n'existait véritablement plus. Les seigneurs n'examinaient pas, ni ne laissaient examiner par personne, l'origine et l'étendue de leurs droits. Leur pouvoir existait, ils étaient en mesure de le faire respecter : le surplus leur importait fort peu. Les gentilshommes français qui transplantèrent la féodalité en Orient, pensaient différemment; et nous possédons les livres dans lesquels ils ont déposé les fruits de leurs méditations sur les principes du droit féodal. Si ceux qui restèrent en France, mieux éclairés sur leurs véritables intérêts, eussent suivi cet exemple, ils auraient comprimé plus longtemps les désirs légitimes de la classe populaire; mais abandonnés par la couronne, inhabiles à défendre leurs priviléges, appauvris par les guerres privées et par les croisades, ils accordèrent à leurs sujets d'abord la liberté, puis la bourgeoisie, enfin la faculté de se former en associations. Dès lors le peuple eut une place dans la société, et le droit coutumier naquit.

Cette législation, qui avait pour but de déterminer les rapports sociaux des affranchis entre eux ou avec leurs anciens maîtres, n'offrit d'abord qu'un mélange d'usages contradictoires, parce que les chartes et les coutumes qui lui servirent de base furent dictées par des intérêts purement privés, et qu'aucune pensée générale ne vint corriger leurs contrastes; mais elle portait dans son

sein un principe bienfaisant qui, à la vérité, ne
devait triompher que très-tard et qu'après avoir
soutenu contre les mœurs et les lois féodales une
lutte violente, dans laquelle il aurait peut-être
succombé, s'il n'eût reçu de la loi romaine, éter-
nel soutien de la raison et de la justice, le plus
puissant secours : je veux parler du droit commun, de ce principe en vertu duquel tous les
membres d'une société sont appelés à prendre
part aux bienfaits de l'association. On ne trouve,
je dois en faire l'aveu, ce dogme écrit clairement dans aucune charte, dans aucune coutume,
dans aucun auteur de ce temps ; mais ce qu'on y
aperçoit sans peine, c'est un effort constant pour
créer dans la société des intérêts étrangers et par
conséquent contraires à la féodalité, c'est une
notion exacte du juste et de l'injuste qui, en sai-
sissant tous les esprits, faisait évanouir le respect
du privilége ; c'est enfin un dévouement exclusif
au dogme de la suprématie royale. Si personne
n'apercevait le principe du droit commun, au
moins chacun marchait dans la voie qui y conduit.
La législation coutumière, quels que fussent les
vices de sa nature, contenait donc des notions qui,
placées sous l'influence de circonstances heureuses
et d'hommes habiles, pouvaient, en se développant, l'élever au-dessus de la législation féodale et
la placer à côté de la législation canonique. Mais
pendant un long espace de temps les circonstances
la servirent mieux que les hommes.

A une époque où la théorie du droit n'était point comprise, la législation coutumière ne pouvait recevoir de secours que de la jurisprudence. Aussi le prétoire lui fut plus utile que l'école, la pratique plus que la science. Mais les tribunaux inférieurs, qui étaient chargés d'appliquer cette législation, possédaient si peu de lumières et d'autorité réelle ou morale, que plus d'un siècle s'écoula avant que quelques principes incontestés sortissent de cette multitude de sentences, rendues dans toutes les provinces du royaume, sans qu'aucun lien commun les rattachât à une pensée générale. Au commencement du XIII° siècle, la législation coutumière, qui jusque-là s'était traînée obscurément dans les justices villageoises ou dans les assises prévôtales, reçut de deux institutions, dont le mérite et les services ne sauraient être trop admirés, une impulsion féconde qui la fit rapidement passer d'une enfance pénible et tourmentée à une jeunesse brillante et vigoureuse.

La cour royale ou parlement grandissait chaque jour en pouvoir et en influence; de simple cour féodale du roi de France elle était devenue le tribunal régulateur du royaume, et, par l'intermédiaire des baillis, elle faisait pénétrer les idées d'ordre et de justice jusque dans les plus humbles bourgades. Instrument docile, mais intelligent de la politique du trône, elle s'attachait à resserrer les limites des prérogatives seigneuriales et à développer tous les éléments du droit coutumier, de cette véritable législation nationale qui ne devait pas rester plus longtemps soumise à l'arbitraire des intérêts locaux, ou aux méprises de l'ignorance. C'est dans les *Olim,* dans ce monument impérissable de la sagesse de nos pères qu'il faut étudier et admirer les efforts que fit le parlement pour constater les innombrables coutumes de la France, corriger leurs défauts les plus saillants et les soumettre, autant que le permettaient le respect des vieux usages et l'empire des mœurs, à quelques règles dictées par la raison et par l'intérêt général. Jamais l'esprit de réforme n'a été uni à autant de prudence, de lumières ni d'équité. Jamais l'œuvre laborieuse d'une reconstruction législative n'a été entreprise et conduite avec une aussi grande sagesse.

Dans l'origine de leur institution, les baillis étaient de simples officiers royaux, chargés d'administrer la justice dans certaines provinces, et d'y exiger les prestations civiles ou militaires dues au souverain. L'introduction de l'appel changea la nature de leur autorité et les mit en rapport direct avec le parlement, dont ils devinrent les agents immédiats, et dans le sein duquel ils revenaient siéger après l'expiration de leurs fonctions. Les relations entre eux et la cour furent déterminées avec exactitude. Chaque bailli devait assister aux audiences du parlement, le jour où l'on expédiait les appels interjetés par les justiciables de son bailliage, et donner toutes les explications désirables sur les faits du procès ou sur la coutume du pays. Si la cour ne se trouvait pas suffisamment éclairée sur ce dernier point, elle ordonnait une enquête. Aussitôt le bailli retournait dans sa province, assemblait les juges, les anciens et les clercs de l'endroit, et aidé de leur expérience et de leurs lumières, il se livrait à une longue et consciencieuse investigation, dont il rapportait ensuite les fruits au parlement. Alors la cour pouvait accueillir ou rejeter la coutume en connaissance de cause, et conformément aux principes de droit qu'elle s'attachait à faire prédominer. Une coutume, approuvée de la sorte, prenait place parmi les éléments du droit coutumier; car les baillis et les juges inférieurs la tenaient désormais pour loi, la cour cassait toutes les sentences qui n'y étaient pas conformes, et les mœurs publiques se pliaient docilement à ces prescriptions d'une sage jurisprudence. C'est ainsi que le droit coutumier a été peu à peu éclairci et fixé, et que plus tard l'œuvre d'une rédaction générale des coutumes devint exécutable.

On ne peut douter que les baillis ne fussent, pendant le xiii° siècle, les hommes les plus versés dans la connaissance des principes et des nombreuses variétés du droit coutumier; leur séjour dans les provinces et la part qu'ils prenaient aux délibérations du parlement leur fournissaient, avec la connaissance des faits, le moyen de tirer de leurs observations particulières des consé-

quences générales et théoriques. Si, à cette époque,
quelques légistes conçurent le dessein de porter
dans les obscurités de la législation populaire le
flambeau de la science, d'asservir à des règles uniformes et de coordonner entre eux des usages
variés à l'infini, incohérents et bizarres, il est facile de prévoir que ces hommes seront d'anciens
baillis, qui sur la fin d'une vie passée dans l'accomplissement des plus nobles devoirs, cherche-
ront à faire tourner le fruit de leurs méditations
au profit d'une classe de la société qui n'était pas
la leur, mais aux intérêts de laquelle ils avaient
fini par s'identifier. En effet, les deux seuls auteurs
qui ont écrit sur le droit coutumier pendant le
xiii° siècle, Pierre de Fontaines et Philippe de
Beaumanoir étaient baillis, l'un du Vermandois,
l'autre de Clermont. Et si, comme tout autorise à
le penser, les Etablissements de saint Louis furent
rédigés dans le parlement, on devrait encore regarder ce monument législatif comme l'ouvrage
des baillis, car presque tous les membres laïques
de cette cour avaient gouverné des bailliages ou
des sénéchaussées. Je ne parlerai pas ici de l'Ancien Coutumier de Normandie, parce que le nom
de son auteur et le moment de sa publication sont
inconnus[1].

---

[1] Klimrath, à l'aide d'inductions spécieuses, cherche à prouver
que cet ouvrage fut rédigé, d'après les ordres de saint Louis, par
Robert-le-Normand (*Mémoire sur les Monuments inédits de l'his-*

Saint Louis, dans un moment « que armes
« estoient souspendues », voulut faire instruire
son fils Philippe, qui plus tard devait lui succé-
der au trône, dans la connaissance des lois et des
coutumes du pays, « si que quant il tenra terre, il
« sache droit fere à ses sougis, et retenir sa terre
« selonc les lois et selonc les coustumes du païs,
« et ses amis conseiller, quant mestier en sera [1]. »
Il chargea donc messire Pierre de Fontaines,
ancien bailli de Vermandois et maître des requêtes de l'hôtel le Roy [2], de rechercher et de mettre en écrit les véritables coutumes de France et
de Vermandois. Cet ouvrage, qui dut être écrit
entre les années 1254 et 1270, mais qui ne fut
pas achevé, a été publié par Du Cange sous le
titre de : « Le conseil que Pierre de Fontaines
« donna à son amy, ou traité de l'ancienne juris-
« prudence des François [3]. »

Fontaines, dans une préface dictée par la mo-
destie, reconnaît et cherche à excuser par trois
raisons les imperfections de son livre : « premie-
« rement, dit il [4], pour ce ke nus n'entreprist

---

toire du droit français au moyen âge. Paris, 1835, in-8°, p. 38).
Je pense, et il serait aisé de le prouver, que ce coutumier appartient
à une époque où la Normandie n'était pas encore réunie à la France.

[1] Préface du *Conseil à un ami*, dans le manuscrit 432, fonds
de Harlay, de la Bibliothèque royale.

[2] Joinville, p. 14, éd. de 1761.

[3] En 1668, à la suite de son édition de Joinville.

[4] P. 78.

« onques mais devant moi ceste cose dont j'ai ;
« l'autre, pour ce ke les coustumes sunt preske
« corrompues et moult se renversent par les cas-
« teleries ; la tierce, pour ce que tos doivent avoir
« en memore en nulle riens pechier. » Ces difficultés n'étaient pas supposées à plaisir par l'auteur afin d'accroître l'importance de son entreprise : il entrait dans une voie où personne ne
l'avait précédé, et les changements qui depuis
un siècle s'étaient opérés dans les relations réciproques des individus et dans l'état des personnes, en augmentant la variété ou l'incohérence
des usages, donnaient au droit coutumier l'apparence d'une corruption prématurée. Fontaines
a-t-il su triompher de ces obstacles ? son livre
est-il, je ne dirai point parfait, mais tel que
les lumières de l'écrivain, son expérience et les
avantages de sa position exigeaient qu'il fût ?
Je ne le pense pas. Il existe dans le *Conseil à
un ami* des chapitres remarquables où Pierre de
Fontaines traite du duel, de l'ajournement et de
la procédure devant les cours féodales ou bour-
geoises, avec précision et exactitude ; mais cet écrit
a un défaut capital, qui restreint singulièrement
son mérite et son utilité, et dont cependant il ne
serait pas équitable de faire peser toute la respon-
sabilité sur l'auteur. Pierre de Fontaines a pris sa
part d'une erreur qui était fort répandue de son
temps, et bien peu d'hommes savent éviter une
faute de ce genre.

L'étude du droit romain, négligée pendant plusieurs siècles, mais jamais abandonnée, se ranima au XIIᵉ et excita dans toute l'Europe, plus particulièrement en Italie et en France, un enthousiasme excessif, et dès lors dangereux. Lorsque les peuples qui vivaient sous le joug des idées féodales entendirent proclamer les principes de droit naturel sur lesquels repose l'édifice de la législation romaine, un ordre d'idées entièrement nouveau se déroula devant eux; ils crurent, et ils ne se trompaient pas, que le jour de leur affranchissement était arrivé, puisque le dogme féodal et les injustices qu'il protégeait venaient de rencontrer un contradicteur dont l'autorité entraînait tous les esprits.

Entre la loi romaine et la loi féodale il n'existait rien de commun; il y avait au contraire plusieurs points sur lesquels le droit romain et le droit coutumier pouvaient se concilier; car, si l'un découlait du droit naturel, l'autre tendait chaque jour à s'en rapprocher davantage; leurs deux natures n'avaient donc, à vrai dire, rien d'antipathique, et l'on conçoit qu'une école de jurisconsultes ait dévoué ses efforts et ses lumières à opérer cette fusion. L'œuvre était sans doute hérissée de difficultés : il fallait avant tout déterminer exactement les matières de droit qui pouvaient se prêter à la réunion, fixer la part d'influence qui serait accordée dans la loi nouvelle à chacune des deux législations anciennes, et effec-

tuer le mélange avec assez de précision pour qu'il
ne fût plus possible de distinguer, dans le système
nouveau, les éléments primitifs dont il se composait. Si toutes ces conditions n'étaient pas fidèlement remplies, si l'admiration pour le droit
romain, le dédain du droit coutumier, l'arbitraire,
la témérité, ou seulement un critique incertaine,
venaient à influer sur les résultats de cette opération délicate, il devait en résulter des essais infor-
mes, malheureux, sans portée, dont les mœurs
publiques, qui, malgré l'incontestable sagesse des
lois romaines, restaient fidèles aux vieux usages
de la nation, auraient fait prompte justice.

Pierre de Fontaines donna contre cet écueil;
il crut le droit coutumier compatible en toutes
ses parties avec le droit romain; et prenant
pour point de départ une idée dont la fausseté
cependant se révélait à chaque instant devant
lui, il alla hardiment chercher dans le Digeste,
dans le Code et dans les Novelles, l'explication
des rapports du seigneur avec son vassal, avec ses
hommes ou avec ses serfs, et de tous les autres
usages fondés par la féodalité. Ajoutons que, fa-
tigué des efforts qu'il fallait faire pour forcer ainsi
le caractère des deux législations, il abandonne
cette entreprise, et termine son ouvrage en y
insérant, sans aucun commentaire, une foule de
lois romaines, traduites en français.

Les auteurs des Établissements ne firent pas
non plus un emploi sobre et intelligent de ces

précieuses lois, mais comme ils écrivaient un code, et non un livre dogmatique, et qu'ils ordonnent plus qu'ils n'argumentent, les citations nombreuses de lois romaines et de lois canoniques dont ils surchargent, sans l'apparence d'un motif, les différents chapitres de leur recueil, ne semblent qu'un abus d'érudition sans conséquence. Ne nous arrêtons pas au surplus à ce reproche; ils en ont encouru un beaucoup plus grave, celui d'avoir cru que la réforme du droit coutumier était assez avancée, et les rapports de ce droit avec les législations féodale, romaine et canonique assez clairement déterminés, pour qu'un code coutumier pût être rédigé et publié. Cette tentative, honorable pour le prince qui en conçut la première pensée et pour les jurisconsultes qui essayèrent de la faire réussir, resta sans effet, parce que les idées et les mœurs n'étaient point mûres pour une innovation de cette importance, et qu'il restait encore à trouver et à exposer scientifiquement les vrais principes du droit coutumier, avant de les réduire en forme de loi.

L'autorité que ces auteurs attribuèrent au droit romain sur le droit coutumier, d'autres la transportèrent, et avec tout aussi peu de raison, au droit canonique.

Cette législation était, pendant le xiiie siècle, la seule qui, en Italie et en France, fût professée publiquement dans les universités. Grégoire IX et Boniface VIII, lorsqu'ils publièrent, l'un le recueil des Décrétales et l'autre la Sexte, fournirent à la jurisprudence de officialités, à l'enseignement des professeurs et aux méditations des clercs, un aliment dont l'influence se révèle dans le grand nombre de canonistes qui fleurirent à cette époque et dans la renommée dont furent promptement entourés leurs écrits ou leurs leçons. En France, Étienne de Tournay, Renaud de Saint-Gilles, et Almanève de Grisinhac qui devint archevêque d'Aix, brillèrent durant la première partie de ce siècle. Vers ce même temps, d'autres Français, Guillaume le Normand, Thibaut d'Amiens, Pierre Samson enseignaient la jurisprudence ecclésiastique en Italie. Jean Dubois, André de la Haye, Gervais Hommedey, Guillaume de Blaye, Étienne Bourgueil, Clément Adhémar soutenaient l'université d'Angers au premier rang parmi les écoles françaises de jurisprudence ecclésiastique. Mais le docteur qui marchait à la tête de tous les autres, était Guillaume Duranti, évêque de Mende, dit le Spéculateur, parce qu'il composa le *Speculum juris*, son principal titre à la réputation prodigieuse dont il jouit à cette époque [1]. Il traite, dans la première partie de ce livre, de toutes les personnes qui interviennent dans les jugements, juges, parties, témoins, avocats et procureurs; dans la seconde, des causes civiles;

---

[1] Voyez *Gallia Christiana*, t. I, col. 94. *Hist. littér. de la France*, t. XVI, p. 78.

dans la troisième, des causes criminelles ; dans la quatrième et dernière des requêtes, des contrats et autres actes judiciaires. Cet ouvrage, qui conserva pendant près de deux siècles une autorité incontestée dans les écoles, et où l'on trouve à côté des subtilités d'un esprit abondant et nourri dans la controverse scolastique, beaucoup de méthode, une science réelle et des vues souvent profondes, avait pour but principal d'étendre l'autorité de la jurisprudence canonique dans le domaine du droit civil, et dut certainement contribuer à agrandir la compétence des tribunaux ecclésiastiques, déjà si vaste au temps où il fut écrit.

Tel était, vers la fin du xiii° siècle, la situation du droit civil en France. Il avait des partisans qui, en voulant l'assujettir au joug de la jurisprudence romaine, portaient le désordre dans ses fondements, et des adversaires qui se servaient de la popularité du droit canonique pour lui enlever toutes ses prérogatives. Un esprit sage et éclairé pouvait, dans de telles circonstances, rendre à la législation française un service signalé, qui consistait à poser les bases du droit national en puisant à la fois dans le droit naturel et dans les vieux usages du pays, et à élever sur ce solide fondement un édifice auquel contribueraient, dans une sage mesure, et selon que les règles d'une critique éclairée et sans prévention le permettraient, les lois des Romains et celles des souverains pontifes. Voilà ce qu'exécuta avec un succès complet, Philippe de Beaumanoir; car ce fut lui qui, pour nous servir d'une expression de Loysel [1], rompit la glace et ouvrit le chemin, c'est-à-dire qui apprit aux Français qu'ils possédaient, en dehors du droit romain et du droit canonique, une législation véritablement nationale, qui pouvait vivre et se développer par ses propres moyens.

Quand on songe que des hommes tels que Dumoulin, d'Argentré, Chopin, Pithou, Loyseau, Henrys, etc., n'ont pas cru pouvoir faire un plus noble emploi de leur profond savoir et de leur haute intelligence que de poursuivre cette vérité dans tous ses développements, on sent grandir son respect pour le jurisconsulte qui eut le mérite d'ouvrir la carrière et de marquer le but.

La personne de Beaumanoir ne nous est connue que par son livre, et sa vie que par les fonctions qu'il remplit. Loysel, Du Cange et la Thaumassière n'ont recueilli sur ce célèbre jurisconsulte que des faits peu nombreux et sans intérêt; nous croyons qu'il est aisé, en consultant soigneusement les monuments judiciaires du xiiie siècle, d'arriver à des résultats un peu plus satisfaisants.

Philippe de Beaumanoir naquit en Picardie, dans les premières années du règne de saint Louis, et il appartenait à une famille noble, car

---

[1] *Mémoires de Beauvais et de Beauvaisis*, c. vii, n° 12.

les actes publics lui donnent le titre de chevalier
(*miles*). On ne sait rien sur lui avant l'année 1273,
où nous le voyons exercer les fonctions de bailli
de Senlis; mais comme, depuis cet instant jusqu'au
moment de sa mort, il ne cessa guère de gouverner différents bailliages, il est permis de penser que, selon l'usage du temps, il avait, dans les
années précédentes, siégé au parlement. C'est par
cette voie que Pierre de Fontaines, Oudard de
Neuville, Renaud de Radepont, Jean de Che-
vreuse, Étienne Tatesaveur, et tant d'autres magistrats moins renommés, étaient arrivés aux
fonctions si enviées, quoique très-pénibles, de
baillis. La connaissance profonde de la jurisprudence du parlement, que possédait Beaumanoir,
et ces mots qu'il répète souvent dans son ouvrage :
« Et ce que noz avons dit, veismes noz passer par
« jugement en l'ostel le Roy[1] », justifient notre
supposition. Ce fut pour lui une grande faveur, qui
dut influer sur tout le reste de sa vie et à laquelle
peut-être nous devons son précieux ouvrage, que
d'avoir été admis dans le sein du parlement à une
époque ou Guy de Fouqueux, qui devint souverain pontife sous le nom de Clément IV, et un
des plus savants jurisconsultes de ce temps[2], dirigeait les délibérations de la cour royale.

Les baillis étaient à la fois officiers militaires,

[1] T. I, p. 479, n° 30, etc.
[2] *Ordonnances des roys de France*, t. I, p. 84.

juges et comptables : chefs militaires de leur province, ils exigeaient des feudataires et des communes le service militaire auquel ils étaient tenus, prêtaient main forte pour l'exécution des arrêts de la justice, et veillaient en tout lieu au maintien de la paix et de l'ordre public; juges, ils présidaient les assises qui se tenaient en différents endroits de leurs bailliages, surveillaient les prévôts ou juges inférieurs et se rendaient, à certaines époques de l'année, au parlement, pour y défendre celles de leurs sentences dont on avait interjeté appel. En leur qualité de percepteurs des droits du roi, ils comptaient avec les prévôts et allaient compter eux-mêmes avec une commission du parlement qui siégeait au palais du Temple à Paris. Pour remplir scrupuleusement, dans un temps où les idées d'ordre et de soumission avaient peu d'empire, des fonctions aussi variées, il fallait à la fois du courage, de la prudence, du savoir et une activité infatigable; car à chaque instant le bailli pouvait être appelé pour châtier un vassal rebelle, faire rentrer dans le devoir une commune insurgée, présider une assise de chevaliers, ou vérifier l'obscure comptabilité d'un prévôt. Beaumanoir ne manquait d'aucune de ces qualités, quoique le premier acte du parlement où il soit mentionné en sa qualité de bailli de Senlis contienne la censure et la réforme d'un de ses actes.

Les baillis cherchaient toujours à empiéter

sur les juridictions seigneuriales et ecclésiastiques. Beaumanoir ayant contesté celle du prieur
de Bazainville, dans le village de ce nom, et s'étant
même emparé d'un homme que le prieur voulait
juger, celui-ci en appela à la cour du roi, lors
du parlement de la Pentecôte 1273. La cour
ordonna une enquête, et décida, sur le vu de
cette enquête, que le bailli de Senlis avait eu tort
de troubler le prieur dans la jouissance de sa justice et qu'il devait lui restituer son justiciable[1].

Les baillis ne restaient que trois ans dans le
même bailliage. Si Beaumanoir prit l'administration de celui de Senlis en 1273, il dut la quitter
en 1276; mais ce fait étant douteux, je ne m'y
arrêterai pas, et je descendrai jusqu'à l'année
1280, époque où on le voit à la tête du bailliage
de Clermont en Beauvoisis.

Le comté de Clermont ayant été distrait du
domaine de la couronne et donné, en 1269, par
saint Louis à son fils Robert, ce bailliage se
trouvait, sous le rapport judiciaire, dans une
situation spéciale. Les justices, dans les autres
bailliages, relevaient directement de la cour
royale; ici elles ressortissaient à la cour du comte,
qui siégeait à Clermont, et les appels seuls de
cette cour seigneuriale étaient portés au parlement. Le bailli obéissait donc à l'autorité de
deux juridictions différentes, que le même esprit

---

[1] *Olim*, t. 1, p. 937, n° xxxi.

n'animait pas toujours. Il est encore un autre point sur lequel je crois nécessaire de donner quelques explications. Il existait, dans toutes les provinces, ce que l'on appelait des assises de chevaliers, c'est-à-dire des cours féodales où siégeaient les feudataires du canton, qui, sous la direction du bailli, jugeaient les causes des gentilshommes, revisaient les sentences des prévôts et surveillaient l'administration de ces derniers. En beaucoup d'endroits, les chevaliers se dégoûtèrent de leurs fonctions de juges et se laissèrent supplanter complétement par les baillis. Il y eut donc des pays où les chevaliers seuls jugeaient et d'autres où le jugement était rendu par le bailli, assisté de quelques prud'hommes choisis par lui[1]. Les chevaliers du comté de Clermont surent maintenir intactes leurs prérogatives; et, en 1283, il n'existait pas, dans toute cette seigneurie, une seule assise de bailli[2]. Comme magistrat, Beaumanoir ne possédait donc en Beauvoisis qu'une autorité fort limitée, mais les détails qu'il donne lui-même sur son administration montrent qu'il obtenait, par son caractère personnel et par sa science, l'influence que les usages du pays lui refusaient.

Lorsqu'il présidait les assises de Clermont, de Compiègne, de Creil, il ne laissait jamais échap-

---

[1] Voyez ce qui est dit sur ce sujet dans la préface du tome II des *Olim*, p. xxiv.
[2] Beaumanoir, t. I, p. 28, n° 13.

per l'occasion de réformer un abus, de compléter
ou de corriger la coutume, car les baillis s'étaient
arrogé un droit réglementaire, qui touchait au
pouvoir législatif; et, comme on va le voir par
quelques exemples, les changements qu'il intro-
duisit dans son bailliage méritaient d'être trans-
formés en lois générales.

Des abus graves se commettaient dans la saisie
des biens des débiteurs, soit par le nombre exa-
géré des gardiens que les sergents plaçaient chez
les saisis, soit par le peu de soin que ces gardiens, nommés avec raison *mangeurs*, appor-
taient à remplir leurs fonctions.

« Nous commandasmes en plaine assise, dit-il [1],
« que nus serjans ne fust si hardis que il fist des
« gardes fors ce qui li seroit commandé, ne plus
« ne meins; et se il le fesoit autremant, il perdroit
« le service et si cherroit en amande à le volenté
« de son seigneur. Et si commandasmes que toutes
« gardes mises seur autrui pour justicier, demou-
« rassent ès lieux où eles sont mises, couchans et
« levans et residens de nuit et de jour, sans fere
« leurs labeurs ne leurs besoignes. Mais que li
« ostix soit tiex que eles i puissent estre; et se eles
« ne pueent estre, si soient au plus prochain lieu
« d'ilueques. Et se mauvès depors ne baras estoit
« trouvés entre les gardes et celi seur qui eles se-
« roient mises, çascune partie l'amenderoit. Et si

---

[1] T. II, p. 316, n° 11.

« commendasmes que toutes les fois que gardes
« seroient envoiés seur autrui, que eles eussent
« lettres du bailli ou du prevost du jour que eles i
« seroient mises, pour ce que plusieurs debas
« estoient de ce que les gardes disoient que eles i
« avoient esté plus de journées que l'en ne leur
« connoissoit. Et si commandasmes que nule vuide
« sesine ne feust paié, ne que li serjant ne prisent
« nul louier fors que leurs journées teles comme
« eles sont establies, c'est à savoir des serjans à
« cheval deux sols par jour, et de ceux à pied
« douze deniers; mais bien puent penre leur
« despens aveques, se l'en ne leur vieut donner,
« sans force et sans contraignement. Et si com-
« mandasmes que l'en ne mist gardes seur nul
« pour detes, se l'en ne trouvoit à penre muebles
« ou catiex près à lever, dusques à le valeur de le
« dete, se ce n'estoit des especiauz commandement
« de nos seigneurs ou de nos mestres ou de nous.
« Et se li prevots ou li serjant fesoient contre ce,
« il paieroit les gardes dou leur. Trestous tès que-
« mendemens fismes nous tenir se aucuns en vint
« pleintix à nous le tans que nous feusmes garde
« de la baillie de Clermont, si que par ce fu li
« pais plus em pes et à meins de damage, et jus-
« tice miex fete, et li creanciers plus isnelement
« paié de leur dete. »

Voici une circonstance dans laquelle il mit la
coutume d'accord avec l'humanité :

« Nous avons veu debatre que chil qui estoient

« bastart et devenoient malades, ne feussent pas
« receu ès maladeries des viles où il estoient né
« et nouri, por ce que les gardes des maladeries
« disoient que bastars n'avoient point de lignage,
« ne estoit aherités de nul droit, parquoi il ne
« se pouroient aider de le meson, ne que uns
« estrange qui venist d'Espane; mais nos qui
« oïsmes cel debat, regardasmes que les malade-
« ries furent fondées sur aumosnes et pour le
« quemun pourfit, pour deseurer les sains des
« enfermes de lespre, et regardasmes que toute-
« voies estoit li bastart Crestien et nés et nourris
« en le ville, si fusmes meuz pour cause de pitié;
« et, par le conseil que nous en eusmes que ce
« estoit resons que il i fust receus, si le fismes
« recevoir. Et cestui cas avons nous dit, por ce
« que, se il avenoit une autre fois, que l'en soit
« meus à fere loy en autele maniere [1]. »

Le fait suivant montre combien Beaumanoir
portait de respect à la liberté de ses justiciables.

« Nous avons bien veu aucuns des hommes qui
« tenoient prisonniers pour cas de crieme, et
« estoient tenu come de fet notoire et attaint dou
« fet, et nepourquant li homme ne les veulent
« justicier ou por paor ou por louier, ne il
« ne l'osoient delivrer, ne oster de leur prison,
« por paor que il ne perdissent leur justice, et
« ainsint estoient les prisons trop longues. Et

---

[1] T. II, p. 326, n° 4.

« por ce nos i meismes conseil, car nos lor que-
« mandasmes, de par le conte, que tuit cil qui
« tenroient prisonniers atains et condannés de
« vilain cas de crieme, en feissent droite justice
« dedens quarente jours, seur le peril de perdre
« leur justice. Et ce puet bien fere li quens, et tuit
« cil qui tiennent en baronnie seur leur hommes,
« et se li hommes n'obeissent au quemandement,
« il puesent penre les prisonniers en le prison de
« leur hommes, et fere ce qui à droite justice apar-
« tient selonc le meffet, et penre le justice de celi
« qui ne obei au commandement[1]. »

Ainsi, Beaumanoir avait fixé pour l'expédition
des affaires criminelles, un délai plus court que
celui qui est pris généralement par les magistrats
de nos jours, et prononcé contre les seigneurs en
retard une peine sévère et humiliante. J'ignore
ce qui se passait dans les autres bailliages, mais
je ne crains pas de dire que dans celui de Clermont la liberté des individus jouissait de toutes
les garanties désirables.

Beaumanoir alla rendre les comptes des pré-
vôtés de Clermont au parlement de la Toussaint
1280[2].

On possède des lettres du mois de juin 1282[3],
par lesquelles Amaury de Montfort, chanoine de

---

[1] T. II, p. 348, n° 20.
[2] Brussel, *Usage des Fiefs*, p. 486.
[3] La Thaumassière, Préface des *Coutumes du Beauvoisis*,
p. viij.

Rouen, affranchit plusieurs héritages que Philippe
de Beaumanoir tenait de lui, afin que ce dernier
les tînt franchement, en fief et en hommage des
seigneurs de Rémy [1].

Ce fut pendant qu'il exerçait les fonctions de
bailli dans le comté de Clermont que Beaumanoir
écrivit son traité sur la jurisprudence coutumière.
Il revit plusieurs fois cet ouvrage, le retoucha, et
ne le mit au jour que quand il eut quitté le bailliage
de Clermont, car il se sert souvent, dans le courant de ce livre, des mots « au tens de ma baillie. »

En l'année 1288, Beaumanoir était sénéchal de
Saintonge. Les fonctions des sénéchaux ne différaient pas de celles des baillis, et les ordonnances
royales placent toujours ces deux classes d'officiers
sur la même ligne; mais, à cette époque, les circonstances donnaient une grande importance au
gouvernement de la Saintonge. Saint Louis avait
cédé, en 1259, à Henri, roi d'Angleterre, Saintes
et la portion de la Saintonge qui est située au delà
de la Charente; ce qu'il conserva formait la séné-
chaussée de Saintonge. Lorsque Philippe-le-Bel,
en 1293, enleva aux Anglais cette province dont
il leur avait renouvelé la cession en 1289, il réa-
lisa un projet préparé de longue main et aux se-
crets duquel il était difficile que les gouverneurs
du pays ne fussent pas initiés. Disons toutefois
que la part plus ou moins grande qui revient à

---

[1] Saint-Rémy-en-l'Eau.

Beaumanoir dans l'exécution heureuse des desseins de son maître, ne nous est point connue, et qu'ici comme ailleurs nous ne pouvons étudier dans ce personnage que le caractère du magistrat.

Godefroy d'Archiac, évêque de Saintes, et les ecclésiastiques de son diocèse, se plaignaient d'une coutume introduite récemment et qui était contraire à leurs droits. On appelait cette coutume *applegement* et *contre-applegement*. Je dirai sommairement en quoi elle consistait. Quand une partie revendiquait un meuble ou un immeuble et qu'elle reconnaissait que le possesseur était saisi, la chose contentieuse n'était pas mise en la main du roi, à moins que le plaignant ne donnât caution ou *plege* de dédommager sa partie adverse, si sa complainte se trouvait mal fondée. On appelait cette caution *applegement*. Le défendeur pouvait opposer à l'applegement du demandeur un contre-applegement, et alors il demeurait saisi. Les prêtres du diocèse de Saintes prétendaient ne pas être tenus à fournir de caution dans les cas qui viennent d'être indiqués. Le parlement donna l'ordre à Beaumanoir de vérifier par une enquête depuis combien de temps ces ecclésiastiques étaient soumis à l'applegement. Il apporta cette enquête au parlement de la Pentecôte 1288[1], et déclara que les applegements et les contre-apple-

---

[1] *Olim*, t. II, p. 277, n° v. Cf. p. 287, n° xvi.

gements avaient été introduits contre les ecclésiastiques de ce diocèse, et au grand préjudice de leur
intérêt et de celui des églises, depuis quatorze ans;
sur quoi la cour prononça que les prêtres du diocèse
de Saintes ne seraient plus soumis à la coutume.

La Thaumassière a publié l'extrait d'un compte,
qui est conçu en ces termes [1] « Le conte Phelippe
« de Biaumanoir, chevalier, baillif de Verman-
« dois, fait dou voyage de Rome, l'an 1289. »

Il est probable que la mission de Beaumanoir
se rapportait au couronnement, par le pape Ni-
colas IV, de Charles II, dit le Boiteux, roi de
Sicile, qui eut lieu le 26 mai 1289; événement
très-important pour la France, et que Philippe-
le-Bel avait intérêt d'empêcher [2].

Les *Olim* ne mentionnent, à la date de 1289,
qu'un seul acte du bailli de Vermandois [3] relatif
à une question de compétence qui divisait l'évêque
et la municipalité de Noyon. Les baillis étaient
attentifs à faire tourner des discussions de ce
genre au profit de l'autorité royale, et soulevaient
des conflits, que, dans son impartialité, le parlement se trouvait souvent contraint de déclarer
mal fondés.

Beaumanoir n'exerçait plus en 1290 les fonctions de bailli, et il reprit à cette époque son siége

---

[1] Préface des *Coutumes de Beauvoisis*, p. viij.
[2] Laboulaye, *Revue de Législation*, t. I, p. 442
[3] T. II, p. 293, n° xiii.

dans le parlement; car les *Olim* nous apprennent qu'il fut un des commissaires de la cour chargés de recevoir les plèges qui s'engageaient à réintégrer dans les prisons du roi, Jean de Chapes, écuyer, condamné par un jugement antérieur [1].

L'extrait d'un rouleau contenant les comptes des bailliages de France pour l'année 1293, et rapporté par la Thaumassière [2], montre que Beaumanoir fut envoyé en 1291 à Saint-Quentin, pour prendre part à l'organisation de l'armée qui devait envahir la Flandre.

Dans la liste des baillis, que Brussel a dressée à l'aide des registres de la cour des comptes, Beaumanoir est indiqué comme bailli de Tours, en l'année 1292 [3]; d'un autre côté, le compte dont je viens de parler, porte qu'en qualité de bailli de Senlis il compta cette même année avec le trésorier et qu'il gérait encore le bailliage de Senlis en 1293. Il faut croire qu'il passa, pendant le courant de l'année 1292 du bailliage de Tours à celui de Senlis, car un bailli ne gouvernait pas deux bailliages à la fois.

Un procès s'était élevé entre l'abbé et le couvent de la Victoire d'une part, et le maire et les jurés de Crespy de l'autre, relativement à une

---

[1] T. II, p. 308, n° xxvi.
[2] Préface des *Coutumes de Beauvoisis*, p. viij.
[3] *Usage des Fiefs*, t. I, p. 489.

rente de soixante-quinze muids de blé, que ces derniers devaient au couvent. Beaumanoir voulant prononcer sur cette affaire, les gens du comte de Valois en reclamèrent la connaissance. Ce conflit fut porté au parlement, qui, après avoir entendu les parties et vu les chartes et les priviléges, donna gain de cause au bailli de Senlis [1].

Beaumanoir n'existait plus en 1296. Mabille de Boves est qualifiée *uxor quondam domini Philippi de Bellomanerio*, dans un rouleau de la chambre des comptes de Paris [2], et les *Olim* mentionnent en ces termes un arrêt rendu au parlement de la Toussaint 1296 : *Episcopo Silvanectensi reddita fuit curia sua super feodo quod primogenitus domini Philippi de Bellomanerio tenet ab eodem, etc.* [3]

Tels sont les seuls renseignements qu'il m'a été possible de me procurer sur l'auteur des Coutumes de Beauvoisis; si peu nombreux qu'ils soient ils suffisent cependant pour prouver que sa vie fut largement remplie par les fonctions qui pouvaient le mieux lui révéler les avantages et les inconvénients de la législation française et le disposer à écrire sur cette grave matière. Les qualités de son cœur et de son esprit, ainsi que sa science, seront mises suffisamment en relief par l'analyse que je vais offrir de son ouvrage.

---

[1] T. II, p. 358, n° xviii.
[2] La Thaumassière, Préface, p. viij.
[3] *Olim*, t. II, p. 401, n° ix.

Si Beaumanoir n'avait eu d'autre but que de rechercher et d'expliquer les usages suivis dans le comté de Clermont, son livre, quelque soin qu'il eût pu mettre à le composer, n'aurait offert qu'un intérêt circonscrit et purement local, et il serait permis de regretter qu'un auteur aussi habile, qui possédait à un haut degré le talent de généraliser ses idées et qui avait administré la justice dans tant de provinces différentes, n'en eût pas choisi une plus vaste, plus importante et dont les usages se fussent mieux prêtés à l'exposition des principes du droit coutumier; on se serait demandé, par exemple, pourquoi il n'avait pas pris pour base de ses études et de ses méditations la coutume de l'Ile-de-France, qui, dès le xiii° siècle, aspirait déjà à devenir le modèle, le type de toutes les autres. Mais il ne faut pas s'y tromper, le titre que porte le livre de Beaumanoir, et qui peut-être ne lui a pas été attribué par l'auteur même, donne une idée incomplète du caractère et de l'objet de cet ouvrage.

Beaumanoir mûrissait depuis longtemps le dessein de recueillir, d'analyser et de mettre en écrit les fondements du droit coutumier. Il avait, dans ses bailliages et surtout au sein du parlement, fait une récolte abondante d'observations ; ses recherches l'avaient conduit à la connaissance d'une foule de vérités qu'il sentait le besoin de répandre, rien ne s'opposait donc plus à ce qu'il entreprît l'œuvre qui devait servir si utilement sa patrie et assurer l'illustration de son nom. Si Beaumanoir prit les usages de la province où il était né, non pas pour but exclusif, mais pour point de départ de ses investigations, c'est qu'il était déjà parvenu à reconnaître que le droit coutumier, divers dans ses applications, reposait sur des principes fixes, et que ces principes régnaient aussi bien à Clermont qu'à Tours ou qu'à Paris. Ajoutons qu'un ouvrage composé en apparence dans le but d'éclaircir les usages d'une simple localité, devait bien mieux faire pénétrer cette vérité dans les esprits qu'un traité abstrait et général, qui s'adressant à tout le monde n'aurait semblé propre à personne, et eût été, dès son apparition, relégué parmi ces créations systématiques dont les dehors sont imposants, mais dont l'utilité est contestable. Dès l'instant que Beaumanoir prenait pour fondement de toutes ses idées le droit naturel, qu'il soumettait à l'action de ce principe impérissable les erreurs, les préjugés et les lois de son époque, n'était-ce point une chose indifférente pour lui que de savoir sur quelle coutume particulière il ferait l'essai de ses hautes pensées? Le titre de ce livre n'est donc qu'une sorte de dédicace adressée par le sage jurisconsulte à une province qu'il aimait comme nous aimons les lieux qui nous ont vus naître.

L'auteur fait connaître dans le prologue de son livre le but qu'il se propose d'atteindre, et les moyens dont il fera usage pour y parvenir. Il

annonce qu'il a « en pensée de trouver un livre,
« par lequel cil qui desirent vivre em pais soient
« ensaignié briement comment il se deffendront
« de cix qui, à tort et par malvese cause, les assau-
« dront de plet, et comment il connoistront le
« droit du tort, uzé et accoustumé en le conté de
« Clermont en Biauvoisis. Et por ce que noz som-
« mes d'iceli païs, et que noz sommes entremis
« de garder et de fere garder les drois et les cous-
« tumes de la dite conté... devons nous avoir plus
« grant volenté de trouver selonc les coustumes
« du dit pays que d'autres.... Noz entendons à
« finer grant partie de cest livre, par les juge-
« mens qui ont esté fet en noz tans, en la dite
« conté de Clermont; et l'autre partie par clers
« usages et par cleres coustumes, usées et acous-
« tumées de lonc tans pesivlement; et l'autre par-
« tie des cas douteus en le dite conté, par le juge-
« ment des castelleries voisines; et l'autre partie
« par le droit qui est communs à toz è_ coustumes
« de France [1]. » Ainsi, Beaumanoir sollicité par
l'amour de son pays, et par les avantages de sa
position politique et judiciaire, ne se propose pas
autre chose que d'écrire sur les coutumes du Beauvoisis; et sa manière de s'exprimer indique que
son intention formelle est de se renfermer dans
ce cercle étroit; mais bientôt on voit que la vigueur
de son esprit renversera sans peine cette barrière;

---

[1] Prologue, t. I, p. 12, 13.

**I.**                                              c

car, par une sorte de contradiction dont on ne peut assez s'applaudir, il déclare qu'une partie de son livre reposera sur « le droit qui est com-« muns à toz ès coustumes de France. » Beauma-noir, comme tant d'autres esprits supérieurs, ignorait quand il jeta les bases de son travail jusqu'où le conduirait l'enchaînement et la suite de ses idées, son vaste savoir, son expérience con-sommée, et la connaissance profonde qu'il pos-sédait des lacunes et des vices de la législation française; il ne savait pas que le don si rare d'agrandir et de généraliser ses pensées, sans tomber dans la fausseté et l'exagération, l'en-traînerait bien au delà des frontières du Beau-voisis; et qu'une fois l'œuvre commencée, il ne s'arrêterait que le jour où il aurait tracé un plan complet de réforme pour le droit coutumier de la France.

Beaumanoir se maintint avec facilité dans la sphère élevée où il fut porté presque à son insu; il ne recula devant aucun des obstacles qui entou-raient une entreprise que personne n'avait ten-tée avant lui, parce qu'il possédait, avec une indé-pendance d'idées très-peu commune dans le temps où il vivait, cette rare expérience qui enseigne aux hommes à n'attaquer l'erreur que quand ils peuvent la remplacer par la vérité, et à subor-donner la réalisation des vœux les plus légitimes à la connaissance des faits, la première de toutes les sciences.

Le traité sur les coutumes du Beauvoisis est divisé en soixante-dix chapitres. Quoique l'auteur établisse fréquemment des relations entre ces divers chapitres, et qu'il soit aisé de reconnaître que cet ouvrage a été écrit avec beaucoup de réflexion et plusieurs fois retouché, on ne découvre cependant aucun ordre synthétique dans la disposition des chapitres. L'art de coordonner toutes les parties d'un système conformément aux lois d'une logique rigoureuse appartient aux époques où la science a fait déjà de grands progrès : tel n'était pas le xiii<sup>e</sup> siècle, et le défaut que nous signalons dans l'ouvrage de Beaumanoir se retrouve, peut-être même à un plus haut degré, dans ceux de Philippe de Navarre, de Jean d'Ibelin, de Bracton, de Britton, et surtout dans les Établissements de saint Louis, vaste compilation où tout est mêlé, confondu, et que cependant les rédacteurs ont partagée, on serait embarrassé de dire pourquoi, en deux livres. Mais comme je n'ai point l'intention de suivre Beaumanoir pas à pas, je mettrai dans l'analyse que je vais présenter l'ordre qui aurait dû se trouver dans l'ouvrage même, en faisant connaître successivement les idées exprimées par cet auteur sur le droit public, le droit religieux, le droit civil et le droit criminel de la France.

1°. *Droit public.* La pensée de soumettre à la critique les principes qui servaient de base à l'or-

ganisation politique de la France n'excita jamais
l'ardeur de Beaumanoir. Le gouvernement qui
régissait alors ce pays n'était pas du nombre de
ceux qui tolèrent l'examen parce qu'ils n'ont rien
à en craindre, et il avait su de bonne heure
accoutumer ses sujets à lui faire le sacrifice de
leur volonté et celui de leurs pensées. Cependant la féodalité, si puissante et si inflexible
qu'elle fût, ne put empêcher la propagation d'une
idée qui devait un jour porter la France au plus
haut degré de prospérité et de grandeur, briser
toutes les institutions féodales, et remplacer le
privilége par le droit commun, le règne de la
violence par celui de la justice, l'esclavage par la
liberté. Je parle du dogme de la suprématie royale;
idée nouvelle, séduisante, féconde, que le peuple
accueillait avec transport, que la religion consa-
crait, et dont l'aristocratie seule ne savait pas
mesurer la portée. Tout ce qu'il y avait en France
d'hommes malheureux ou éclairés; tous ceux qui
appelaient une forme de gouvernement plus équitable, plus modérée, moins dédaigneuse de la dignité humaine, se dévouèrent au triomphe d'une
cause qui était celle de la raison et du bon droit.
Faut-il s'étonner si nous trouvons Beaumanoir à
leur tête?

Les rédacteurs des Établissements de saint
Louis avaient, en 1270, proclamé hautement le
dogme nouveau, par ces mots qui restèrent si

longtemps gravés dans la mémoire des Français :
« Li rois ne tient fors de Dieu et de son espée [1]. »
Dans leur bouche, une telle maxime devait obtenir peu de crédit, puisqu'ils parlaient au nom
de la royauté. Beaumanoir qui possédait une
liberté complète alla plus loin et ne craignit pas
de déclarer que « ce qui li plest à fere doit estre
« tenu por loi [2]. » S'il était permis de dire que le
roi, conformément aux dogmes de la religion
chrétienne et aux usages féodaux, ne relevait de
personne que de Dieu, il n'y avait ni profit ni
vérité à soutenir que sa volonté faisait loi dans
le royaume; car jamais une telle maxime n'y fut
admise, et sa consécration eût mis aussitôt en péril
cette multitude d'intérêts individuels qui reposaient sous la garantie de traditions, d'usages, de
priviléges et de chartes, sanctionnés par les anciens rois, ou, ce qui valait encore mieux, par
le temps. Je ne vois donc dans cette sentence
de Beaumanoir, qui passa plus tard dans les
maximes de notre droit public sous la forme de
« qui veut le roi, si veut la loi [3] », rien autre chose
qu'une de ces pensées que l'enthousiasme sug-
gère, mais que la réflexion doit comprimer;
et je préfère beaucoup le passage de son livre
où le jurisconsulte tenant plus de compte de la

---

[1] L. I, c. LXXVI.
[2] T. II, p. 57, n° 27.
[3] Loysel, *Institutes coutumières*, t. I, p. 1, édition de Laurière.

situation de la royauté, de la puissance des
institutions féodales et de la direction des idées
en France, définit ainsi les droits du mo-
narque : « Çascuns barons est souverains en se
« baronnie. Voirs est que li rois est sovrains par
« desor tous, et a, de son droit, le general garde
« de son roiame, par quoi il pot fere tex establis-
« semens comme il li plest por le commun porfit,
« et ce qu'il establist doit estre tenu. Et se n'i a
« nul si grant desous li qui ne puist estre trais en
« se cort par defaute de droit ou par faus juge-
« ment [1] ». En différents autres endroits de son
traité [2], Beaumanoir revient sur cette idée politique et s'efforce de la faire passer de la théorie
dans l'application. Ici, le publiciste montre autant
de prudence que de hardiesse : loin de contester aux seigueurs leur pouvoir, il en déclare franchement la légitimité; mais en même temps il
accorde au roi, tuteur naturel et gardien suprême
de la grande association féodale, le droit de «fere
« tex establissemens comme il li plest por le com-
« mun porfit », c'est-à-dire le pouvoir législatif;
en telle sorte que les barons, souverains cependant au sein de leurs seigneuries, ne prendront
nulle part à la rédaction de la loi; ou, pour parler plus exactement, n'exerceront aucune influence sur la gestion des intérêts généraux de
la société.

---

[1] T. II, p. 22, n° 41.
[2] T. II, p. 364, n° 22; p. 447, n° 16, etc.

Si dans ce nouveau système politique, que
Beaumanoir proclamait avec tant de conviction,
et que l'opinion appuyait de toutes ses forces, les
seigneurs eussent au moins conservé l'indépendance de leur autorité judiciaire, la constitution
féodale de la France aurait pu se maintenir; car
au moyen âge le droit de juger contenait la souveraineté réelle. Le jurisconsulte de Clermont
ne l'ignorait pas; aussi voyez avec quelle habileté il se hâte de dire qu'il n'y a dans le royaume
si grand personnage qui ne puisse être assigné
au parlement pour déni de justice ou pour faux
jugement. Telle était en effet l'ancienne règle
féodale; mais quand elle fut établie, il n'existait
pas de baillis occupés à susciter des conflits entre
les juridictions seigneuriales, à transformer en
déni de justice le plus petit retard apporté par
un haut justicier au prononcé de son jugement,
à tracasser de toutes façons un seigneur siégeant
dans son tribunal; enfin le droit d'interjeter
appel, qui permettait à Beaumanoir de proclamer
ce principe si nouveau, si étrange dans un état
aristocratique : « Toute laïe juridictions du roiau-
« me est tenue du roy en fief et en arriere fief[1] »,
ne venait pas au secours de la partie condam-
née, qui n'osait pas s'en prendre corps pour
corps aux juges qui avaient prononcé le juge-

---

[1] T. 1, p. 163, n° 12.

ment[1]. Les amis de la suprématie royale, lorsqu'ils concentraient dans la royauté le droit de faire la loi et celui de juger, n'étaient pas, à vrai dire, des innovateurs; seulement ils poussaient bien au delà de leurs limites primitives des principes qui avaient été placés, mais avec de nombreuses restrictions, dans le sein de la féodalité. Les seigneurs n'ayant pas eu le talent de juger les doctrines qu'on leur opposait et le résultat qu'elles devaient obtenir, se trouvèrent, peu après le xiiie siècle, entièrement dépouillés du pouvoir législatif, sans que ce grave changement opéré dans la constitution politique du royaume eût occasionné ni agitation ni révolte. Il continua d'exister en France une noblesse puissante par ses glorieux souvenirs, son esprit guerrier, ses priviléges, ses richesses, et il est juste d'ajouter par son dévouement constant à la gloire et aux intérêts de la patrie; mais le pouvoir réel appartint au roi sans aucun partage. Mieux éclairées sur les dangers de leur position, les aristocraties anglaise et allemande surent défendre et conserver leur part du pouvoir législatif, et elles fondèrent des gouvernements où l'esprit féodal vit encore.

Beaumanoir prévit la révolution qui allait

---

[1] Je suis de nouveau forcé de renvoyer le lecteur à ce qui est dit, dans la préface du second volume des *Olim*, sur le déni de justice, le faux jugement et l'appel.

s'opérer dans les institutions de la France, il vit que le triomphe de la couronne sur les priviléges aristocratiques était assuré, et qu'il ne fallait pas risquer de le compromettre par une folle impatience ; il s'appliqua donc moins à décrier le pouvoir des seigneurs qu'à exalter celui du roi, le présentant toujours comme l'appui des opprimés, la garantie des intérêts généraux de la société, et la source naturelle de l'ordre, de la justice et du bon droit. La souveraineté de la juridiction royale, ce principe de civilisation qui devait faire tomber une à une toutes les idées et toutes les institutions féodales, devint sa thèse de prédilection, celle qu'il s'étudiait à développer avec le plus de force et à placer au-dessus des atteintes de la controverse. Dire que le succès de ce principe politique et judiciaire est dû à Beaumanoir, ce serait assurément attribuer au livre de ce jurisconsulte une trop grande influence ; mais on peut affirmer, sans méconnaître les droits de la vérité, qu'en donnant une forme dogmatique à cette idée, il la plaça au nombre des axiomes de droit et par conséquent hors de la portée du doute, ce que n'avaient pu faire ni les arrêts du parlement, ni la jurisprudence des juridictions royales, ni les efforts infatigables des baillis.

Dans les pays de droit écrit, la loi romaine reproduisait sous mille formes, plus vives les unes que les autres, le principe de la suprématie

royale ; dans les pays coutumiers, ce principe
était soutenu par des légistes tels que Beaumanoir : une même pensée animait tous les esprits,
et la théorie de l'unité du pouvoir souverain
régnait sur les idées, quand elle n'était pas encore admise comme une maxime du droit public
de la France.

Je ferai comprendre par un exemple que Beaumanoir ne se contentait pas de proclamer des
dogmes abstraits, destinés aux intelligences exercées, mais qu'il poursuivait l'application de sa
doctrine jusque dans les détails du gouvernement,
avec une volonté persévérante. Il s'occupe, dans
le chapitre xxv, des usages relatifs aux routes et
aux chemins, et reconnaît que la propriété des
voies de communication appartient aux seigneurs
sur les terres desquels elles sont établies. Cependant le comte de Clermont a, en cette matière,
une haute juridiction sur ses vassaux, et il doit
empêcher « que li grant quemin de seize piés ou
« de plus soient transporté de liu en autre en en-
« pirant.... Et se li quens voloit sofrir l'empire-
« ment des quemins, ne soferoit pas li rois ;
« ançois, à la requeste du païs, ou d'aucun de
« cix qui s'en daurroient (plaindroient), et, sans
« fere plet ordené, pot commander au conte qu'il
« face tenir les quemins de se terre en lor droite
« largueche[1]. » Le roi gouvernait et administrait ;

_____

[1] T. I, p. 362, n° 7.

il pourvoyait aux grands intérêts de la société féodale; et, en même temps, il intervenait, à la requête du pays, c'est-à-dire du peuple, dans l'administration des seigneurs et de leurs suzerains, afin de maintenir, autant qu'il était possible, la justice et la paix dans son royaume.

Un des plus grands obstacles que rencontrât le maintien de l'ordre public, était, sans nul doute, le droit de guerre privée; usage barbare, qui rendait le peuple des campagnes victime des querelles et des dissensions de ses maîtres. L'Église en établissant *la tréve de Dieu* et la royauté en proclamant *la quarantaine le Roy*, avaient cherché à imposer quelques entraves, quelques moments de relâche à cette fureur belliqueuse. Que pouvaient ces sages, mais faibles tentatives contre les mœurs et le caractère de la noblesse française, et contre cette vieille loi qui ordonnait à toute une famille de ressentir et de venger l'injure faite à l'un de ses membres? Beaumanoir, chez qui la science du légiste n'étouffait pas la fierté du gentilhomme, se garde bien d'attaquer le droit de guerre privée; il sait qu'il y a au fond de cette coutume un sentiment utile et louable qu'il est bon de conserver; mais à l'aide des ressources de son habileté judiciaire, il s'applique à limiter les cas de guerre et à faire admettre deux principes qui devaient plus tard rendre toute guerre privée impossible. L'un, que le comte, ou le roi, si le comte ne le veut, peut contraindre les parties à faire la paix ou à fournir trêves[1]; l'autre, que malgré le droit des familles, la justice ne doit pas moins poursuivre la punition du méfait qui donne lieu à la guerre[2]. N'est-il pas évident que l'action de la justice rendra superflue la vengeance des individus; et que, dans les circonstances où le contraire arriverait, le roi pourra toujours imposer aux parties une trêve, et ensuite les amener à accepter la paix?

Le désordre et les violences ne régnaient pas seulement dans les campagnes, à l'entour des châteaux et des donjons; la discorde existait également au sein des communes, et en avait depuis longtemps banni la paix et la sécurité. Une aristocratie bourgeoise s'y était formée, qui, en s'emparant des fonctions municipales, plaçait les habitants des villes dans la nécessité de supporter patiemment des duretés et des exactions quotidiennes, ou d'en appeler à la révolte. Chargés de pacifier ces communautés turbulentes et de réprimer les injustices des magistrats municipaux, les baillis connaissaient mieux que personne tout ce qu'il y avait d'incomplet et de vicieux dans l'organisation intérieure et politique des communes urbaines; ils savaient que les associations communales, utiles alors qu'il s'agissait de restreindre le pouvoir des seigneurs, présen-

---

[1] Chapitres LIX et LX.
[2] *Ibid.*

taient un obstacle aux développements de la
royauté, à une époque où les vœux de toute la
France et ses intérêts véritables appuyaient ces
développements. Qu'on ne soit donc pas surpris
si Beaumanoir se montre peu favorable à ces
institutions si célébrées de nos jours, et s'il compare les communes à des enfants qu'il faut soutenir
et diriger, parce qu'ils sont hors d'état de se conduire eux-mêmes. L'intervention de son autorité
avait trop souvent été invoquée par les habitants
des communes, ou par leurs magistrats, pour
qu'il pût se faire illusion sur les vices et les dangers de l'organisation municipale qui existait en
France à la fin du XIIIe siècle.

« Nos avons vu, dit-il [1], mout de debas ès bones
« viles des uns contre les autres, si comme des
« povres contre les riches, ou des riches meismes
« les uns contre les autres; si comme quant il ne
« se pueent acorder à fere maieurs, ou procureres,
« ou avocas; ou si comme quant li un metent sus
« as autres que il n'ont pas fet des rentes de le vile
« ce que il doivent, ou que il ont conté de trop
« grant mises; ou se comme quant li besongne de
« le vile vont mauvesement por contens ou mau-
« talens qui muevent li un lignage encontre
« l'autre. »

Ailleurs il s'exprime en ces termes [2] : « Nous

---

[1] T. II, p. 265, n° 5.
[2] T. II, p. 267, n° 7.

« veons pluriex bones viles où li povre ne li
« moyens n'ont nul des aministrations de le vile,
« anchois les ont li riche toutes, porce que il sont
« douté dou quemun por leur avoir ou por leur
« lignage ; si i avient que li un sont un an maieur,
« ou jurés, ou receveur ; en autre année après, si
« les font de leurs freres, ou de leurs neveus, ou de
« leurs procheins parens ; si que en dix ans ou en
« douze tuit li riche ont les aministrations des bones
« viles ; et après ce, quant li quemun vieut avoir
« conte, il se quevrent que il ont conté les uns as
« autres. » Aussi donne-t-il aux seigneurs le conseil
de s'opposer immédiatement à la formation de toute
association entre leurs sujets[1]. « Une autre maniere
« d'aliances ont esté fetes moult de fois, par les-
« queles moult de viles ont esté destruites et maint
« segneur honni et desherité ; si comme quant li
« communs d'une vile ou de plusors viles font
« aliance contre lor segneur, en aus tenant à force
« contre li, ou en metant main vilainement en lor
« segneur ou à sa gent. Donques, si tost comme
« li sires s'aperchoit que tele alliance est fete, il les
« doit penre à force ; et s'il les prent si tost qu'il
« n'i ait encore riens du fet fors que l'aliance fete,
« il doit punir toz les consentans par longue pri-
« son et raembre à se volenté selonc lor avoir. Et
« s'il pot savoir les quievetains qui l'aliance por-
« cacerent, si les fet penre. Et il ne lor fet nul tort ;

---

[1] T. I, p. 430, n° 63.

« car il ne demora pas en eus que lor sires ne fu
« honnis par lor porcas ; et por ce pot dire li sires
« que ce sunt si traitre. » Ces moyens rigoureux
pouvaient empêcher le mal de s'accroître, mais
non corriger le mal existant.

Quel remède le sage bailli de Clermont pres-
crit-il contre les abus causés par un régime
politique aussi mauvais ? Où est l'autorité qui
doit faire rentrer dans le néant cette aristocratie plébéienne qui ne sait pas, comme la
véritable aristocratie, se faire pardonner ses priviléges, en versant, pour la plus sainte des
causes, son sang aux frontières du royaume ? Ici
encore la royauté viendra au secours du peuple.
Beaumanoir s'attache à montrer que « nus ne puet
« fere vile de quemune ou royaume de France,
« sans l'assentiment du roy, fors que li rois ;
« parce que totes noveletés sont defendues [1] » ; et
de ce principe, dont au surplus il eût été facile de
contester le fondement, car rien ne ressemblait
moins à une nouveauté qu'une commune urbaine,
il tire cette conséquence, que le roi peut et doit
intervenir dans l'administration des communes
royales ou seigneuriales, pour rétablir la paix, le
bon ordre et la justice entre les confédérés, par
ce motif qu'il est le gardien naturel et suprême de
toutes les associations civiles ou religieuses, fondées dans son royaume.

---

[1] T. II, p. 264, n° 2.

On voit donc que l'unique pensée politique
qui anime et dirige Beaumanoir, le point d'où il
part toujours et auquel il revient sans cesse, est
l'extension et l'affermissement du pouvoir royal
par les moyens que fournissent les règles du droit
et le raisonnement. Toutes les ressources de son
esprit droit et ferme, tous les trésors de sa longue
expérience et de son profond savoir, il les emploie
à cimenter l'alliance du trône et du peuple, et à
faire comprendre à celui-ci qu'il ne peut espérer
que de la couronne un adoucissement à ses mi-
sères.

2°. *Droit canonique.* Pendant plusieurs siècles,
l'Europe n'eut pour résister à la barbarie et pour
se diriger vers un avenir meilleur, que les lois
émanées des conciles ou des souverains pontifes;
et lorsque Charlemagne essaya de donner une législation civile à ses peuples, ce fut à cette source
qu'il alla puiser, parce qu'en effet il n'en existait
pas de plus abondante ni de plus pure. Si les principes sur le mariage, les testaments, les juridictions, l'appel et la procédure civile se conservèrent
dans les plus mauvais jours et malgré l'effort des
mœurs barbares et de tous les désordres qu'elles
traînaient avec elles, l'Europe en fut redevable à
une législation qui savait rester fidèle aux dogmes
de la vérité éternelle, sans rien refuser au génie
des peuples ni aux exigences des temps. On a re-
proché et on reproche souvent encore au droit
canonique d'avoir été inspiré par l'esprit domi-

nateur de la cour de Rome; mais cette accusation,
à laquelle des esprits prévenus attribuent tant de
force, n'a pas même le caractère d'un reproche;
car toute autorité tend nécessairement à agrandir son domaine; et il serait injuste de chercher
dans cette loi générale un sujet de blâme contre
la seule puissance qui s'appliquât à faire cesser,
par l'influence de la pensée et par la conviction, le
règne de l'ignorance et du désordre. Sans doute
les lois ecclésiastiques empiétèrent sur ce que nous
appelons aujourd'hui le domaine de l'autorité
temporelle, mais existait-il aux x°, xi° et xii° siècles,
la moindre notion sur les limites de ce domaine;
et fallait-il que l'Église, prévoyant ce qui serait
plus tard réclamé par l'autorité civile, abandon-
nât aux caprices d'usages barbares et de lois in-
formes les premiers fondements de la civilisation? Les conquêtes de la législation ecclésiastique
étaient donc de véritables bienfaits, qu'on ne s'est
avisé de blâmer et de combattre que quand elles
avaient produit leur effet, c'est-à-dire remplacé
la violence par l'idée du droit, entouré cette idée
des formes de procéder qui pouvaient le mieux la
faire triompher, et restauré dans toute l'Europe
le pouvoir royal et le pouvoir judiciaire. Alors
l'Église avait accompli son œuvre terrestre, et le
moment était arrivé pour elle de rentrer dans la
sphère des intérêts religieux, en laissant à d'autres
mains le soin de diriger la société extérieure. Les
conditions de cette abdication étaient difficiles à

déterminer, et dès le xiii<sup>e</sup> siècle une scission profonde divisa, dans presque toute l'Europe et particulièrement en France, les deux puissances
quand il fut question de fixer la juridiction de
chacune d'elles. C'est à cette époque que parurent
les Décrétales de Grégoire IX et la Sexte de Boniface VIII, qui, avec le Décret de Gratien, forment
le corps de droit canonique. Ces vastes collec-
tions de canons, de bulles, de lettres, de décisions,
supérieures à tout ce que le droit civil avait produit
jusque-là, servirent d'aliment à l'esprit d'une
foule de docteurs et de clercs, qui, au sein des
cloîtres ou dans les célèbres universités de Bo-
logne, de Padoue, d'Angers, de Paris, étudiaient
ou enseignaient, moins la science des choses di-
vines que l'art de défendre les prérogatives de
l'Église. Cette nombreuse et ardente milice, qui
d'un bout de l'Europe à l'autre obéissait à la même
volonté, ne trouvait en France d'obstacle que dans
l'institution naissante de la magistrature, car la
politique des souverains variait trop fréquemment
pour que les prétentions excessives du clergé
eussent beaucoup à craindre de la fermeté du
trône. Cependant saint Louis, qui unissait tant
de lumières à une foi si vive, et était à la fois un
chrétien plein de soumission et un prince jaloux
de son autorité, entreprit de placer entre les
deux juridictions une limite visible, afin que les
empiétements du clergé ne pussent plus être ni
tolérés ni excusés; œuvre hérissée de difficultés,

où sa conscience pouvait à chaque instant faire
fléchir sa volonté, et qu'il sut accomplir non pas
d'une manière absolue, mais avec les sages tempé-
raments qu'exigaient les opinions de son temps et
son propre respect pour le dogme religieux. Par
sa pragmatique sanction, rendue en l'année 1268,
et dont on a vainement cherché à contester l'au-
thenticité[1], il rétablit les collateurs de bénéfices
dans la plénitude de leurs droits, rendit aux ca-
thédrales l'élection des évêques, proscrivit la si-
monie, mit obstacle aux exactions de la cour de
Rome; de même que, par divers actes d'une sagesse pleine de résolution, il éteignit dans la main
des prélats la foudre des excommunications.

Il suffit de rappeler que Beaumanoir siégeait
dans la cour royale vers la fin du règne de ce
prince, pour comprendre qu'il était au nombre des
magistrats qui, par le moyen d'une jurisprudence
inflexible, jetèrent les fondements de ces libertés
gallicanes objet de la sollicitude de tout ce que
le clergé français a produit de grands hommes;
libertés qui avaient pour but, non pas, comme on
l'a dit, de rompre, au profit de l'Église de France,
l'unité catholique, mais de maintenir le pouvoir
temporel en possession de son indépendance.

Dans le chapitre xi de son livre, Beaumanoir
entreprend de résoudre la difficulté qui divisait,

---

[1] *Essai sur les Institutions de saint Louis.* Paris, 1821,
p. 421.

depuis tant d'années, les deux puissances, de
distinguer les cas dont la connaissance appartient
à la juridiction ecclésiastique, de ceux qui composent le domaine de la juridiction civile. Il dé-
bute en ces termes : « Bonne coze et porfitavle, et
« selonc Dieu et selonc le siecle, que cil qui gardent
« le justice esperituel, se mellassent de ce qui
« apartient à l'esperitualité tant solement, et lais-
« sassent justicier et esploitier à le laie justice les
« cas qui apartiennent à le temporalité, si que par
« le justice esperituel et par le justice temporel
« drois fust fes à çascun[1]. » La difficulté ne consistait pas précisément à fixer les limites de la compétence ecclésiastique, et Beaumanoir ne fit que
reproduire une notion admise sans contestation,
quand il présenta onze sortes d'affaires dont la
connaissance, selon son avis, devait être abandonnée aux cours religieuses, c'est-à-dire, 1°. les
accusations de foi; 2°. les mariages; 3°. les dons et
aumônes aux églises; 4°. les propriétés religieuses;
5°. les procès des croisés; 6°. les procès des veuves;
7°. les testaments; 8°. la garde des lieux saints;
9°. la bâtardise; 10°. la sorcellerie; 11°. les dîmes.
Mais ce qu'il importait surtout de déterminer, le
point sur lequel les deux parties étaient le moins
disposées à faire des concessions réciproques et
à s'entendre, et qui par conséquent appelait le plus
vivement les lumières du jurisconsulte, étaient les

---

[1] T. I, p. 156, n° 1.

affaires mixtes, celles où les deux juridictions devaient agir simultanément, les « cas où il con-
« vient bien, comme dit Beaumanoir[1], et est re-
« sons que l'une justice ayde à l'autre. » Là se
trouvait une source de controverses et d'incerti-
tudes qui était à vrai dire intarissable, puisque,
après tant d'efforts, tant d'essais de tout genre,
tant de transactions offertes, acceptées, puis
rompues, elle n'est pas encore tarie. Je n'ose pas
assurer que Beaumanoir soit approché du but plus
que les jurisconsultes de son temps, et particulièrement plus qu'André Hornes, l'auteur du *Miroir de Justice*[2]. Et en y réfléchissant on reconnaît
que soumettre à des règles générales et absolues
des cas qui variaient selon la nature des affaires et
selon la jurisprudence du moment, c'est-à-dire à
l'infini, était une chose impossible. Poser quelques
jalons sur cette route tortueuse et embarrassée, où
tant de passions et d'intérêts contraires se dispu-
taient le pas, voilà ce qu'a fait le jurisconsulte de
Clermont et tout ce qu'il pouvait faire. Selon son
usage, il transporte dans le domaine de la théorie
la connaissance des droits de l'autorité civile à
l'égard de la puissance spirituelle; montre que ces
droits ne devaient pas grandir ou diminuer selon
que les souverains possédaient plus ou moins de
lumières et de fermeté, parce qu'ils reposaient

---

[1] T. I, p. 157, n° 1.
[2] C. 1, sect. IV, p. 472 de l'édition de Houard.

sur des principes certains et dont la vérité était incontestable.

Beaumanoir a traité, dans le chapitre XLVI de son ouvrage, de la garde des églises; matière à la fois politique et religieuse, et dont il est aisé de deviner l'importance.

Dans les temps de troubles au sein desquels la féodalité prit naissance, les églises et les couvents, pour s'assurer la propriété de leurs biens et la jouissance de leurs droits, en abandonnèrent une partie aux seigneurs, sous la condition que ceux-ci seraient leurs défenseurs et leurs gardiens. La violence étant devenue l'arbitre de la société, cet usage se maintint, en sorte que, au XIII<sup>e</sup> siècle, presque tous les barons possédaient la garde des églises situées dans leurs domaines. Les partisans de la suprématie royale, toujours empressés à saisir ce qui pouvait assurer l'affermissement de leur dogme favori, prétendaient que la garde des églises devait appartenir au roi. Beaumanoir procède avec une singulière habileté dans le développement de cette opinion. « Li roys, dit-il [1], « *generaument* a le garde de toutes les églises dou « royaume, mes *especiaument* chascun barons l'a « en se baronnie. » Ainsi, au roi la garde générale des églises, aux barons la garde particulière. Mais où finit l'une et où commence l'autre? Telle est la véritable question. Or, voici de quelle manière

---

[1] T. II, p. 241, n° 1.

Beaumanoir la décide. « Nous n'entendons pas
« pour ce se li roys a le garde general des eglises
« qui sont desous ses barons, que il i doit metre
« le main pour garder tant comme li baron fera
« de la garde son devoir; mais se li baron leur fet
« tort en se garde, ou il ne les vieut garder de
« ciaus qui tort leur font, adonques se pueent il
« traire au roy comme à souverain ; et ce prouvé
« contre le baron qui le devoit garder, la garde
« especial demeure au roy. » D'où il suit que
pour dépouiller un seigneur de sa garde et la
transporter au roi avec tous ses droits et tous ses
avantages, il suffisait qu'une église vînt porter ses
doléances au parlement et accuser son défenseur.
Comme les abbayes aimaient mieux être sous la
garde du souverain que sous celle d'un simple seigneur, des plaintes de ce genre étaient fréquentes,
et les *Olim* nous apprennent quel résultat elles ob-
tenaient. Beaumanoir contribua comme membre
du parlement, comme jurisconsulte et comme
bailli, à l'établissement d'une doctrine qui, peu
à peu et sans aucune violence, dépouilla les seigneurs d'un pouvoir dont l'effet était de maintenir
les droits temporels du clergé sous leur entière
dépendance, et transporta ce pouvoir à la couronne, qui était beaucoup mieux placée pour
l'exercer dans l'intérêt véritable de l'Église.

Je ne m'arrêterai pas davantage sur la partie
du livre de Beaumanoir qui se rapporte aux matières religieuses, parce que j'ai hâte d'arriver à

l'objet même de ce livre. Qu'il me soit néanmoins permis de dire que cet auteur offrit un exemple, sinon unique, au moins bien rare dans le temps où il vivait, celui d'un esprit sincèrement religieux sur lequel la superstition n'exerçait cependant aucun empire. Croirait-on que ce soit un magistrat du XIII° siècle qui parle dans les termes suivants de la sorcellerie, de cette erreur funeste et aveugle qui fit encore monter sur le bûcher des victimes pendant le cours du XVII° siècle? « Or « veons, dit-il [1], que est sorcerie. Sorcerie, si est « si comme un hons ou une femme fet entendant « à un varlet que ele li fera avoir une mescine à « mariage, la quele il ne poura avoir ne par amis « ne par avoir; et lui fera entendant que ele li fera « avoir par force de paroles, ou par herbes, ou « par autres fets qui sont mauvès et villains à ra- « mentevoir. Mout sont deceu cil qui de teles sor- « ceries fere se entremettent, cil qui i croient; car « paroles n'ont pas pooir, ne tex manieres de fez « comme il font, se ce n'est par force d'anemi, « mesmement en personnes, en qui paroles n'ont « nules vertus en mal fere. Car nous veons se un « hons ou un clerc, li quiex ne seroit pas ordené « à prestres, disoit une messe et toutes les paroles « dou sacrement, pour riens que il dist ne ne fist « il ne pouroit fere sacrement, tout dist il icelles « meisme que li prestres dist; doncques puet on

_____

[1] T. I, p. 167, n° 26.

« bien voir que les paroles qui sont dites pour
« mal fere, en la bouche d'une vieille ont petite
« vertu; mès il avient que li anemis qui met tout
« son pooir en decevoir houme et fame pour traire
« les ames en pardurables peines, fet aucunes fois,
« quant Dieu li sueffre, avenir les coses pour les
« queles les sorceries sont fetes, porce que il doint
« occasion de ouvrer en ceste maniere contre la
« foy; et à la fois Diex le sueffre par la foible
« creance qui est en ceux qui en euvrent. Mès se
« nus ne devoit eschiver cest erreur, fors porce
« que nus ne vist onques nului qui en usast qui en
« venist onques à bon chief, si le devroit çascuns
« en son cuer despire et aviller. »

Ne dirait-on pas que la déclaration suivante est
sortie de cette grande école gallicane dont Bossuet
fut l'oracle? « Deus espées sont, par les queles
« toz li pueples doit estre governés espirituele-
« ment et temporelment, car l'une des espées doit
« estre espirituel et l'autre temporel. L'espirituel
« doit estre baillié à sainte Eglise et le temporel
« as princes de terre. Et cele qui est baillié à
« sainte Eglise est apelée espirituel, porce que cil
« qui en est ferus est peris en la vie espirituel-
« ment, si comme cil qui muerent es vilains pe-
« chés ou en escomeniemens, ou qui ont ouvré
« contre le foy : et de toutes tiex coses apartient
« le connoissance à sainte Eglise. Et porce que
« leur espée espirituel est plus cruele que le tem-
« porel, porce que l'ame i enqueort, doivent mult

« regarder, cil qui l'ont en garde, qu'il n'en lierent
« sans reson, si comme des escommeniemens que
« il font trop legierement. Neporquant, en quel-
« que maniere que escommeniemèns soit getés,
« il fet à douter, et doit estre li escommeniés en
« grant porcas de querre absolution; car s'il des-
« daingnoit l'assolution et desobeissoit au com-
« mandement de sainte Eglise, adont seroit il
« escommeniés et à Dieu et au siecle, et feroit
« de se bone cause malvese. Ne li enfant ne sunt
« pas bon qui desobeissent à leur mere, et sainte
« Eglise est notre mere espirituelment, si devons
« obeir à li et à ses ensengnemens et en ses com-
« mandemens que ele noz fet por le sauveté de
« noz ames. L'espée temporel si est d'autre atem-
« preure, car par li doit estre fete droite jus-
« tiche, sans delai et venjeance prise des mal-
« feteurs corporelment. Et quant l'une espée a
« mestier de l'autre, eles s'entredoivent aider,
« sauf ce que l'espée espirituel ne se doit entre-
« metre de nule justice temporel, dont nus puist
« perdre vie ne membre; mais especialment l'es-
« pée temporel doit tozjors estre aparelliée por
« garder et deffendre toutes les fois que mestiers
« est. Et noz trouvissons mult de matiere de par-
« ler de le vertu de ces deus espées, mais autre
« matiere noz quort sus, si noz en soufferrons à
« tant; si revenons à ce que noz avons entrepris [1]. »

---

[1] T. II, p. 245, n° 11.

Des idées semblables à celles-ci ont sans doute été bien des fois répétées depuis; mais savait-on que l'honneur de les avoir le premier proclamées en France appartenait au jurisconsulte de Clermont?

On va voir qu'il ne portait pas dans l'étude des matières purement civiles un esprit moins ferme ni moins dégagé des erreurs accréditées de son temps.

3°. *Droit civil.* Beaumanoir n'a été conduit à traiter du droit public et du droit religieux de la France que par l'enchaînement des idées et parce que s'étant placé à un point de vue élevé, ses considérations ont dépassé les limites qu'il leur avait assignées : la législation civile et criminelle des pays régis par le droit coutumier était l'unique objet de ses recherches; matière dont l'étendue et la diversité auraient dû l'effrayer et le retenir, s'il n'eût été éclairé par cette pensée lumineuse, qu'il existait, au sein de la multitude de coutumes qui régissaient la France septentrionale, des principes communs à chacune d'elles; et qu'en prenant pour guide le droit naturel, base de toutes les législations, même des plus mauvaises, il lui serait facile de retrouver ces principes. Sa méthode fut donc purement analytique; mais comme il généralise toujours les vérités qu'il découvre, comme il ne sort jamais de cette sphère d'où l'on aperçoit le caractère vrai des choses, comme son esprit sait aussi bien simplifier une idée qu'étendre une observation, il a pu sans efforts resserrer dans les limites d'un ouvrage peu étendu l'esprit de toutes les coutumes qui régissaient la France, en paraissant cependant ne s'occuper que des usages d'une localité particulière [1].

Le droit civil du moyen âge étant divisé en deux parties, la législation féodale et la législation coutumière, j'adopterai cette distinction, quoiqu'elle ne se trouve pas exprimée dans l'ouvrage qu'il s'agit de faire connaître.

### a. Législation féodale.

A l'époque où vivait Beaumanoir, le droit féodal et le droit coutumier se touchaient par plusieurs points; et l'ancienne barrière qui jadis les avait tenus séparés, s'abaissait chaque jour davantage. Les principes du droit naturel s'insinuaient peu à peu dans les branches du vieux chêne féodal, et s'efforçaient d'asservir la législation française à des règles simples et uniformes, en attaquant avec une égale vigueur les traditions qui servaient de fondement à la féodalité, et ces coutumes bizarres, exceptionnelles, incohérentes auxquelles les mœurs locales avaient donné naissance. Il ne faut donc pas chercher dans le livre du bailli de Clermont le développement des maximes du

---

[1] Dans le plus grand nombre des chapitres de son livre, Beaumanoir ne fait pas même allusion aux usages du Beauvoisis, et parle d'une manière générale; en sorte que ces usages sont réellement pour lui une occasion et non un but de recherches.

droit féodal pur, tel qu'on le trouve chez Jean d'Ibelin ou chez Philippe de Navarre; car on n'y aperçoit qu'une image défigurée de la féodalité; non que l'auteur ait échoué dans son entreprise ou se soit placé à un faux point de vue, mais parce qu'il n'avait à peindre qu'une institution en décadence et minée de toutes parts.

Le service militaire était le fondement de l'édifice féodal; les concessions de terres, faites, dans l'origine, par les vainqueurs aux vaincus, ou par les propriétaires à ceux qui ne l'étaient pas, avaient eu pour but de rendre ce service régulier et obligatoire, afin que la seigneurie et le seigneur ne manquassent jamais de bras pour les défendre. Les jurisconsultes d'outre-mer emploient leur science et la finesse de leur esprit délié à prévoir et à résoudre les difficultés que l'accomplissement de ce devoir pouvait faire naître entre le suzerain et ses vassaux, et il n'est pas d'objet qui les ait aussi vivement préoccupés. Beaumanoir effleure à peine cette matière [1], parce que, en France, le service féodal avait perdu presque toute son ancienne importance, et que les rois et leurs grands vassaux, en soudoyant des armées et en faisant rendre la justice par des gens de loi, dispensaient les seigneurs de remplir les obligations de leurs fiefs. Ce que je dis du service militaire, on pourrait le répéter avec

---

[1] Chapitre XXVIII.

non moins de raison du service de cour ou judiciaire. Ces devoirs, sans doute, n'avaient pas été
positivement abrogés, ils existaient en droit, et
ils existèrent encore pendant plusieurs siècles;
mais quand Beaumanoir nous apprend que tout
le service militaire consistait, pour le vassal, à
fournir à son suzerain un cheval armé (*roncin
de service*) par fief, et que la coutume offrait
plus d'un moyen de se dispenser même de l'acquittement d'une charge aussi légère; lorsque nous
voyons que dans le plus grand nombre des provinces, les vassaux dédaignaient de venir siéger
dans la cour de leur suzerain, il est permis d'en
conclure que les seigneurs ne se rappelaient plus
l'origine et le but de l'institution féodale.

Ils n'avaient pas oublié les usages relatifs à la
transmission des fiefs, soit par voie d'hérédité, soit
autrement, parce que sur ce point l'intérêt personnel se tenait éveillé. Quelle que soit la situation
morale ou politique d'une nation, on peut être
assuré que sa plus vive sollicitude sera toujours
excitée par les lois ou par les coutumes qui régissent la propriété foncière. Aux yeux d'un publiciste tel que Beaumanoir, les usages relatifs à
l'hérédité des fiefs n'intéressaient pas seulement
la classe privilégiée, mais toute la nation, non
d'une manière générale, mais directement, parce
que les jurisconsultes de son temps, et lui plus
qu'aucun autre, s'efforçaient de faire admettre
en principe que les bourgeois et même les vilains

(*gens de poeste*) pouvaient tenir des fiefs. Rien n'était plus opposé aux principes fondamentaux de la féodalité, ni plus propre à amener la décadence rapide de toutes les institutions qui composaient ce régime politique; aussi un prince dont le nom ne nous est point connu, mais qui ne peut être que saint Louis ou Philippe-Auguste, publia-t-il une ordonnance pour arrêter un abus auquel les seigneurs, ruinés par les croisades et pressés par des besoins que le goût du bien-être et du luxe rendait chaque jour plus vifs, prêtaient imprudemment la main, et qui devait opérer dans les mœurs et dans le gouvernement de la France une révolution complète. Ce remède ne pouvait plus être efficace. La volonté d'aucun roi n'avait assez de puissance pour arrêter le mouvement de la société vers une organisation nouvelle, dont l'affranchissement du sol devait être le premier principe. Il n'y a donc pas de motifs de s'étonner si l'on entend Beaumanoir, ce magistrat, cet écrivain si dévoué aux intérêts de la couronne, enseigner sans scrupule les moyens d'éluder l'ordonnance. « Selonc l'establissement « le Roy, dit-il [1], li home de poeste ne pueent ne « ne devent tenir fiés, ne eus acroistre en fié; et « nepourquant nos i veons aucun remede coment « il puent avoir fié, et si n'est pas l'establissement « brisiés; car l'entention des establissemens si n'est

---

[1] T. II, p. 254, n° 1.

« pas por tolir autrui droit, mès porce que les
« cozes soient fetes selonc reson, et por les mal-
« veses costumes abatre, et les bones amener
« avant. » Lorsqu'un jurisconsulte éclairé admettait pour fondement de la législation française au
xiiie siècle, la raison; quand il pensait que la
constitution, les usages et les lois de son pays
n'étaient pas *brisés* par l'avilissement des fiefs, ne
donnait-il pas une juste mesure des altérations
qu'avait subies et que devait subir encore la constitution de la France?

Le service militaire et le service de cour étant
réduits à de vaines formalités, l'esprit féodal
s'éteignit dans le cœur des seigneurs, et y fut
remplacé par un sentiment jadis inconnu à la noblesse. Les droits utiles des fiefs, c'est-à-dire les
produits réels, pécuniaires de ce genre de propriété, devinrent le fondement de la féodalité telle
que l'avaient faite l'affranchissement des communes, les croisades, la naissance de la bourgeoisie, le changement d'état de la classe populaire, et
le progrès des idées de justice que le droit romain
avait proclamées. Cette féodalité paraîtra petite et
mesquine, surtout si on la compare à l'ancienne;
mais elle reposait sur le plus énergique des sen-
timents, sinon sur le plus honorable, et il était
naturel que les légistes s'appliquassent à déterminer et à régler, aussi bien dans l'intérêt du
peuple que dans celui des seigneurs, ses usages
trop souvent obscurs et contradictoires. Voilà

la tâche que Beaumanoir a remplie dans plusieurs chapitres de son livre, particulièrement dans ceux où il est traité de l'aveu et du désaveu [1], de l'éloignement et du rapprochement des fiefs [2], des fiefs tenus par les vilains [3], et des usages [4]. Il parle de ces divers sujets avec la netteté d'idées et de langage qui lui est ordinaire, et sans jamais perdre de vue le but qu'il se propose d'atteindre. Mais, je le répète, ce n'est pas là qu'on trouvera le tableau de la vieille et pure féodalité; et en lisant cette partie d'un livre si curieux, il faut se rappeler que Beaumanoir était avant tout le jurisconsulte du droit commun, le conseil et le guide de la justice populaire. C'est aux doctes gentilshommes d'Orient, à ces guerriers légistes, qu'il faut aller demander le secret de la féodalité.

## b. Droit coutumier.

Avant de pénétrer dans les obscurités du droit coutumier, il importe de savoir sur quelles bases il était assis. Ici se présente cette question difficile, que les jurisconsultes romains ont posée [5], mais qu'ils n'ont pas résolue : Qu'est-ce que la coutume? Beaumanoir apporte son tribut à la solution de

---

[1] Chapitre xlv.
[2] Chapitre xlvii.
[3] Chapitre xlviii.
[4] Chapitre xxiv.
[5] Le titre de *Legibus* du Digeste (l. I, t. III) renferme les observations les plus ingénieuses sur les effets de la coutume, mais non une définition exacte de ce genre de loi.

I.                                    e

ce problème, sans qu'il soit permis d'assurer que
ses efforts aient triomphé de la difficulté. Il dis-
tingue la coutume de l'usage, conformément au
droit romain [1], et déclare qu'une coutume est approuvée, « 1°. Quant ele est general par toute le
« conté, et maintenue de si lonc tans come il pot
« sovenir à home, sans nul debat; 2°. quant debas
« en a esté et fu aprovée par jugement [2]. »

L'assentiment universel et immémorial de la
province, ou l'autorité de la jurisprudence, telle
était, selon Beaumanoir, la double base de la coutume. Le parlement avait adopté cette définition [3],
et un grand nombre d'arrêts rendus par cette
cour montrent qu'elle n'éprouvait aucune difficulté à distinguer une coutume approuvée de
celle qui ne l'était pas.

« La difference, ajoute Beaumanoir [4], qui est
« entre costume et usage, si est que toutes cos-
« tumes si font à tenir; mès il i a tès usages que
« qui vodroit pledier encontre et mener dusques
« au jugement, l'usage si seroit de nule valeur. »
Comprenant bien tout ce qu'une pareille définition avait d'insuffisant, le jurisconsulte s'applique
à faire connaître les usages reçus dans le comté
de Beauvoisis.

Le peuple était à lui-même son propre législa-

---

[1] *Digest.*, l. I, t. I, l. 32.
[2] T. I, p. 338, n° 2.
[3] *Olim*, t. I, *Index rerum*, v° *Consuetudines*.
[4] T. I, p. 338, n° 3.

teur, car il créait, conservait ou modifiait la coutume, selon la disposition de ses mœurs et le vœu
de ses intérêts, le système féodal n'accordant au
roi et aux seigneurs le pouvoir de changer la
coutume que dans des cas rares et exceptionnels.
« Aucuns tans, dit Beaumanoir [1] sont essieutés
« (exceptés) que l'en ne pot pas fere ne ne doit
« qui a esté uzé et acostumé de lonc tans par droit,
« si come çascuns pot savoir que il sont deus ma-
« nieres de tans : li uns de pes, et li autre de
« guerre, si est resons que li tans de pes soit de-
« menés par les uz et par les costumes qui ont esté
« usés et acostumés de lonc tans por vivre en pes;
« mès el tans de guerre et ou tans que l'en se doute
« de guerre, il convient fere as roys, as princes,
« as barons et as autres seigneurs moult de cozes
« que se il les fesoient en tans de pes, il feroient
« tort à lor souget; mès le tans de necessité les
« escuse. Par coi li roys pot fere noviaus esta-
« blissemens pour le quemun pourfit de son
« royaume, si comme il a esté acostumé comman-
« der, quant il pense à avoir à fere pour se terre
« defendre, ou por autrui assalir qui li a fet tort,
« que escuier et gentilhome soient chevalier, et
« que riche home et povres soient tout garni d'ar-
« mures, çascun selonc son estat; et que les bones
« viles rapareillent lor services et lor forteresces,
« et que çascuns si soit appareillés de movoir

---

[1] T. II, p. 259, n° 1.

« quant li roys le commandera : tos tès establis-
« semens et autres qui semblent covenables à li
« et à son conseil pot fere li roy por le tans de
« guerre, ou por doute de guerre avenir. Et ças-
« cun baron aussint en se terre; mès que ce ne
« soit por enprendre contre le roy. »

L'intention du jurisconsulte est facile à saisir;
il veut, sans contester le droit des seigneurs, attribuer au roi tout le pouvoir législatif; car après
avoir dit que, dans les temps de nécessité, les
barons ont la faculté de déroger à la coutume, il
ajoute que, dans les temps ordinaires, « nus ne
« pot fere nouvel establissement, le quel ne doie
« corre (être reçu) par droit, ne noviax marchiés,
« ne noveles costumes, fors que li rois, ou royame
« de France. Et quiconque va contre l'establisse-
« ment, il quiet (tombe) en l'amande qui est esta-
« blie par le roy en son conseil. »

Beaumanoir, en exprimant et en développant
avec satisfaction un semblable principe de politique, se rendait l'organe des désirs et des intérêts de
son pays; mais trop sage pour ne pas comprendre
qu'un pouvoir illimité est moins une faveur pour
celui qui le possède qu'une source de périls ou
d'embarras, il se hâte d'ajouter à tout ce qu'il
vient de dire en faveur de la couronne ces sages
et sévères conseils, que la magistrature n'a pas
cessé depuis de faire entendre à la royauté. « Tout
« soit il ainssint que li rois puist fere noviax esta-
« blissemens, il doit mout penre garde que il les

« face par resnable cause, pour le commun porfit
« et grant conseil; et especialment que il ne soient
« pas fet contre Diu, ne contre bones meurs: car
« se il le fesoit, le quele chose il ne fera se Diu
« plest, ne le devroient pas si souget soffrir, porce
« que çascun par dessus totes cozes, si doit aimer
« et douter Diu de tout son cuer et por le honeur
« de sainte Eglise; et apres ce, son seigneur ter-
« rien. »

Le droit coutumier avait donc pour fondement : 1°. Les ordonnances rendues par le roi
pour le commun profit du royaume[1]; 2°. les coutumes approuvées, c'est-à-dire les coutumes reçues, sans opposition, depuis un temps reculé,
ou celles qui avaient été confirmées par arrêt du
parlement; 3°. les usages.

Je vais maintenant suivre l'auteur dans les
recherches auxquelles il se livre sur les diverses
parties de la législation coutumière.

Beaumanoir donne des détails intéressants sur
l'état des personnes[2]; il divise les personnes en
trois classes, qui sont les gentilshommes, les francs
et les serfs. Les gentilshommes sont « estraits de

---

[1] Laurière a dit, en parlant de cette époque : « Les ordonnances
« de nos roys estoient en petit nombre; elles entroient peu dans le
« détail des affaires des particuliers » (*Ordonnances des roys de
France*, t. I, p. 272, note *b*). Il suffit de lire l'ouvrage de notre
jurisconsulte pour rester convaincu que les ordonnances exerçaient,
au contraire, l'influence la plus grande sur les législations féodale
et civile.

[2] Chapitre xlv.

« franche lignie, si comme de rois, de dus, de
« conte ou de chevaliers, et ceste gentilesse si est
« tos jors raportée de par les peres et non de par
« les meres; mès autrement est de le francise des
« home de poeste, car ce que il ont de francise
« vient de par le mere; et quiconques nait de
« franche mere, il est franc, et ont franche poeste
« de fere ce qu'il lor plest[1]. »

La peinture faite par Beaumanoir de la classe
des serfs nous apprend que les idées relatives au
servage n'avaient rien perdu de leur dureté à la
fin du xiii<sup>e</sup> siècle, et que le pouvoir des seigneurs
sur leurs hommes mainmortables continuait de
n'être soumis à aucune limite. « Ceste maniere de
« gens, dit-il[2], ne sont pas tuit d'une condition,
« anchois sont pluriex conditions de servitutes;
« car li uns des sers sont si souget à lor seignor
« que lor sire pot penre quanques que il ont à
« mort et à vie, et les cors tenir en prison toutes
« les fois que il lor plest, soit à tort, soit à droit,
« que il n'en est tenus à respondre fors à Dieu.
« Et li autres sont demené plus debonerement;
« car tant comme il vivent, li seignor si ne leur
« pueent riens demander, se il ne meffont, fors
« leur cens et leurs rentes et leurs redevance, que
« il ont acostumé à paier por lor servitudes. » Ces
serfs étaient appelés *serfs abonnés;* les autres ne

---

[1] T. II, p. 232, n° 30.
[2] T. II, p. 233, n° 31.

différaient des esclaves véritables qu'en ce seul point, que leurs maîtres ne possédaient pas sur eux le droit de vie et de mort, quoiqu'il soit au surplus fort douteux que la justice eût informé contre un seigneur qui aurait tué son serf. Il faut qu'il existe dans les idées qui ont donné naissance à l'esclavage quelque chose de bien énergique, pour qu'un homme tel que Beaumanoir, vivant à une époque où les notions de droit et de justice se répandaient de toutes parts, et qui lui-même en était l'interprète le plus fidèle, n'ait pas senti ce qu'il y avait d'inhumain à proclamer de tels principes, sans en adoucir la rigueur par un regret ou par une espérance.

Beaumanoir ne craint pas de remonter à l'origine de l'esclavage, et il trouve que quatre causes lui ont donné naissance. 1°. Les seigneurs réduisaient en servitude leurs sujets, quand ceux-ci ne se rendaient pas à l'appel qu'ils leur adressaient pour « les batailles qui estoient contre le cou- « ronne. » Quoique Beaumanoir ajoute : « par « ceste cause en est mout », il ne la faut regarder que comme secondaire. 2°. « Par grant devotion « mout de gens si se donoient, aus et leur hoirs « et leur cozes, as sains et as saintes. » 3°. « Par « vente, si comme quant aucun chaoit (tombait) en « povreté, et il disoit à aucun seigneur : Vous me « donrés tant et je demorrai vostre hons de cors. » 4°. « Il i a de teles terres quant un frans hons, « qui n'est pas gentishons de lignage, i va manoir

« et i est residant un an et un jour, il devient serf
« au seigneur dessous qui il veult estre residans. »
Telles sont, en effet, les causes principales qui
ont, non pas établi, mais maintenu la servitude
en France et en Europe.

Pendant qu'il sonde froidement la plus hideuse
plaie de la société au sein de laquelle il vit,
Beaumanoir est tout à coup éclairé par un rayon
de vérité, et la déclaration suivante, qu'inspirait à
la fois la religion, l'humanité et la raison, sort de
sa bouche : « Selonc le droit naturel, çascuns est
« frans, mès ceste francise est corompue. » Ces
mots suffisent, et bientôt les chaînes des esclaves
seront brisées ; car proclamer l'existence du
droit naturel devant les seigneurs et leurs serfs,
n'est-ce pas annoncer une ère nouvelle où il
n'existera ni privilége, ni servitude, ni injustice
consacrée par la loi?

L'acte du mariage et les conventions matrimoniales appartenant à la juridiction de l'Église,
l'auteur ne s'en occupe pas d'une manière spéciale ; mais, dans son LVIIᵉ chapitre, il traite des
discussions qui peuvent naître entre les époux,
ainsi que de la séparation de corps et de biens.
Ici le légiste sait mêler à ses doctes enseignements
les conseils que lui inspire une morale sévère.
Tout le monde cependant ne l'approuvera pas
quand il dit [1] : « En pluriex cas pueent li homes

---

[1] T. II, p. 333, nᵒ 6.

« estre escusé des griès que il font à leur femes,
« ne ne s'en doit le justice entremetre, car il
« loist bien à l'ome à batre se feme, sans mort
« et sans mehaing, quant ele le fet mal; si
« comme quant ele est en voie de fere folie de
« son cors, ou quant ele desment son mari
« ou maudit, ou quant ele ne vieut obeir à ses
« resnable quemandemens. » La doctrine du jurisconsulte était, sur ce point, un peu rigide;
mais les trouvères et les troubadours de ce
temps enseignaient aux femmes une morale si
relâchée, que le bailli de Clermont jugea sans
doute convenable de raffermir les droits des
maris.

Les testaments étaient encore une matière réservée à la juridiction ecclésiastique; cependant
la justice civile devant, en certains cas, prêter
l'appui de son autorité aux exécuteurs des testaments, Beaumanoir a cru devoir entrer dans
beaucoup de développements sur la forme de
ces actes, leur validité et leur exécution[1]. Quoique ces divers sujets eussent été pour ainsi dire
épuisés par la législation et la jurisprudence
canoniques, rien n'indique que le savant légiste ait puisé à ces sources abondantes; et les
principes qu'il pose, et dont il déduit les conséquences avec autant de méthode que de pré-

---

[1] Chapitre xii.

cision, paraissent lui avoir été fournis par ses méditations et par sa propre expérience.

Le droit féodal n'admettait pas les donations proprement dites, parce que, sous l'empire de cette législation, les terres étaient possédées à de telles conditions, que les tenanciers ne pouvaient pas en disposer selon l'impulsion de leur volonté. Pour que les donations devinssent possibles, il fallait que la libre disposition des terres fût admise. Il n'en était pas ainsi à l'époque où vivait Beaumanoir; mais la législation avait déjà fait, dans cette voie, quelques progrès sensibles, et la société, après avoir proclamé l'affranchissement des individus, cherchait à affranchir la terre elle-même. Beaumanoir, qui n'avait parlé des donations qu'à propos des successions [1] et que d'une manière très-sommaire, sentit qu'il convenait d'attribuer un chapitre de son livre à cet objet important, et il s'occupa, dans le LXX⁰ et dernier de ce qu'il appelle les *dons outrageus*, c'est-à-dire des donations contraires à la coutume et aux bonnes mœurs.

Ce qu'il y a de plus digne d'attention dans ce chapitre, est que l'auteur considère l'inféodation comme une simple donation; ainsi l'acte, plus politique que civil, qui faisait passer une portion du pouvoir souverain des mains d'un seigneur

---

[1] Chapitre xiv.

dans celles d'un autre, qui créait un nouveau chef dans la seigneurie, et augmentait par conséquent la hiérarchie féodale, n'apparaissait à ses yeux que comme une disposition privée, analogue à la donation d'une maison ou d'un meuble. Remarquons la persévérance du savant légiste, qui toujours et par tous les moyens s'attache à faire plier sous le joug du droit commun les principes les plus exclusifs du système féodal.

Beaumanoir traite du douaire, qui est une véritable donation, et s'exprime de la manière suivante : « Li general costume des doaires, de ce « que la fame emporte le motié de ce que hons i « a, au jor que il l'esposa, si commence par « l'establissement le bon roy Phelipes , roy de « France, lequel regnoit en 1214; et cest esta- « blissement commanda il à tenir par tot le « roiaume de France , exceptée la coronne et « pluriex baronies tenues dou roiaume, les queles « ne se partent pas à moitié par le doaire. Et « devant cest establissement dou roy Phelipe, « nule fame n'avoit doaire, fors tel come il estoit « covenancié au marier [1]. » Ce fut en effet Philippe-Auguste qui établit en France le douaire légal; mais il ne le fixa pas uniformément à la moitié des biens du mari, car les Établissements de saint Louis [2] montrent que, sinon dans tous les

---

[1] T. I , p. 216, n° 12.
[2] L. I , c. xiv.

domaines du roi, au moins dans la Touraine,
l'Anjou et le Maine, le douaire des femmes nobles
s'élevait seulement au tiers de ces biens. En sup-
posant que Beaumanoir n'ait eu l'intention de
parler que des femmes roturières, son assertion
peut être admise.

Les chapitres xv, xvi et xvii des Coutumes de
Beauvoisis contiennent sur la tutelle, qu'on appelait, au moyen âge, bailliage et garde, d'amples
explications. Le bailliage ou tutelle des nobles
avait d'autant plus d'importance à cette époque,
que le bail prenait possession du fief, faisait
hommage au lieu et place du mineur, et suppléait
ce dernier dans l'accomplissement de tous ses
devoirs. Il ne devait aucun compte de sa gestion,
tandis que, en cas de garde, c'est-à-dire de tutelle
roturière, le gardien remettait au mineur, devenu
majeur, tous les fruits qu'il avait perçus durant
son administration.

Il faut rendre cette justice aux lois féodales,
qu'elles témoignaient la plus tendre sollicitude
pour les intérêts des mineurs; mais l'avidité des
tuteurs se jouait de leur prévoyance, et la tutelle,
soit féodale, soit roturière, était devenue une
pure spéculation qui donnait lieu à des débats
scandaleux, entre des parents qui considéraient
le bailliage comme un moyen de s'enrichir. Beaumanoir s'attache à résoudre toutes les difficultés
qui pouvaient en cette matière embarrasser les
tribunaux ou les familles, et à faire comprendre

aux seigneurs qu'ils sont les défenseurs naturels
des orphelins et des mineurs, et que, « pardessus
« toz, si devent garder que il ne seent damagié
« en nule maniére, sitost come la denonciation
« dou damage vient à aus. » Beaumanoir donne
continuellement aux seigneurs le conseil de se
montrer les patrons zélés de la justice et du bon
droit, même dans les occasions où l'usage ne leur
attribue pas un pouvoir direct, parce qu'il comprend que le règne d'une autorité constituée
dans le seul intérêt de ceux qui l'exerçaient allait
bientôt finir. Il ne tint pas à lui que les seigneurs
ne devinssent en France ce qu'ils restèrent longtemps en Angleterre, c'est-à-dire des magistrats
populaires, et que leur pouvoir ne se perpétuât
à l'aide d'une métamorphose favorable.

Les manières diverses d'acquérir la propriété
sont une des parties du droit coutumier sur
lesquelles le savant légiste a répandu le plus de
lumière. Les successions [1], la vente [2], le rachat [3]
et l'échange [4] deviennent tour à tour l'objet de
ses savantes recherches.

Si l'on voulait suivre Beaumanoir dans les
développements auxquels il se livre sur l'ordre
de parenté, les successions nobles ou roturières,
directes ou collatérales, les enfants légitimes et

---

[1] Chapitres xiv, xviii, xix, xx, xxii, lvi.
[2] Chapitre liii.
[3] Chapitres xiv, lxx.
[4] Chapitre xliv.

les bâtards, et enfin sur la saisine de bonne foi
en matière de succession, il serait nécessaire
d'entrer dans des explications que cette notice
ne comporte pas. Qu'il me suffise de dire que,
prenant son point de départ dans les coutumes
particulières au Beauvoisis, et s'appuyant bien
plus sur la jurisprudence que sur la théorie, il
montre que, sauf la quotité des parts attribuées
aux aînés et aux mâles, les usages du droit coutumier sur les successions pouvaient être facile-
ment ramenés à quelques règles simples et générales. Cette vérité, il la démontre en résolvant,
à l'aide des seules règles du bon sens et de l'équité,
les difficultés que présentait communément le
partage des successions, soit dans le Beauvoisis,
soit ailleurs. Prouver que les coutumes étaient
sœurs et qu'en remontant à leur origine commune
on y trouverait le principe de leur réformation,
telle fut la pensée de notre jurisconsulte; pensée
fort simple assurément, comme toutes les pensées
profondes, mais que personne n'avait entrevue
avant lui.

Le contrat de vente n'offrait aucune difficulté,
et Beaumanoir s'y arrête peu; mais il n'en était
pas de même du retrait ou *rescousse,* c'est-à-dire
de la faculté accordée à tout membre d'une famille
de rentrer dans l'héritage vendu par un de ses
parents, en désintéressant l'acquéreur; parce que
l'usage de ce droit donnait lieu à des fraudes si
nombreuses, que tantôt les parents n'osaient plus

retraire, tantôt les propriétaires craignaient de vendre. Il importait cependant beaucoup de rétablir les vrais principes en cette matière; car le retrait était un usage conservateur de l'esprit de famille autant que favorable aux progrès de l'agriculture. Beaumanoir, à la sagacité de qui une semblable vérité ne pouvait échapper, s'appliqua dans un chapitre, peut-être celui où il déploie le mieux la richesse de sa science, l'étendue de ses vues et la parfaite rectitude de son esprit, à suivre le retrait dans toutes les formes qu'il revêt comme dans toutes ses conséquences; employant pour démasquer le dol ou la mauvaise foi une connaissance des hommes et des choses que le long exercice des fonctions judiciaires peut seul donner. Nulle part il ne s'est servi des monuments de la jurisprudence coutumière aussi souvent et avec plus d'à propos, nulle part il n'a mieux fait comprendre qu'un sage esprit de réforme pouvait aisément s'allier avec le respect dû à la coutume existante.

Les usages qui régissaient la propriété foncière sous le système féodal étaient purement conventionnels et ne se rattachaient par aucun point au droit naturel. Le propriétaire participant dans une certaine mesure, et sous diverses conditions, aux prérogatives de la souveraineté, le droit de propriété ne pouvait pas être commun à tous les individus, et des lois compliquées et rigides réglaient le régime des terres et leur mode de trans-

mission. Le droit de propriété a conservé trop
longtemps en Europe les stigmates de la féodalité, pour qu'il soit permis de supposer que
quelqu'un, pendant le xiii° siècle, eût entrevu la
possibilité de rendre complétement libre la circulation des terres. Favoriser les changements
que la lente transformation des idées et des mœurs
amenait en cette grave matière; consacrer et
étendre la faculté accordée aux roturiers d'ache-
ter des fiefs, et combattre partout les droits ex-
cessifs des seigneurs sur les cultivateurs de leurs
domaines; voilà ce que l'on pouvait faire, et ce
que fit Beaumanoir, non avec le zèle ardent d'un
novateur, mais comme un homme éclairé, auquel il est inutile d'apprendre que les efforts
réunis de plusieurs générations sont nécessaires
pour opérer la rénovation des lois qui régissent
la propriété.

Il était une partie du droit coutumier à
l'égard de laquelle Beaumanoir jouissait d'une
bien plus grande liberté, et qui appelait même
une réforme que la féodalité ne pouvait pas empêcher : je veux parler des conventions, c'est-
à-dire des usages qui règlent les transactions
des individus entre eux. Ici, rien de politique,
rien qui touche aux idées, aux mœurs et aux
intérêts de la féodalité, rien qui arrête le jurisconsulte dans le libre essor de ses pensées. Et
cependant, ici encore, il y avait un immense
péril pour la société féodale, tant il est vrai que

quand un système est devenu vieux et débile tout concourt à accélérer sa ruine.

On a dit avec beaucoup de raison[1] : « Le droit « romain s'est introduit dans la jurisprudence des « fiefs par les décisions sur les contrats, sur leurs « dénominations, sur leurs effets, sur leur inter- « prétation et sur l'exécution qu'ils doivent rece- « voir; puis à la suite, et comme par une brèche, « il a fait successivement pénétrer des principes « étrangers aux conventions. » Le droit romain devait détruire successivement toutes les idées féodales et les remplacer par les notions pures du droit naturel : telle était sa mission, et l'on sait avec quel succès il l'a accomplie. Que les partisans de la réforme du droit coutumier et de la des- truction des préjugés féodaux aient embrassé, avec une ardeur quelquefois trop grande, la propagation des idées romaines, on le conçoit aisément; mais on ne comprend pas avec autant de facilité que Beaumanoir ait su résister à un entraînement auquel cédèrent sans résistance tous les magistrats, tous les jurisconsultes de son temps, tous ceux qui comme lui voulaient que le droit et la raison remplaçassent partout l'injustice et la violence; car rien dans son ouvrage ne ré- vèle, je ne dis pas l'autorité, mais seulement l'in- fluence directe du droit romain. Il a sans doute été puiser à cette source bienfaisante; supposer le

[1] Championière, *Revue de Législation*, t. viii, p. 164.

I.                                                      f

contraire, ce serait faire de ses lumières et de son jugement la plus amère censure; mais il y a puisé avec circonspection, sans enthousiasme, sans aveuglement, et s'est appliqué à remonter plus haut que le droit romain, c'est-à-dire jusqu'au droit naturel lui-même.

Lorsque Beaumanoir dit [1] : « Totes covenances « font (sont) à tenir; et par ce dist on covenance « vainc loi, essieutés les covenances qui sont fetes « par mauveses coses », il serait certes bien facile de trouver diverses lois romaines qui s'expriment dans des termes analogues à ceux-ci, et de conclure ensuite que Beaumanoir a tiré cette maxime du droit romain. C'est ce que, dans son Commentaire sur les Coutumes du Beauvoisis, la Thaumassière a fait en maintes circonstances. Qui ne voit que de tels principes sont de tous les temps, appartiennent à tous les hommes, et que pour les retrouver, quand les erreurs et les préjugés les ont obscurcis, il suffit d'un simple effort de l'intelligence? Je ne crois pas que, pour tout ce qui a rapport à la matière des conventions, Beaumanoir se soit astreint à reproduire servilement les doctrines romaines; je pense qu'après avoir demandé au droit naturel, à la législation romaine et à la jurisprudence, les notions générales qui lui étaient nécessaires, il s'est en quelque sorte assimilé ces notions, pour ensuite

---

[1] Chapitre xxxiv.

s'abandonner à l'impulsion de sa propre raison. « Beaumanoir fit peu d'usage de la loi romaine », dit Montesquieu [1]. Disons plutôt qu'il en fit beaucoup d'usage, mais un usage si intelligent et si éclairé, que la trace de ses emprunts s'évanouit, et qu'il semble original alors même qu'il ne fait que répéter ce que les sages avaient pensé et dit avant lui.

Il commence en ces termes son chapitre XXXIV[2] : « Moult de ples et de contens muevent par cix qui « ne voelent tenir les convenances et par cex qui « ne voelent porter garant des cozes qu'il sont « tenus à garantir par lor convenences ou par le « coustume du païs; et por ce noz parlerons en « cest capitre des cozes dessus dites, si que cil qui « mestier en aront puissent savoir les queles con- « venences font à tenir et les queles non, et de « quoi on doit porter garant; et li quel marcié « font à tenir et li quel non, et comment on en « doit pledier, et comment les justices en doivent « ovrer quant li plet en viennent par devant eus. »

Cette matière est trop étendue et elle fournit à l'auteur trop d'occasions d'entrer dans des développements variés et approfondis, pour que je songe à présenter l'analyse de tout ce chapitre; mais je choisirai une matière spéciale : les conventions faites par peur ou par force, afin de donner

---

[1] *Esprit des Lois*, l. XXVIII, c. XXXVIII.
[2] T. II, p. 1.

une idée juste de la méthode employée par Beaumanoir, méthode simple, claire, et qu'il suit toujours avec exactitude.

« Convenence qui est fete par force ou par peur
« n'est pas à tenir, dit-il[1]; mais force et peur si sont
« de pluriex manieres; car en dire : « Je le fis par
« force », il convient dire le force, et quele, et
« prover, s'ele est niée de partie; et puis regarder
« se le force est tele que le convenence doie estre
« nule. Et aussi de cheli qui fist convenence par
« peur, il doit dire la cause de le peur qu'il a; ne
« por son dit il n'en doit estre creus, se le coze
« n'est provée, et qu'ele soit tele c'on voie que
« peurs l'en deust bien venir. Et por ce c'on voie
« les quix forces et les queles peurs sont à recevoir
« en jugement, noz en dirons d'aucunnes. » Ces
principes étant établis, il définit la *force* et en
donne plusieurs exemples. Chacun de ces exemples
lui fournit l'occasion d'établir une règle, de dis-
siper un doute, ou de constater un usage; car il
exprime rarement des idées dogmatiques, et se
contente de fournir au lecteur les éléments d'une
conclusion générale. Méthode qui dut contribuer
à rendre son livre populaire, et qui aujourd'hui
encore le fait lire avec facilité et même avec une
sorte d'agrément.

Dans le chapitre xxxv, Beaumanoir porte son
attention sur les *convenences par letres* ou con-

---

[1] T. II, p. 14, n° 26.

trats. Il admet trois sortes de lettres : « La pre-
« miere, entre gentilshomes de leur seaus ; car il
« poent fere obligations contre eaus par le tes-
« mongnage de leurs seaux. La seconde maniere
« de letres, si est que tuit gentilhome et home de
« poeste si pueent mout fere reconoissance de lor
« marciés ou de lor covenancés, par devant le sei-
« gnor dessos qui il sont couchant et levant, ou
« par devant le soverain. Le tierce maniere, si est
« par devant lor ordinaire de le Crestienté[1]. » Il
donne des formules de lettres pour les cas de
vente, d'échange et de dette, et après avoir fait
comprendre la vertu des contrats et le moyen de
se servir de ces actes en justice, il s'applique à
éclaircir la théorie des nullités, matière abstraite
et délicate, que la chicane est malheureusement
parvenue à transformer en une véritable science.
Si Beaumanoir n'a pas triomphé de cet esprit de
fraude qui sait se cacher à l'ombre des formes
légales et emprunter le respect qu'elles inspirent,
c'est que les meilleures lois entraînent après elles
des abus que ni le génie du législateur, ni l'expérience du jurisconsulte ne peuvent prévenir.

Après avoir traité de la forme des obligations,
il s'occupe, dans les chapitres LII, LIII, LIV et LV, de
leurs effets et ensuite de leur exécution. Saisie des
héritages, saisie des meubles, contrainte par corps,
tels sont les trois points sur lesquels il concentre

---

[1] T. II, p. 42, n° 18.

les lumières de son esprit, en ne négligeant aucune matière accessoire à ces trois principales.

Au moyen âge, l'exécution des obligations était régie par des usages barbares qui trahissaient l'ignorance du législateur et la grossièreté des peuples. Les Assises de Jérusalem nous apprennent que chez les Latins d'Orient, le débiteur insolvable devenait l'esclave du créancier et portait un anneau de fer au bras en signe d'asservissement[1]. Il serait aisé de citer des lois encore plus dures, même à l'égard de débiteurs de bonne foi. Disons à l'honneur de la France que rien de semblable n'y existait plus à l'époque où vivait notre jurisconsulte. La contrainte par corps y était sans doute reçue puisqu'elle existe encore de nos jours; mais la sévérité de cette mesure (il n'est pas permis de prononcer le mot *peine*) y était resserrée dans les bornes marquées par la raison et l'humanité. Beaumanoir condamne les rigueurs qui ne sont pas le résultat naturel des engagements pris par le débiteur, montre que ce n'est point en consommant la ruine de ce dernier que le créancier retrouvera ce qu'il a prêté, et, sans affecter un orgueil qui serait excusable, signale les changements à introduire dans la coutume, en rappelant ceux qu'il a opérés lui-même pendant la durée de son bailliage de Clermont. Beaumanoir s'exprime souvent en ces termes : « Une mauvese costume soloit

---

[1] T. 1, p. 188; t. II, p. 56 de notre édition.

« corre, que noz avons ostée de nostre tans. »
Heureux le jurisconsulte qui peut placer les ré-
formes qu'il demande sous la sanction de celles
qu'il a déjà réalisées !

De nos jours, la durée de la contrainte par
corps est fixée à cinq ans; au xiii⁰ siècle, si le débiteur, après quarante jours de prison, abandon-
nait à son créancier ce qu'il possédait, il recou-
vrait sa liberté, « car ce seroit contraire coze à
« humanité, c'on laissast toz jors cors d'omme en
« prison por dete, puis c'on voit que li creanciers
« ne puist estre paiés pour le prison [1]. »

Je ne suivrai pas le docte jurisconsulte dans
l'exposé qu'il fait des usages coutumiers relatifs
au pret [2], au louage [3], au dépôt [4], au cautionne-
ment [5], parce qu'il se borne, sur ces contrats, à
exposer les principes généraux à l'aide d'exemples,
choisis toujours, il est vrai, avec beaucoup
d'à-propos; mais dont il serait impossible d'énu-
mérer ici même une faible partie. Je parlerai
de préférence du contrat de société, contrat qui
avait reçu au moyen âge une grande extension et
était devenu, comme Beaumanoir nous l'apprend [6], le principe de plusieurs améliorations

---

[1] T. II, p. 278.
[2] Chapitre xxxvii.
[3] Chapitre xxxviii.
[4] Chapitre xxxvi.
[5] Chapitre xliii.
[6] Chapitres xxi, xxii.

importantes dans l'état des agriculteurs, et de l'agriculture elle-même.

La féodalité n'était nullement contraire à l'esprit d'association, car on voit cet esprit s'étendre et s'affermir dans toutes les parties de l'organisation féodale, sans rencontrer aucun obstacle. Au sommet de la société, il fait naître l'institution des pairs; à la base, il réunit en famille agricole tous les sujets d'une seigneurie, les unit les uns aux autres par des liens qu'un seul d'entre eux ne peut rompre sans que l'association tout entière soit dissoute et que chaque associé perde le fruit de ses labeurs. Entre ces deux points extrêmes, viennent se placer les villes, avec leurs municipalités, leurs juridictions et leurs corporations. Il est donc vrai de dire que le système féodal favorisait les associations; mais il les assujettissait au pouvoir seigneurial, seul moyen de les rendre compatibles avec le principe de subordination sur lequel reposait la société.

Si une ville ne possédait pas de charte de commune, elle n'en était pas moins appelée à profiter des bienfaits de l'association.

« L'autre maniere de compaignie qui se fet par « reson de communalté, dit Beaumanoir [1], si est « des habitants ès viles où il n'a pas communes, « c'on apele *viles bateices*. Et ceste compaignie si « se fet ès fres et ès cous qui lor convient metre

---

[1] T. II, p. 317.

« ès cozes qui lor sont communes et des quelles il
« ne se poent consuirrer sans damace, si comme
« de lor moustiers refere et de lor cauciés ramen-
« der, de lor puis et de lor gués maintenir, et des
« autres cozes qui sont fetes par l'acort du com-
« mun, si comme de coz qui sont mis en ples por
« lor drois maintenir et por lor coustumes gar-
« der : en toz tex cas et en autres sanllavles font
« tex manieres de gens compaignie ensanlle, et
« convient que çascuns pait son avenant des fres
« selonc droit. Ne nus de tex manieres d'abitans
« ne se pot oster de compaignie, s'il ne va manoir
« hors du lieu et renonce as aisemens. Et s'il s'en
« part en ceste maniere, si convient il qu'il face
« compaignie aveques cix du lieu où il va ma-
« noir. »

Lorsqu'un principe favorable est établi au sein
de la société, si la loi ne détermine pas exactement
les limites dans lesquelles il doit se renfermer, on
peut être assuré qu'il s'étendra bien au delà de
ce que l'intérêt public exige. L'esprit d'association, appliqué à la classe agricole, était sans aucun
doute le moyen le plus simple et le plus assuré
d'empêcher que la culture des terres ne fût abandonnée, dans un pays où l'état de guerre semblait
habituel et où nulle sécurité n'était offerte au la-
boureur; cependant il ne fallait pas que le droit de
s'associer devînt un abus, ni que les associations
se formassent à l'insu même des associés. C'est

cependant ce qui arrivait. Nous lisons dans Beaumanoir [1] :

« Le quarte maniere par quoi compaignie se
« fet, si est le plus perilleuse et dont j'ai veu plus
« de gens deceus ; car compaignie se fet, par
« nostre coustume, par solement manoir ensanlle,
« à un pain et à un pot, un an et un jor, puis que
« li mueble de l'un et de l'autre sont mellé en-
« sanlle ; dont noz avons veu plusors rices homes
« qui prenoient lor neveus et lor nieces ou aucun
« de lor povres parens par cause de pité, et quand
« il avenoit qu'il avoient aucun mueble, il les
« traioient à eus por garder et garantir à celi que
« il prenoient à compaignie par cause de bone
« foi ; et neporquant il ne mellassent jà si poi des
« biens à cex que il prenoient aveques les lor, puis
« qu'il y fussent un an et un jor, que la compai-
« gnie ne se feist ; si que noz avons veu aprover
« par jugement que cil qui n'aporta pas en le
« compaignie le valeur de quarante saus et n'i fu
« pas plus de deus ans et ne se melloit de riens,
« ançois fu apelés avec un sien oncle, por cause de
« pité, por li nourrir : si demanda partie por le
« cause de le compaignie, et l'eut par jugement et
« emporta qui valut plus de deus cens livres. Et
« par cel jugement pot on veir le peril qui est en
« recevoir tele compaignie. Et por soi garder c'on

---

[1] T. l, p. 3o5, n° 5.

« ne soit en tele maniere deceus et que on ne laisse
« pas bien à fere ne à apeler entor soi ses povres
« parens por ceste doute qui est perilleuse, noz
« dirons comment on les pot avoir entor soi sans
« peril. »

L'association se répandait donc partout, et son
existence, ne durât-elle que quelques moments,
suffisait, dans certains cas, pour entraîner les
conséquences les moins équitables. Beaumanoir
s'adresse au droit commun pour résoudre les
difficultés que présente le contrat de société, selon que ce contrat se rapporte aux époux, aux
parents, à l'égard de leurs enfants; aux confédérés des villes, aux marchands ou aux agriculteurs; et à la suite de chacune de ces difficultés, il présente une solution simple, juste, et
qui est puisée soit dans la jurisprudence de son
temps, soit dans cet instinct de justice qui ne
l'abandonne pas un seul instant, et qui le dirige
aussi sûrement que la science la plus profonde
pourrait le faire.

Si l'analyse que je viens de présenter ne paraît
pas s'appliquer à l'universalité des matières que
contient le droit civil, si des lacunes plus ou moins
larges s'y laissent appercevoir, le reproche doit
m'en être adressé, et non à Beaumanoir, car il n'a
rien négligé de ce qui se rapporte aux personnes
et à la propriété; cependant il faut remarquer que
le bailli de Clermont ne pouvait pas élever avec
les matériaux mis à sa disposition un monument

complet et régulier. Bien des siècles s'étaient occupés à tailler et à polir ceux qui servirent à
construire le Digeste. Une législation naissante ne
donne jamais lieu à un ouvrage parfait. Je vais
maintenant suivre Beaumanoir dans l'étude de la
procédure civile et criminelle qui était reçue dans
les tribunaux de son temps.

*b. Procédure civile.* Avant d'aborder cette matière, il est nécessaire de présenter un aperçu général de l'organisation judiciaire de la France au
xiii° siècle [1].

Il existait dans le royaume deux ordres de
juridictions : les tribunaux religieux ou cours
de Chrétienté, et les tribunaux civils. Ces deux
juridictions avaient de fréquents rapports, ou
plutôt de fréquents conflits, mais suivaient des
règles de procédure entièrement opposées. Beaumanoir s'est attaché, comme il a été dit, à imposer
des limites exactes à chacune d'elles [2], sans toutefois y réussir, parce que le domaine spirituel et
le domaine temporel ne peuvent pas coexister.

Dans les domaines du roi, comme dans ceux
des seigneurs, la justice était rendue par des
tribunaux nommés *assises*. Les vassaux de chaque
seigneurie devaient composer cette juridiction;
mais comme des soins différents les appelaient

---

[1] Ayant traité précisément ce sujet dans la préface du second
volume des *Olim*, je me bornerai à rapporter ici la substance de
ce qui y est dit.

[2] Chapitre xi.

ailleurs, la justice y était, dans le plus grand nombre des provinces, rendue par les baillis et par des gens de loi que ceux-ci amenaient avec eux.

Au chef-lieu de chaque comté, siégeait, à certaines époques de l'année, l'assemblée des seigneurs de la province, qui, en cas d'appel, revisait les sentences rendues par les assises.

La cour du roi ou parlement, placée au sommet de ce grand édifice, recevait les appels et les dénis de justice des juridictions inférieures, et donnait l'impulsion à tout le système judiciaire.

Si j'ajoute que dans le sein des villes, en commune, il existait des juridictions municipales, et qu'une foule d'officiers désignés sous les noms de prévôts, viguiers, chatelains, etc., et soumis à l'autorité des baillis, prononçaient sur les délits communs et sur les affaires civiles de peu d'importance, on aura une idée sommaire, mais exacte, de l'administration de la justice en France à cette époque.

Les formalités judiciaires exerçaient une influence excessive sur les relations politiques et civiles des seigneurs entre eux. Comme les suzerains s'attachaient à étendre et les vassaux à restreindre le cercle des devoirs féodaux, il s'ensuivait que les uns et les autres, pour faire prévaloir leurs prétentions, ne craignaient pas de recourir à ces ruses, à ces subtilités, ou, pour mieux dire, à ces chicanes misérables dont Jean d'Ibelin et

Philippe de Navarre enseignent ouvertement la
théorie; mais qui, en France, étaient suivies par
instinct plus que par calcul. L'exemple des cours
ecclésiastiques où la procédure écrite n'avait pas
cessé d'être usitée, l'influence du droit romain,
et l'autorité de la cour du roi, donnèrent à cette
direction des esprits et des mœurs une si puissante impulsion, que la seule chose à craindre
était que, dans toutes les juridictions, la forme
ne fît perdre de vue le fond. On s'est toujours
plaint et on se plaindra sans doute toujours de la
procédure, mais il faut avouer, après avoir lu les
monuments judiciaires du xiiie siècle, que dans
aucun temps des plaintes de ce genre n'ont été
aussi fondées.

Se flatter de ramener à des éléments simples,
clairs et peu nombreux, les règles de procéder
en justice, eût été une illusion. Beaumanoir ne
s'est pas plus abandonné à celle-ci qu'à toute
autre; il a cru qu'il rendrait aux cours et aux
justiciables un service très-grand, s'il parvenait
seulement à bannir de la procédure l'arbitraire des
usages, et à fixer ces usages, si obscurs, si com-
pliqués, si mauvais qu'ils fussent. Tel a été son but.

Le premier chapitre des Coutumes de Beauvoisis est uniquement consacré aux fonctions des
baillis. Beaumanoir possédait l'esprit nécessaire
au magistrat digne de ce beau nom, cet esprit
calme, sévère, juste, qui voit les choses et les
hommes tels qu'ils sont et non pas tels qu'ils

devraient être, et qui éprouve d'autant moins de
déceptions, qu'il se contente du bien réel sans
poursuivre un bien imaginaire. Cependant sa
froide sagesse s'égara une fois, il faut en faire
l'aveu, dans le domaine de la perfection imaginaire, mais ce fut quand il traça le portrait du
bailli. Ici les illusions sont honorables et montrent
quelle idée Beaumanoir se faisait de ses propres
fonctions. « Il noz est avis, dit-il [1], que celi qui
« veut estre loiax baillis et droituriers, doit avoir
« en soi dix vertus. »

1°. « L'une qui doit estre dame et mestresse de
« toutes les autres », c'est la sagesse.

2°. La seconde est la piété.

3°. « Il doit estre dous et debonneres, sans fe-
« lonie et sans cruauté. »

4°. « Il doit estre soffrans en escoutans, sans
« soi n'esmovoir de riens. »

5°. « Qu'il soit hardis et vigueureux, sans nulle
« peresse. »

6°. « Largesce, et de ceste vertu descendant....
« deus autres.... ce est cortoisie et nettetés. »

7°. « Il doit conoistre le bien dou mal, le droit
« dou tort, les loiax des tricheres, les bons des
« malvès. »

8°. Il doit savoir « bien esploitier, sans faire
« tort à autrui. »

---

[1] T. I, p. 17, n° 2.

9°. « Qu'il obeisse au commandemens de son
« seigneur. »

10°. La dernière vertu, « celle qui enlumine
« toutes les autres », est la loyauté.

Saint Louis avait étendu, par de sages ordonnances[1], l'autorité légale des baillis; Beaumanoir
emprunte à la vertu ce qu'elle a de plus noble
pour en décorer cette magistrature, afin qu'elle
exerce autant d'empire sur l'esprit et le cœur
des peuples que sur leurs actions. Le moraliste
vient en aide au législateur, et si ses désirs dé-
passent ce que la fragilité humaine permet d'espérer, il n'en faut pas moins admirer le pieux
enthousiasme qui le porte à élever et à rendre si difficiles des fonctions qu'il avait exercées lui-même
et qu'il devait exercer encore.

On remarquera sans doute l'habileté avec laquelle notre jurisconsulte s'applique à montrer
que dans certains cas, et ces cas se reproduisaient
fréquemment, le bailli peut juger hors de l'assise,
c'est-à-dire tout seul. « Il n'est pas mestiers, dit-
« il[2], que li baillis, en toutes cozes qui aviennent,
« face plet ordené, ançois doit courre au devant
« des meffès et justicier selonc le meffet; et toutes
« voies bien se gart qu'il ne mete nului à mort
« sans jugement. » En un mot, le bailli peut appliquer, directement et sans *plet,* toute espèce de

---

[1] *Ordonnances,* t. I, p. 65, 161.
[2] T. I, p. 40, n° 35.

peine, hormis la peine de mort. Un tel pouvoir était évidemment excessif, et si l'appel au roi n'en avait pas tempéré l'exercice, il aurait eu de graves inconvénients. La société éprouvait un si grand besoin d'être gouvernée, que les usurpations des officiers royaux, même celles qui semblaient devoir mettre en péril la sûreté de chacun, n'éprouvaient nulle part de résistance.

Beaumanoir parle ensuite des procureurs et des avocats [1]. Selon la coutume du Beauvoisis, chacun pouvait constituer un procureur en défendant; mais les personnes privilégiées avaient seules le droit d'en constituer en demandant. Le jurisconsulte de Clermont enseigne comment les procureurs doivent se présenter devant les tribunaux, montre la nature et l'étendue de leurs pouvoirs, les moyens qu'il convient d'employer pour les combattre, et termine cette discussion par des considérations fort justes sur la validité des procurations.

« Porce que, dit-il [2], mout de gens ne sevent « pas les costumes comment on doit user, ne ce « qui appartient à lor querele maintenir, il loist « à ciaus qui ont à pledier que il quierent conseil « et aucunes personnes qui parolent por eus. Et « cil qui parolent por autrui sont appelés *avocas*. » Tout ce que Beaumanoir expose sur les devoirs des avocats, leur serment, la dignité de leur pro-

---

[1] Chapitres ıv et v.
[2] T. I, p. 89, nº 1.

1.                                                    g

fession est dicté par la sagesse et par l'amour profond de la justice. Les conseils qu'il leur donne et les réprimandes qu'il leur adresse, prouvent qu'il existait, dès ce temps, une union intime et affectueuse entre la magistrature et le barreau. Que de vérité dans cette observation sur l'intempérance de langage, si commune aux avocats de toutes les époques!

« Biaus mestieres est à celi qui est avocas et à « toutes manieres de gens qui ont à pledier pour « aus ou por autrui, quant il content lor fait, que « il comprengnent tuit lor fet au mains de pa- « roles qu'il porront; mais que le querele soit « bien toute comprise ès paroles, car memore « d'omme retient plus legerement poi de paroles « que mout, et plus agreables sont as juges qui les « rechoivent. Et grans empeequemens est as « baillis et as juges d'oïr longes paroles qui ne font « riens en le querele; car quant elles sont dites, « si convient il que li baillis ou li juge prengne « solement les paroles qui ont mestier à le querele, « et les autres ne sont contées que por oiseuses [1]. »

Le ministère des avocats était d'autant plus nécessaire, qu'il ne paraît pas que le langage des lois fût familier aux personnes qui n'avaient point, comme les ecclésiastiques, reçu une éducation littéraire. « Li clerc, dit Beaumanoir [2], ont une

---

[1] T. I, p. 93, n° 11.
[2] T. I, p. 98, n° 1.

« maniere mout bele de parler le latin ; mais li lai
« qui ont à pledier contre aus en cort laie, n'en-
« tendent pas bien les mos meismes qu'il dient en
« françois, tout soient il bel et convenable el
« plait. » On voit par là, et cette observation n'a
rien qui puisse surprendre, que les notions de
droit étaient encore l'apanage d'une classe particulière de la société, qui se composait d'abord des
clercs, ensuite des laïques qui se destinaient aux
fonctions judiciaires.

Le chapitre II du livre dont je présente l'analyse
est destiné à éclaircir ce qui se rapportait à un des
actes les plus graves de la procédure au moyen
âge ; je veux parler de la *semonce* ou ajournement.
L'ajournement n'était pas le même au civil qu'au
criminel, quand il était remis à un gentilhomme ou
à un roturier, quand il avait lieu sur une demande
réelle ou sur une demande mobilière ; dans certains cas on pouvait *contremander,* en d'autres
*essonier* [1] ; enfin le dommage en cas de non-compa-
rution n'était pas semblable pour toute sorte d'affaires. Un acte aussi varié dans sa nature et dans
ses effets, et aussi important, même dans ses résultats politiques, puisqu'aucun devoir féodal ne
devait être acquitté si la semonce n'avait pas été
faite d'une manière minutieusement légale, don-

---

[1] C'est-à-dire s'excuser en s'engageant ou en ne s'engageant pas
à comparaître à jour fixe. Beaumanoir traite de ces deux genres
d'excuses dans son chapitre III.

nait lieu à une multitude d'incidents qui suspendaient et rendaient souvent impossible la décision des procès. Vingt ans avant Beaumanoir, Ibelin avait pris cette matière pour le sujet de ses recherches [1]; mais soumis à l'empire de l'esprit scolastique et subtil qui infectait les cours d'Orient, il laissa à son successeur le soin de simplifier les formalités d'un acte qui, par sa nature, influe sur toute la direction d'un procès.

Dans un système de procédure où la forme prédominait sur le fond, on comprend que la manière de rédiger et d'introduire une demande en justice devait avoir des conséquences décisives : aussi Beaumanoir crut-il nécessaire de donner sur ce point aux justiciables des enseignements très-précis, et qui se trouvent dans ses chapitres VI et VIII; mais ses efforts, attestés par l'étendue de ces chapitres et par le soin particulier qu'il mit à les composer, vinrent échouer contre le vice radical de toute cette procédure. Lorsque la forme de la demande variait selon le caractère du procès, et que l'omission de quelques mots dans un acte de ce genre suffisait pour en amener la nullité, et donner, par cela seul, tout l'avantage au défendeur, pouvait-on, même en fournissant, comme le fait Beaumanoir, des formules de demandes toutes rédigées, se flatter de désarmer la mauvaise foi et de rendre libre l'accès du tribunal? Assuré-

---

[1] *Assises de Jérusalem*, t. 1, p. 96-100.

ment notre jurisconsulte déploie une sagacité merveilleuse dans cette sorte d'enquête qu'il établit sur les fraudes possibles en matière de demandes; et cependant il nous laisse persuadés que la chicane saura le surpasser en dextérité et en prévoyance.

Les jurisconsultes d'outre-mer après avoir enseigné au demandeur l'art de faire triompher une demande mauvaise, se retournent pour ainsi dire et fournissent au défendeur, sans aucun embarras, les moyens de rendre nulle une demande valable. Beaumanoir ne possède pas cette flexibilité de conscience et de talent; et s'il s'occupe, dans son chapitre VII, des exceptions dilatoires et péremptoires, il ne perd jamais de vue son unique but, qui est d'expliquer, dans l'intérêt de chacun, les actes divers d'une procédure qu'il ne tenait pas à lui de rendre plus simple et moins malicieuse.

Nous arrivons enfin au jugement, à cet acte définitif, dont tous ceux qui viennent d'être indiqués avaient pour objet d'accélérer ou de retarder le prononcé.

Dans le comté de Clermont, chaque feudataire jouissait sur son fief de la justice haute et basse. Malgré le nom qu'elle portait, cette justice ne s'étendait pas à toute espèce de matières, et Beaumanoir en signale jusqu'à dix dont la connaissance appartenait exclusivement au comte[1], soit

---

[1] 1°. Déni de justice; 2°. faux jugement; 3°. validité des assi-

par l'effet de la nature même de ces affaires, soit
à cause des anciennes usurpations des suzerains
sur les justices inférieures. Après avoir donné des
renseignements particuliers sur le régime judiciaire de la province qu'il venait d'administrer, il
aborde un sujet plus vaste et traite des jugements
en général[1]. Quelles personnes peuvent et doivent
juger? Comment doit-on refuser, débouter et fausser les jugeurs? Quelle est la forme des jugements?
telles sont les principales questions que Beaumanoir soumet à une discussion approfondie.

Le chapitre LXVII, où la plus grande partie de
ces matières sont exposées, offre des détails curieux sur les usages judiciaires du moyen âge et
que l'on chercherait vainement ailleurs. On y voit
« que un hons seul en se personne ne puet jugier,
« ançois en convient ou deux, ou trois, ou quatre
« au meins, autres que le seignor »; qu'un seigneur qui n'a pas assez d'hommes de fief pour
rendre un jugement, doit en emprunter à son
suzerain; que les parties peuvent fausser un jugement, non-seulement contre les jugeurs, mais
aussi contre le seigneur, chef de la cour qui l'avait

---

gnations données en la cour du comte; 4°. validité des engagements contractés par actes passés en la justice du roi, du comte
ou du bailli; 5°. trève et assurement; 6°. trève et assurement brisés; 7°. affaires personnelles du comte; 8°. douaire; 9°. nouvelle
dessaisine ou force; 10°. procès entamé entre parties avant que la
justice du seigneur soit requise. Voyez le chapitre x.

[1] Chapitres LXVI, LXVII.

rendu. On y remarque enfin un grand nombre de particularités intéressantes, sur lesquelles cependant nous ne croyons pas devoir nous arrêter, parce qu'elles ont déjà été signalées par du Buat, Montesquieu, Mably, Guizot, Meyer, etc., et qu'elles sont passées dans le domaine des notions connues.

L'arbitrage, le seul remède efficace contre les procès, était usité au moyen âge, et Beaumanoir en a fixé les principes avec une exactitude et une franchise qui montrent que, chez cet habile juris-consulte, il n'y avait rien de l'homme de loi[1]. Il comprit que la procédure était arrivée à un tel degré de complication et d'obscurité, qu'il importait de détourner les parties de recourir trop promptement aux tribunaux, en leur présentant un moyen extra-judiciaire et fort simple de terminer leurs différends. Les frais de justice étaient fort peu de chose dans un temps où l'art de multiplier les écritures n'avait pas encore été inventé; mais la lenteur extrême des procédures, causée par l'esprit de chicane, préjudiciait aux intérêts des parties autant que peuvent le faire aujourd'hui nos tarifs de frais. Le chapitre où Beaumanoir traite de l'arbitrage renferme une série de dispositions qui auraient à elles seules composé une excellente loi sur cette matière.

Toujours circonspect dans l'application de ses doctrines, le jurisconsulte de Clermont prévoit le

---

[1] Chapitre XLI.

cas où les arbitres, par défaut de lumières ou par
prévention, rendraient un jugement injuste, et
cite à ce sujet un fait que je crois devoir placer
ici, parce qu'il sert à expliquer certains usages
judiciaires du xIIIᵉ siècle.

· « Uns borgois, dit-il[1], meffist à un autre en
« vilenant, en tele maniere qu'il ocist son palefroi
« desoz li et le bati, sans mort et sans mehaing,
« por contens qui estoit mus entre les amis. Et
« quant il l'ot fet, il s'en repenti, et fist parler
« de pes à celi qu'il avoit vilené, et fu pes fete, en
« tele maniere que cil qui fist le meffet l'amende-
« roit selonc le dit et l'ordenance de trois des amis
« à celi qui ot le vilonie, et furent nommé. Et
« cil en quel ordenance li bateres se mist, ne re-
« garderent pas le forme du meffet, ne ne ren-
« dirent lor dit selonc droit, ne selonc pitié, an-
« çois furent si outrageus qu'il rendirent le dit de
« l'ordenance en tele maniere, que cil qui avoit
« fet le vilonie yroit à Nostre Dame de Bou-
« longne, nus piés, et moveroit lendemain que li
« dis fu rendus; et quant il seroit revenus en se
« meson, il n'i porroit estre que oyt jors; et au
« noevisme jor, il moveroit à aler à Saint Jaque en
« Galisse; et quant il seroit revenus, il moveroit
« au noevismes jor, à pié, à aler à Saint Gille en
« Provence; et quant il seroit revenus, il moveroit
« au quinsime jor à aler outre mer, et y demorroit

---

[1] T. II, p. 164, nᵒ 35.

« trois ans et raporteroit bones lettres qu'il y aroit
« atant demoré. Et aveques ce il donroit à celi qui
« il vilena trois cens livres, et jureroit sor sains
« que se cil qui fu vilenés avoit mestier de l'ayde
« de sen cors, il li aideroit, s'il en estoit requis,
« aussi tost comme à son cousin germain. Et quant
« cil contre qui il fu rendus, oy ce, il dist qu'il
« ne tenroit jà tel dit ne tel ordenance, porce que
« trop estoit demesurée por si petit meffet. Et cil
« por qui li dis fu rendus, assali de plet les pleges
« que cil en avoit bailliés, qu'il tenroit le dit et
« l'ordenance des trois dessus dis. Et cil qui les
« pleges mist por delivrer ses pleges, dit qu'il n'est
« pas tenus à si outrageuse ordenance; car s'il se
« mist en lor ordenance, il s'i mist por cause de
« bone foy, et creoit qu'il l'ordenassent en bone
« foi, et il avoient laissié misericorde et bone foi,
« et estoient alé avant comme plain de crualté et
« comme haineus, les queles cozes doivent estre
« hors d'arbitrage et de ordeneurs. Et l'autre
« partie disoit encontre, qu'il convenoit qu'il te-
« nist lor dit, porce qu'il s'estoit obligié à lor dit
« tenir, et fet seurté par pleges; et sor ce se
« mistrent en droit, se tele ordenance seroit tenue.
« Il fu jugié que l'ordenance ne tenroit pas, et
« que ce que li ordeneur avoient dit seroit de nule
« valeur, porce qu'il avoient trop outrageusement
« passé mesure. Et fu le querele ramenée à loial
« estimation de jugement. »

Si l'on rapproche les principes relatifs à la pro-

cédure civile que l'on trouve dans les Coutumes
de Beauvoisis de ce qui existe d'analogue dans
l'ouvrage de l'Anglo-normand Britton et dans celui de Pierre de Fontaines, on possédera tous les
éléments nécessaires pour reconstruire le système
de procéder en matière civile, devant les tribunaux de France et d'Angleterre. L'étude de cette
partie de la législation du moyen âge conduit
à plus d'une observation importante sur les idées
et les mœurs de cette époque; et si le publiciste
ne peut pas espérer, en s'y livrant, de faire une
récolte abondante de notions profitables, l'historien y trouvera des faits curieux et caractéristiques
de la civilisation qui les faisait naître.

### c. Droit criminel.

Il n'existait pas, à l'époque où vivait Beaumanoir, plus d'uniformité dans les lois pénales que
dans les lois civiles; partout régnait la coutume;
et son incertitude, ses contradictions, ses bizar-
reries, dans la répression des crimes ou des délits,
amenaient tantôt des supplices barbares, tantôt
une impunité complète, sans qu'il fût plus facile
de rendre compte des uns que de l'autre. Rien
de moins sensé que le code pénal du moyen âge.

Aussi longtemps que l'influence des idées et
des mœurs germaines se fit sentir en France, les
peines y furent d'une rigueur excessive, que ne
tempérait pas toujours la faculté de composer ou
de racheter un méfait à prix d'argent. Plus tard

la loi pénale devint moins cruelle; et lors de la
rédaction des chartes de communes, elle fut dé-
pouillée, on peut le dire, de toute son efficacité; car
la faculté de composer, de pacifier et de soustraire
à l'action des lois par un pèlerinage ou par un
bannissement volontaire, devint le droit commun
du royaume. Et qu'on ne pense pas que cette mol-
lesse dans la répression des crimes fût la conséquence d'un principe d'humanité excessif, mais
réfléchi; puisque souvent une ville ou une province était tout à coup effrayée, et sans qu'on pût
en assigner d'autre cause que l'irritation populaire ou la cruauté accidentelle du juge, par un
supplice auquel présidait le plus barbare raffine-
ment.

En cette matière, la tâche du jurisconsulte ré-
formateur était très-délicate, puisqu'il devait combattre à la fois l'impunité et les rigueurs inutiles,
et déraciner d'une main vigoureuse des préjugés
qui prenaient leur source dans l'ignorance publique et dans la rudesse des mœurs, sans pouvoir
appeler à son aide ni le droit canonique ni le droit
romain. Ici encore Beaumanoir trouva dans la
sagesse de son esprit le meilleur de tous les guides;
et ce guide fidèle qui déjà l'avait dirigé si sûrement
dans le labyrinthe du droit civil, lui fit contem-
pler sous son jour véritable l'amas d'erreurs qui
formaient la législation pénale de son temps. Dans
tout ce qu'il dit sur le droit criminel, le jurisconsulte de Clermont ne se montra pas seulement

supérieur à ses contemporains : il proclama des idées dont la vérité ne fut reconnue et qui ne passèrent dans la loi que plus de deux siècles après sa mort. Nous avons hâte de montrer qu'en parlant de la sorte, nous ne changeons pas notre rôle d'historien en celui de panégyriste.

Un système pénal est bon ou mauvais selon que le législateur se forme une idée juste ou fausse de l'objet des peines. Jusqu'à la fin du siècle passé, la législation française admit en principe que le but de la peine était de punir le coupable, ou, en d'autres termes, de lui rendre le mal pour le mal. La peine du talion n'était que l'application scrupuleusement exacte de cette doctrine. Beaumanoir ne partageait pas une pareille erreur ; il pensait que la peine était essentiellement exemplaire, c'est-à-dire destinée à retenir, par le moyen de la crainte, quiconque serait tenté de suivre l'exemple du coupable. « Bonne coze, dit-il[1], est « que on queure (courre) audevant des malfeteurs « et qu'il soient si rademenet pusni et justicié selonc « lor meffet, que por le doute de le justice li autre « en prengnent exemple, si que il se gardent de « meffere. »

Quant à la peine du talion, que plusieurs chartes de communes continuaient d'appliquer à certains délits, il la regarde comme abrogée, au moins dans le Beauvoisis. « Selonc l'ancien droit, qui

---

[1] T. 1, p. 429, n° 61.

« mehaignoit autrui, on li fesoit autel mehaing
« comme il avoit fet, c'est à dire, poing por poing,
« pié por pié; mais on n'use pas selonc nostre
« coustume en tele maniere, ains s'en passe par
« amende, et par longue prison, et por fere ren-
« dre au mehaigné selonc son estat soufisant, son
« damage, et selonc ce que il est, et selonc que
« celui a d'avoir qui le mehaingna [1]. »

Ayant choisi pour base de son système une idée
parfaitement juste, toutes les conséquences que
Beaumanoir en tire sont simples, vraies et conformes à l'équité. Ainsi, il ne croit pas proclamer
des doctrines nouvelles et qui doivent lui mériter
la reconnaissance de ses concitoyens, quand il
exprime des axiomes tels que ceux-ci :

« Pequié (péché) fet li juges qui ne haste le
« jugement [2]. »

« On doit moult secorre les negligens qui ne
« sevent pas les coustumes [3]. »

« Plusor cas aviennent souvent ès quix il est
« grans mestiers que li segneur soient piteus et
« misericors, et qu'il n'uevrent pas tos jors selonc
« rigueur de droit [4]. »

« C'est li communs porfis que çascun soit ser-
« gans et ait pooir de penre et d'arrester les mal-
« feteurs [5]. »

---

[1] T. I, p. 416, n° 18.
[2] Ibid., p. 447, n° 91.
[3] Ibid., p. 448, n° 94.
[4] T. II, p. 483, n° 1.
[5] Ibid., p. 463, n° 14.

« On se doit penre plus près en jugement d'as-
« saure (absoudre) que de condampner, quant
« cil qui se deffent met en se deffense cause de
« bonne foy[1]. »

S'il ne parle jamais des épreuves judiciaires,
s'il ne recommande pas une seule fois l'emploi de
la question qui, pour presque tous les magistrats
de son temps, était la conséquence naturelle d'une
condamnation ou d'une simple accusation; si les
peines qu'il indique sont modérées, si jamais il
ne méconnaît ni les droits de la raison, ni ceux
de l'humanité, c'est qu'il y avait chez lui un accord parfait entre l'esprit et le cœur, et que le
moraliste chrétien inspirait et dirigeait le jurisconsulte. S'élever, dans l'étude de la législation
civile, jusqu'à la connaissance du droit naturel,
était l'indice d'un esprit supérieur; mais pour
s'affranchir du joug des préjugés barbares qui
formaient partout le droit criminel au moyen
âge, il fallait dominer de très-haut son époque,
faveur réservée à un petit nombre d'hommes.

Qu'on me permette de choisir, entre tant
d'autres, un exemple à l'aide duquel il sera facile
de mesurer la distance qui séparait Beaumanoir
de ses contemporains.

On a vu longtemps en Europe des juges s'as-
sembler gravement et prononcer la peine de
mort contre des animaux qui avaient occasionné
certains accidents, auxquels on donnait le nom

---

[1] T. II, p. 63, n° 6.

de crimes. Les annales de la jurisprudence nous ont conservé beaucoup d'arrêts de ce genre. Quelles idées conduisaient des hommes sensés à une semblable prostitution des formes judiciaires ? Il faut l'ignorer; mais ce dont on ne peut douter, c'est que, à la fin du xvi° siècle, un criminaliste fort renommé, Damhoudère, soutenait encore que, dans une circonstance qu'il indique et que je ne crois pas devoir rapporter, un animal pouvait être condamné, par arrêt, à la peine du feu[1]. Maintenant, laissons parler sur ce point le jurisconsulte de Clermont[2].

« Li aucun qui ont justices en lor teres, si font
« justice des bestes quant eles metent aucun à
« mort; si comme se une truie tue un enfant, il le
« pendent et trainent, ou une autre beste; mais
« c'est noient à fere, car bestes mues n'ont nul
« entendement qu'est biens ne qu'est maus; et
« por ce est che justice perdue. Car justice doit
« estre fete por le venjance du meffet, et que cil
« qui a fet le meffet sace et entende que por cel
« meffet il emporte tel paine; mais cix entende-
« mens n'est pas entre les bestes mues. Et por ce
« se melle il de nient qui en maniere de justice
« met beste mue à mort por meffet; mais facent
« li sires son porfit, comme de se coze qui li est
« aquise de son droit. »

---

[1] *Practiques judiciaires ès causes criminelles.* Anvers, 1574, in-12, p. 115.

[2] T. II, p. 485, n° 6.

Beaumanoir donne peu d'explications sur la
procédure criminelle, parce que cette procédure
ne différait pas essentiellement de la procédure
civile. Les mêmes tribunaux et les mêmes juges
prononçaient sur des affaires de tout genre[1]; et
d'ailleurs les baillis, les sénéchaux, les prévôts, etc.,
ayant au criminel un pouvoir à peu près arbitraire, variaient les formes de procédure selon les
circonstances. Les seules matières réglées avec
certitude étaient le duel et l'enquête, usages
diamétralement contraires, et qui représentaient,
l'un les anciennes mœurs de la société, l'autre ses
idées et ses intérêts nouveaux.

Le duel judiciaire a été l'objet de tant d'explications, et les légistes d'Orient s'en sont occupés
avec un soin si minutieux, que je crois inutile
d'entrer ici dans des détails qu'il y a tout profit
à aller demander aux écrivains originaux, et que
d'ailleurs Montesquieu a su présenter avec l'éclat
ordinaire de ses pensées et de son style[2]. Quant à
l'enquête, moyen d'investigation qui s'employait
au criminel comme au civil, et dont Beaumanoir
fait comprendre l'importance et le caractère[3],
il est nécessaire de présenter quelques éclaircis-
sements.

---

[1] Il existait, à la fin du xiiie siècle, une chambre civile et une
chambre criminelle dans le sein du parlement; mais cette séparation avait été introduite parce que les membres de la cour, engagés dans les ordres, ne pouvaient pas juger au criminel.

[2] *Esprit des Lois*, l. XXVIII, c. xxvii.

[3] Chapitre xl.

Saint Louis supprima le duel judiciaire dans ses domaines[1], et le remplaça immédiatement par l'enquête; l'ancienne procédure civile et criminelle fut conservée; mais au moment où le duel aurait dû être prononcé, le juge se livrait à une recherche et à une appréciation, également réfléchies et calmes, des faits du procès et du droit des parties. Plus la réforme tentée par saint Louis rencontrait d'opposition, plus il importait d'entourer l'enquête de formalités protectrices, qui conciliassent l'opinion publique à cette grave innovation. Saint Louis posa les principes en cette matière, le parlement les développa par sa jurisprudence, et Beaumanoir résuma ensuite et coordonna scientifiquement les éléments d'une procédure à laquelle tant d'efforts réunis étaient parvenus à donner beaucoup de précision, sans pouvoir toutefois la faire recevoir universellement dans les cours de justice. La noblesse repoussait la *nouvelle coutume* comme une invention des clercs, des gens de loi, et comme une injure faite à sa fierté et à son courage; les assises des chevaliers restées fidèles au duel, la rejetaient obstinément; en sorte que, sur une simple question de procédure, les deux grandes idées qui partageaient la nation se retrouvaient en présence. Tout est sujet de discorde dans une société qui

---

[1] Par son ordonnance de l'an 1260. (*Ordonnances*, t. I, p. 57.)

I.                                                    *h*

réforme ses usages. On ne doit donc pas s'étonner
que Beaumanoir ait indiqué, avec une attention
particulière, les diverses phases de l'enquête, et
cherché à ne pas laisser sans solution une seule
des nombreuses difficultés qui pouvaient arrêter
les *enquesteurs* pendant le cours d'une procédure
longue et minutieuse.

Je ne pousserai pas plus loin cette analyse d'un
livre qui, par son mérite propre et relatif, doit
être placé au premier rang des productions du
moyen âge; mais il reste encore à faire connaître
la méthode et le style de l'auteur.

L'art d'exposer les idées et de les coordonner
les unes avec les autres dans l'ordre le plus naturel,
était inconnu à l'époque où cet ouvrage fut écrit.
Les auteurs présentaient leurs pensées comme
elles s'offraient à leur esprit, également dédai-
gneux des avantages d'une disposition métho-
dique, d'une logique sévère et d'un style simple
et clair. Philippe de Navarre, Jean d'Ibelin,
Geoffroy le Tort, l'auteur inconnu du Livre des
Assises de la Cour des Bourgeois, Britton, Hornes
et Pierre de Fontaines, qui ont tous fait usage de
la langue vulgaire du xiii<sup>e</sup> siècle, ne semblent pas
s'être préoccupés de la forme de leurs écrits, ni
avoir pensé que la raison elle-même eût besoin
d'être ornée pour exercer le pouvoir qui lui
appartient. Dire que Beaumanoir sut se garantir
de tous les défauts des écrivains de son temps, ce

serait assurément vouloir fermer les yeux devant
la vérité; mais il est permis d'affirmer que, pour la
méthode, la dialectique et le style, son livre est
supérieur à ceux du même genre qui parurent
pendant le cours de ce siècle.

Les soixante-dix chapitres qui composent les
Coutumes de Beauvoisis ne sont pas rangés dans
leur ordre naturel et scientifique; mais cette im-
perfection purement matérielle, et à laquelle on
peut toujours remédier, blesse d'autant moins que
chaque chapitre, considéré isolément, forme un
traité complet dans lequel l'auteur expose, dis-
cute et résout les questions les plus difficiles avec
une vigueur de raisonnement, une netteté de
pensée et une simplicité de langage qui ne laissent
aucune place à l'incertitude. Jamais une idée accessoire ou une digression malheureuse ne le dé-
tourne du but qu'il a en vue; jamais une citation
de l'Écriture-Sainte ou du droit romain ne vient
surcharger et ralentir sa phrase. Invoque-t-il
l'autorité de la jurisprudence ou l'opinion de ces
*seigneurs ès lois* dont il parle toujours avec un
profond respect, les jugements ou les avis qu'il
rapporte s'adaptent si exactement à ses propres
idées, qu'ils semblent en être la conséquence nécessaire. Il ne se plaît pas, comme Jean d'Ibelin, dans
de longues déductions, ou comme Pierre de Fontaines, dans l'expression sèche et aride d'une
pensée : il s'avance d'un pas rapide et ferme vers

la vérité, se bornant, quand la matière qu'il traite
le permet, à énoncer une solution immédiate,
mais ne reculant jamais devant une discussion
ardue et approfondie. Son esprit est comme son
style, prompt, vif et clair, et ces qualités, si
précieuses pour quelque genre d'étude que ce soit,
sont les seules que l'on puisse exiger d'un jurisconsulte.

Dans ses Essais de Morale, Nicolle parle de
ces hommes qui « laissent des traces et cavent ce
« qu'ils manient » : Beaumanoir était du nombre,
et le sillon qu'il a creusé dans la jurisprudence
française, pour ne pas être visible à tous les yeux,
n'en a pas eu moins de profondeur.

La seconde partie du xiii° siècle vit paraître
plusieurs ouvrages du genre de celui dont il vient
d'être parlé, et quoique leurs auteurs fussent de-
meurés étrangers les uns aux autres, il existe
beaucoup d'analogie entre l'origine et la direction
de leurs idées. Tous ils veulent réformer la législation féodale et créer une législation populaire
en dehors de celle-ci; tous ils poursuivent l'accomplissement de cette entreprise avec ardeur,
mais aussi avec les ménagements que commande
l'institution féodale dont l'énergie n'est pas complétement évanouie; tous ils invoquent, avec plus
ou moins d'intelligence, l'appui du droit romain.
En France, les auteurs de l'Ancien Coutumier de
Normandie, des Établissements de saint Louis et

des diverses chartes de communes, aussi bien que
Pierre de Fontaines et Philippe de Beaumanoir,
s'appliquent à restreindre l'empire des doctrines
féodales, à corriger les contradictions du droit
coutumier et à faire dominer les maximes salutaires
du droit commun. Plus circonspects dans leur
désir de changement, parce qu'ils vivaient au
sein d'un pays où la féodalité conservait son
organisation primitive, Bracton [1], Britton [2], Hornes [3] et l'auteur inconnu de la *Fleta* [4] n'en ont
pas moins pour intention de constituer en Angleterre le droit des bourgeois ; et comme ils
ne peuvent parvenir à ce but qu'en faisant des
appels fréquents au droit naturel, malgré eux
ils sont entraînés dans la voie où leurs émules de
France marchent avec tant de résolution. Alphonse-le-Sage, roi de Castille, rédige, sous l'in-
spiration unique de la loi romaine, un code de
lois dont on admire la méthode, les vastes pro-
portions, et sur plusieurs points la remarquable
sagesse. L'Allemagne voit paraître le *Speculum
saxonicum* au commencement, et le *Speculum
suevicum* à la fin du xiii° siècle ; mais cette contrée
restait étrangère au mouvement d'idées qui ail-

---

[1] *De Legibus Anglorum.* Londini, 1640, in-4°.

[2] Son Traité est imprimé dans le tome IV des *Coutumes anglo-
normandes* de David Houard. Rouen, 1776.

[3] *Ibid.*

[4] *Ibid.*, t. III.

leurs, et particulièrement en France, provoquait le législateur à modifier, dans l'intérêt du peuple, la rigueur des principes féodaux. Ces deux ouvrages, qui n'ont rien de commun avec ceux dont nous nous occupons, semblent, par leurs défauts, appartenir plutôt au xi° qu'au xiii° siècle. Assigner précisément la place que Beaumanoir doit occuper dans cette suite de publicistes et de jurisconsultes célèbres, serait une opération délicate; car s'ils poursuivaient tous le même but, ils ont employé pour y parvenir des moyens différents et quelquefois opposés. Le code de saint Louis, celui d'Alphonse-le-Sage et le Coutumier de Normandie, contiennent des injonctions et des prohibitions, mais aucun de ces développements dogmatiques qui font le mérite des Coutumes de Beauvoisis. Le *Miroir de Justice* et la *Fleta* se rapprochent beaucoup, par leur forme concise et sentencieuse, de ces recueils de lois, sans en avoir jamais obtenu l'autorité, parce que leurs auteurs, au lieu d'indiquer l'origine, le but et l'enchaînement des usages coutumiers, se sont bornés à préciser ces usages; praticiens habiles, mais jurisconsultes timides, ils n'ont pas, comme Beaumanoir, fait entrer le droit coutumier dans la science. Bracton était un légiste savant, trop savant peut-être, parce que, à l'époque où il vivait, on appelait érudition un respect servile pour le droit romain et pour ses commentateurs mo-

dernes. En composant, comme le fit plus tard
Pierre de Fontaines, des chapitres entiers à l'aide
de lambeaux des lois romaines; en faisant des
emprunts à Azon, ou à d'autres glossateurs de
ce genre; en se fatiguant à définir, à diviser et à
subdiviser, conformément à l'esprit du code de
Justinien, les objets qu'il traitait, Bracton finit par
perdre de vue les lois de son pays, sans que les
brillantes dépouilles dont il se pare puissent faire
illusion sur sa propre faiblesse. Cette erreur d'un
esprit distingué montre ce qu'il fallut de sagesse
à Beaumanoir pour avoir su extraire des lois romaines et s'approprier, sans que jamais on puisse
s'apercevoir de ce travail intérieur, précisément
ce qui pouvait le mieux servir au développement
de ses idées et à la réforme du droit coutumier.
Beaumanoir « qu'on doit regarder, dit Montes-
« quieu [1], comme la lumière de ce temps-là, et une
« grande lumière », partagea avec l'Anglo-normand Britton l'honneur d'avoir su résister à l'entraînement général qui portait les esprits les plus
éclairés à accorder à la loi romaine une autorité
absolue; et l'on peut dire qu'il existe entre l'ouvrage de l'évêque d'Herford et celui du bailli de
Clermont une analogie aussi grande que le permettait la différence qui séparait les mœurs, les
coutumes et les institutions de la France de celles

---

[1] *Esprit des lois*, l. XXIX, c. XLV.

de l'Angleterre. Chez l'un comme chez l'autre, même habileté à remonter au principe d'une coutume en la dégageant de tout ce qui la défigure; même sagesse dans les moyens de réforme proposés, et un talent à peu près égal dans l'art d'exposer les questions, de les débattre et de les résoudre; mais la supériorité de Beaumanoir, quant à la netteté et à l'étendue des vues, est incontestable, et ce jurisconsulte conservera toujours la place qui lui a été assignée par Montesquieu, le meilleur juge en cette matière[1].

Telle fut cette grande école des jurisconsultes coutumiers du XIIIe siècle, qui entreprit avec autant de courage que de science une œuvre difficile, celle d'arracher à la tyrannie des mœurs locales le droit populaire, pour le transporter sur des bases solides et fixes, et lui donner tous les caractères d'une législation véritable. Je ne prétends pas soutenir que ces savants docteurs aient eu la gloire de terminer une tâche qui consistait à renouveler les lois sur les personnes et la propriété dans toute l'Europe féodale; mais je dis que si les successeurs des Beaumanoir, des Britton, des Fontaines, des Hornes, etc., avaient suivi l'exemple de ces maîtres de la science, et cherché dans le

---

[1] « Si l'on en doutait, dit ce célèbre écrivain (*Esprit des lois*, « l. XXVI, c. XV), il n'y aurait qu'à lire l'admirable ouvrage de « Beaumanoir, qui écrivait sur la jurisprudence dans le *douzième* « siècle. » Je crois l'épithète d'*admirable* un peu exagérée.

droit commun les éléments de réforme propres
au droit coutumier, l'Europe n'aurait pas eu besoin d'un si long espace de temps pour renouveler
ses usages, ses mœurs, ses lois, et pour balayer
les derniers débris de la puissance féodale.

Je terminerai en donnant quelques explications
sur cette nouvelle édition des Coutumes de Beauvoisis.

Les savants jurisconsultes du xvi⁰ siècle, Dumoulin, Loysel, Chopin, Charondas le Caron,
Du Tillet, etc., frappés du mérite qui brillait dans
l'ouvrage de Beaumanoir, exprimèrent plus d'une
fois, et avec beaucoup de force, le désir que ce
livre fût livré à l'impression. Voici dans quels
termes Loysel formait ce vœu :

« Philippes de Beaumanoir fut conseiller de
« M. Robert, fils du roy saint Louis, comte de
« Clermont, dont il étoit baillif, tenant ses assises
« ainsi qu'il apert par les 30ᵉ et 54ᵉ chapitres des
« Coustumes et Usages de Beauvoisis par luy re-
« cueillis en l'an 1283, qui est le premier et le
« plus hardi œuvre qui ait été composé sur les
« Coustumes de France; car c'est luy qui en a
« rompu la glace et ouvert le chemin à Jean le
« Bouteiller, et tous ceux qui sont venus depuis.
« Car messire Pierre de Fontaines, conseiller et
« maître des requêtes de saint Louis, autheur du
« Livre de la Roine Blanche, n'avoit point passé
« si avant. Il apert par son livre qu'il étoit grand

« légiste, canoniste et coutumier. Il meritoit d'être
« imprimé, l'ayant baillé à cette fin à Douceur,
« libraire ; il estoit certainement de Beauvoisis,
« son langage le montre manifestement, et il le
« dit luy-même en son prologue, auquel il n'est
« point nommé, mais il l'est sur la fin de son
« œuvre [1]. »

On voit qu'il ne tint qu'à des circonstances
particulières que ce livre n'eût été publié pendant
le cours du xvie siècle ; il ne le fut pas cependant,
et le docte Du Cange, lorsqu'il traça, en 1668, le
plan d'une bibliothèque des anciens jurisconsultes
français, ne balança pas à assigner le premier
rang à l'ouvrage de Beaumanoir.

« Entre les traitez qui ont esté écrits sur ces
« matieres, dit-il [2], le plus curieux sans doute, est
« celuy de Philippes de Beaumanoir. Ce volume
« est assés gros et contient soixante-dix chapitres,
« qui traitent fort au long de diverses matieres sur
« l'ordre judiciaire de ce temps-là, et avec beau-
« coup d'exactitude : en sorte que ce que Bouteil-
« lier a écrit depuis en sa Somme Rurale, n'est
« rien en comparaison de ce qui se lit dans cet
« autheur. »

En 1690, un magistrat très-versé dans la connaissance des antiquités du droit français, la

---

[1] *Mémoires de Beauvais et de Beauvaisis*, c. vii, n° 12.
[2] Préface de son édition de Joinville.

Thaumassière, entreprit de donner enfin satisfaction à des désirs si souvent et si vivement ma-
nifestés, et fit imprimer à Bourges les Coutumes
du Beauvoisis, à la suite de son édition des Assises
de Jérusalem.

Il fait connaître aux savants l'objet et le plan
de sa publication de la manière suivante :

« Les Coutumes de Beauvoisis écrites par Phi-
« lippes de Beaumanoir, sont les plus anciennes
« qui ayent paru jusques à présent, de celles où
« les matières sont traitées avec méthode et di-
« visées par titres ou chapitres; elles contiennent
« toutes les maximes de notre ancien droit coutu-
« mier, et sont l'origine et la source de celuy qui
« est à present en usage.

« Pendant que mes anciennes Coutumes de
« Berry et de Lorris étoient sous la presse, un de
« mes amis me communiqua un exemplaire im-
« parfait de celles de Beauvoisis, la lecture que
« j'en fis me donna un grand désir de voir la
« pièce entière; après l'avoir long-tems cherchée
« inutilement, j'eus enfin recours à M. d'Herou-
« val, qui, suivant l'inclination ordinaire qu'il
« avoit d'obliger toutes les personnes de lettres,
« eut la bonté de me faire tomber entre les mains
« trois exemplaires de l'ouvrage dont je parle.
« Le premier est un ancien manuscrit écrit sur
« vélin, tiré de la bibliothèque de M. Colbert. Le
« second est une copie que M. Chuppé, avocat

« en la cour, a fait tirer d'un ancien original. Le
« troisième d'un caractère fort ancien et qui est
« du temps de l'autheur, ou du moins en aproche;
« il appartenoit à M. de Louettiere, aussi avocat
« en parlement, et il est à présent dans la biblio-
« thèque de M. l'avocat général de Lamoignon;
« et je me persuade que c'est celuy que Louis Ca-
« rondas le Caron avoit entre les mains; et si je
« me trompe dans ma conjecture, au moins il est
« certain qu'il a appartenu à Benjamin Carondas
« le Caron, procureur du roy à Clermont en
« Beauvoisis.

    « J'ay reconnu, par la lecture de cet ouvrage,
« qu'il y est traité plus clairement qu'en nul autre
« des véritables maximes de notre droit coutu-
« mier et de l'ancien ordre des procédures judi-
« ciaires; il contient soixante et dix chapitres qui
« traitent fort au long les principales matières de
« nos coutumes; tout ce qu'ils contiennent est
« très-utile et curieux, ensorte qu'un célèbre au-
« theur de ce temps a eu raison de le préférer à
« tous nos anciens autheurs, et de dire *que ce que*
« *Bouteiller a écrit depuis en sa Somme Rurale,*
« *n'est rien en comparaison de ce qui se lit dans*
« *cet autheur.* J'ay cru qu'il étoit à propos de le
« publier, pour découvrir la source où nos meil-
« leurs autheurs, et Dumoulin même, ont puisé
« leurs plus pures lumières, et d'où ils ont tiré
« leurs plus solides principes. Chopin, Carondas,

« Loisel, Frerot, Pithou, Brodeau, MM. du Cange,
« de la Lande, Ricard, de Launay et plusieurs
« autres autheurs célèbres l'ont cité dans leurs
« ouvrages, comme je le fais voir sur chaque cha-
« pitre. Carondas avoit promis de le donner au
« public et de l'illustrer de ses commentaires.
« Loisel dit qu'il l'avoit donné à Douceur, libraire,
« pour l'imprimer. M. Ricard, célèbre avocat,
« avoit pris la peine de le copier entièrement de
« sa main pour le donner au public, sa copie est
« entre les mains des sieurs Guignard et Seneuze,
« libraires de Paris; mais il n'y a aucunes notes
« de ce docte avocat, ainsi que l'on m'en a assuré. »

La Thaumassière ne manquait d'aucun des secours nécessaires pour donner une bonne édition
de Beaumanoir; il avait à sa disposition quatre
manuscrits, et son expérience autant que son
savoir devait lui rendre facile un semblable travail. Cependant je crois reproduire fidèlement
l'opinion de tous ceux qui ont eu l'occasion de
lire ou de consulter seulement cet ouvrage, en
disant qu'il était difficile de l'imprimer avec plus
de négligence. La ponctuation est jetée au hasard
et sans aucun rapport avec le sens; des mots qui
devraient être séparés sont réunis, et souvent d'un
seul mot on en a fait deux, en telle sorte que la
lecture d'un auteur dont le style est précis et clair
devient difficile et fatigante. Pour donner une
idée de la négligence que l'éditeur a apportée

dans l'exécution de sa tâche, il suffit de dire qu'il a intercalé dans le corps du texte une note marginale qui contenait la citation d'un arrêt rendu par le parlement en 1509[1]. Il est évident que ni l'éditeur ni l'imprimeur n'ont corrigé les épreuves de cette édition des Coutumes de Beauvoisis, et que nous avons sous les yeux le simple travail du compositeur d'une imprimerie de province. L'art typographique n'était pas parvenu, à la fin du xviie siècle, au degré de perfection qu'il a atteint de nos jours, il est juste cependant de dire que de semblables exemples de négligence s'offraient rarement à cette époque[2].

Tout portait à croire que la satisfaction de posséder une meilleure édition des Coutumes de Beauvoisis ne serait jamais donnée aux amis de notre ancienne jurisprudence, et que M. Dupin avait eu raison de dire[3] : « C'est encore un livre « qui probablement ne sera jamais réimprimé. » Cependant la Société de l'Histoire de France qui

_____

[1] P. 84.

[2] M. Dupin (*Lettres sur la profession d'avocat*, t. II, p. 708, 5e édit.) trouve l'édition de la Thaumassière *fort correcte*; il a sans doute voulu dire qu'elle avait été faite d'après un bon manuscrit, ce qui est vrai. Dans son article sur Beaumanoir (*Revue de Législation*, t. XI, p. 467), M. Laboulaye dit avec raison : « Son édi- « tion est d'une telle incorrection, surtout dans la ponctuation, « qu'il faut, sans parler des mots mal écrits, reponctuer plus d'un « tiers du livre pour arriver à un résultat satisfaisant. »

[3] *Lettres sur la profession d'avocat*, t. II, p. 708.

s'occupe avec un zèle si éclairé de mettre au jour
ou de réimprimer les documents de tout genre
qui peuvent le mieux faire connaître notre ancienne histoire, a jugé qu'un écrivain contempo-
rain de Joinville, qui s'était appliqué à éclairer les
mœurs et les coutumes du temps où il vivait, et
dans l'ouvrage duquel se trouvent des détails si
précieux sur l'organisation politique de la France,
l'état des personnes et le régime de la propriété
pendant le xiii° siècle, ne devait pas être exclu de
la série de ses intéressantes publications. J'ai
accepté avec plaisir l'occasion qui m'était offerte
de contribuer pour une part bien faible, il est
vrai, mais proportionnée à mes forces, aux progrès de ces graves études qui ne seront jamais
abandonnées dans un pays où elles ont jeté tant
d'éclat et porté de si beaux fruits.

Il existe un grand nombre de manuscrits de la
Coutume de Beauvoisis, soit à Paris, soit en province [1]. Ces manuscrits sont d'ordinaire complets,

---

[1] Dans son *Catalogue des Manuscrits de la Bibliothèque d'Orléans*, p. 186, Septier cite un manuscrit de Beaumanoir comme
étant du xviii° siècle (?), et ne contenant que les soixante-huit
premiers chapitres. M. Ravaisson en a signalé un autre dans la
bibliothèque de Troyes, (*L'Institut*, vi° année, n° 69, p. 150.)

Il existe dans la bibliothèque du Vatican, à Rome, un manuscrit de Beaumanoir, dont M. Paul Lacroix donne la description
suivante (*Sur les manuscrits relatifs à l'histoire de France et à
la littérature française conservés dans les bibliothèques d'Italie*,
p. 47): In-folio, 140 feuillets, vélin, écriture du xiii° siècle, intitulé

transcrits avec soin et diffèrent entre eux sur ce seul point, que les uns ont été écrits dans l'idiome picard et les autres dans l'idiome de l'Ile-de-France.

La Bibliothèque royale de Paris en possède six, dont je place ici la description.

1°. n° $\frac{9440}{6}$, fonds français, grand in-4°, vélin, à deux colonnes, 256 feuillets; manuscrit de la fin du XIIIᵉ ou du commencement du XIVᵉ siècle. C'est celui qui avait appartenu à Colbert et dont la Thaumassière parle dans sa préface.

2°. n° 9850, fonds français, in-4°, 272 feuillets, écriture du XVIᵉ siècle. Ce manuscrit est incomplet et ne s'étend pas au delà du milieu du XLIIᵉ chapitre. La Thaumassière en avait eu communication en premier lieu.

3°. n° $\frac{9850}{4}$, fonds français, in-4°, papier, non paginé, écriture du XVᵉ siècle.

4°. Saint-Germain Harlay, n° 425, in-4°, vélin, à deux colonnes, non paginé, belle écriture du

---

dans le catalogue : *Tractatus de moribus Bellovacorum, Philippo Biaumanoir, gallice.* Commencement : « Chi coumenche li pro-« logues des Coustumes de la chastelenie de Clermont en Biau-« voisins. Le grand esperanche que nous avons de l'aide à cheli « par qui toutes choses sont faites, et sans qui riens ne porroit « estre fait.... » Fin : « Et che nous octroit il par la priere de sa « douce Mere. *Amen.* Chi fine Phelippe de Biaumanoir sen livre, « lequel il feit des Coustumes de Biauvoisins, en l'an de grace mil « deux cent quatre vingt trois. Durant li Normant, clerc de Can-« chie, de Pinkegni, escrit chest livre en l'an de grace 1301. »

xiii° siècle, vignette sur le premier feuillet, qui re-
présente un seigneur, probablement le comte de
Clermont, prononçant un jugement, qui est transcrit par un clerc, derrière lequel il s'en trouve
d'autres.

5°. Notre-Dame, n° 121 (*Olim* F, 18), in-4°,
papier, 302 feuillets. Ce manuscrit est copié sur
le précédent, mais avec une orthographe diffé-
rente. Il porte la date de 1493.

6°. Missions étrangères, n° 153, petit in-4°, papier, à deux colonnes, non paginé. Ce manuscrit
est daté de l'année 1443, et on lit sur le dernier
feuillet la note suivante : « Cy fine Ph. de Biauma-
« noir son livre qu'il fist des coustumes de Beau-
« voisins, en l'an de l'Incarnacion Nostre Seigneur
« mille et cc iiii°° et iii. Chil Deux lui ottroie
« bonne fin à cil qui l'a escript et mis à fin. *Amen.*
« *Completus fuit anno Domini* m° cccc°° xliii°, *die*
« xiii° *mensis decembris.* »

L'examen de ces six manuscrits m'a montré que
le premier et le quatrième devaient seuls servir
de base à cette nouvelle édition, les quatre autres
ne présentant que des copies faites à une époque
postérieure de plus d'un siècle à celle où vivait
Beaumanoir, et se rapprochant beaucoup du texte
publié par la Thaumassière[1].

---

[1] J'ai indiqué, dans les notes, par la lettre A le manuscrit de
Saint-Germain Harlay, qui a servi de base à mon édition ; B dé-

I. *i*

Les deux manuscrits sur lesquels mon choix
s'est porté sont également complets et également
corrects ; cependant j'ai cru devoir adopter la leçon fournie par celui qui est coté Saint-Germain
Harlay, n° 425 ; en effet, cette leçon est, sur plusieurs points, préférable à celle du manuscrit de
Colbert, et offre l'avantage d'être écrite dans le
dialecte de l'Ile-de-France, dialecte plus pur,
moins rude, et se rapprochant davantage de notre
langage actuel, que le dialecte picard adopté par
le copiste du manuscrit de Colbert, ainsi que par
la Thaumassière. J'ai relevé, soit dans ce dernier
manuscrit, soit dans l'imprimé, les variantes qui
m'ont paru propres à éclairer la pensée de l'auteur ;
mais, je le répète, les manuscrits étant généralement complets et corrects, ces variantes ne portent que sur des mots et ont assez peu d'importance.

Je me suis attaché à reproduire fidèlement un
manuscrit qui, selon toutes les probabilités, fut
écrit à l'époque où Beaumanoir vivait encore, et
je crois être parvenu, par le seul moyen d'une
ponctuation régulière, à rendre au style de cet
écrivain les qualités que son premier éditeur lui
avait ravies, la concision et la clarté.

Le manuscrit $\frac{7609}{2}$, fonds français, de la Biblio-

signe le manuscrit de Colbert $\frac{4442}{4}$, C le manuscrit des Missions
étrangères, et T l'édition de la Thaumassière.

thèque royale contient diverses poésies de Beaumanoir[1]. Il n'est pas dans mon intention d'examiner en détail ces produits de la verve poétique
de notre grave jurisconsulte, qui, à l'exemple de
Philippe de Navarre, cherchait sans doute dans
le culte des Muses, un délassement que ses travaux
ordinaires et ses fatigantes fonctions lui rendaient
nécessaire; il suffira de dire que ces poésies ne
sont ni meilleures ni plus mauvaises que toutes
celles du xiiie siècle, et qu'elles n'ajoutent rien à
la renommée de Beaumanoir.

---

[1] La première pièce de vers a pour titre : *Salus d'amours*,
p. 97-103; la seconde : *Complainte d'amours*, p. 103-107; la
troisième et dernière : *De fole larguece*, p. 107-109.

FIN DE LA NOTICE.

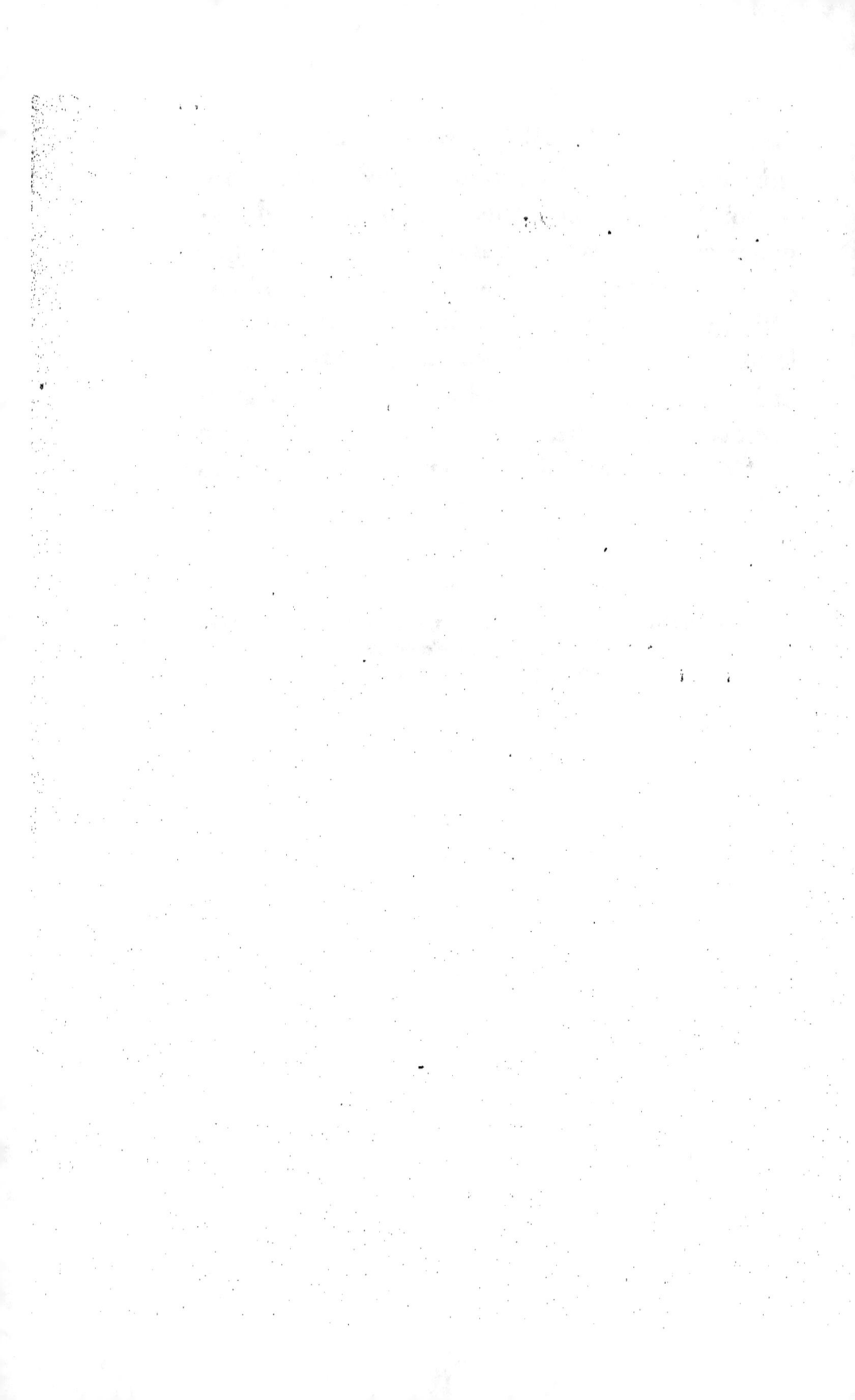

# COUTUMES

# DU BEAUVOISIS.

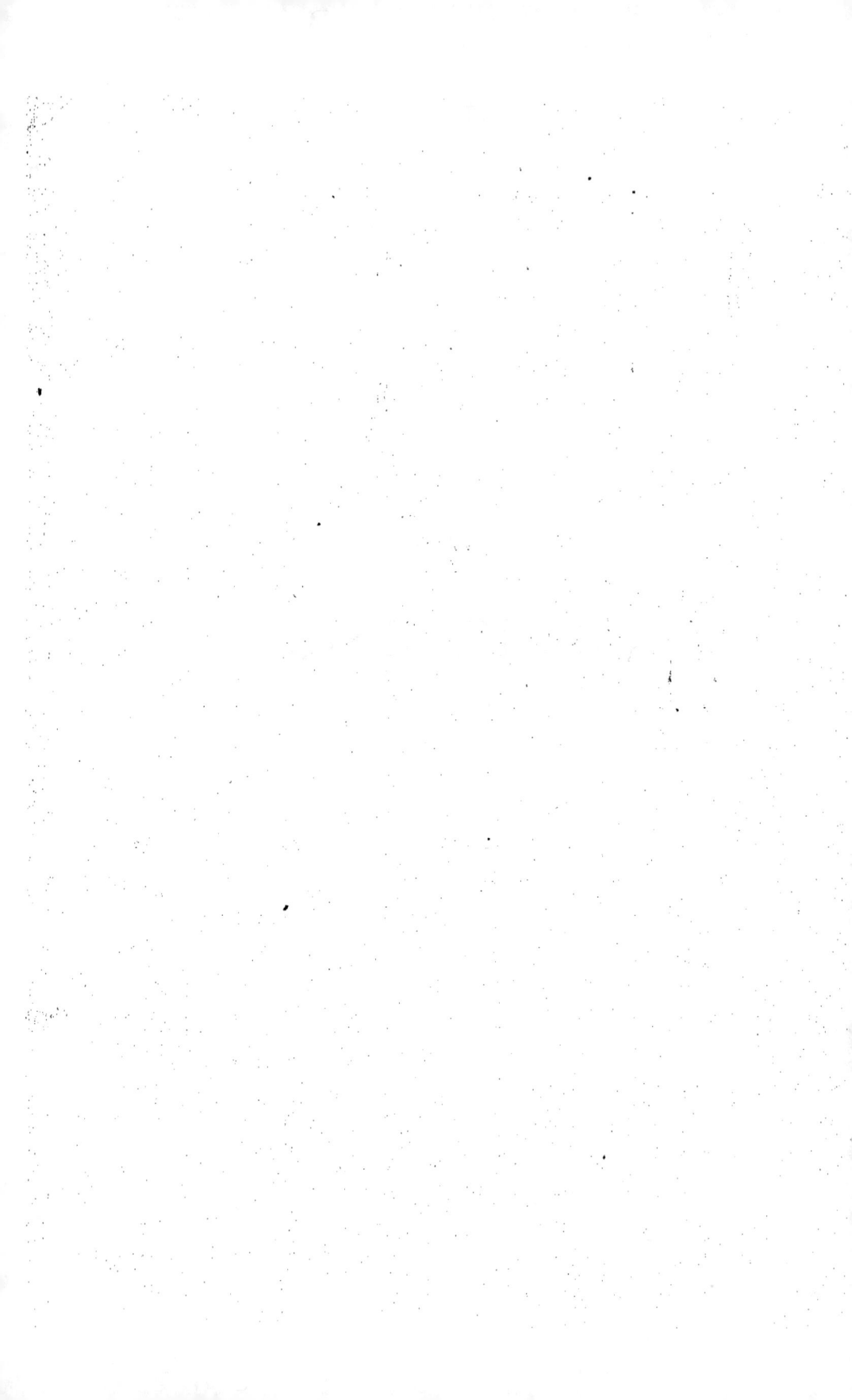

# TABLE DES CHAPITRES.

---

---

¹ Jor de manque dans B. — ² Doit. B. — ³ D'avis. B. — ⁴ A. donne toujours sainte Glise. Nous admettrons dans tout le cours de cet ouvrage la leçon sainte Eglise, qui est fournie par B et T. — ⁵ Et la fourme de fere testament. T. — ⁶ T. Eles doivent. A. — ⁷ Des eschooites. B. D'eschoite. T.

---

[1] *Tenanche.* R. T. — [2] *Se puet.* T. — [3] C. *Contre.* A. R. T. — [4] B. *Et.* A. — [5] *Teles.* B.

---

[1] *Ronci.* A. *Roncin.* T. — [2] *Aus seigneurs.* B. — [3] B. T. *Homages.* A. — [4] B. — [5] *A autrui seignourie.* B. — [6] *Fermes.* B. T.

---

[1] *Cheoir.* B. T. — [2] *Avus.* B. *Aveus.* T. — [3] Manque dans T. *Desavoués.* P.

---

[1] *Par forche de ventes.* B. — [2] *Et quelles,* etc., manque dans A. — [3] *T. Faus.* A. — [4] *Il convient à aus.* B.

---

[1] De quix armés. A. — [2] Araisonner. B. — [3] T. Lui par. A. — [4] B. — [5] T. —
[6] Que on fet à ses hommes. B.

Ci finent les divisions de toz les capitres de cest livre.

# PROLOGUE.

———

Chi commanche li livres des Coustumes et des Usages de Biauvoizins, selonc che qu'il couroit ou tans que chis livres fu fais, ch'est assavoir en l'an de l'Incarnation Nostre Signeur mil deus cens quatre vingt et trois.

## CH'EST LI PROLOGUES.

L<small>A</small> grans esperance que nous avons de l'ayde celi par qui toutes cozes sont fetes et sans qui riens[1] ne pot estre fet, ch'est li Peres, li Fiex et li Sains Esperis, les queles trois tres saintes cozes et tres precieuses sont un seus Dix en Trinité, noz donnent[2] talent de metre nostre cuer et nostre entendement en estude et en pensée de trouver un livre, par le quel cil qui desirent vivre em[3] pais soient ensaignié briement comment il se deffendront de cix qui, à tort et par malvese cause, les assaudront de plet, et comment il connoistront le droit du tort, uzé et accoustumé en le conté de Clermont en Biauvoisis. Et porce que noz sommes d'iceli païs et que noz[4] sommes entremis de garder et de fere garder les drois et les coustumes de ladite conté, par la volenté du tres haut home et tres noble Robert, fix du saint roy Loys[5], roy de France, conte de Clermont[*], devons nous avoir plus grant volenté de trouver selonc les coustumes du dit pays que d'autre[6]; et

———

[1] *Nulle bonne œuvre.* A. B. T. — [2] *Pour donne.* — [3] *Nous nous.* B. — [4] T. *Ou.* A. — [5] T. — [6] *De un autre.* B.

[*] *Robert de France*, cinquième fils de saint Louis, naquit en 1256, et mourut le 7 février 1318. Il fut fait comte de Clermont en Beauvoisis, par le roi son père, au mois de mars 1269.

si resgardons trois resons principaus qui à ce nous doivent mouvoir[1]. Le premiere reson, c'est à savoir que
Dix commanda que on amast son proisme comme soi
meisme, et cil du dit païs sont nostre proisme, par reson
de voisinage et de nascion, et tex y a de lignage : se
noz sanle grans porfis se noz, par nostre travail, à
l'ayde de Diu, lors poons parfere cest livre, par le
quel il puissent estre enseignié de porcacier le droit
et de leissier le tort. La seconde si est, porce que noz
puissons fere, à l'ayde de Diu, aucune coze qui plese
à nostre signeur le conte et à ceux de son conseil ; que,
se Diex plest, par cest livre porra il estre enseigniez
comment il devera garder et fere garder les coustumes
de se terre et de[2] la conté de Clermont, si que si home
et li menus pueples puisse vivre en pes dessoz li ; et
que, par cest enseignement, li triceur et li bareteur
soient tout conneu en lor barat et en lor tricerie, et
bouté[4] ariere par le droit et par le justice[3] le conte. La
tierce raison si est, porce que noz devons avoir mix en
memoire ce que noz avons veu uzer et jugier de nostre
enfance, en nostre pays, que d'autre dont noz n'a-
vons pas aprises les coustumes ne les usages. Et neporquant noz n'esperons pas en noz le sens par le
quel noz puissons furnir cest livre et ceste emprise.
Mais on a souvent veu avenir que maint home ont
commencié bonnes oevres qui n'avoient pas le sens en
aus de furnir ; mais Dix, qui connissoit lors cuers et
lors entendemens, lor envoioit sa grace, si que cil[4]
parfesoient legierement ce qui lor senloit grief au

---

[1] *Esmouvoir*. B. — [2] *De se terre de*. B. — [3] *Le coustume*. B. — [4] *Si
ques il*. A. *Si que il*. T.

commencier. Et en la Sainte Escripture dist-il : « Commence et je parferai[1]. » Et en la fiance qu'il parface et que noz puissons aquerre son gré, par le paine et par le travail que noz y metrons, avons nous commencié en tel maniere que noz entendons à finer[1] grant partie de cest livre, par les jugemens qui ont esté fet en noz tans, en la dite conté de Clermont ; et l'autre partie par clers usages et par cleres coustumes, usées et acoustumées de lonc tans pesivlement ; et l'autre partie des cas douteus en le dite conté, par le jugement de casteleries voisines ; et l'autre partie, par le droit qui est communs à toz ès coustumes de France[2][b]. Et se aucuns a faim[3] de savoir qui cil fu qui commencha cest livre, noz ne le volons pas nommer devant le fin du livre, se Dix done que noz le metons à fin, car aucunue fois sont

---

[1] *Confermer.* B. T. — [2] *Ou royaume de Franche.* B. — [3] *Grant desirier.* T.

[a] *Reg.* III, 12.

[b] L'auteur annonce, dès le début de son livre, qu'il admettra comme fondement des règles de droit, quatre espèces d'autorités : 1°. les jugements rendus de son temps dans le comté de Clermont ; 2°. les usages et coutumes, admis sans contestation depuis une époque ancienne ; 3°. la jurisprudence reçue dans les châtelleries voisines ; 4°. le droit commun à toutes les coutumes de France. La Thaumassière soutient, dans une note très-savante (p. 361), que cette dernière autorité est le droit romain ; mais il se servait d'un manuscrit qui portait : *pour le droit qui est commun à tous au royaume de Franche,* tandis que celui dont nous faisons usage donne la leçon suivante : *par le droit qui est communs à toz ès coustumes de France,* c'est-à-dire par les règles générales du droit coutumier. Il suffit de lire avec attention l'ouvrage de Beaumanoir pour être convaincu que cet auteur n'appartenait pas à l'école de jurisconsultes qui, au xiiie siècle, cherchait à plier le droit coutumier aux prescriptions de la loi romaine, et dont le bailli de Vermandois, Pierre de Fontaines, est le représentant trop fidèle.

li bon vin refusé, quant on nomme le teroir où il ont crut, porce c'on ne croit pas que tex teroirs puist tel vin porter; et aussi noz doutons noz que se on savoit si tost nostre nom, que, por le petit sens qui est en noz, nostre[1] oevre ne fust mains prisié. Mais, pource que nos veons uzer selonc les coustumes des terres et laissier les anciennes lois[2] pour les coustumes, il m'est avis, et as autres aussi, que tex coustumes qui maintenant sont uzées, sont bones et pourfitables à escrire et à registrer[3], si que eles soient maintenues sans cangier des ore en avant; que, par les memores qui sont escolourians[a] et par les viez as gens qui sont courtes, ce qui n'est escrit est tost oublié. Et bien y pert à ce que les persones[4] sont si diverses, c'on ne pourroit pas trouver, el royaume de France, deus chasteleries qui de toz cas uzassent d'une meisme coustume. Mais, pour ce ne doit on pas laissier à prendre et à retenir les coustumes du pays où on est estans et demorans, car plus legierement en aprent on et retient on[5] les autres, et meesmement de plusors cas eles s'entresivent en plusors casteleries. Et tout aussi que cil qui a une besoigne à fere, le quele il ne pot fere sans l'ayde le roy de France, et n'a pas tant deservi vers le roy qu'il ne doutast à faillir s'il le requerroit sans aide, quiert volentiers l'ayde de son conseil et la benivolence d'eus pour li aidier à prier envers le roy : tout ainsi noz est

---

[1] *Que nostre.* A. — [2] *Aucunnes fois.* B. — [3] *A faire mettre en escript et en livre.* B. — [4] *Coustumes.* T. — [5] T.

[a] Il est curieux de retrouver cette réflexion dans l'écrit d'un jurisconsulte qui, vers la même époque, écrivait en Orient. « Que, mer- « moire d'ome est moult escouloriant, » dit aussi Jean d'Ibelin, c. LIV, p. 83 de notre édition des Assises de Jérusalem.

il mestiers, et plus, sans comparison, que noz apelons en nostre ayde cex et celes qui sont en la compaignie le roy de paradis pour noz aidier à prier le segneur du ciel et de la terre. Si en apelons le benite Virge Marie, qui mix et plus hardiement vient[1] prier son chier fil que nus autre, et après toz sains et toutes saintes, tos ensanble et cascun par soi, en le quele priere nos avons fiance que Dix noz ayt en cest oevre et en toutes nos autres oevres; si commencerons des ore[2] mais nostre livre en le maniere qui ensuit.

---

[1] *Veut.* B. —[2] T.

*Explicit.*

# COUTUMES DU BEAUVOISIS.

### CAPITRES I.

Chi commence [1] li premiers capitres qui parole de l'office as bailliex.

1. Tout soit il ainsi que il n'ait pas en noz toutes les graces qui doivent estre en homme qui s'entremet de baillie, por ce ne lairons noz pas à traitier premiers en cest capitre de l'estat et de l'office as baillis; et dirons briement une partie des vertus qu'ils doivent avoir, et comment ils se doivent maintenir, si que cil qui s'entremetront de l'office y puissent aprendre aucun example.

2. Il noz est avis que cil qui veut estre loiax baillis et droituriers doit avoir en li dix vertus, es queles l'une est qui doit estre dame et maistresse de toutes les autres, ne sans li ne poent estre les autres vertus governées, et cele vertus est apeléé sapience, qui vaut autant comme estre sages [2]. Donques disons noz que cil qui s'entremet de baillie garder et de justice fere, doit estre sages, ne autrement il ne saroit pas fere ce qui apartient à office de bailli.

3. Le seconde vertus que li baillis doit avoir si est que il doit tres durment, de tout son cuer, amer Diu nostre pere et nostre sauveur [3], et por l'amor de Diu sainte Eglise; et non pas de l'amour que li aucun des sers ont à lor segneurs, qu'il ne les aiment fors por

---

[1] B. T. *Parole.* A. — [2] *Car autretant vaut à estre sapiens comme sages estre.* B. T. — [3] B.

I.                                                                2

qu'il les criement et doutent, mais d'amor entiere,
si come li fix doit amer le pere; car de li amer et servir
vienent tuit li bien; ne cil n'a pas sapience en soi[1] qui
par dessor totes coses n'otrie son cuer à l'amor de Diu.
Et moult trouverions de matiere à parler des raisons[2]
pourquoi on doit amer Diu et des biens qui en viennent; mais il noz convenroit issir une grant piece de la
matiere que noz avons emprise, et meesment sainte
Eglise le noz moustre et ensegne toz les jors.

4. Le tierce vertus que li baillis doit avoir, si est que
il doit estre doz et deboneres, sans vilonie et sans ran-
cune[3] : non pas deboneres envers[4] les felons, n'envers
les crueux, n'envers cix qui font les melles, car à tex
maniere de gent doit on moustrer semblant de cruauté
et de felonie et de force de justice, por lor malice estre
menre; car tout ainsi comme li mires qui, por pitié de
maladie de celi qui est entre ses mains[5], laisse bien à
ataindre le plaie por lequel il le doit garir, et le met en
peril de mort : tout aussi li baillis qui est debonneres
vers les malfesans de se baillie, met cex qui veulent vivre
en pais en peril de mort; ne nus plus grants biens uns
por un ne pot estre en bailli, que d'essarter[6] les malvès hons des bons, par radeur de justice. Donques ce que
noz avons dit, qu'il doit estre deboneres, nos l'enten-
drons vers cex qui bien voelent et vers le commun pueple, et es cas qui avienent plus par mesqueance que par
malice. Et porce que noz avons dit que sapience est le
sovraine vertus de toutes celes qui doivent estre en

---

[1] B. *Li.* A. — [2] B. *Matiere de parler.* B. — [3] *Sans felonie et sans cruauté.* B. T. — [4] *Entre.* A. — [5] B. *Qui le malade, por pité de sa maladie.* A. — [6] *Deserter.* B.

bailli, on ne doit pas tenir le bailli por sage, qui vers toz
est fel et cruels. Et souvent avient que les simples gens
qui ont bonnes quereles et loiax, laissent perdre lor
querelles, porce qu'il ne les ozent maintenir pardevant
tex baillis, par lor félonie, por doute de plus perdre.

5. La quarte vertu si est qu'il soit soufrans et escoutans, sans li couroucier ne mouvoir de riens; car li
baillis qui est trop hastix de reprendre[1], ou qui se tour-
mente et courrouce de ce qu'il oit, n'a pooir de bien
retenir ce qui est proposé devant li en jugement; et
puisqu'il ne pot bien retenir, il ne le pot bien recorder[2] : et sans bien retenir et sans bien recorder, nul ne
se doit entremetre de baillie garder. Donques li baillis doit être soufrans et escoutans, en tele maniere qu'il
laist à cex qui sont devant li en jugement, dire toute
lor volenté et tout ce qu'il lor plera, partie contre autre,
et sans corrumpre lor paroles; et s'il le fait ainsi, il
les porra mix et plus sagement jugier ou faire jugier,
se c'est en court où on juge par homes. Et aussi,
comme noz deismes ci dessus, que le deboneretés du
bailli ne se doit pas estendre vers les malvès, tout aussi
disons noz que sa soufrance ne se doit pas estendre vers
aus, mais escouter les doit diligamment; car, par bien
escouter les, font ils souvent connoistre le malvesté
qui est en lor cuers, si que li baillis en set miex ovrer
après que devant. Et aussi n'entendons noz pas que le
baillix doie estre trop soufrans en coze qui porte damace ne despit à son segneur ne à soi. Donques se tors
ou despis est fes à son segneur ou à li, il le doit vengier hastivement et sagement, en justichant selone ce

---

que li meffès le requiert; si que, par le venjance qu'il prendera[1], li autre y aient example de fere ce qu'il doivent vers lor segneurs et ver lor ballis. Car li baillis, tant qu'il est en l'office de baillie, represente le persone de son segneur; et por ce, qui meffet au bailli il meffet au segneur; et, de tant que li baillis est en grengnour estat de l'actorité son segneur, de tant se doit il plus garder qu'il ne mefface, et metre peine qu'il ait en li les vertus qui sont en cest capitre dites.

6. La quinte vertus si est qu'il doit estre hardis et vigucreux, sans nul parece; que baillix qui est pareceux laisse moult de besognes à fere et passer qui fussent bones à retenir, et si fet fere moult de besongues par autrui main qui deussent estre fetes par li, et si alonge et met en delay moult de cozes par se parece, lesqueles il deust haster; et de ce pot naistre au bailly qui est pareceus vilonie et difame et damaces : et por ce lor loons noz qu'il se gardent du visce de parece. Et ce que noz disons qu'il soit hardis, c'est une vertu sans lequele li baillis ne pot fere ce qui apartient à son office. Se il estoit couars, il n'oseroit courocier le rice home qui aroit à fere contre le povre, ou il n'oseroit celi qui aroit mort deservie fere justicier, por paour de son lignage; et si n'oseroit penre les malfeteurs ne les mellix, pour paour qu'il ne se rescousissent; et toutes ces coses qu'il lairoit à fere par couardise, apartienent à lui. Donques doit il estre hardis, sans couardise et sans rien douter, ou autrement il ne fet pas ce qu'à li apartient et à son estat. Et toutes voies quant il fera aucunnes coses là où il apartenra hardement, qu'il le face sagement, car deus manieres

---

[1] B. C. *Rendra*. A.

de hardement sont : l'un sage, l'autre faus[1]. Li sages hardis, si est cix qui sagement et apenseement monstre son hardement ; li faus hardis, si est cix qui ne se prend garde à quel fin il puist venir de ce qu'il entreprent, et cil qui fet son hardement en point et en tans qu'il n'en est mestiers : si comme se j'aloie tout seus et desarmés assalir plusors persones là u mes hardement ne porroit riens valoir ; et ce apel'on fol hardement.

7. Le sisime vertus qui doit estre en bailli, si est larguece ; et de ceste vertu descendent deus autres qui grant mestier poent avoir à maintenir son estat et à li avancier et fere amer de Diu et du siecle, c'est cortoisie et neetés[2] ; et larguece ne vaut riens sans ces deus ne ces deus sans larguece. Et grant mestiers est que le larguece soit demenée sagement et atempreement, car deus manieres de largueces sont dont l'une est governée par le vertu de sapience, et l'apel'on sage larguece. L'autre maniere de larguece si est si meslée avec sotie, que l'une ne se pot partir de l'autre. Donques poons noz entendre que li sages larges si est cil qui se prent garde combien il a de patremongne et de bon conquest et de gages, et puis despent et met en bonnes gens ce qu'il pot soufrir sans apeticier et sans aquerre malvaisement ; car li cuers avariscieus aquiert ne li caut comment et ne pot estre assasiés d'avoir : et en tex maniere de cuers ne se pot loiatés herbegier. Et souvent voit on qu'il amasse d'une part avoir et d'autre part emmenuisse lor[3], si que quant la roe de fortune lor torne, il descendent plus en une hore que il ne sont monté en dix ans, et si en perdent Diu et

---

[1] *Fol.* B. *Fou.* T. — [2] *Estre neis et nestoiés.* B. — [3] T. *Et d'autre part anemis, si que.* A.

le siecle. Et meesmement avarisse herbegiée en cuer
de bailli est plus malvaise et plus perilleuse qu'en autre gent[1], car il convient au bailli avarissieux, pour
asazier s'avarisce, fere et soufrir assés de cozes qui sont
contraires à son estat. Donques li loons noz qu'il soit
larges, en tele maniere qu'il puist se larguece maintenir sans soy apeticier et qu'il se gart de fole larguece,
car li faus[2] largues gete li sien puer. Cil est faus larges
qui le sien despend folement, sans preu et sans honnor, et qui maine vie lequele il ne pot maintenir au pa-
raler de ce qu'il a; et aucunne fois avient il que quant
li faus larges a tout despendu, il devient autres que
bons, ne ne li caut dont avoirs li viegne, mais qu'il puist
sa fole larguece maintenir. Et porce doit li sages baillis
sa larguece maintenir atempreement, et fere ammosnes
en ses sougès et en ses bons voisins honnorer, et en soi
cortoisement et honestement maintenir et nettement;
car aucun poent perdre la grace qui lor doit venir de
larguece, quant il le font vilainement et ordement;
et por ce convient il c'on soit, avec larguece, courtois
et nes.

8. La septime vertu qui doit estre en bailli, que il
obeisse au commandement de son segneur en toz ses
commandemens, exceptés les commandemens par les
quix il porroit perdre s'ame[3] s'il les fesoit; car l'obeissance qu'il doit, doit estre entendue à bien fere et en
droit garder et en loial justice maintenir; ne li baillis ne
seroit pas escusés vers Diu, qui du commandement son
segneur feroit tort à son essient. Et mix vaut au bailli
qu'il lesse le service, que pour le commandement ne
por autre coze, il face tort à son essient. Neporquant

---

[1] T. — [2] *Fous*, B., et toujours ainsi. — [3] *Le vie*. B.

li baillis n'a pas à jugier se li commandement que ses
sires li fet por muebles, por catix ou por heritage ou
por autres cas, exepté mort d'omme et mehaing, est
bons ou malvès, ançois doit obeir au commant; car se
le partie contre qui li commandement est fes, se deut,
il se pot traire au segneur et empetrer que drois li soit
fes, et ainsi pot venir à son droit, et si a li baillis obei au
commandement. Mais, en cas de mort d'omme ou de
mehaing, se li commandemens estoit fes, il ne porroit
estre amendés; et por ce ne loons noz pas as baillis
qu'il obeissent en tix commans, mais lessent ançois le
service, se li sires ne veut son commandement rapeler.
Car li sires n'est pas bons à servir qui prent plus garde
à faire se volenté qu'à droit et à justice maintenir [a].

9. L'uitisme vertu si est que il soit tres bien con-
nissans. Premierement il doit connoistre le bien du
mal, le droit du tort, les pesivles des mellix, les lojax
des triceurs, les bons des malvès; et especialment il se
doit connoistre, et si doit connoistre les volentés et les
manieres de son segneur et de cex de son conseilg; et
si doit connoistre le soie meisme et penre garde moult
soigneusement quel il sont; car tout soit il ainsi que
li baillis de soi ne face ne ne voille se bien non, si
pot il recevoir vilonnie et damace par le meffet d'aucuns de cex de sa mesnie [b]. Et en dire le mesnie du

---

[a] Comme on le verra ailleurs, il y avait deux sortes d'assises, les
assises des chevaliers et les assises des baillis. Dans les premières, les
baillis présidaient et les chevaliers jugeaient; dans les secondes, les
baillis seuls prononçaient, éclairés le plus souvent par l'avis de prud'
hommes ou de légistes qu'ils choisissaient, et qui formaient ce que
l'auteur appelle ici leur conseil. Voyez les *Olim*, t. II, p. xxiv.

[b] Le sens du mot *mesnie* fut fixé par un arrêt du parlement, rendu

bailly, entendons noz les prevos et les sergans qui sont desoz li et le mesnie de son ostel. Et des biens qui poent venir au bailli d'avoir les connissances dessus dites, toucerons noz briement. Se li baillis connoist le bien du mal, il en sara mix le bien fere et le mal esquiver, et par ce pot il maintenir son estat et venir à l'amor de Diu et du siecle. S'il connoist le droit du tort, il sara fere droit à ses sougès et bouter arriere cex qui tort ont, et ce qui apartient à son office[1]. Se il connoist les pesibles des mellix, il porra les pesibles fere garder en pesibleté, par les maneces et par les contraintes qu'il fera as mellix, et bien apartient à office de bailli qu'il espoente et contraingne les mellix, si que li pesibles vivent en pes. Se il connoist les loiax des triceurs, il porra et devra les loiax traire près de li et conforter et deporter, s'il ont mestier de confort et de deport; et bouter les triceurs arriere et pusnir selon droite justice de lor tricerie. Se il connoist les bons des malvès, il porra et devra les malvès sarcler et essarter des bons, à l'example qu'on oste les malveses herbes des fourmens : et à ce fere est il tenus. Se il connoist li meismes, il sara quiex il est : et s'il y set[2] aucun malvès visce, plus tot l'en porra oster. Et trop male coze est quant cil qui par son example doit metre les autres en bone voie, demore malvès en soi ; ne nus qui soit plain de malvès visses n'a pooir de bien maintenir l'office de baillie.

---

[1] B. — [2] *Et se il scet en soi.* T.

à la Saint-Martin 1282, où on lit : « Et fut puis desclairié de ce mot, « *sa propre mesnie demorant en son ostel,* ce est à entendre de ceus « qui font ses propres besoignes et à ses despens. » (*Olim*, t. II, p. 218, n° xLvi.)

Se il connoist les volentés et les manieres de son segneur, c'est grans avantages de soi[1] bien maintenir en son office. Se il set que les manieres et les volentés soient bones et loiaus, il pot assés legierement aquerre le gré de son segneur, s'il set et sieut ses volentés. Et s'il set ses volentés et ses manieres malveses, il doit penre congié et li partir de son service au plus tost qu'il pot; car piecha qu'on dit : « Qui malvès sert « malvès loyer atent.[2] » Se il connoist les manieres du conseil son segneur et eles s'acordent as bones manieres du segneur, legierement se pot tenir à lor gré, si qu'il porra estre par eus conseilliés et soustenus. Et se li consaus est contraires à le volenté et à le maniere son segneur, si que li consaus lot une coze et li sires face fere[2] une autre, noz li loons qu'il se parte du service, car nus baillis n'a pooir de demorer en ofice de baillie et fere ce qu'à l'ofice apartient, quant ses sires est contraires à son conseil. Car nus rices hons qui du tout veut ouvrer sans croire conseil d'autrui, n'a pooir de perseverer en loial justice fere ne en grant terre loialement maintenir; et por ce n'est pas li baillis sage qui demeure en tel service[3]. Se il connoist sa mesnie, c'est à savoir ses prevos et cex de son ostel et ses sergans, il porra et devra cex qui sont plain de malvès vices oster d'entor li, si que[4] il sera gardés de vilounie et de blasme qu'il porroit avoir por lor mesfès. Et quant ils mesfont, li baillis les doit plus cruelment pusnir de lor mesfet que nule autre maniere de

---

[1] T. Il. A. — [2] Si en veulle fere. B. T. — [3] Justiche. B. — [4] T. Ques. A.

[2] « De tel seigneur tel louier. »
Romant du Renard, v. 8410.

gent, par trois resons : le premiere, porce que li
pueples que li baillis a à gouverner se perchoive qu'il
ne les voille pas soustenir en lor malice; le seconde, si
est porce que li autre serjant se gardent de meffere,
quant ils voient que s'ils meffesoient ils seroient cruelment justicié par lor mestre; la tierce, porce que li
communs pueples vit plus en pais quant li prevos et
li sergans ne lor ozent riens meffere à tort; que, quant
li baillis laisse convenir prevos et sergans et le mesnie de son ostel plains de malice, ce sont lou entre
brebis, que il tolent et ravissent les avoirs dont li communs pueples se doit vivre; et si en torne aucune fois
li blasmes sor le bailli, tout soit ce que tix prises
n'entrent pas en se bourse.

10. La nuevisme vertu qui doit estre en cheli qui
s'entremet de baillie [1], si est que il ait en li soutil
engieng et hastiv de bien esploitier, sans fere tort à
autrui, et de bien savoir conter. De bien esploitier :
c'est à entendre que le valor de le tere son segneur
n'apetice pas par se negligence, ançois croisse toz
jours par son sagement maintenir; car cil n'est pas
bon baillis, en qui main le terre son seigneur apetice
par se niceté; mais cil est bon baillis, en qui main le
tere son segneur croist, sans autrui fere tort. Et si li
convient moult qu'il sace bien conter, car c'est un
des plus grans perix qui soit en l'office de bailli que
d'estre negligens ou poi soigneus de ses contes, por
deus raisons : le premiere si est, porce que s'il mesconte
sor li, li damaces en est siens; le seconde, porce que s'il
mesconte sor son segneur, et on s'en aperchoit, il pot

---

[1] B. T. *Qui.... baillie*, manque dans A.

estre mescreus de desloiauté; et por soi escuser de son
blasme et de son damace, li est bien mestiers qu'il sace
bien conter *.

11. Le disisme vertu qui doit estre en celi qui s'entremet de baillie, si est le mellor de toutes, ne sans li
ne poent les autres riens valoir, car c'est cele qui enlumine toutes les autres, c'est cele sans qui riens ne
pot valoir, c'est cele qui est si conjointe avec la vertu
de sapience, que por riens sapience ne pot estre sans sa
compaignie : et ceste vertus si est apelée loiatés. Car
quiconques est loiaus, il est sages en maintenir loiaté;
et por noient doit estre prisiés li sens de celi en qui
desloiatés est herbegiée. Et mix venist à celi qui n'est
pas loiax estre fax naturex que savoir du monde aucunes cozes, car quant plus set, plus vient de maus de
son savoir : et, à droit parler, on ne doit nul desloial
apeler sage, mais bareteur. Et moult voit on avenir
que quant aucuns a en soi herbegié loiaté, et il a poi
de sens et poi d'autres vertus, si est il soufiers et
prisiés por l'amor de cele vertu tant solement; et qui
aroit toutes les autres vertus et on seust que loiatés y
fausist, il ne seroit creus n'amés ne prisiés. Et por ce
pot on veir que loiatés vaut mix, à part li, que toutes
les autres vertus sans loiaté. Et meesmement desloiatés
pot plus nuire, quant ele est herbegiée en home qui
doit droite justice maintenir, que en autres persones;

---

* Les baillis et les prévôts percevaient les droits et les redevances
dus au Roi et aux seigneurs. Les baillis royaux venaient à Paris, aux
fêtes de la Toussaint, de la Chandeleur et de l'Ascension, pour rendre leurs comptes à des membres de la cour du Roi, députés à cet
effet. Brussel a publié les comptes de ces officiers pour diverses années,
( *Usage général des Fiefs*, t. I, p. 421, 466), et a tiré de ces documents des conclusions fort curieuses.

car il est assez de basses personnes desloiax qui, por
lor desloiaté, ne poent pas moult de mal fere, porce
qu'il ont petit pooir. Mes desloiatés, quant ele est
herbegiée en cuer d'ome qui a grant terre à maintenir,
pot semer trop de venin, car totes manieres de maus
en poent venir. Et por ce loons noz à toz cex, et especialment as baillis, qu'il soient loial; et s'il ne le
voelent estre, noz loons à lor segneurs que sitost qu'il
les connistront à desloiax, qu'il les boutent hors de
lor service et qu'il soient pusni selon ce qu'ils aront
ouvré desloialment; ne nus ne soit si hardis qu'il s'entremete d'autrui servir, se loiatés n'est en li herbegié[a].

12. Noz avons parlé des dix vertus qui doivent estre
en bailli, et li baillis qui en li les aroit porroit aquerre
l'amor de Diu et de son segneur. Et, porce que forte
coze est d'avoir les toutes, au mains se girt li baillis
que loiatés n'i faille pas; et s'il pot estre sages et loiax,
il a toutes les autres qui sont dites entre deus.

Noz avons parlé des vertus que li baillis doivent
avoir generalment, or veons d'aucunnes cozes qu'il
doivent faire especialment.

13. Il y a aucuns liex là u on fet les jugemens par
le bailli[1] et autre liu là u li homme qui sont home de
fief font les jugemens. Or disons nous ainsi que es liex
où les baillis font les jugemens[2], quant li baillis a les
paroles receues et eles sont apoiés à jugement, il doit

---

[1] *Li bailliex fet ses jugemens.* — [2] T. *Or.... jugement,* manque
dans A.

[a] « Item, que les baillis ou injurieux ou faisans exactions ou soupe-
« connés de usures ou menans apparemment deshonneste vie, il ne
« soutendront en leur erreur, ainçois en bonne foy corrigeront leur
« excès. » Ordonnance de saint Louis, de l'an 1254, art. vιιι. (*Recueil
des ordonnances des Roys de France,* t. I, p. 70.)

apeler à son conseil des plus sages et fere le jugement
par lor conseil ; car s'on apele du jugement et li jugemens est trovés malvès, li baillis est escusés de blasme,
quant on set qu'il le fist par conseil de bones gens et
sages. Et el lieu là u on juge par homes, li bailli est
tenus, en le presence des homes, à prendre les paroles
de cex qui pledent ; et doit demander as parties s'il
voelent oïr droit selonc lor paroles et les resons qu'il
ont dites, et s'ils dient : « Sire oïl, » li baillis doit
contraindre les homes qu'il facent le jugement. Et
comment il les doit ' et pot contraindre, il sera dit u
capitre des delais que coustume donne ᵃ. Et s'il ne plest
au bailli et as homes, li baillis n'est pas tenus d'estre
au jugement fere ne au prononcier le jugement, se il
n'est ainsi que li baillis ne soit hons de fief au segneur
à qui il est baillis ; car en tel cas convenroit il qu'il
fust pers ᵃ avecques les autres ᵇ.

14. Tout aions nous parlé des lieus où li bailliv font
les jugemens, il n'en a nul en le conté de Clermont qui
les face, ançois doivent estre fet tout li jugement par les
homes de le cort de fief ᶜ. Et il a grant diference entre

---

ᵃ B. T. — ᵃ *Pris*. B.

ᵃ Chapitre ʟxv.

ᵇ Les assises des chevaliers étaient les véritables tribunaux de la
féodalité. L'esprit militaire y régnait dans toute sa force, et la base
de leur organisation était la pairie. L'établissement des baillis ne semble pas avoir eu d'autre but que de miner et détruire ces juridictions
qui opposaient aux développements de la puissance royale un obstacle
redoutable.

ᶜ Ainsi, en 1283, il n'existait pas encore dans tout le comté de Clermont une seule assise de bailli. On peut conclure de ce fait que les institutions féodales s'y étaient mieux conservées que dans plusieurs
provinces voisines.

les apiax qui sont fet des jugemens des baillis et les apiax qui sont fet des jugemens des homes. Car, s'on apele des jugemens as baillix en le court où il jugent, il ne font pas lor jugement bon par gages de bataille, ançois sont porté li errement du plet sor quoi li jugemens fu fes, en le court du segneur sovrain au bailli qui fist le jugement : ilueques est tenus por bons ou por malvès. Et ainsi n'est il pas de cix qui apelent du jugement que li home font, car li apiax est demenés par gage de bataille. Et de tix manieres d'apiax et comment on doit et pot apeler, sera il dit convenablement u capitre des apiaus[a].

15. Voirs est que toutes cozes qui sont proposées par devant le bailli n'ont pas mestier d'estre mises en jugement, car quant le clameurs est d'aucun cas qui touque à l'eritage de son seigneur, ou à son despit, ou à se vilonie, ou à son damace, et li cas est por les homes qui aidier se vaurroient en tel cas contre lor segneur : li baillis ne le doit pas metre en jugement, car li home ne doivent pas juger lor segneur, mais il doivent jugier l'un l'autre et les quereles du commun pueple. Et se cil qui a afere contre le segneur, requiert que drois li soit fes, li baillis, par conseil de son segneur et de son conseil, li doit fere ce qu'il quide qui soit resons. Et s'il se deut de ce que li bailli li fet, il doit monstrer le grief au conte ou à cex de son conseil, et par cex doit estre osté et amendé ce que li baillis a fet trop. Et ceste voie entendons noz en toz les cas qui poent toucier l'avantage ou le porfit de toz les homes contre lor segneur. Mais aucun cas sont que li sires demande especialment contre aucun de ses

---

[a] Chapitres LXI et LXII.

homes ou aucun des homes contre lor segneur; si comme
li sires demande l'amende d'aucun forfet qui a esté fes
en se terre, ou il li demande aucun heritage ou aucuns muebles dont il est tenans, en disant qu'il apartient à li par le coustume du païs; et cil se deffent et
dist que l'amende n'est pas si grans ou que cil heritage
ou cil muebles que se sires li demande doivent estre
sien, et en requiert droit : tex quereles doit et pot li
baillis bien metre en jugement des homes, car de tex
quereles doit li quens uzer entre ses sougès, selonc le
coustume que li home uzent entre lor sougès. Mais
se le querele touce le ¹ vilonnie du segneur, si comme
de vilonie dite, ou de main mise au bailli ou au prevost
ou as sergans : l'amende de tix forfès ne doit pas mettre li baillis el jugement des homes; ne en tix forfès
qui sont forfet envers le segneur, n'a point d'amende
taxée; car s'il y avoit certaine somme d'argent taxée
por tel forfet, donques saroit cascuns por combien il
porroit-battre le bailli ou le prevost ou les sergans; et
assés y en aroit de batus, quand on les* justicieroit plus
rudement qu'il ne vourroient, s'il savoient le certaine
voie de l'escaper. Et porce n'est il pas mestiers à cix
qui s'entremetent des services as grans segneurs, que
tel forfet soient taxé, fors qu'à la volenté du segneur,
la quele volentés doit estre de longe prison et de
perte d'avoir, exepté mort et mehaing, se il n'ot, el
forfet qui fu fes, mort ou mehaing.

16. Li baillis n'a pas pooir de fere bonnage ne de
vendre l'eritage son segneur et l'autrui, s'il n'a especial commandement de son segneur de fere le. Et se

---

¹ *A.* T.

ᵃ *Les* se rapporte à *cascuns.*

li sires le vent, porfitable coze est as marceans[1] qu'il
prengnent lettres du seigneur qu'il vaut et otria que
ses baillis feist tel bonnage, porce que ce qui est
otrié à fere est oblié en poi de tans, se on n'en a certaine remembrance de letres ou de vis tesmoins.

17. C'est bien de l'office au bailli qu'il vende les
rentes et les issues de le terre son segneur, selonc ce
qu'eles sont acoustumées à vendre, si mix ne les peut
vendre; mais puisqu'eles sont vendues, et li termes
assis[2], se li deteur requierent repit, il ne li pot donner sans l'autorité de son segneur.

18. Quiconques entre en office de baillie, il doit
jurer sor sains qu'il gardera le droit son segneur
et l'autrui, et que il ne penra nule riens por droit fere
ne por tort fere, et que droite justice et loial maintenra. Et quant il ara fet cel serement, il doit ouvrer
en tel maniere qu'il ne soit parjures; et s'il l'est[3], il a
grans eres de vilonie avoir[a]. Et ce que noz avons dit
que il doit estre en son serement qu'il ne doit rien
penre, grace li est donée du serement, de par le segneur[4], de penre vins et viandes, et non pas outrageu-

---

[1] *Marchissans.* B. T. — [2] T. — [3] *Car qui se parjure.* T. — [4] *Se grace
ne li est donnée par son seigneur.* T.

[a] « Item, les dessus dis seneschaux et baillis jureront que il garde-
« ront loyaument nos droits et nos rentes, ne il ne soufferont que il
« sachent que il nous soient soustrait, osté, empesehié ne amenuisié.
« Item, il jureront que il ne prendront par euls, ne par autres, don
« nul, ne or, ne argent, ne benefice personnex ou esperitex, ne autre
« chose, se ce n'est fruit ou vin ou autre present, dequoy la somme de
« dix sols ne soit pas surmontée en la sepmaine. » Ordonnance rendue
par saint Louis, en 1256, art. III et IV. (*Ordonnances*, t. I, p. 78.)
Cf. l'ordonnance de Philippe-le-Bel, de l'année 1302, art. XXXVIII-XLI.
(*Id.* p. 364.)

sement, comme vins en queves et en tonnias, ne bues
ne porciax vis; mais cozes prestes, comme à boire et à
menger à la jornée, si comme vins en pos ou en barix,
ou viandes prestes à envoier à la quisine. Et tix cozes
sont otroiés à envoier [1] as baillis, porce que trop seroit
desloiax cix qui por tix dons taurroit le droit [2] d'autrui.
Et aussi seroit il, s'il le meffesoit pour grans dons à
uns et donrroit le droit à ceaux qui auroient les dons
donnés et presentés [3]; mais toutes voies, plus doutable
coze seroit qu'il ne se meffeist plus tost por le grant don
que por le petit : et meesment congiés est donés as
baillis de penre les cozes dessus dites comme de boire
et de menger.

19. Li baillis qui veut droite justice maintenir et
qui a les vertus dessus dites en cest capitre, il est sans
amor et sans haine, c'est à dire qu'il ne doit fere tort
ne soufrir que tort soit fes, puisqu'il le puist amender,
ne por hayne ne por amor. Et le cortoisie qu'il pot
fere en justichant à celi qui est ses amis, si est de li
haster son droit, se il a droit [4]; et s'il a tort, il li doit
aidier [5] à lui oster de son tort, au menre damace et à le
menre vilonie qu'il porra; mais que ce soit en tel maniere qu'il ne face tort à autrui, ne qu'il le face par
voie de barat; porce que moult seroit longue coze et
carquans [6] as homes qui font les jugemens, de metre
en jugement toz les cas qui vienent devant le bailli.

20. Le baillix doit metre grant paine de delivrer ce
qui est pledié devant li, quant il set c'on doit fere du
cas selonc le coustume, et quant il voit que le coze est

---

[1] B. *Prendre.* A. — [2] T. *Don.* A. — [3] B. *A uns…. presentés* manque
dans A. T. — [4] B. T. — [5] B. T. — [6] *Charchant.* T.

**I.**                                                    5

clere et aperte. Mais ce qui est en doute et les grosses quereles doivent bien estre mises en jugement, ne il ne convient pas c'on mete en jugement le cas qui a autrefois esté jugiés, tout soit ce que li jugemens ait esté fes por autre persones, car on ne doit pas fere deus [1] jugemens d'un meisme cas.

21. Bonne coze est à bailli de souvent tenir ses assises, au mains de six semaines à autre, ou de sept; car li droit en sont plus hasté et s'en est on mix ramembrans et s'en est l'assize mains carquié [2] et plus tost delivrée. Et si loons au bailli qu'il ne contremande pas l'assize qu'il a fete savoir, ne point ne la mette en respit [3], s'il n'a ensoine ou resnable cause, si comme de maladie ou de commandement de segneur ou d'autres grosses besognes qui li sourdent, dont il ne se donoit garde; car, quant on contremande assize on fet grant damace à cex qui se sont porveu de [4] lor conseil, de lor bons amis ou de lor avocas, et si en detrient li droit [5]. Et toutes voies, quant il le convient contremander, grant courtoisie fet li baillis quant il le fet tost savoir; car li damaces en est menres à cex qui y ont à fere, quant il le sevent tost.

22. Li baillis doit si justement ouvrer en son office que nules des parties qui ont devant lui à pledier, ne soient avisées par li; car il n'est nule doute que li baillis ne se mefface qui avise partie de quoi l'autre partie puist avoir damace. Mais voirs est que aucune fois les parties pledent si mal ordeneement, que lor paroles ne

---

[1] *Divers. B.* — [2] *Chargiée. T. Changiée. B.* — [3] B. T. *Ne.... respit,* manque dans A. — [4] *D'amener avant. B.* — [5] *En demeurant les drois plus tard à faire.* B.

poent estre apuiés à jugement, ne que jugemens ne pot estre fes sor lor paroles. Et quant li baillis voit ce, il lor doit bien monstrer lor error, et remetre en le droite voie de plet, si que drois lor puist estre fes.

23. Bien se gart li baillis qu'il ne soit avocas à celi qui plede devant li, ne qu'il ne parole [1] por li, car il abaisseroit sa renommée et si porroit estre deboutés par l'autre partie de l'office du juge en cele querele; car nus ne doit estre en nule querele juge et avocas. Et se li ples n'estoit pas devant li, mais devant autre segueur, toutes voies li ples porroit venir par devant li por reson de resort : si ne doit il pas estre avocas encore en tel cas [2]. Et, à briement parler, nus baillix, en se bail'e, de coze qui puist revenir par devant li en jugement, ne doit estre advocas ne conseillieres. Mais hors de se baillie, pot il aidier à cix à qui il li plet soit en avocation ou en conseil.

24. Se li baillis ou aucuns autres juges a à pledier de sa propre querele en le court meisme dont il doit estre juges ou baillis, il doit establir autre juge ou autre bailli en liu de li, tant comme à le [3] querele monte [4]; car nus en sa querele ne doit estre juges et partie, excepté le Roi, car cil pot estre juges et partie en sa querele et en l'autrui. [a]

25. Noz n'entendons pas se li quens de Clermont ou aucuns autres qui ait justice ou homes qui en se cort doivent jugier, demande en sa court aucune coze por soi, que il soit juges et partie; ançois est partie tant

---

[1] B. *Paraut.* A. *Parout.* T. — [2] B. — [3] Sa. B. *Ce.* T. — [4] C'est-à-dire tant que dure le procès.

[a] *Codex Justinianeus,* l. III, t. V, l. 1. *Establissemens de France,* l. II, c. xxvii. *Le Conseil de Pierre de Fontaines,* c. xxiii, n° 5.

solement, et li home sont juge. Et bien apert que se li home fesoient aucun jugement qui saullast malvès au segneur, il convenroit, se li sires le voloit fausser, que ce fust par apel en le cort sovraine; et seroit li apiax demenés par gages de bataille, exeptés cex qui sont fil de Roy[*]. Car se li quens de Clermont appeloit de faus jugement de ses homes, li errement du plet seroient aporté à le cort le Roi, et là seroit tenus li apiax por bons ou por malvès. Et cest avantage auroit il, porce qu'il est fix de Roi, et fix de Roi ne se doit pas combatre à son home por plet de mueble, por catiex ne por heritage. Mais s'il apeloit son home de murdre ou de traïson, en tel cas convenroit il qu'il se combatist à son [1] home, car li vilain cas [2] sont si vilain que nus espargnemens ne doit estre vers celi qui acuse. Et de ceste matiere des apiax noz noz souferrons de parler, dusqu'a tant que noz en ferons propre capitre, li quix sera dis des apiax [b].

26. Li bailli ou li prevos, quant il en ont mestier por lor ensoine, poent fere acesseurs por aus [3]. Cil sont apelé acesseur qui representent le persone du bailli ou du prevost en fesant lor office. Mais bien se doivent penre garde li bailli et li prevost quex gens il metent en lor lix quant il n'i poent estre; car se il messesoient, cil qui les y avoient [4] mis en seroient blasmés et li acesseurs meisme pusni.

27. La justice qui veut metre aucun en son lieu por

---

[1] Tel. B.—[2] Les cas. B.—[3] B.—[4] Auroient. B.

[a] Il faut savoir qu'à l'époque où Beaumanoir écrivait, l'appel était reçu dans les tribunaux de France avec toute la vogue qui s'attache à une chose favorable et nouvelle, et que les baillis étaient les plus ardents promoteurs de cette innovation.

[b] Chapitres LXI et LXII.

fere son office, y doit metre persone loial et de bone
renommée et sage, et le doit establir par letres ou en
assize ou as ples communs; ou autrement, qui desobei-
roit à lor commandemens il ne paieroit point d'amende,
car il se porroit escuser par dire qu'il ne savoit pas qu'il
fust u liu de la justice. Mais ce li converroit il jurer, s'il
se voloit passer de la desobeissance, porce que fort coze
est à croire que nus se face baillis ou prevos, ne en liu
de bailli ou de prevost, se il ne l'est; car de celi qui le
se feroit et ne le seroit pas et ouverroit de l'office,
l'amende seroit à le volenté du segneur.

28. On ne doit pas fere acesseur d'omme que cil ne
puist justicier qui le fet, s'il le trueve en meffet : si
comme de clerc ou de croisié; car il ne les porroit justicier se il meffesoient, car le connissauce d'aus si
apartient à sainte Eglise.

29. Cil qui ne sont digne [1] d'estre bailli ou prevost
ne doivent pas estre mis en lor lieu : si comme sours,
mus, avugles, forsenés, ensoniés de moult d'autres
besoignes, ne cil qui poent estre osté des parties par
aucune coze de souspechon. Et por toutes causes c'on
pot refuser les baillis et les prevos, pot on refuser cix
qui sont en lor lix. Et des causes queles eles sont, il est
dit u capitre de refuser les baillis [a].

30. Aucunne fois convient il par force que li bailli ou
li prevost facent acesseur, comme quant partie les sous-
peçonne [2] par aucune resnable cause qu'il [3] met avant,
ou quant li bailli ou li prevost sont partie contre celi
à qui il a à pledier, soit en demandant ou en deffendant.
Et se li bailliv ou li prevost s'efforchoient de demeurer [4]

---

[1] Disne. A.—[2] L'a souspechonneus. B.—[3] Que elle. B.—[4] T. D'estre. A.
[a] Chapitre LXVI.

justice en tex cas, et ne voloit fere acesseur à requeste
de partie, noz ne loons pas à le partie qu'ele voist avant,
car coze que li bailli ou li prevos face contre li ne li
pot valoir, puisqu'il le debouta par bone reson. Et se li
baillis ou li prevos le contraint d'aler avant par prise
de cors ou de biens, il a bone reson de soi plaindre au
segneur, et tout ce qui sera fet par le dit contraignement
sera rapelé. Et encore noz acordons noz en tel cas que
li baillis ou li prevos, qui par bone reson ne les devoient
pas justicier et toutes voies les justicerent à force, li
renderoit les damaces que il aroit eus par le force que
li baillis ou li prevos li firent; porce qu'il ne vaut respondre par devant aus, par bones resons qu'il avoit
proposées à cele fin qu'il ne devoit pas estre son juge.

31. Bien apartient à l'office au bailli que s'il voit les
homes varier en jugement par erreur ou par malvese
cause, si comme por amor ou por haine ou por loier,
ou porce qu'il n'ont mie bien entendue le querele, qu'il
les reprengne courtoisement et sagement, si que il
soient avisé par li à loialment jugier, et lor doit
recorder le pledoié[1]. Et se li homes ne volent croire
le bailli du recorder, ou l'une des parties le debat,
li baillis doit fere repledoier le querele en le presence des homes qui doivent fere jugement; car li
home ne sont pas tenu de fere jugement, s'il ne lor
plest, de le querele qui n'ait esté pledié par devant aus,
se n'est pas l'acort[2] des parties. Neporquant[3] grans anuis
seroit as homes et à cex meismes qui aroient à pledier,
s'il convenoit que tuit li home qui jugent fussent à
tout le plaidié de cascune querele. Il soufist se l'une

---

[1] *Les paroles qui ont esté dites em ples.* B. T. — [2] *Par le recort.* B. —
[3] *Pour che que.* T.

partie des homes est au plet : deus ou plus sans souspechon, aveques le bailli ou aveques le prevost. Et qu'il
soient toutes voies tel qu'il sachent recorder as autres
homes le plaidoié, quand il convient que li home soient
ensanble por jugier.

32. Tout soit il ainsi que le bailli doit prendre les
paroles de cix qui pledent et fere les parties apuier au
jugement, neporquant il n'est pas au jugement fere, se
li home ne voelent. Et nus doit estre avec chix qui
jugent, el tans qu'il sont assanllé por fere le jugement,
s'il n'est apelés de cix qui doivent jugier. Et aucune
fois, quant il riotent trop por un jugement fere et noz
ne les poons acorder por lor debat, les avons noz laissiés, et alions tenir nos ples en tant qu'il se debatoient
à fere le jugement : et ce pot bien fere li baillix [a].

33. Il avient aucune fois que plet muet entre le conte
et ses [1] homes, si comme quant aucuns des homes requiert se court d'aucun cas dont il ne le doit pas avoir ;
ou il dist qu'il a aucunne justice en sa terre par reson
de son fief, que li quens ne li connoist pas, ains dist
qu'ele apartient à li par reson de resort ; ou il dist qu'à
li apartient le connissance de plet, si comme de lettres
ou de douaire ou d'asseurement ou d'aucun autre cas
qu'il dist qu'il doit avoir, et li quens dist mais li : en
tous ces cas ne doit pas li baillis metre en jugement des
homes le plet, car il meisme sont partie, se ne doivent
pas jugier en lor querele meisme. Donques se tix ples
muet entre le conte et les homes, et li home requierent

---

[1] B. *Et toz.* A.

[a] Il s'agit ici d'une assise de chevaliers, car il est probable que Beaumanoir, avant d'être bailli à Clermont, avait exercé les mêmes fonctions dans des pays où des assises de ce genre étaient encore tenues.

droit, il doivent penre droit par le conte et par son
conseil. Et se li quens lor refuse à fere droit ou il lor
fet malvès jugement, traire le poent par l'une de ces
deus voies par devant le Roy, si comme par devant
souvrain. Mais du peril qui est d'apel sera il dit u capitres des apias *.

34. Des ples qui muevent entre le coute d'une part
et aucun de ses homes singulierement de l'autre part,
dont tuit li home ne se poent pas fere partie, si comme
d'aucun heritage on d'aucunne forfeture ou d'aucunne
querele, des queles il convient que jugemens soit fes
selonc la coustume du païs : en tel cas pot bien li baillis
penre droit por le conte par les homes. Car aussi comme
il convient les homes le conte mener lor homes par le
jugement de lor pers, aussi doit li quens mener ses
homes par le jugement de ses autres homes, qui sont
lor per, es quereles dont tuit li home ne sont pas partie
contre li, si comme dit est desus.

35. Il n'est pas mestiers que li baillis, en toutes cozes
qui aviennent, face plet ordené, ançois doit courre
au devant des meffès et justicier selonc le meffet; et
toutes voies bien se gart qu'il ne mete nului à mort
sans jugement. Ne il n'est pas mestiers, quant aucuns
cas avient dont le justice doit estre hastée, qu'il atende
ses assizes, mais prengne trois des jugeurs ou quatre
ou plus, s'il li plest, li quel soient sans souspeçon, et
face fere le jugement sans delai. Car par les justices qui
trop delaient sont maint malfeteur escapé et maint mal
fet. Aucun malfeteur sont des quix li meffet ne sont

---

* Le recours au suzerain, en cas de déni de justice de la part du seigneur direct, existait avant l'introduction de l'appel. Ce dernier usage
fut même une conséquence du premier. Voyez les chapitres LXI et LXII.

pas si provez[1] ne notoire c'on les ose[2] jugier à mort :
à ciaus[3] doit demander li baillix s'il voelent atendre
loial enqueste; et s'il ne voelent, tiengne les li baillis
en sa prison sans issir, se malvese renommée labore
contre eus.

36. Baillis ne se doit pas atendre à ses prevos n'à ses
serjans qu'il ne sace quix prisoniers il a et por quels cas
cascuns est tenus. Et doit faire baillier à çascun la prison
selonc le cas por quoi il est pris. Car il n'est mie resons
que les prisons soient omnies[4] ne que li cas soient omni;
mais li tenu por cas de crieme soient mis en fosses et en
fers, et li autre aient plus legiere prison, qui sont pris
por meffets dont on ne doit perdre vie ne membre.

37. Honeste coze est et bone à bailli qu'il ne sueffre
pas que feme soit mise en prison por fas acusement ne
por nul cas, se n'est por cas de crieme; et si disons noz
de celles des queles le compagnie est convoitié par lor
joneche[5] ou por lor biaté. Et s'il avient que li cas desire
qu'elles soient mises en prison, on lor doit baillier garde
sans souspechon, porce qu'ele ne peque par force ou
par peur.

38. S'il est denoncié au bailli qu'aucuns face anui à
sainte Eglise, si comme se il ne se voelent taire en
l'eglise, ançois parolent, si que li services en pot estre
empeequiés; et s'il sont escommenié et il voelent entrer
el moustier malgré le prestre; ou se il font aucun vilain pecié en liu saint, si comme en cimentiere ou en
moustier[6]; si tost qu'il est denoncié au bailli par gens
creables, il les doit penre et emprisonner, de son office,
tant qu'il soit acordés à sainte Eglise du meffet; car

[1] B. Provus. A. Prouvés. T. — [2] Ost. A. — [3] T. Ançois. A. — [4] Hon-
nies. B. — [5] Pour la joineste qui est en aus. B. — [6] Liu saint. A.

sainte Eglise doit estre gardée des malfeteurs par l'espée temporel. Car poi seroit doutée l'espée esperituel des malvès, s'il ne cuidoient que l'espée temporel s'en mellast[1]; tout soit ce que l'esperituel face plus à douter, sans comparison.

39. Li establissement que li Rois[2] font por le commun porfit doivent estre gardé par la porveance des baillis; et entre les autres, il doit estre songneus de celi qui fu fes por les vilains seremens[a]. Car il est establi que cil qui jurent vilainement de Diu et de Nostre Dame doivent estre mis en l'esquele une hore du jour, en le presence du commun, porce qu'il ait honte. Et après ce n'est il pas quites de l'amende, porce qu'il a enfreint l'establissement; n'en ceste amende n'a point de taxation, fors à la volonté du prince, selonc le serement et selonc l'avoir que cil a qui jura le vilain serement[3].

40. Porce que li seax de la baillie est autentiques et creus de che qui est tesmongnié par li en lettres, li baillis n'est pas sages qui songneusement ne le garde, si que nule letre n'en soit seelée qu'il meisme n'ait avant veue et qu'il sace s'ele doit estre seelée ou non : et por ce est li establissemens bons qui est fes de novel. Car il est establi, par nostre roi Phelipe, qu'en çascune bone vile, là u on tient assize, a deus prodomes eslis por oïr les marciés et les convenences dont on veut avoir lettres de baillie[b]; et ce qui est tesmongnié par les seaus de ces deus prodommes, li baillis, en plus

---

[1] B. T. *S'il ne doutoient l'espée temporel.* A. — [2] T. *Bailli.* A. — [3] *Qui jura vilainnement.* B.

[a] Ordonnance de saint Louis de l'année 1268 ou 1269. (*Ordonnances*, t. I, p. 99.)

[b] Cette ordonnance de Philippe III ne nous est point parvenue.

grant seurté de tesmongnage, y met le seel de le baillie,
et prent por le seel de le livre un sol ¹. Et li denier qui
en vienent sont au segneur. Et se li baillix en oevre
autrement qu'il ne doit du seel de le baillie, il en pot
recevoir moult grant vilonnie, comme de perdre son office et de rendre les damaces. Et s'il l'avoit fet à essient
ne malicieusement, il seroit pusnis selonc le meffet.

41. Bien apartient à office de bailli que il, après ce
qu'il sera hors de l'office de baillie, soit demourans el
païs là u il fu baillis par l'espasse de quarante jours², 
porce que malveses prises li puissent estre demandées,
s'il en fist aucunes; et por le novel bailli fere sage de
l'estat des quereles. Et s'il n'i pot estre par aucune
resnable cause continuelment, jors li doit estre donnés,
si que li commun du païs le sace; et ilueques doit estre
oïs par le segneur qu'il servi, ou par home soufisant
envoié de par li, s'on li vaurra riens demander. Car au
bailli qui après li vient n'est il pas tenus à respondre,
por l'onor de ce qu'il tint cel meisme office, se li noviax baillis n'a especial mandement de ce fere; adont
converroit il que li vies baillix en respondist devant le
novel. Et se li baillis se part de son ofice et s'en va
sans fere ce qui est desus dit, et plaintes viennent de
li du païs qu'il a eu en garde : où que il soit alés, il doit
estre renvoiés au liu qu'il garda, tant qu'il ait rendu
bon conte à son segneur et les prises qu'il fist contre
son serement et l'amende des malveses prises au segneur, c'est assavoir : por un denier de tor fet, deus

---

¹ Une maille. T. De dix livres une maille. B.

² L'ordonnance de 1254 porte cinquante jours. (Ordonnances, t. I,
p. 75, art. xxv.)

d'amende : et toutes voies li tor fait rendu avant toute oeuvre. Et ce que noz avons dit des baillix, entendons noz des prevos et des sergans et de cix qui sont en tex offices.

42. Li baillix, s'il n'en a especial commandement, ne pot metre l'eritage de son segneur en jugement, ne fere bonnage ne devise de l'iretage son segneur vers autrui, ne vendre n'engagier nules des cozes son segneur, fors en le maniere que les ventes des bois et les prevostés et les fermes qui ont esté acoustumées et bailliés autrefois par les baillix qui furent devant li ; car ses drois offices, s'est de garder les drois et les coustumes du païs et les porfis de le terre son segneur, sans fere novelté desconvenable. Et s'il fet plus qu'il ne doit de le terre son segneur ; sans avoir especial commandement, ce qu'il a fet est de nule valeur.

43. Se li baillis set en se baillie home ne feme de religion, qui soit issus de s'abeye après ce qu'il fust prophès, et il est requis de celi qui a l'eglise à gouverner dont il issi : il le doit fere prendre et rendre à son abbé, soit à force soit autrement, s'il le trueve hors de liu saint.

44. Noz avons parlé en cest capitre de l'office as baillis et comment il se doivent maintenir, et encore aveques ce que noz avons dit verront il moult de cozes, es capitres qui venront après cesti, qu'il doivent fere, selonc ce que les quereles avienent, des queles nos parlerons, si Dix plest.

Ci faut li capitres de l'office as baillis.

## CAPITRES II.

Chi commenche li capitres des Semonses, et est li secons capitres[1][2].

1. Quant aucuns se deut d'aucun tort qu'on li a fet, dont il veut avoir amendement par justice, il convient qu'il face semonre celi de qui il se veut plaindre, en le cort de tel seigneur qui en puist fere droit; et porce traiterons noz, en ceste partie, des semonses des gentix homes et des autres qui ne sont pas gentil home; et dirons comment çascuns doit estre semons et comment il doivent obeir as semonses qui lor sont fetes, soit par reson d'eritage, soit de muebles, soit de querele qui touce à le persone, si comme par fet ou par dit. Et si dirons as queles semonses il poent contremander par coustume et as queles non, et as queles il se poent ensonier; et quix damaces il poent avoir, s'il ne viennent as semonses qui lor sont fetes si comme il doivent.

2. Puis que li sires veut semonre un gentil home par le reson de ce qu'il tient de li fief, il doit penre

----

[1] *Le secont chapitre de che livre, lequel parole des semonces que on appelle ajournemens.* B. T.

[2] La semonce féodale a été, de la part des jurisconsultes d'outremer, l'objet de recherches approfondies (*Assises de Jérusalem*, t. I, p. 344-349; p. 352-358; p. 520-521; p. 598-599, de notre édition). Pierre de Fontaines (c. III, p. 78), et Britton (c. LXXIV, p. 312, éd. de Houard) ont également porté leur attention sur cette matière importante, qui avait été réglée par plusieurs dispositions contenues dans les *Establissemens* (l. I, c. II, LXVI, LXVIII, LXX, XCII, CXIX; l. II, c. X, XXVI). Beaumanoir traite ici, et avec autant de précision que d'exactitude, de l'ajournement en cour ecclésiastique et en cour féodale. Il est à regretter qu'il n'ait pas étendu ses recherches jusque sur la semonce en cour bourgeoise.

deus de ses homes qui soient per à celi qu'il veut semonre; et s'il n'a nul home, il les doit emprunter à
son segnor, et li sires y est tenus à prester; et adont il
lor doit dire qu'il voisent celi ajorner[1] qu'il viengne
par devant li, en tel liu; et lor doit carquier[2] qu'il
dient la cause à son home por quoi il est semons; et
adont il doivent fere le semonse, la quele doit con-
tenir au mains quinse jours d'espasse[a].

3. Cil qui est semons doit garder le maniere de le
semonse et por quoi il est semons, s'il est semons simplement; si comme se li semonneur dient : « Noz voz
« ajornons à d'ui en quinse jors, en tel liu, par devant
« nostre segneur, de qui voz tenés tel fief, » et il ne
dient plus; ou s'il dient : « Noz voz ajornons sor tout ce
« qu'il voz sara à demander : » en ces deus manieres
d'ajornement pot li hons trois fois contremander, par
trois quinsaines, et le quarte quinsaine ensonier. Et
se li sires saisist son fief, porce qu'il li mete sus qu'il
ne pot fere ses contremans, quant ses hons venra en
cort, il devera estre resaisis tout à plain s'il le requiert, avant qu'il responde à riens qui soit propozé
contre li.

4. S'il est semons sor fief concelé[3], ou sor ce qu'il
a fet de son fief ou d'une partie de son fief ariere

---

[1] *Ajorner son homme.* B. T. — [2] *Enchergier.* B. — [3] *Que on conchele.* B. *Qui conchele.* T.

[a] « Se aucuns sires est, qui ait hons, qui ne li soit pas venus fere
« son hommage, li sires le doit fere semonre qui li viegne fere son
« hommage, et le doit fere semondre par hons qui foi li doie, se il
« l'a; et se il ne l'a, par aucun prud'hons souflisant. » (*Establissemens,* l. I, c. LXVII) On voit que l'usage n'était pas le même en Beauvoisis et dans les terres du Roi.

fief, ou sor le service qu'il en doit par le raison du fief, il n'a point de contremant, mais ensonnier pot une fois. Et bien se gart qu'il ait loial ensoine, car il li convient jurer son ensoine eu cort, se li sires veut; et s'il ne le veut jurer, il sera tornés eu defaute.

5. Por quel coze que li sires prengne en se main ce dont il trueve son home saizi et vestu, s'il ne le prent par jugement de ses pers, il est tenus à resaisir son home tout à plain, avant que li hons responde en cort à coze que ses sires li demande. Et quant il sera resaizis [1], li sires pot propozer contre li ce qu'il li bee à demander, en la presence de ses pers; et li hons doit metre ses deffenses encontre, et puis doit atendre droit par les pers dessus dis.

6. S'aucuns est semons sor partage, si comme frere ou sereur font semonre por avoir partie lor [2] frere qui tient le tout, ou se li heritages est esqueus à plusors persones d'un meisme degré de lignage et li uns s'est mis en saizine de tout : en tels semonses n'a point de contremant. Et se cil contremande qui est semons en tel cas ou defaut, li sires doit saizir toutes les cozes es queles cil qui fist semonre demande partie, et les doit oïr en lor demande et lor doit fere partie et deviser, sauve le partie au defaillant quant il le venra [3] requerre. Et ce entendons noz en toutes parties de muebles ou d'eritages, soit de fief ou de vilenages, qui soient descendus ou esqueus. Et des parties queles eles doivent estre, il sera dit u capitre de descendement et d'esqueance [4] [a].

---

[1] *Quant à la resaizine.* B. — [2] *Pour de lor.* — [3] *Voldra.* B. *Vourra.* T. — [4] *D'escheoite.* T.

[a] Chapitre xiv.

7. Quant li sires fet semonre son home sor le proprieté de l'iretage qu'il tient de li, soit pour li meisme ou por [1] autrui, cil qui est semons a trois contremans, chascuns contremans [2] de quinse jors; et pot une fois essonier sans jor. Mais si tost qu'il est hors de son ensoine, il le doit fere savoir à son segneur, si que li sires le puist fere r'ajorner s'il li plest. Et s'il ne le fet savoir qu'il soit hors de son essoine et il est prové contre li qu'il soit veus enbesongniés ou alés [3] aval le païs, comme haitiés [4], puis l'essoniement, il doit estre tornés en pure defaute, se che n'est puis qu'il l'ara fet savoir qu'il soit hors de son essoine.

8. Or veons quant aucuns est ajornés sor proprieté d'eritage et il ne vient, ançois se met en defaute, par quans jors on le doit atendre. Noz disons qu'il soit mis en trois pures defautes, toz sans les jors qu'il puet contremander et essonier par coustume. Et aucune fois dient li aucun qu'il convenoit que tex defautes soient fetes pres à pres, mais non fet; car s'il contremande une fois ou deus et puis defaut, et puis est r'ajornés et contremande cel ajornement: toutes voies le [5] defaute qu'il fist li est contée por une, c'est à entendre que [6] por ce, s'il fet ses contremans entre ses defautes, ne laist il mie que çascune defaute ne li soit contée por une, et cascuns contremans por un; si que, quant il ara eu trois contremans et un ensoniement et trois pures defautes, ou les trois pures defautes s'il ne veut coutremander ne essonier: li sires doit metre le demandeur en le saisine de le coze, en tel maniere que li demanderes baille seurté des levées. Et cil qui devant estoit en la sai-

[1] A la requeste. B. T. — [2] B. T. — [3] T. Qu'il soit venus aus besoignes ou alés. B. — [4] Hetiex. T. — [5] La. T. — [6] T.

zine de l'iretage le fet r'ajorner sor le proprieté dedens un an et un jor : et s'il gaaigne[1] le querele, que il r'ait les levées. Et se c'est li sires qui ait porsivi por soi, il doit monstrer les defautes à ses homes, qui sont envers le[2] defalant, et, par lor jugement, il doit prendre saizine por li[3] ; car s'il le prenoit sans jugement, il resaiziroit toz jors son home, ainsi com j'ai dit par dessus. Mais s'il l'a par le jugement de ses homes, et cil qui a perdue le saisine par les defautes veut pledier de le propriété, ses sires pledera saizis dusques à fin de querele.

9. Chil qui sont semons por aidier lor segneurs contre lor anemis ou por aidier à lor meson deffendre, ne doivent pas contremander ne querre nul delai ; et s'il contremandent ne quierent delai, il ne gardent pas bien lor foi vers lor segneurs. Et quant il faillent lor segneur en tel besoins, il deservent à perdre lor fief ; ne il ne se poent escuser par ensoine, puis qu'il soient el païs et que la guerre ne soit contre celi de qui lor sire tienent leur hommage, ou contre le conte qui est lor sovrains, ou contre le Roi qui est par desor toz ; car s'il ont ensoines, il poent ensonier[4] soufisamment por aus gentix homes, çascun un por li, armé et apparillié[5] si come il apartient à l'estat de celi qui l'envoie.

10. Quant li aucun sont semons por aidier lor segneur ou leur mesons à garder, si comme j'ai dit, li sires lor doit livrer lor despens resnablement, puis le premiere jornée qu'il muevent de lor meson en avant ;

[1] Et si ai. B. — [2] Soi. T. Envers lui. B. — [3] Pers au. T. — [4] Envoier. T. — [5] B. Arret. A.

et aussi s'ils sont semons por l'ost le conte ou por l'ost
le Roi, es quix os ' lor segneurs les poent mener.

11. S'aucuns est semons por aidier lor signeur contre ses ennemis, il n'est pas tenus, s'il ne veut, à issir
hors du fief ou des arriere fiés son seigneur, contre les
anemis de son segneur; car il seroit clere coze que ses
sires assaudroit, et il ne se deffendroit pas, puis qu'il
isteroit de sa terre et de se signorie; et ses hons
n'est pas tenus à li aidier à autrui assalir hors de ses
fiés, se ce n'est par ost de sovrain, comme j'ai dit
dessus.

12. Li quens a autre avantage de semonre ses homes
de fief que n'ont li autre si souget³; car li souget, si
comme j'ai dit devant, ne poent semonre fors par pers,
quant il voelent aucune coze demander por eus; mais
li quens les pot fere semonre par ses sergans serementés, par un ou par plusors; et sont li sergant creu
de lor semonses par lor serement, puis que li sergant
dient qu'il firent le semonse à lor persone meismes ou
à lor ostel, car çascuns doit avoir tel mesnie qui li
face savoir les semonses et les commandemens de son
segneur.

13. Cil qui vont autrui³ semonre, où qu'il le trui-
sent poent fere lor semonse; et s'il ne le truevent d'a-
venture, il doivent aler fere lor semonse à lor ostel où
il est couquans et levans. Et se c'est hons qui n'ait
point d'ostel et qu'il repaire en une eure⁴ chà et l'autre
là, il le doit semonre là u il repaire plus souvent. Et
s'il ne le truevent, il doivent dire as voisins que, si
tost qu'il le verront, qu'il li dient qu'il est semons à

---

¹ B. — ² N'ont les sougiez. B. — ³ Aucun. B. T. — ⁴ B. Oe. A.

tel jor; et adont sera il en defaute s'il ne vient, puisque li voizin li aront dit qu'il est semons.

14. N'est pas grant[1] merveille s'aucuns semont
son home à requeste d'autrui, et cil à qui requeste le
semonse est fete n'est pas justicables[2] au segneur en
qui cort il veut avoir droit, se il veut avoir droit et[3]
pleges de poursivir le plet por quoi il fet semonre.
Mes se il est povres ou estranges, par quoi il ne pot
pleges livrer, il soufist s'il en done se foi.

15. Chil qui sont semons sor doaire ne poent contremander, mais ensonier poent il une fois, s'ils ont loial
ensoine. Et s'il contremandent ou faillent, li sires doit
tantost savoir se li barons de cele qui demande doaire
estoit tenans et prenans des lix ou ele demande doaire
comme de son heritage ou de sa queste, au jour qu'il
l'espousa; et tantost comme il sara la verité, il le doit
metre en son doaire.

16. Or veons quant aucuns est semons par devant son
segneur desoz qui il est couquans et levans, et à cele
meisme jornée il est semons par devant un de ses autres segneurs por reson d'eritage qu'il tient, et sont
li cas tel qu'il n'y a point de contremant, au quel il doit
mix aler. Je di qu'il doit mix aler à la semonse du segneur desoz qui il est couquans et levans, car il li doit
moult plus d'obeissance qu'il ne fet as autres segneurs
de qui il tient ses heritages tant solement; porce que
li sire desoz qui il est couquans et levans, a le justice
de son cors et la connissance de muebles et de catix et
des heritages qu'il tient de li. Neporquant, s'il est semons en ceste maniere, il pot bien tenir l'un jor et

---

[1] B. — [2] B. *Justichaules*. A. — [3] B. T.

l'autre, car il pot aler en se propre persone par devant
le segneur soz qui il est couquans et levans; mais par
devant l'autre segneur, il pot envoier par procureur;
car c'est en deffendant quant il est semons à respondre
de l'iretage de quoi il est tenans. Et, en toutes quereles
d'eritages et de muebles, je me puis deffendre par procureur; mais se je demande, je ne sui pas oïs par procureur, par nostre coustume, se ce n'est par aucun especial grace que li sovrains face, si comme vos orrés el
capitre des procureurs *.

17. En toz les cas où resaisine apartient, on doit
resaisir si entierement que toutes les cozes qui furent
levées, ou le valor, s'on ne les pot ravoir, soient rendues à celi qui est resaisis, avant qu'il responde à riens
qu'on li demant de le querele; car petit vaurroit la
resaizine, se ele n'estoit fete entierement à celi qui estoit dessaizis.

18. Bien se gart cil qui a tant demené son plet qu'il
a jor de veue, qu'il ne defaille ne ne contremant après
jor de veue; car s'il contremande, il li est torné en
defaute, por ce qu'il ne pot contremander. Et por une
sole defaute il pert saisine de toute la querele dont
veue a esté fete.

19. Qui fet veue, il doit monstrer toutes les cozes
qui sont demandées el plet, en cascun liu et en cascune
piece; car s'il gaaingne le querele, il ne gaaigne fors ce
qui a esté monstré : et por ce il est bon qu'il ne soit
negligens de monstrer tout ce qui est en le querele.

20. Je dis devant, qui li sires est toz jors tenus à
resaisir son home quant il prent ce qu'il trueve en la

* Chapitre iv.

main son home, sans jugement; mais ce n'est pas por ce à entendre que se li sires trueve par meffet hors de le main à son home ou à celi qui doit estre ses hons, qu'il ne le puist bien penre ains[1] jugement : et voz dirai en quel cas ce pot estre.

21. Se li hons d'aucun segneur fet de son fief ou d'une partie de son fief arriere fief, contre coustume, sans le congié de son segneur: si tost comme li sires le set, il le pot penre comme le sien propre, por le meffet; et se cil qui le devoit tenir l'en demande resaizine, li sires n'i est pas tenus, car il li pot dire que de ce qu'il a pris, il ne le prist pas en la siue[2] main, dont il ne li pot demander resaizine. Et se cil qui est ses hons, qui fist de son fief arriere fief[3], l'en demande resaisine, li sires li pot respondre qu'il n'i est de riens tenus, car il n'a rien pris en se main, ançois a pris ce qu'il a trouvé alongié du demaine qu'il sanloit[4] tenir de li; et ainsi n'en fera li sires nulle resaizine, ançois venra li heritages en son propre demaine comme forfès. Le seconde cause en quoi li sires n'est pas tenus à fere resaisine à celi qui doit estre ses hons, est quant il lieve par defaute d'omme. Car tout ce que li sires pot lever du fief ains qu'il en ait home, est sien de son droit. La tierce cause si est quant ples est de rescousse d'eritage et il tient les despuelles en se main à la requeste du rescoueur.

Pierres, proposa contre Jehan[5] de qui il tenoit son fief, que cis Jehans l'avoit semons por li fere demandes en une vile le plus lointaine qu'il pooit trouver en le conté, et en lequele vile li dis Jehans n'avoit fief

---

[1] Sans. T. — [2] B. — [3] Et se chelui que le fief est qui fist, etc. B. — [4] B. Soloit. A. — [5] Phelippes. B.

n'arriere fief ; et porce qu'il n'avoit pas obei à le semonse, ne il n'estoit alés à son ajornement, li dis
Jehans tenoit son fief saizi : si requeroit que li dis
Jehans otast se saizine [1] de son fief, et qu'il i [2] fust prononcié par droit, qu'il, en tel liu, ne le pooit semonre.
A ce respondi Jehans, qu'il connissoit bien que il, en tel
liu, l'avoit semons, et dist que il son home pooit bien
semonre en quel liu qu'il li plesoit, en le conté, par le
reson de ce que li fiés que Pierres tenoit de li, estoit
des membres de le conté : et sor ce se mirent en droit.
Il fu jugié que Pierres devoit estre resaizis tout à plain,
et qu'il n'estoit pas tenus à aler à cele semonse, et
que nus, par le coustume, ne pot ne ne doit semonre
son home hors de son fief ou de son arriere fief, car
moult seroient grevé li povre home qui tienent les
petis fiés.

22. Noz avons veu plusors debas de cix qui estoient
ajorné, par devant lor segneur, à requeste d'autrui ,
por dete, puis fesoient tant, cil qui estoient ajorné, que li grés de cix à qui requeste il avoient esté
ajorné, estoit fes, si ques il ne s'aparoient pas en court [3]
contre aus, ne li ajorné n'aloient pas à lor jor ; neporquant li segneur les voloient metre en defaute par le
reson de l'ajornement, tout fust il ainsi que nus ne se
fust aparus [4] contre eus. Et li ajorné se deffendoient,
porce que nus ne s'estoit monstrés [5] contre aus, et disoient qu'il ne devoient point d'amende. Et porce que
nos veismes moult de fois celi debat, noz mismes [6] en jugement se li ajorné devoient point d'amende par reson
de defaute en tel cas. Il fu jugié que cil qui estoient

---

[1] *Sa main.* B. — [2] *Li.* B. — [3] *A jour.* T. — [4] *Apparans.* B. — [5] B. —
[6] *Meismes* ce. A.

ajorné por dette à la requeste d'autrui, en le maniere
devant dite, et partie ne s'aparoit contre eus, ne devoient point d'amende; mais se partie se presentoit
contre aus et il ne venoient, la defaute estoit clere.

23. Mais ajornement qui sont fet sor force, ou sor
novele desaizine, ou sor cas de crieme [1], ou sor mellée, il
convient bien que li ajornés viegne à son ajournement
ou il seroit en defaute; car puis que ajornemens est
fès sor aucune de ces cozes, les parties ne les poent pas
delaissier sans le volenté du segneur, ançois convient
que cil qui a fet fere l'ajornement, poursiv [2] ce sor
quoi il l'a fet ajorner; et s'il ne le veut porsivir, il en
quiet en autele amende comme cil seroit qu'il avoit
fet ajorner, s'il en estoit atains. Et s'il le porsuit et li
ajornés le defaut, il doit estre justiciés por les defautes;
et s'il y a trois defautes, il est atains du fet sor le quel
il fu ajornés. Et se li uns ne li autres ne vient avant,
puis l'ajornement fet, li sires doit justicier celi qui fist
ajorner et celi qui fu ajornés, dusqu'à tant qu'il sace en
quelle defaute la querele demeure, et puis lever l'amende
de celi en qui il defaut.

24. Aucune fois avient il que uns hons fet ajorner
un autre, et après, cil qui est ajornés vient à court,
et cil qui fist ajorner n'i vient pas : or veons qu'il en
est à fere en tel cas. Se cil qui fist ajorner ne vient
dedens l'ore de miedi, on doit doner celi congié [3] qui
fu ajornés. Et se cil qui ne vint mie le fet puis r'ajorner, il ne respondra pas devant qu'il ara ses damaces
de le [4] jornée devant. Et se li uns et li autres est cou-

---

[1] *Trieve.* T. — [2] *Poursieve.* T. — [3] *Congié à chelui.* B. T. — [4] *L'autre.* B. T.

quans et levans desoz ce meisme segneur, nous noz [1]
accordons que li sire pot lever le defaute de celi qui fist
ajorner, tout soit il ainsi que noz n'avons pas tel cas
moult veu uzer; car poi avient c'on face ajorner autrui et defaillir. Et chil qui le fet et ne vient pas au
jour que il l'a fet [2] ajorner, doit estre en autel damace
comme cil seroit qu'il a fet ajorner, s'il ne venoit.

25. Quant aucun sont semons por lor segneur deffendre ou por aler en bataille por le commun porfit
du roiaume, bien se gart qu'il en face son avenant;
car s'il s'enfuit, il a perdu honnor et tout ce qu'il
tient en fief, ne ne doit puis [3] estre oïs en cort en tesmognage, ne en apeler autrui, s'ainsi n'est qu'il n'eust
resnable cause en le fuite; si comme s'il s'enfui tant des
autres devant li que ses demourers ne peust rien porfiter : en ce cas, si se doit on penre as premiers fuians,
car il sont malvès, et par eux sont li autre en plus grant
peril de mort ou de honte avoir; et, à le fois, tout
soient il bon et viguereus, ils perdent les cuers par le
malvesté de cix qui lor doivent aidier; s'en ont esté
mort et desconfit maint prodomme, et mainte terre
perdue et mainte vile abatue et arrasée. Et tant sachent cil qui vont en tex besongnes que en plus grant
peril sont cil qui s'enfuient que cil qui assalent ou qui
viguereusement se defendent. Et, de toutes les besongnes dont noz avons oy parler, on a plus ocis des fuians
que des demourans, car grant cuer done à son anemi
qui li vuide le lieu où il se doit à li combatre. Et piecha
dist on : « Qui fuit il truéve qui le çache [4]. »

---

[1] *Vous.* T. — [2] T. *Et cil qui le set.* A. — [3] B. T. *Pas.* A. — [4] *A moult
grant tamps c... e on dit, que chelui qui fuit assés trueve qui le chace.* B.

26. Autel com noz avons dit de cix qui s'enfuient des batailles, entendons noz de cix qui sont mis es garnisons, es vile ou es castiax, por les garder, ou por les deffendre au commandement de lor seigneurs, ou par foi ou par seremens; car en nule maniere du monde, ne por mort ne por vie, il ne doivent baillier as ennemis de lor segneur ce que lor sires lor a baillié à garder, mais garandir et deffendre dusqu'à la mort, excepté un sol cas, c'est li cas de tres grant famine sans attente de secours. Car s'il y a si tres grant famine que il aient par disete jeuné trois jors ou quatre, et qu'ils n'aient à mengier ne ceval n'autre coze, et en y a jà aucuns mort par famine, et est aperte coze que secors ne lor pot venir ne de segneur ne de viande, on ne se ' doit pas merveillier se on vuide le liu sauve se vie; car li demourer ne pot riens porfiter, et puis poent plus aidier à lor segneurs que s'il eussent tant atendu qu'il fussent mort. Çascuns doit grant peine metre en li maintenir sagement ' et loialment en l'office là u il est, car c'est biens et honneurs à Diu et au siecle, et qui autrement le fet, s'il l'en mesavient, c'est à bon droit.

27. Or veons se une feme, el tans de sa veveté ou el tans de son pucelage, qu'ele est en aage et hors de mainburnie, fet une dete en le justice où ele maint, et après ele se marie en une autre contrée, avant que la dete soit paiée, et se terre, qui est de par li, ou aucuns de ses muebles demeurent en le justice dont ele se parti quand ele se maria : se cil à qui le dete est deue porra fere arester, por li fere paier, ce qui est en le justice où ele s'obliga; ou s'il convenra qu'il en porsive le mari

à le femme, par devant le segneur desoz qui il couque et lieve. Nos disons que en cest cas li creanciers pot fere les biens arrester là u le dete fu fete, et là convient que li mari la face paier, puis qu'il y ait riens de par le feme; car male coze seroit qu'on alast pledier en estrange contrée, por se dete avoir qui seroit fete en son liu, et aroit cil qui s'en iroit bien de quoi paier el liu dont il seroit partis [1]. Neporquant, se le feme en avoit tout porté, et li creanciers n'avoit pleges, il convenroit qu'il sivist le mari là u il seroit couquans et levans, ou les pleges, se pleges y avoit, por querre lor delivrance.

28. Qui semont de semonce de Crestienté homme qui n'est pas de le juridiction à celui qui semont, si comme se li officiax de Biavès fet semonre aucun qui est de l'evesquié de Soissons, il doit aler ou envoier à le semonse et monstrer au juge qu'à tort est semons, car il n'est pas de sa juridition, et que yluec n'est il pas tenus à respondre. Et le reson por quoi il y doit aler ou envoier, si est porce que s'il n'i aloit ou envoioit, on geteroit sor li sentence d'escommeniement, et li escommeniement font à douter, comment qu'il soient geté, soit à tort soit à droit; et por ce y doit il aler ou envoier, car en aucun cas porroit il estre tenus à respondre. Si comme s'il avoit aucune coze en l'evesquié de Biavès, et on li demandoit cele coze par reson de testament, ou s'il avoit pledié contre aucun et cil contre qui il pleda à Biauvés fist reconvention sor li, ou se ses devanciers y pleda et y entama plet avant qu'il

---

[1] *Et si aaroit chelui qui s'en iroit en che lieu de coi il seroit departis.* B.

morust : en toz tix cas y seroit il tenus à respondre.
Et por ce est il bons qu'il y voist ou envoit procureur
pour aligneer qu'il n'est pas là à justicier, ou pour respondre s'on li demande coze là u il soit tenus à respondre.

29. En le cort laie est le coustume contraire à cele
que noz avons dit dessus; car se li baillix de Clermont
fet semonre aucun qui soit de le justice à un autre
conte ou à autre seigneur, hors de sa contée [1], et cil qui
est semons n'a riens en le conté de Clermont : il n'est
pas tenus d'obeir à se semonse. Mais s'il a aucune coze
en le conté, et il est ajornés en disant : « Soiés à tel
« jor à Clermont, contre tel à respondre de tele coze
« que voz avez en le conté de Clermont, » adont y
doit il aler, car il doit deffendre le coze là u ele siet.
Neporquant, se c'est muebles qu'il a en le conté de
Clermont, et il ne l'obliga pas par lettres, il porra
dire, quant il venra à court, que il ne veut pas respondre fors là u il est couquans et levans, et adont il
n'i respondra point. Mais se c'est heritages, li ples demorra par devant le segneur de qui il muet.

30. Si comme noz avons dit qu'on doit aler à le
semonse de Crestienté, tout ne soit on pas de le justice
au signeur qui semont, noz entendons aussi des juges
qui ont pooir de par l'apostole. Et s'il semonnent autrement qu'il ne doivent, si comme s'il sont deceu
par lettres qui furent malvesement et faussement empetrées, ou s'il semonnent plus de deus jornées loins
outre les metes [2] de le diocès dont il sont, ou s'il font
aucun autre desavenant en lor semonse, toutes voies

---

[1] *Ou...., sa contée*, manque dans A. — [2] *Les bousnes.* B.

y doit li semons aler ou envoier. Et quant il vient là, il se doit complaindre au juge de le desavenant semonse et requerre qu'il li face droit. Et se li juges li refuse à fere ou il li donne malvese sentence, apeler puet à l'apostole. Et de ces apiax de Crestienté, se ples est devant le dyen [1], on puet apeler à l'evesque, et de l'evesque à l'arcevesque, et de l'arcevesque à l'apostole; mais du juge envoié de par l'apostole pot on pas apeler que par devant l'apostole [2]. Et ausi, en la cort laie, sont li apel de degré en degré, du souget as segneurs, et des segneurs en segneur dusques au Roy, en cas qui ne sont demené par gage de bataille. Car en le cort où on en va par reson d'apel por les gages maintenir, se le bataille est fete, la querele est venue à fin, si ques il n'i a mestier de plus d'apiax. Mais, ains la bataille fete, porroit ele aler de degré en degré dusques au Roy, tout fust li plet demené par gages, c'est à savoir de l'une des parties; si comme se un des [3] sougès le conte faisoit fere aucun jugement en se cort, et partie apeloit de faus jugement en le cort le conte, et li hommes qui avoient fet le jugement voloient fere lor jugement bon par gage de bataille, et li apeleres proposoit resons pour oster les gaiges et por fausser le jugement par les erremens du plet, et après ce se mettoient en droit se li apiax seroit demenés par gages ou par les erremens du plait, et après li homes le conte jugeoient que li apiax se feroit par gage, et li apeleres apeloit les homes le conte par faus jugement : en tel cas venroit li apiax de degré en degré dusqu'au Roy.

[1] *Le doyen.* B. — [2] Cette dernière phrase a été omise par B., peut-être avec intention. — [3] T. *Li.* A.

31. On doit savoir que cil qui est semons, quant il vient au jour, il se doit presenter par devant le segneur qui le fist semonre ou par devant celi qui tient son liu, el liu là u il tient ses ples, et soi ofrir contre cex à qui il a à fere. Et s'il ne trueve ne le segneur ne cil qui le cort tiengne, il doit aler au liu où on les tient acoustumeement et atendre dusqu'à hore de miedi; et adont, se nus ne vient por le cort tenir, aler s'en pot sans estre en defaute de cele jornée. Et toutes voies noz li loons bien qu'il moustre s'atente à bones gens qui le puissent tesmognier se mestiers li est.

32. Quant semonse est fete à jor, sans nommer hore, li semons doit entendre que c'est au matin, dedens hore de miedi; et s'il ne vient dedens cele hore et il ne se presente, il est en defaute. Mais se li ajornemens est fes à relevée ou as vespres, l'ore de la presentation dure dusqu'à soleil escousant. Et qui du soleil luisant se presente, il ne pot estre en defaute du jor qui est mis à relevée ou as vespres.

33. A le cort de Crestienté ne semont on pas à jor de feste, ne ne tient on plet; et se on y semont [1], qu'on ne s'en done garde, ne plede on pas quant on vient au jour ne en le saison [2] d'aoust, ne de vendanges [3], n'en le semaine peneuse [4 a], n'en le semaine de Pasques, n'en le semaine de Penthecoustes, n'en le semaine de Noël. Mais ceste coustume ne tenons noz pas en le court laie, ançois font li segneur lor semonses en quel jor qu'il lor plest. Neporquant qui seroit semons au jor de Noel

---

[1] *Et si l'en semont en feste.* T. — [2] *En la semaine.* B. — [3] Manque dans A. — [4] T. La semaine sainte.

[a] *Voyez* Du Cange, *Glossarium mœdiœ et infimœ latinitatis,* verbo *Hebdomada pœnalis.*

ou de Pasques ou de Pentecouste, et ne fust por le grant
besongne du segneur ou por coze durement perilleuse,
se li semons ne vient, noz ne noz acordons pas que
defaute en soit levée; et aussi de la semaine peneuse,
car bien doivent estre tel jor franc et delivre de ples.
Et ce c'on plede es autres festes, ce doit estre entendu
por bien, si comme grief coze seroit as povres homes
qui ont à plaidier por petites quereles, c'on demenast
les ples par les jors es quix il doivent gaaignier lor
pain et fere lor labor. Et qui por ceste cause fet ses semonses en jor de feste et tient ses ples, ceste cause est
bone; mais toutes voies qui tenir les y veut, si les ' tiegne
après ce que li services nostre Segneur ' soit fes, si que,
por les ples, Dix ne demeure pas a estre servis, ou
autrement li plet à tenir ne seroient pas bon à tex jours.

34. Se on voit qu'aucuns sires ait haine à aucun de
ses sougès et que por li grever il le voist adjornant ' es
jors que il doit labourer et fere ses labors, se ceste coze
est fete savoir au conte, il ne le doit pas soufrir, ançois
doit contraindre son home qu'il face à son povre souget hastif droit et à tel jor qu'il n'en perde son labour.
Neporquant on pot ajorner son souget de poeste à
quel jor c'on veut et d'ui à demain; mais cil qui tient
en baronnie, quant il voit qu'aucuns de ses homes veut
uzer trop cruelment de le coustume contre ses povres
sougès, de son office il li pot bien restraindre ceste
coustume et garder le cause que li sires a contre son
souget; et s'il ne voit la cause bone, deffendre li pot,
de son office, qu'il ne le maintiegne plus; car, quant
les coustumes commencerent avant à venir, on les com-

----

' B. — ' Le copiste de B. avait écrit *nostre Dame*, mais il a rayé ce
mot et l'a remplacé par *nostre Segneur.* — ' B. *Jornoiant.* A.

mencha à maintenir por le commun porfit et ne mie por ouvrer felenessement ne cruelment. Neporquant, es cas de crieme ne doit avoir point debonnereté, ançois en doit on ouvrer selonc ce que li cas desire et que coustume le donne, exceptés les cas des quix raisons done c'on ait misericorde, et li cas sont dit u capitre qui parole des cas ou pités et misericorde apartient [a].

Chi faut li capitres des semonses.

## CAPITRES III.

Chi commenche li tiers capitres qui parole des essoines et des contremans.

1. Après ce que noz avons parlé u capitre devant cesti des semonses, il est bon que noz dions après des ensoines et des contremans [b], comment on les doit fere et en queles quereles il quieent; et meesment noz en avons jà parlé u capitre des semonses, si dirons en sivant ce que noz n'avons pas dit. Et porce que après les semonses vienent li contremant et li essoinement, selonc ce que les semonses ont esté fetes, est il bon que noz en parlons avant que noz entrons en autre matiere.

2. Plusors ensoines sont par les quix, ou par aucun des quix on pot ensonier le jor qu'on a par devant signeur, si comme enfermeté de cors. Car quiconques a maladie par le quele il est aperte coze qu'il ne pot sans grant grief aler à son jor, il pot loialment ensonier.

---

[a] Chapitre xxx.

[b] Voyez dans notre *Glossaire* la différence qu'il y avait entre l'essoine et le contremand. Pour comprendre l'importance qu'on attachait à ces actes, il faut savoir qu'anciennement les jugements devaient être rendus en présence des parties.

Cil qui est semons par devant son segneur sovrain, s'il
est semons par devant autre segneur en cel meisme cas[1],
si pres qu'il ne pot legerement estre d'une part et
d'autre, il doit aler à le semonse du sovrain, et pot
hardiement toz les autres jours ensonier.

3. Chil qui ont jor à jurer en cause de tesmongnage
ou en se cause meisme par devant son ordinaire[2], s'il
a jor ailleurs, si pot loialment ensonier, car les quereles
les queles ne poent finer sans serement de verité, seroient autrement trop retardées.

4. Quant aucuns est meus à aler à son jor et il a
destorbier en le voie, si comme se ses quevax muert
ou afole, si que il ne pot aler et il ne pot ceval recouvrer, et il n'est pas hons qui doie aler à pié selonc
son estat, ou il trueve si grans yaues qu'il n'i oze passer pour peril de mort, ou li tans devient tex que
perilleuse coze est d'aler par les cans, si comme de
grans werreglas ou de grans neges ou de grans orages :
en toz ces cas pot on loialment ensonnier.

5. Cil qui est semons au jor qu'il doit femme plevir
ou espouser, ou au jor qu'il marie un de ses enfans ou
de ses freres ou de se sereurs ou de nieces ou de ses
neveus[3] ou d'aucun autre de son lignage qui soient à
li à marier, pot loialment ensonnier.

6. Quant aucuns est semons et il n'oze aler, porce
que se femme ou si enfant sont en peril de mort, il
pot loialment ensonier.

7. Bien se pot cil encore ensonier qui n'oze aler à
son jor par doute de son cors, si comme s'il est mane-

---

[1] *Tans.* T. — [2] *Par devant son ordinaire* manque dans B. — [3] *Ou....
neveus*, manque dans A.

ciés, ou s'il est en guerre ou por li ou por son lignage.
Et en toz les cas où li ensoniement apartiennent, il
pot laissier l'ensoniement se il veut, et contremander,
s'il n'a pris ses trois contremans [1], car s'il les avoit pris
il ne porroit plus contremander.

8. Cil qui ensonie ne pot pas contremander après son
essoniement, douques convient il que cil qui veut avoir
toz contremans, qu'il les prengue avant qu'il s'essonnie;
et le reson si est tele : que cil qui s'essonie, quant il
est hors de s'ensoine, se doit fere r'ajorner; et le jor qui
li est donés à sa requeste, il ne doit pas contremander n'ensonier; et s'il le fet, il quiet en defaute.

9. Il a grant diflèrence entre contremant et enson-
niement, car en toutes quereles ou il quiet contremans,
on en pot penre trois avant qu'on viengne à court,
dont cascuns des trois contient quinse jours; ne ne
convient pas fere serement ne dire le reson porquoi
on contremanda. Mais des ensoniemens, on n'en pot
avoir que un entre deus [2] jors de cort, et doit estre fes
sans jor, car nus ne set quant il doit estre hors de s'ensoine du plus des ensoines. Et si convient son ensoine
jurer, s'on en est requis de partie, quant on vient en
court.

10. En toutes quereles es queles il a contremans, on
peut ensonier une fois, qui a ensoine; mais en toutes
les quereles où on pot ensonier, on ne pot pas contremander, car il est poi de quereles, ou nules, es queles
on ne puist bien ensonier, qui a ensoine; mes on ne
pot contremander se le semonse n'est fete simplement;
si comme se li semonneur dient : « Cil voz fet ajorner

_____

[1] _Et contremander ses contremuns  car s'il._ B. — [2] T.

I.                                                      5

« sor quanques il vos sara à demander » ou il dient :
« Cil voz fet ajorner sor cas d'eritage » : en ces deus semonces solement a contremans, qui penre les veut, et
es autres non.

11. Toutes les fois que cil qui est ajornés se part de
cort en cas où il a contremans, il ara ses contremans
de nouvel et son essonniement après, s'il a ensoine,
dusqu'à tant que jours de veue a esté de le querele;
mais puis jour de veue il n'i a nul contremant, ains
pert saizine por une defaute, si comme j'ai dit ailleurs.

12. Quant aucuns contremande, li contremanderes
doit dire en tele maniere à celi qui tient le court :
« Sire, Pierres qui ajornés estoit contre Jehan, à le
« journée d'ui par devant voz, contremande son jour
« dusqu'à d'ui en quinse jours; » et adont, se le partie
qui fist ajorner veut debatre le contremant, il le doit
debatre tantost et dire : « Sire, en tel cas n'a point
« contremant à le jornée d'ui, et le reson noz dirons
« en tans et en liu, quant il sera presens, et monstre-
« rons por quoi il doit estre tornés en pure defaute de
« ceste jornée. » Donques la justice doit metre le contremant en escrit com desbatu, et oïr les resons des
parties sor le debat du contremant quant il viennent
en cort, et fere droit selonc ce qui est dit des parties.
Et se le partie ne debat le contremant au jour qu'il
est fes, il n'en pot pas puis torner en defaute le con-
tremandeur [1], ançois est tenus li contremans por soufisans, tout soit ce que contremans ne queist pas en
cele querele, se partie l'eust debatu.

---

[1] Le contremant. A. B.

13. Li essonieres qui ensonie autrui, si doit dire
en ceste maniere à celi qui tient le cort : « Sire, Pierres
« si ensonie tel jor comme il avoit à hui par devant voz,
« contre toz cex à qui il avoit à fere ; et quant il sera
« delivres [1] de son essoine, il le voz fera assavoir, si
« que voz le puissiés r'ajorner s'il voz plest ou se partie
« le requiert. » Et s'aucune partie veut debatre l'ensoniement, il le doit debatre tantost en le maniere qui
est dite dessus de debatre les contremans.

14. Il est clere coze que s'aucuns a plusors quereles
en une cort, à une jornée, il ne se pot pas aparoir pour
l'une querele et contremander ou ensonier por l'autre ; car, puisqu'il vient en cort, il li convient aler
avant en çascune querele qu'il a à fere en cele cort, à
le jornée [2] ; car male coze seroit qu'il peust contremander ni ensonier, puis qu'il se seroit aparus ne presentés en court à cele jornée.

15. Nule deffaute n'est plus clere que de celi qui
s'apert en cort et ne se presente dedens hore de miedi.
Donques s'il ne se presente et se partie requiert defaute,
il le doit avoir aussi bien comme s'il ne s'estoit aparus
en cort ; car poi vaurroit ses venirs [3], s'il ne se presentoit
à venir avant et aler es quereles qu'il aroit à fere à le
jornée. Aucun sont qui bien se presentent dedens hore
de miedi et après s'en vont de le cort sans congié ou
quant lor averse partie veut pledier : il dient, por fere
anoi à cex contre qui il ont à pledier, qu'il atendent
lor conseil ; mais bien se gardent cil qui ainsi font, que
s'il atendent tant que hore soit passée et que cil qui

---

[1] T. Hors. A. — [2] Que il a à faire en chelle journée. B. — [3] Son
venir. B.

tient le cort s'en veut partir à l'eure qu'il a acoustumé
à partir s'ent : il quiet en defaute, car poi vaurroit lor
presentation s'il ne voloient aler avant en le quercle *.

16. Quant feme plede ou ele est assalie de plet, ele
pot bien ensonier son ¹ jour se ele est grosse; mais
qu'ele soit pres de son terme, si comme à deus mois
ou là entor, tout soit ce que li ples fust en le ville ou
ele est conquans et levans, et que cascuns voie qu'ele
va au moustier; car ele se pot partir du moustier,
quant ele veut, por son privié essoine, quant ele l'a.
Mais ce ne porroit ele pas fere se ele estoit entrée en
cort por pledier, ançois seroit mise en defaute, se ele
n'aloit avant au plet, selonc ce que le jornée desireroit.
Et quant ele est ensoniée por grossesse, ele se doit fere
r'ajorner dedens les quinse jors qu'ele sera relevée,
s'ainsi n'est qu'ele gise malade, si comme il avient
aucunes fois qu'eles gisent plus que lor mois.

17. Aucune fois avient il que cil qui sont venu à
cort por pledier, ont ensoine de maladie qui les prent
en l'ore qu'il convient qu'il s'en voisent; et si le ples
est que tix gens ont en deffendant, il poent laissier *
procureur por aus; et si li ensoines est si hastif qu'il
n'ont pooir ne remembrance de laissier procureur, ne
convient il pas por ce perdre; car le cause de pité que
çascuns doit avoir l'un de l'autre l'escuse. Et se cil qui
est demanderes a tel ensoine, que ses ples ³ doit demourer

---

¹ *Le.* B. — ² *Dire et lessier.* B. — ³ *Et à tel ensoine, ses ples.* A. *Et
a tel essoine que son plet.* B.

* Jean d'Ibelin donne les conseils les plus subtils sur l'art d'éloigner
le jugement d'une affaire sans tomber en défaut (c. lix, p. 96). Ici,
comme dans tout le reste de son ouvrage, Beaumanoir n'enseigne
rien qui puisse ressembler à de la chicane.

en tel estat comme il estoit quant ses ensoines le prist, porce qu'il ne pot laissier procureur en demandant.

18. Quant ples est meus contre aucun et le plet pendant il devient forsenés, si ques il ne saroit son plet maintenir : la justice doit doner, à la requeste de l'autre partie, au forsené deffendeur, soit li ples d'iretage ou de muebles; car le forsenerie d'aucun ne doit pas autrui damacier, mesmement quant ples fu entamés devant se forsenerie; et por ce doit il avoir deffendeur, car on ne set le certain jor de sa garison. Mais il n'est pas ainsi des enfans sous aagiés, car tout fust il ainsi que li ples fust entamés au tans lor pere, et li peres muert, le ples pendant, avant que jugemens l'ait osté de ce dont il est saisis : li enfant demorent en le saizine, et li ples en l'estat où il estoit quant li peres morut, dusqu'à l'aage des enfans.

19. Cil ne contremande pas loialment ne ensonie qui contremande ou ensonie porce qu'il a fet autrui ajorner en autre cort; car il ne se doit mie laissier à defendre pour autrui asaillir.

20. S'il avient que uns hons soit ajornés par devant son segneur, li quix sires est dessoz le conte, et li quens a mestier de celi qui fu ajornés à cele jornée, il pot loialment ensonier, car le volenté de segneur l'escuse, voire se c'estoit ore autres sires que li quens[1], qui seroit sires au segneur devant qui cil seroit ajornés.

21. Cil qui apele par gages de bataille ne pot contremander, ançois convient qu'il viengne ainsi comme il doit à çascune jornée; mais ensonier pot une fois, s'il a ensoine, le quel ensoine il li convient jurer en

---

[1] T. *Le conte.* B.

cort, et doit fere r'ajorner le partie qu'il a apelée, si
tost comme il est hors de son essoine; et s'il ne le fet
et il est veus en autres besognes, cil qui fu apelés s'en
pot aidier et le doit fere metre en defaute; et par cele
defaute il doit estre delivrés des gages, et demeure cil
qui apela par devers le justice comme de faux apel; si
que se li apiax fu por autre cas que por cas de crieme,
et li apeleres est gentix hons, l'amende est de soissante
livres, et pert le querele; et se li apiax fu por cas de
crieme et li apeleres est en defaute, porce qu'il ne porsuit son apel si comme il doit, il demeure en le merci
du segneur du cors et de l'avoir.

22. Voirs est que cil qui est apelés, toutes les fois
qu'il se part de cort pot trois fois contremander, et le
quarte jornée une fois [1] ensonier sans jour, s'il a ensoine; mais l'ensoine li convient il jurer, se partie le
requiert, quant il s'est fet r'ajourner [2] et il vient en
court, et nommer l'ensoine. Et bien se gart que li
ensoine soit tex qu'il ne soit parjures et qu'il soit receus en cort, car s'il estoit en defaute par jugement, il
seroit atains de son apel.

23. Avenir pot que cil qui ensonnie sans jor, por
quel cas que ce soit, et après son ensoine il se fet rajorner, et avant que li jors viengne de l'ajornement, il
a si grant ensoine qu'il n'i pot aler ne porsivir son apel :
or veons donques qu'on en fera, que par nostre coustume il n'a que un ensoniement. Noz disons que se li
deerains ensoines est de son [3] cors, sans fraude et sans
barat : li sires, de son office, por cause de pité, le doit
garder de damache.

---

[1] *Une fois* manque dans B. T. — [2] *Adjourner.* B. — [3] *Son* manque. A.

24. Cil pot ensonier loialment qui est semons à aler en l'ost le Roy ou la Royne ou le conte [1], ou por garder le cors ou le meson de son segneur lige : tout soit il ainsi qu'il ait deus mois ou trois dusques au jour de le muete; car quant tex semonses sont fetes, li delais qui est entre le jor de le semonsse et le jor de le muete, n'est pas ottroiés [2] por pledier mais por soi aharnesquier [3] et apareillier de ses besoignes qui li faillent [4].

25. Tout soit il ainsi que cil qui ensonie puisse ensonier sans jor, il en sont aucun si nice qu'il se font ensonier à quinsaine, et puisque il mandent certain jor qu'il venront à la court, li jors doit tenir, car il lor loist bien à renoncier au droit qu'il avoient d'ensonier sans jor.

26. Cil qui ensonie por la mort de ses enfans qui moerent de bone mort ou d'autre el tans qu'il alaitent, pot jurer loial ensoine, car tel enfant si couroucent les cuers de lor peres [5]. Et si l'enfant est mors de mort vilaine, par malvese garde, comme d'estaindre ou d'ardoir ou de noier : ensonier pot encore mix, car son courous l'escuse.

27. Bien se gart çascuns quel message il envoie por contremander son jour, car s'il li encherge [6] qu'il face simple contremant à quinsaine, et li messages l'ensonie sans jor, il a perdu ses contremans, et si pot estre tornés en defaute, s'il ne veut [7] son essoine jurer quant il vient en cort. Et se li messages dut fere ensoniement après trois contremans, et il fet droit contremant à quinsaine, il met son mestre en defaute, car il ne

---

[1] B. *Aler aidier le roi ou le conte.* A. T. — [2] B. — [3] B. — [4] *De ses....* *faillent* manque dans A. — [5] B. T. *Couroucent lor peres.* A. — [6] B. *Carque.* A. —[7] *S'il ne vient.* B.

pot quatre fois contremander. Et par ce pot on savoir
c'on s'ahert as paroles qui sont dites en cort, non pas
à l'entention de cex qui ont bailliés les paroles à lor
messages.

28. Aucun ensoine sont lonc : or veons donques
s'aucuns ensonnie par essoine de cors, combien l'autre
partie le doit atendre. Il noz est avis qu'il doit estre
atendus un au et un jour. Et se li ensoine dure plus
d'un an, partie le pot fere r'ajorner, car plus longue
langueur ¹ que d'un an et un jor ne doit pas plus detrier
l'averse ² partie. Et se li ensoniés n'i pot aler, envoier y
pot procureur en soi deffendant. Et tel cause porroit
il bien avoir en demandant que li quens li porroit fere
tel grace qu'on respondist à son procureur, si comme
es causes piteuses, car il est mestier que cil qui sont en
longes langeurs aient qui aministrent lor besongnes.

29. Quant il convient à aucun jurer son ensoine, il
doit jurer se Dix li ait et tout li saint qu'il eut ensoine
loial, par quoi il ne pot estre au jor, et que cil ensoine
ne porçacha à essient, ne ne quist fraude ne barat ; ne
il ne nommera pas son ensoine, s'il ne veut, en nule
querele, fors que en cas de crieme. Et quant il a fet
tel serement, il en doit estre creus, ne n'en pot on
riens fere encontre.

30. Par nostre coustume doivent cil qui ont à pledier de querele où il pot avoir contremant, contremander le jor devant le jor du plet, dedens soleil escousant ; et se li contremans n'est fes en ceste maniere,
ançois vient le jornée meisme de plet, il n'est pas à
recevoir, se partie le veut debatre, ançois quiet, cil qui
tel contremant fist, en pure defaute.

---

¹ Largaieur. B. — ² A l'averse. B.

31. Voirs est que li messages qui est envoiés por fere
le contremant devant le jor, ne se doit movoir [1] devant
lendemain, et doit venir as ples et recorder son contremant qu'il fist dès le soir; et se le partie ne le veut
croire, il doit prover qu'il fist le contremant le jor
devant, par le recort de le cort ou par le recort de celi
qui est establis à recevoir les contremans, si comme
aucuns font leurs justiciers ou leurs sergans [2]. Et se li
contremanderes ne trova point de cort vestue por fere
recort ne autre establi au contremant recevoir, se il
pot prover par deus prodomes qu'il vint au liu où il
dut fere le contremant, et lor dist qu'il venoit [3] por
fere le contremant, mais il ne trovoit à qui : il souffist
assés por son mestre; et ceste proeve doit estre fete par
celi qui fist fere le contremant, quant il venra en cort,
s'on le veut metre en defaute; car cil qui est de par mi
envoiés por fere un contremant, ne pot ne ne doit de
riens pledier por mi ne contre mi, mais son contremant face tant solement. Et se partie le debat, il doit
estre escris com debatus; et quant je venrai à cort,
adont pot estre li ples sor le debat du contremant.

32. Noz veismes un chevalier qui avoit à pledier de
plusors quereles par devant noz, et estoient les quereles les unes en demandant et les autres en deffendant.
Il envoia procureur por celes qu'il avoit en deffendant [4] : por celes qu'il avoit en demandant, il se fit
ensonier; et cil qui avoient à li à fere dirent qu'il devoit estre en defaute de cele jornée, car c'estoient deus

[1] *Devant le seigneur ne se doit nommer.* B. — [2] B. *Si comme aucuns
ont leur majeur ou leur sarjans.* B. T. Manque dans A. — [3] *Suioit.* T.
— [4] Manque dans les manuscrits et dans T.

cozes contraires d'ensonier en cele jornée d'une part
et de envoier procureur d'autre. A ce respondi li chevaliers, qu'il avoit envoié procureur es quereles dont procureres devoit et pooit estre receus en deffendant; et
porce que par le coustume procureres n'est pas receus
en demandant, avoit il ensonié en ces quereles, porce
qu'il n'i pooit estre, et sor che s'apuierent à droit savoir
mon se il le pooit faire en le maniere dessus dite [1].
Il fu jugié que il ne pooit pas d'une part ensonier et
d'autre part envoier procureur en une meisme jornée
et en une meisme cort; et por ce fu il tornés en defaute de tout ce qu'il avoit à fere en le jornée, car qui
veut fere contremant ne ensoniement ce doit estre de
tout ce qu'il a à fere à le cort [2] à le jornée. Et bien se
gart s'il a diverses quereles comment il ensonie ou
contremande, car il porroit perdre l'une besongne por
l'autre; si comme s'il avoit eus [3] toz ses contremans
d'une querele, et de l'autre querele il ne les avoit pas
eus : se il contremandoit, il querroit en defaute en le
querele où il avoit eus toz ses contremans; et s'il vient
en cort il a renoncié à toz contremans. Et ainsi avient
il souvent que l'une besongne taut l'autre ou alonge;
si doit cil penre garde qui a à fere de plusors quereles
en une cort. Le meillor voie si est d'aler à cort pour
toute le jornée, ou de contremander ou d'ensonier
tout ce qu'il a à fere à cele journée.

33. Noz avons dit dessus que li contremans doit estre
fes le jor devant et c'est voirs. Neporquant, se li messages qui va fere le contremant et qui est meus bien à
tans pour venir à droite hore, s'il a ensoine de son cors

---

[1] T. Manque dans A. — [2] *A le cort* manque dans B. — [3] *En*. B.

en la voie, si ques il ne pot pas venir à droite hore de
fere son contremant : en cel cas pot li contremans estre
fès en la jornée du plet, car li ensoines du message
doit escuser de le defaute [1].

Ci faut le capitres des contremans.

# CAPITRES IV.

Chi commenche li quars capitres qui parole des procureurs et des
establis pour autrui [2].

1. Voirs est que après ce que semonse est fete, et
cil qui est semons a tant contremandé et ensonnié
comme il pot par coustume, des queles cozes noz avons
parlé u capitre devant cestui : si convient que cil qui
fu semons viegne à cort ou envoit procureur soufisant.
Et por ce parlerons noz en cest capitre des procureurs
et de cex qui sont establi à pledier por autrui et queles
procurations doivent estre fetes.

2. Çascuns par le coustume de Biavoisis en soi deffendant pot envoier procureur, et pot fere li procureres [2], s'il a bone procuration, autant en le cause
comme ses sires feroit s'il y estoit presens ; mais en
demandant nus n'est oïs par procureur, se ne sont persones previlegiés, si comme eglises, ou persones qui
soient enbesongniés par le commandement du roy ou

---

[1] *Le mestre de le defaute.* A. — [2] B. T. *Et.... procureres* manque
dans A.

[a] Voyez les *Establissements*, l. I, c. CII; *le Grant Coustumier de
Normendie*, c. LXV; et surtout le droit romain (*Digest.* l. III, t. III;
*Cod.* l. II, t. XIII; *Novel.* LXXI) qui paraît avoir dicté en cette ma-
tière les explications de Beaumanoir.

du conte, si que il ne poent entendre à lor besongnes,
car à tex pot bien estre fete grace par le souvrain qu'il
soient oy par procureur en demandant. Or veons donques comment li procureur doivent venir garni en cort,
et quel pooir il ont, et comment on doit aler contre
eus, et queles procurations valent et queles non [1].

3. Quant li procureres vient en cort, il se doit presenter el nom de celi por qui il est, contre toz cex à
qui il a à fere à le journée, et doit baillier sa procuration en le main du juge; et cil qui ont à fere à li
doivent requerre qu'ele soit veue et leue, por savoir
qu'ele soit de si grant vertu [2] que li procureres doie estre
receus; car se le procurations n'est en soi de si grant
vertu que li procureres qui la porte [3] doie estre receus,
ele est de nule valeur et est cil tornés en pure defaute
qui le procureur [4] envoia.

4. Et por ce que c'est perix d'envoier procureur à tout
procuration mal soufisant, voz orrés le teneur d'une
general procuration, la quele ne pot estre par reson
debatue en cort laie.

« A toz chiax qui ches presentes lettres verront ou
« orront, li baillis de Clermont, salus. Sachent tuit
« que, en nostre presence, por ce establis, Pierres, de
« tel liu, a establi Jehan, de tel liu, son procureur ge-
« neral et especial en toutes causes mutes [5] et à movoir,
« tant por li comme contre li, contre quelsconques
« persones, tant d'eglises comme seculeres, tant en
« demandant comme en deffendant, par devant quel-

---

[1] *Et lesquelles ne valent mie.* B. — [2] *Pour aprendre que elle soit
plaine et de si grant vertu.* B. T. — [3] *Procureeur.* T. — [4] *La procuration.* B. — [5] *Meues.* B.

« conques juges ordinaires, legas [1], delegas, subdele-
« gas, arbitres, conservateurs, auditeurs, enquesteurs,
« baillix, prevos, majeurs, esquevins, etautresquescon-
« quesjuges tantd'eglisecommeseculeres, et les sergans
« de ciax et qui aront lor pooir. Et dona à celi Jehan
« pleniere poeste et especial mandement de fere por li,
« de li deffendre, de convenir, de reconvenir, de re-
« pliquier, de dupliquier, d'oïr interlocutoires et sen-
« tences diffinitives, d'apeler, de porsivir son apel, de
« jurer en l'ame de li toutes manieres de seremens, de
« fere positions, de recevoir ce qui seroit adjugié por
« li, de requerre seconde prodution ou d'amener tes-
« moins avec sollempnité de droit et de fere icelle
« sollempnité; et de fere por li toutes cozes que li dis
« Pierres feroit ou porroit fere s'il y estoit presens, et
« en causes de muebles, d'eritages, et de catix. Et dona
« encore pooir [2] au dit Jehan de sousestavlir en liu de
« li toutes les fois qui li plera, li quix sousestavlis
« aura autel pooir comme li dis Pierres s'il y estoit
« presens. Et pramist li dis Pierres par devant noz que
« tout ce qui sera dit et fait dou dit Jehan ou du
« soubsestabli d'iceli Jehan [3], il tenra fermement sor
« l'obligation de tous ses biens. En tesmognage de ceste
« coze, j'ai, à le requeste du dit procureur, ceste pro-
« curation seelée du seel de le baillie de Clermont.
« Ce fu fet en l'an de grace mil et trois chens et
« quinze [4]. »

5. S'il avient que aucuns ne voille mie fere procu-

---

[1] B. — [2] B. T. — [3] B. T. — Ou.... Jehan, manque dans A. — [4] T.
donne seulement : Ce fut fet l'an de grace, et B. : Che fu fait en
l'an, etc. Le copiste de A. a sans doute ajouté la date de l'année où il
écrivait.

ration general, ele pot estre fete especial, ce est à dire
que li procureres n'ara pooir en se procuration, fors
en le cause por le quele il sera envoiés, de le quele le
procurations parlera.

6. Encore pot on fere procureur, li quix n'ara po-
voir fors de ce qui sera fait en le jornée, se le procuration le devise en tele maniere.

7. Nule procurations ne vaut riens, se cil qui le fet
ne s'oblige à tenir ferme et estable che qui sera fet ou
dit par son procureur.

8. Cascuns gentix hons, par nostre coustume, pot
seeler procuration en se cause et en soi deffendant, de
son seel; mais por autrui que por li, ele ne vaurroit
pas, car li seax de cascun gentil home n'est pas autentiques ne n'a foi en cort, fors contre le gentil homme
qui li seaus est.

9. Cil qui veut fere procureur et n'a point de seel,
ou il est hons de poeste qui ne doit pas avoir seel, doit
fere se procuration seeler du seel de le baillie ou de
son juge ordenaire ou d'autre seel autentique; car se
les procurations ne pooient estre fetes fors par le seel
de le baillie ou de l'ordinaire, cil qui sont hors du païs
et ont mestier c'on les deffende por les biens qu'il ont
en le conté, seroient malbailli; et por ce cil qui sont
hors du païs poent envoier procuration seellée d'arcevesque ou d'evesque ou de roi ou de prince ou d'aucun
autre juge qui ait seel bien conneu et bien aprové[1].

10. Toutes procurations qui sont fetes entre cix qui
sont resident en le conté, ne durent que un an et un jor,
car moult de perix porroient venir por anciennes procurations oubliées es mains des procureurs[2]. Mais il

---

[1] *Esprove.* B. — [2] *Es mains des procureurs* manque dans B.

est autrement de cix qui vont hors du païs et laissent por aus procuration general, car le vertus de le procuration dure tant comme cil est hors du païs, s'il ne le rapele par chertain mandement ou par nouvel procureur; car le deerraine procuration qui vient en cort, restraint[1] le premiere se ele en fait mention[2].

11. Chil ne savoit pas bien le constume, qui vint en cort et aporta bone procuration d'aler avant en le cause, et, quant il l'ot monstrée, il vaut contremander à quinsaine le jor que ses maistres avoit, et ce ne pooit il fere, car il representoit le persone de celi par le procuration et pooit aler avant en le cause. Et s'il n'i fust alés puis qu'il ot monstrée le procuration, ses mestres eut esté tornés en defaute.

12. Jors de veue si fu donés d'un plet d'eritage : cil qui se deffendoit envoia procureur au jor de cele veue, li quix procureres avoit bone procuration general de toute le querele. Neporquant l'autre partie le voloit debatre et disoit que veue ne devoit pas estre fete par tel procureur, porce que le procuration ne fesoit pas mention especialment du jor de le veue. Li procureres disoit que se procurations estoit bien soufisans à le veue recevoir, car ele estoit general de toute le querele perdre ou gaaignier, et sor ce se mistrent en droit. Il fu jugié que le veue pooit bien estre receue par tel procureur, car le procuration general d'une querele contient en li toutes les especialtés qui naissent de le querele; c'est à dire, se je sui procureres, de deffendre l'eritage qui est demandés à celi por qui je sui; et se[3] le procurations est general de toute

---

[1] *Estaint.* B. — [2] *S'ele n'i fait mention.* A. — [3] *Se* manquent dans les manuscrits. T.

lo querele, je puis especialment demander et requerre
jor de conseil et jor de veue et toutes les cozes ou çascune par li ' qui doivent estre eues en plet d'eritage ,
car les demandes que je fes comme procureres torvent
en le defence ' de celi por qui je suis.

13. Bien se gart qui respont au procureur qui a procuration mal soufisant, car s'il en quiet de le querele
il pert; et s'il gaaigne, cil qui envoia le procureur
mal soufisant pot rapeler, car il n'est tenus à estre
contrains, fors selonc le vertu de le procuration qui
fu baillié en court.

14. Li juges doit retenir par devers li toutes les
procurations qui sont aportées en cort, si que il soit
toz jors saisis du pooir au procureur; car se li procureres pert, par le vertu de la procuration puet il metre
à execussion le jugié³.

15. Qui est acusés de cas de crieme, il ne se puet
deffendre par procureur, ains convient qu'il viengne
en cort en se persone. Mais se li cas quiet en apel, et
il a ensoine, il pot avoir avoué et fere le bataille,
si comme noz dirons à capitre des apiax ª.

16. Quant le procurations est bone et ele est devers
le juge, l'autre partie doit aler avant en le querele,
tout en le maniere qu'il feroit se cil y estoit qui le
procureur i⁴ envoia.

17. Cil qui sont procureur por le commun d'aucune
vile en le quele il n'a point de commune, doivent estre
mis et establi de par le segneur qui a le justice de le
vile et par l'acort de tout le commun; li quix acors

---

' *Aparsoi.* B. — ² T. *Defaute.* A. B. — ³ *Le juge.* B. — ⁴ T.

ª Chapitres LXI et LXII.

doit estre fes en le presence du segneur, ou d'aucun
envoié de par li por l'acort recevoir; et li sires ou cil
qui y est envoiés, doit demander à çascun du commun,
par li, s'il s'i acordent que cil qui sont nommé pour
estre procureur le soient et aient pooir de perdre et de
gaaignier es causes por les queles il sont establi procureur; et tous cil qui s'i acordent doivent estre mis en
escrit comme acordans; et toz les nous de cix qui
s'en descordent doivent estre mis en escrit comme des-
cordant, si que, quant li ples est finés, soit à perte
soit à gaaing, qu'on suce li quel poent perdre et
gaaignier à plet, car cil qui ne s'i acorderent pas ne
doivent ne perdre ne gaaignier.

18. Encore pot on establir procureur par commun
de vile en autre maniere, c'est à savoir se li sires ou cil
qui y est envoiés de par li, fet semonre tout le commun
par devant li et puis lor die : « Li aucun s'acordent
« que tex gens soient procureurs por voz, en toutes
« causes[1] que vous avés ou atendés à avoir, contre tex
« gens, » et doit nommer les causes, « et s'il y en a nul
« de voz qui s'en descort, si le die. » Adonques se nus
ne le desdit, cil qui sont nommé devant demorent
procureur et poent perdre et gaaignier es causes por
quoi il sont establi.

19. Il ne loist à nului rapeler[2] ce que ses procureres
a fet, se li procureres ne s'est estendus en plus grant
pooir qu'il n'a par le vertu de se procuration; si comme
s'il est dit en le procuration qu'il a pooir es causes de
muebles, ou de cort requerre ou de cort[3] tenir, et il

---

[1] Par vous tous, es causes. B. — [2] Il ne puet afferir à nului de rapeler. B. — [3] Justiche. B. T.

I.                         6

muet aucun plet d'eritage : s'il pert cel plet, se sires le
pot rapeler, car il ne li dona pas cel ' pooir. Et por ce
se doit bien çascuns garder qu'il ne plede pas encontre
procureur, qui n'ait pooir de touts la querelle perdre
ou guaaigner, sans ceque la chose en soit jamais rapelée
de son mestre; et ' qu'il ne se mete en plet ' u quel li
sires du procureur ne pot perdre, ançois, sitost
comme il voit que li procureres s'estent en plus qu'il
ne doit, il doit debatre le procureur; et s'il ne le debat
et il le rechoit à procureur jusqu'a fin de le querele ou
jusqu'à tant qu'il soient apuié à jugement : s'il pert
le querele, il ne le pot rapeler, car li sires pot dire,
s'il li plest, qu'il tient ferme et estable ce qui a esté fet
por li.

20. Quant vile de commune⁴ a à fere, il ne convient
pas que toute le commune voist au plet, ains soufist
se li meres et deus de ses jurés y vont, car cil trois
poent perdre ou gaaignier por le vile.

21. Li procureur ne sont pas tenu à procurer les
besognes de lor mestres à lor coz, ançois doivent avoir
salaire soufizans, selonc les besongnes qu'il procu-
rent, tout soit ce c'on ne lor en ait riens promis à
donner, car nule france persone n'est tenue à servir
autre pour noient.

22. Bien se gart li procureres qu'il face ce qu'il doit
en son office, car en tel maniere en porroit il ouvrer qu'il
seroit tenus à rendre les damaces à son segneur; c'est à
savoir, en toz les cas où ses sires perdroit par se tricerie
ou par se fole pereche : par se tricerie, si comme s'il

---

¹ *Tel.* B. T. — ² *De toute.... mestre et* manque dans A. — ³ *Et ou quel plait.* B. — ⁴ *Quand la ville d'aucune quemune.* B.

prendoit loier à l'autre partie por fere perdre son segneur se querele, ou s'il le perdoit à essient por le hayne
de son segneur ou por l'amor de l'autre partie ou por
aucun cas semblables [1] là u tricerie pot estre trovée.
Par sa fole pareche porroit estre li procureres tenus à
rendre les damaces à son segneur, si comme s'il defaloit
à aler as jors assignés por le besogne son segneur, et se
li sires perdoit par ses defautes. Et c'est bien resons que
li sires ait action contre son procureur en tel cas,
porce qu'il s'atendoit à li que il alast à son jour.

23. En cas de crieme ne pot nus fere procureur,
selonc nostre coustume, ançois convient que cil qui
acuse et cil qui est acusés viegnent à cort en propres
persones, sans envoier procureur.

24. Une coustume quort entre les procureurs en le
cort de Crestienté, le quele ne quort pas en cort laie;
car il convient[2] que li procureur face caution, c'est à
dire seurté que ses sires tenra ce qui sera fet; et est cele
seurté de pleges ou d'une somme d'argent que li procureres fiance à rendre, s'ainsi estoit que ses sires ne
vausist tenir ce qui seroit fet contre li. Mais de ce ne
fesons noz riens en cort laie, ançois regardons en le
procuration que li procureres aporte; et s'ele est soufizans, le justice le retient par devers li et fet tenir ce
qui est fet par le procureur; et s'ele n'est soufisans selonc le querele, li sires du procureur quiet en defaute,
aussi com s'il n'i avoit point envoié.

25. S'aucuns a fet procureur dusqu'à certain tans,
ses pooirs dure dusqu'au tans qui est dis en le procura-

---

[1] B. T. *Sanllant.* A.

[2] En cour de Chrétienté.

tion; et s'il est fes procureres sans nommer jour, et li
sires estoit presens el païs, on ne croit le procuration
que un an et un jour. Mais autre ·· seroit se li sires
du procureur estoit hors du païs, car en tel cas durroit
le procuration dusqu'à tant que li sires venroit ou que il
envoieroit autre procureur, si comme il est dit dessus.

26. On doit savoir quant aucuns fet[1] procureur de
procuration general, c'est à dire li quix procureres
ait pooir en toutes les cozes que procureres doit[2] avoir,
et après il fet procureur especialment d'une querele :
li generax pocureres n'est pas por ce anientis; mais s'il
fet le deerrain procureur general, sans fere mention en
le deerraine procuration du premier, on ne doit pas puis
croire au premier, ançois doit on baillier au deerrain
les besognes, et laisse li premiers a estre procureres si
tost que le deerraine procuration vient en cort. Mais se
li procureres deerrain se taist ou choile[3] se procuration,
et li premiers procureres qui riens n'en set oeuvre de
se procuration : ce qui en est fet doit estre tenu, car
autrement porroient moult de triceries estre fetes par
cex qui feroient procureurs, porce qu'il porroient dire :
« Cil que voz dites qui a perdu me querele n'estoit pas
« mes procureres, ançois l'estoit cil que j'avoie puis
« fet procureur. » Et por ce ne doit on croire[4] nul procureur devant que le procuration est[5] par devers le
justice qui tient le court.

27. A ce qui est dit dessus puet on veoir que li
deerrains procureres boute le premier hors, se le
procuration est autele ou plus fors que le premiere.
Neporquant Pierres qui estoit premiers procureres et

---

[1] *A son.* B. — [2] *Pot.* T. — [3] *Cheloit.* B. — [4] *Faire.* B. — [5] *Soit.* B.

leva et esploita les biens de celi qui le fist procureur,
avant que li deerrains procureres s'aparust en l'office,
n'est pas tenus à rendre conte de ce qu'il a fet et pro-
curé à Jehan qui est fes deerrains procureres, s'ainsi
n'est qu'il soit contenu tout mot à mot en le procura-
tiou de Jehan : « Je voil que Pierres qui fu mes procu-
« reres, rende conte à Jehan mon deerrain procureur; »
car adonques voit on que li sires veut que li deerrains
procureres soit aministreres des cozes aussi du tans
passé comme du tans à avenir. Et en tel cas, se li premiers procureres rent conte au deerrain, tel qu'il se
tiengne apaiés : li sires qui procureur le fist ne l'en pot
rieus demander, auçois doit li deerrains procureres
conter de tout. Et se li premiers procureres n'est pas
tenus à rendre conte au deerrain, porce que mention
n'eu fu pas fete en le deerraine procuration, çascuns
des procureres est tenus à rendre conte de son tans,
quant li sires qui procureres les fist, ou si hoir se li
sires est mors, veut avoir conte.

28. Aucune fois avient que uns procureres a à fere
en diverses cours por son segneur, et de plusors quereles, et si n'a que une procuration, et pot estre que
ses sires est en tel liu qu'il ne pot autre recovrer : que
fera il donc quant le premiere cort où il venra pledier
retenra se procuration? Il doit requerre à le cort que
se procuration soit transcrite mot à mot et li transcris
seelés du seel de le cort ou d'autre seel qui soit autentiques; et de cest transcrit qui li sera bailliés, ou de se
procuration qui li sera rendue, se le cours retient le
transcrit, il s'en porra aidier en le seconde cort. Et s'il
a à fere en le tierce ou en le quarte, aidier s'en pot en
çascune par les transcris seelés de seel autentique.

29. Tout soit il ainsi que aucuns ait fet procureur dusqu'à certain tans et li ait promis certain loier por estre ses procureres dusqu'à cel tans qui est dis en le procuration, n'ara [1] il pas renoncié que il ne puist fere autre procureur et celi oster; mes s'il l'oste sans son meffet, il li est tenus à paier tout son salere. Et ainsi est il de toz autres services, car çascuns pot oster de son service celi qui le sert, quant il li plest, en tel maniere qu'il li pait autant que s'il avoit esté tout son terme, puisqu'il ne s'en part [2] par son meffait.

30. Procureres ne pot fere pes ne mise ne accordance [3] ne concordance de le querele son segneur, se li pooirs ne l'en est donés especialment par les mos de le procuration; et s'il le fet, li sires ne le tenra pas s'il ne li plest; et se li procureres livre [4] pleges à le partie que ses sires le tenra, et après se il ne pot tant fere que ses sires le tiengne : li procureres doit enteriner [5] à le partie ce qu'il li convenancha ou autant vaillant; et ainsi pot il estre damaciés par se fole obligation. Et por ce est il mestiers as procureres qu'il prengnent garde quel pooir il ont et qu'il uzent selonc lor pooir tant solement.

31. Nous n'avons pas acoustumé que hons de poesté face procureur en nul cas, mais gentix hons, religieus, clers, et femmes le poent fere en deffendant non en demandant, fors que les eglises et cil à qui les especials graces sont données du Roi, ou du segneur qui tient en baronnie dedens se baronnie, ou cil qui vont en estranges terres por le porfit commun, car cil poent establir procureur en demandant et en deffendant.

---

[1] N'a. B. T. — [2] Puisqu'il ne se depart. B. T. — [3] Ordonance. A. — [4] Baille. B. — [5] Il convient que il tiengne. B.

32. Quant aucune assanllée, si comme communs de vile, veut mouvoir aucun plet qui touce le communité, il n'est pas mestiers que toute le communité voist pledier, et aussi ne pot[1] on pas respondre à çascun par li; car quant li uns aroit perdu, li autres porroit recommencier[2] le plet por tant comme il li touceroit, et ainsi n'aroit jamais li ples fin, qui seroit meus contre aucune communité. Donques, s'aucune vile veut mouvoir plet qui touce la communité, il doivent estavlir por aus toz une personne ou deus ou trois, ou plus s'il lor plest; et lor doivent doner pooir de perdre et de gaaignier por aus. Et ce doit estre fet par devant le segneur de qui il tienent et qui justichavles il sont, ou par devant le segneur qui tient en baronnie, en qui cort il entendent à pledier, et especialment quant il sont couquant et levant desoz li ou desoz ses sougès. Et doivent tout cil qui s'acordent estre mis en escrit, porce qu'il ne puissent renoier que li establi ne fussent mis par lor acort; et adonques cil qui sont establi en ceste maniere sont procureur por le vile et poent perdre et gaaignier les quereles por les queles il sont establi. Et s'il sont establi generalment par toutes quereles meues ou à mouvoir, il poent aler avant es quereles qui sont à mouvoir ou qui sont meues, dusqu'à tant qu'il sont osté de lor office par cex qui à ce les establirent.

33. Bone coze est as procureurs que il se maintiengnent en lor office sagement et loialment, qu'il ne soient debouté par lor malveses oevres. Neporquant, s'il ont baillié bone procuration soufizant, assés doit soufrir le cort d'aus[3], porceque lor segneurs ne perdent.

---

[1] *Doit*. B. — [2] *Commencier*. A. T. — [3] *A la cour d'aas*. B.

Mais bien doit li baillix fere savoir à celi qui procureur
le fist, qu'il quiere autre procureur, et mander le reson
por quoi cil n'est pas soufisans; et se ses sires ne le veut
çangier, adont le pot li baillis oster de son office. Et bien
recoive li sires du procureur tel damace comme il devera por sa defaute, porce qu'il ne vaut envoier procureur soufisant.

34. Il ne convient pas, quant communetés de vile
fet procureur, que li aucun apelent *establis,* ou quant
on fet aucune coze qui est necessaire ou convenable
por le vile, que ce qui est fet soit de nule valeur, por ce
se il ne furent tuit à l'acort fere; ançois soufist, se les
deus parties des gens et les mix soufisans sont à l'acort;
car il ne convient·pas ne ne doit on soufrir que li
mains et li plus povre puissent empeecier ce que le
greigneur partie et le mix soufisant acordent. Et ce que
noz avons dit de tix establis qui sont fet por commun
de vile, entendons noz por viles bateices, hors de
commune[1]; car les villes de commune ont lor majeurs
et lors jurés, li quel sont establi por le commune et
poent perdre et gaaignier, selonc le francise qui lor
est donnée par les points de lor chartres.

35. Li pooirs as establis qui sont fet por procurer
les besognes à aucunes communités, durent tant que
les besognes por quoi il furent establi soient mises à
fin, s'ainsi n'est qu'il soient osté por autres metre en
cel ofice par cex qui les establirent ou par le gregnor
partie des plus soufizans, et en le presence du segneur
desoz qui il couquent et lievent, ou de lor souvrain,
s'il entendent à pledier en se cort.

---

[1] *Villes batailleiches hors de communete.* B.

36. Quant il est contenu en le procuration que li procureres puist fere autres procureurs, fere le pot, et cix apele ou sousestablis. Et toutes les fois que tel establi sont fet, il doivent aporter en cort le procuration par le quele il les pot establir[1], et procuration du procureur qui le sousestabli, et donques on doit respondre à li comme à vrai procureur. Mais cil qui en ceste maniere sont sousestabli ne poent pas autre sousestavlir, car il soufist assés s'on pot sousestavlir procureur seconde fois.

Chi define li capitres des procureurs[2].


## CAPITRES V.

Chi commenche li V<sup>e</sup> capitres qui parole des advocas[3], comment il doivent estre receu, et comment il se doivent maintenir en lor office, et li quel poent estre debouté.

1. Pour ce que moult de gens ne sevent pas les coustumes comment on doit·uzer, ne che qui apartient à lor querele maintenir, il loit à cheus qui ont à pledier qu'il quierent conseil et aucunnes personnes qui parolent pour eus; et cil qui parolent pour autrui sont apelé avocas : si traiterons en ceste partie de ce qui apartient à lor office et de ce qu'il doivent fere[4].

2. Cil qui se veut meller d'avocation, s'il en est requis du juge ou de le partie contre qui il plede, doit jurer qu'il, tant qu'il maintenra l'office d'avocas, il

---

[1] *Sous establir.* B. T. — [2] T. — [3] Ce qui suit est tiré de la table des sommaires. B donne : *De l'office que li advocat puent avoir.*

[4] *Voyez* les *Establissements,* l. II, c.      Pierre de Fontaines, c. XI, p. 88. *Le Grand Coustumier de Norme*  ·, c. LXIII, LXIV.

se maintenra en l'office bien et loialment, et qu'il ne soustenra à son essient fors que bone querele et loial. Et s'il encommenche à maintenir aucune, laquele il creoit à bone quant il le prist, et il le connoist puis à malvese : aussi tost comme il le connistra, que il le delaira [1]. Et puis que il a fet chel serement en une cort, il ne l'est plus tenus à fere des or en avant; mes devant qu'il fet cel serement, il n'est pas à rechevoir se partie le debat.

3. Li advocas, pas nostre coustume, poent penre de le partie por qui il pledent le salaire qui lor est convenenciés; mais qu'il ne passent pour une querele trente livres, car plus de trente livres ne poent il penre par l'establissement nostre bon Roy Phelipe [2]. Et s'il ne font point de marcié à cix por qui il pledent, il doivent estre paié par journées, selonc ce que il sevent et selonc leur estat et selonc che que [3] le querele est grans ou petite; car il n'est pas resons que un avocas qui va à un cheval doie avoir ausi grant jornée comme chil qui va à deux chevax ou à trois ou à plus, ne que chil qui poi set ait autant que cil qui set assés, ne que cil qui plaide pour petite querele ait autant que cil qui plede pour grant. Et quant ples est entre l'avocat et celi por qui il a pledié, por ce qu'il ne se poent acorder du salaire qui ne fu pas convenanchiés : estimation doit estre fete par le juge, selonc ce qu'il voit que resons est et selonc ce qu'il est dit dessus.

4. Bien se gart l'avocas que puisqu'il ara aucun

---

[1] *Que il la delaissera.* B. — [2] T. *Il..t. che que* manque dans A.

[3] Ordonnance touchant les fonctions et les honoraires des avocats, rendue par Philippe III, à Paris, le mardi avant la Saint-Simon Saint-Jude, le 23 octobre 1274, art. 11. ( *Ordonnances,* t. I, p. 301.)

aidié en se querele ou esté à son conseil de se querele,
qu'il ne le laisse, par se coupe, por aidier à l'autre
partie contre li, car il en porroit estre deboutés, se
cil qu'il aida premierement le voloit debatre. Et c'est
bien resons que cil qui a esté à mon conseil ou avocas
en me querele, ne puist puis estre contre moi de celle
meisme querele; et por ce se doivent bien garder li
avocat à qui il commenchent à aidier et comment; car
s'il font marquié à toute le querele, et cil le veut delaissier qui l'apela por estre à son conseil : li avocas
ne pert pas por ce que il n'ait tout che qui li fu encon-
venancié, puis que ce n'est en se defaute. Et s'il fu
loués par jornées, cil qui le loua le pot laissier quant
il li plest et paier de tant de jornées comme il y ara
esté : et si ne porra li avocas puis aler au conseil de
l'autre partie en chele querele.

5. Noz avons dit que nus ne doit estre recheus en
avocation devant ce qu'il a fet le serement, se partie
le debat; mais ce entendons noz entre les persones qui
maintienent l'office d'avocat par loier, car autre gent
sont qui bien poent pledier por autrui, sans fere serement qui apartient à fere as avocas, si comme aucun
plede, sans atente¹ de loier, por aucun de son lignage
ou por aucun de ses sougès ou por aucunne povre personne, por l'amour de nostre Segneur : toutes tex
manieres de gens doivent estre oy por autrui et si ne
sont pas por ce apelé avocas, ne ne lor convient pas
fere le serement que li avocas font.

6. Li avocas qui doit aidier à une partie pour chertain loier, s'il prent loier de l'autre partie, par tel con-

---

¹ *Sans entente.* B.

vent qu'il ne se mellera de l'une partie ne de l'autre,
en conseil n'en avocation : se c'est prové contre li, il
doit perdre l'office d'avocat; car c'est aperte malvestés
d'avoir convent à aidier à aucun et après faillir par
convoitise. Et cil qui de ce sont ataint ne sont pas
digne d'estre en tel office ne en autre.

7. Quant li avocat pledent por autre, il doit dire à
celi qui tient le cort el commenchement se parole :
« Sire, je dirai pour Pierre, par amendement de li
« et de son conseil; » car s'il ne detient l'amendement
et il n'est avoués de Pierre por qui il plede, il quiet en
le simple amende du segneur; et s'il retient l'amendement, il est en le volonté de Pierre, pour qui il plaide[1],
d'oster ce qu'il a trop dit, ou de fere plus dire, s'il a trop
poi dit : mais que ce soit avant qu'il ait avoué se parole,
car puis qu'il a avoué ce qu'il dit por li, s'il ne l'avoue
par amendement, il n'i pot puis ne metre ne oster; mais
s'il l'avoua par amendement, il doit dire tantost ce
qu'il y veut amender, avant qu'il s'apuie en jugement;
car puis que paroles sont couquiées[2] en jugement, il
n'i pot riens ne mettre ne oster.

8. Combien que aucuns ait de gent à son conseil,
li un tant solement doit estre esleus por dire por li, et
bien emporte[3] du conseil des autres ce qu'il doit dire;
car se tout cil du conseil ou plusor parloient por li,
li juges seroit empeeciés par le multitude des paroles,
et seroient li plet trop lonc, et por ce afiert il qu'il ne
parole que li un; mais s'il dit par amendement, li dis
pot estre dis par li ou par aucun des autres, s'il li plest
ou à le partie[4] qui plede.

---

[1] B. — [2] *Touchies.* B. — [3] *Emport.* A — [4] *Se il plaist à la partie.* T.

9. Combien que li hons soit sages, s'il a grant querele noz ne li loons pas qu'il conte se parole, pour deus perix : l'uns des perix si est, por ce que çascuns est plus tost torblés ou empeequiés quant on ne li dit ou fet se volenté en se querele que en l'autrui ; et li secons si est, que quant il dit aucunne coze qui li est contraire, il n'i pot metre amendement, lequel coze il pot bien fere de le bouce à ¹ son avocat, quant il dit par amandement.

10. Mestiers est à celi qui se melle d'ofice d'avocat qu'il sace souffrir et escouter sans courous, car li hons courouchiés pert legerement son propos; si est mestiers que il soit soufrans sans coroucier et bien escoutans de ce qui est dit contre li, por mix entendre et retenir.

11. Biaus mestieres ² est à celi qui est avocas et à toutes manieres de gens qui ont à pledier pour aus ou por autrui, quant il content lor fait ³ que il comprengnent tuit lor fet au mains de paroles qu'il porront; mais que le querele soit bien toute comprise es paroles, car memore d'omme retient plus legerement poi de paroles que mout, et plus agreables sont as juges qui les rechoivent. Et grans empeequemens est as baillis et as juges d'oïr longes paroles qui ne font riens en le querele ; car quant elles sont dites, si convient il que li baillis ou li juge prengne solement les paroles qui ont mestier à le querele, et les autres ne sont contées que por oiseuses.

12. Li avocas se pot bien louer por le querele à un home, neporquant il ne laira pas por che, s'il ne lui

---

plest à estre encontre lui¹ d'une autre querele; car il
n'est pas tenus, se il ne lui plest, à li aidier, fors de le
querele de le quele il li convenancha² s'ayde. Et se li
avocas quida au commencement que le querele fust
bone et il le³ sentist puis à malvese, si que il li fallist
d'aide por sauver le serement qu'il fist, qu'il ne sousten-
roit malvese querele puis qu'il le connistroit : por ce ne
doit il pas aler à l'aide de l'autre partie contre celi, le
quel il convenancha à aidier por chele meisme querele, anchois ne s'en doit entremetre ne d'une part ne
d'autre. Et porce que li avocas porroit quidier le querele à malvese, le quele seroit bone, puis se conscience
le reprent : partir s'en doit; mais ce doit estre cortoisement, et en tel point que cil qui s'atendoit à li
puist recouvrer autre avocat. Or est à savoir se li avocas le fet en ceste maniere, s'il ara loier de celi à qui
il ot en convent à aidier en cheste maniere en toute
le querele, puisqu'il le laisse ains le fin de le querele :
noz disons que oïl ; mais qu'il jure sor sains qu'il laissa
à li aidier por ce qu'il connut le querele à malvese,
por son serement sauver; et le serement fet, il doit
estre paiés selonc ce qu'il avoit pené ains qu'il conneust le querele à malvese, et selonc le loier qu'il en
devoit avoir en toute le querele, par l'estimation des
jugeurs.

13. Tout chil qui poent estre debouté por vilain cas
de crieme de tesmongnage porter, poent et doivent
estre debouté d'avocation. Mais des autres cas que de
crieme poent bien estre tel debouté en tesmongnage
qui ne poent pas estre debouté en advocation : si

---

comme çascuns post estre avocas en se querele et il
n'est pas recheus en tesmongnage ; ou chil qui sont de
ma mesnie ou mi serf ou mi bastart poent estre mi
avocat, et si porroient estre débouté de tesmongnier
en me querele.

14. Cil qui ne pot estre justiciés par les juges de le
cort là u il veut estre avocas, n'est pas à rechevoir en
advocation se li juges ne li fet grace : si comme clers en
cort laie ; car s'il meffesoit ou il n'estoit avoés de se
parole, ne porroit il estre justiciés par l'amende ne por
le meffait, qu'il ne fust rendus à son ordinaire. Neporquant partie ne le pot debatre, se li juges le veut soufrir ; et se li juges ne le veut fere, neporquant il doit
fere requestes ou pledier por li ou por eglise ou por
son lignage ou por le commun porfit ou por povre
personne por Dieu ; mais qu'il face serement que il
n'en ait nul loier ne n'atent à avoir.

15. Li baillis, de s'office, pot bien debouter l'avocat
qu'il ne soit oïs en avocation devant lui, li quex est cous-
tumiers de dire vilonie au balliv ou as jugeurs ou à le
partie à qui il a à fere ; car male coze seroit se tix maniere de gens ne pooient estre debouté d'avocation [a].

16. Il ne loist[1] pas à feme à estre en office d'avocat
por autrui por loier ; mais sans loier pot ele parler por
li ou por ses enfans ou por aucun de son lignage, mais
que ce soit de l'actorité de son baron se ele a baron.

17. Chil qui est escommeniés ou[2] renforciés pot estre

---

[1] *Souffist.* B. — [2] *Et.* A.

[a] En Orient, les juges avaient des avocats qui parlaient au nom de
la cour, comme cela est expliqué dans les Assises de Jérusalem (*Livre
de Jean d'Ibelin*, c. cxix, p. 44). Rien n'indique qu'un semblable usage
eût été reçu dans les cours d'Europe.

deboutés d'ofice d'avocat, de partie ou de juge, jusques
à tant qu'il soit absolus, porce que tuit cil qui à li parolent et sevent son escommeniement sont escommenié, et il convient respondre et parler [1] à çascun advocat.

18. Homs de religion ne doit pas estre receus en
office d'avocat en cort laie, se ce n'est por le besoh-
gne de s'eglise et de l'actorité de son sovrain qui especialment l'ait à che establi.

19. Il apartient au bailli savoir quix avocas acous-
tument [2] à pledier par devant li, si ques il les puist oster
quant il ne les voit souffisans, si comme il est dit en
cest capitre meisme; et aussi s'il sont desobeissant à
son commandement, es cozes es queles il doivent obeir
à li, lesqueles cozes sont teles, que se j'ai une commencié besoigne, de lequele il ne se doit meller, et il
me courouce et fet l'anieus por parler d'une soie besogne, et je li commande qu'il se taise et il ne se veut
taire : je le puis bien oster de l'office d'avocation de
devant moi. Et aussi se partie me requiert que je li
baille conseil par le sien, comme cil qui n'en pot point
avoir por le doute de chelui à qui il plede ou por
doute d'estre malvescment paiés, et je commant à l'a-
vocas qu'il voist à son conseil : il doit obeir au commandement, en tele maniere qu'il soit seurs de le partie d'avoir son salaire, selonc ce que le jornée desire.
Neporquant, por aucunnes resnables causes se pot escuser li avocas qu'il ne doit par aler au conseil, n'estre
avocas à celi dont il a [3] commandement : si comme s'il
est convenenciés à l'autre partie, ou s'il est de ses amis
de char, ou s'il y a grant afinité d'amor à le veue et à

---

[1] B. — [2] *Viennent accoustumeement.* B. — [3] *Il a eu le.* B.

le seue du commun, ou s'il a aucunne aliance à li ou
aucunne compaingnie, ou s'il a haine vers le partie où
li baillis li commande à aler ou vers aucuns de ses prochains, por droite cause de haine; ou s'il li aida autrefois et il ne li paia pas¹ son salere, n'encore ne li
veut paier; ou se le querele li touce en se personne ou
à aucun de ses parens ou à aucun de cix à qui il s'est
aliés; ou s'il jure qu'il croit le querele à malvese, par
quoi il ne veut pas estre ses avocas : par toutes ces cau-
ses², se pot il deffendre et requerre au bailli qu'il ra-
piaut³ son commandement, et li baillis le doit fere s'il
y voit aucune des causes dessus dites.

20. S'aucuns vient en cort por pledier et ne pot
avoir conseil, porce que tuit li avocat s'escusent par
resnable cause qu'il ne soient avec li, li ples ne doit
mie por ce demorer ne alongier, par le coustume de le
cort laie, anchois doit le partie estre contrainte à aler
avant, et por ce se doit çascuns porveir comment il
vient garnis de conseil à son plet; et s'il ne veut aler
avant, il doit estre mis en defaute, tout ainsi comme
s'il ne fust pas venu à cour.

21. Li avocat et li conseillier poent bien penre salaire et services por lor conseil ou pour lor avocation;
mais ce ne poent pas fere les justiches ne li jugeur; car
services et consaus poent bien estre vendu, mais ce ne
poent ne ne doivent estre li jugement⁴.

### *Explicit.*

Chi fine li capitres des advocas.

---

¹ *Pas bien.* B. — ² *Ces manieres de raisons.* B. — ³ *Rapelle.* B.

⁴ A l'époque où écrivait Beaumanoir, les conseils n'exerçaient plus
d'influence dans les tribunaux de France, où le soin de défendre les

I. 7

## CAPITRES VI.

Chi comenche le sixiesme capitre de cest livre, qui parole des demandes
qu'on puet fere[1].

1. Li clerc ont une maniere de parler mout bele :
le[2] latin ; mais li lai qui ont à pledier contre aus en
cort laie, n'entendent pas bien les mos meismes qu'il
dient en françois, tout soient il bel et convenable et
plait[2]. Et por ce, de ce qui plus souvent est dit en le
cort laie et dont plus grans mestiers est, noz traiterons en cest capitre, en tele maniere que li lai le puissent entendre, c'est[3] à savoir des demandes qui sont
fetes et c'on pot et doit fere en cort laie, les queles demandes li clerc apelent *libeles,* et autant vaut demande
comme libelle; et après noz traiterons des deffenses
que li deffenderes doit metre avant contre celi qui demande, les queles deffenses li clerc apelent *exeptions ;*
et après noz traiterons des deffenses que cil qui demande met avant, por destruire les deffenses que li
deffenderes met contre sa demande, les queles deffenses
li clerc apelent *replications.* Et de dire en avant que

---

[1] Ce titre manque dans A, et est tiré de T. — [2] T. Selonc latin. A
— [3] T. Car c'est. A.

intérèts des parties appartenait presque exclusivement aux avant-par-
liers ou avocats Cependant l'institution des conseils mérite d'être étudiée dans les écrits des jurisconsultes d'outre-mer (Jean d'Ibelin,
c. xi-xxix. *La Clef des Assises,* § ii-vi), car aucun usage ne fait aussi
bien comprendre le caractère du système judiciaire de la féodalité.

[a] Parce que le langage français des clercs était tellement mêlé de
locutions de droit tirées du latin, que les laïques pouvaient difficile-
ment les comprendre. Voyez une belle invective de Dumoulin (*Opera
omnia,* t. II, p. 407) contre le style des jurisconsultes du moyen âge.

dusques as replications il n'est pas mestiers en cort
laie, porce c'on ne baroie que une fois çascunne partie. Noz apelons *baroyer,* les raisons que li deffenderes
met contre ce qui li est demandé et les raisons que li
demanderes met contre les deffenses au deffendeur.
Mais, en le cort de Crestienté, baroient il par tant de
fois comme il font retenue, que il apelent *protestation,*
et comme il poent trouver reson l'une partie contre
l'autre; et por ce baillent il triplication au deffendeur
contre les replications au demandeur, et après il baillent quadruplication au demandeur contre les tripli-
cations au deffendeur. Mais de tout che n'est il mestiers en cort laie forsque sans plus des deffenses que
li deffenderes met contre ce qui li est demandé et des
raisons que li demanderes met contre icheles deffenses. Si traiterons de ces trois cozes tant solement;
ch'est à savoir, en cest capitre des demandes que li demanderes doit fere, et el capitre qui venra apres cesti
des deffenses au deffendeur et des raisons que li demanderes met contre les deffenses. Et premierement noz
dirons des demandes, porce que c'est li commenchement du plet.

2. Plusors demandes sont fetes, les unes de muebles et de catix, les autres de saisine d'eritages, les
autres de convenences, les autres de douaire, les autres de bail ou de garde qui poent avenir par reson
d'enfans sousaagiés, les autres de force, les autres de
novele dessaizine, les autres d'estre tourblés en sa saisine, les autres de cas de crieme qui touce les persones :
si est bon que noz disons briement comment demande
doit estre fete par devant justice de çascunne de ces
cozes.

3. Qui veut demander muebles et catix, il doit dire
en ceste maniere : « Sire, je demande à Jehan, qui là
« est, tex muebles et tex catix, » et les doit nommer,
se ce ne sont grosses cozes et par poi de parties ; car en
tel maniere porroient eles estre qu'il souffiroit s'il fesoit se demande en general, si comme s'il demandoit
cozes enfremées qu'il n'àroit pas veues, ou plusors despuelles là u il n'aroit pas esté au lever, ou partie en
toz les muebles d'un ostel ; car en tex cozes ne porroit
il savoir tuit nommer, et por ce souffiroit il a dire :
« Je demaut toutes les cozes qui là sont enfremées, »
ou partie, s'il ne demande le tout, ou « les muebles
« de tel ostel qui furent celi, » ou « les despuelles de tel
« heritage qui furent à tel. » Et s'il ne [1] demande fors
partie, il doit dire le partie quele, ou moitié ou tiers
ou quart ou mains, se mains y demande ; et puis doit
dire raison porquoi il le doit avoir, si comme se li
drois li est descendus ou esqueus de costé ou par acat
ou par don ou par autre cause resnable. Car demande
qui est fete et on ne dist nule raison parquoi on le doit
avoir, ne vaut riens, ne n'i est pas li deffenderes tenus
à respondre, car niens [2] est à dire : « Jehans me doit dix
« livres, faites les moi paier, » se je ne dis porquoi et
de quoi [3] il les me doit.

4. Aucuns y a qui ont [4] mestier de former lor demande sor saizine d'eritage tant solement, en tele
maniere qu'il ne touce de riens en lor [5] demande le
proprieté ; porce que s'il touquoit le proprieté en le
demande, li ples seroit demenés selonc le proprieté :

---

[1] *N'en.* T. — [2] *Neent.* B. — [3] T. *Et de quoi* manque dans A. —
[4] *Qui ont moult grant.* B. — [5] *La.* B

si en scroit li ples plus lons et plus perilleus, car après
ce que saisine est gaaingnée ou perdue, pot on com-
mencer plet sor le proprieté. Donques doit estre fete
le demande proprement sor le saizine, en le maniere
qui ensuit : « Sire, je demant à avoir le saizine de tel
« heritage qui siet en tel liu et qui fu tele persone, et
« di qu'à moi en apartient le saizine par tele reson ; »
et doit le reson dire, si comme s'ele li est descendue
ou esqueue, ou il le demande comme executeres, par
le reson de testament ; car en tex cas viennent saisines
d'eritages. Et s'aucuns ne li empeece saisine, il n'est
pas mestiers qu'il en face demande ; car il pot entrer
en le coze dont drois ou coustume li donne le saizine,
sans parler au signeur, sauf che que, se ch'est fief, il
doit aler à l'ommage du segneur dedens les quarente [1]
jors qu'il est entrés en le saizine.

5. Autrement convient fourmer se demande qui
veut pledier sor proprieté d'eritage, car il doit dire :
« Sire, je demant tel heritage que Jehans m'empee-
« que » ou « que je voi tenir à Jehan ; li quiex heritages
« siet en tel liu et fu à tele personne, et à mi apartient
« li drois de l'eritage par tele reson ; » et doit metre
le reson avant, et offrir loi [2] à prouver, s'ele li est niée
de partie averse [3]. Et aussi, en toutes demandes, queles eles soient, on doit offrir à prouver le reson c'on
met avant, s'ele est niée de l'averse partie ; car riens ne
vaurroit resons c'on meist en se demande, s'ele estoit
niée et on ne le provoit.

6. Qui veut former se demande sor convenence, il

---

[1] B. T. Quinse. A. — [2] La raison. B. — [3] T. De.... averse manque
dans A et dans B.

doit dire en ceste maniere : « Sire, vés là Jehan qui
« m'ot tele convenence, » et doit dire le convenence,
de quoi et pour quoi ele fu; car tele pot ele estre que
Jehans doie estre contrains au tenir[1], s'il le connoist,
ou se ele est provée contre li et tele que non. Et les
queles ne sont pas à tenir, il est dit el capitre des convenences[a]. Et se le convenence est par lettres, il doit fere
lire les lettres par devant le justice, en liu de se demande; et de ce parole il assés soufizamment ù capitre
des obligations fetes par lettres[b].

7. Les demandes des douaires sont assés bries, car
la feme doit dire : « Sire, je demant mon douaire, »
ou « je demant que mes douaires me soit devisés ou
« exeptés[2], en tel tere qui fu à tel home qui fu mes ma-
« ris, de le quele tere il estoit tenans et prenans au
« jor qu'il m'esposa, » ou « le quele tere li descendi
« de son pere ou de se mere ou de son aiol ou de s'aiole,
« le mariage durant de li et de moi; » et offrir à prover ce que elle dist, s'il li est nié de partie. Et doit especifier[3] quele partie ele y demande, si comme moitié,
s'ele fu premiere feme au mort; ou le quart, s'ele fu
seconde feme; ou l'uitiesme, s'ele fu tierce feme au
mort.

8. Il convient aucunne fois fere demande sor bail ou
sor garde d'enfans sousaagiés; s'en doit on fere se
demande en tele maniere : « Sire, je demant le bail ou
« le garde, » se c'est pere ou mere à qui le bail apartient quant li uns muert, « que je doi avoir par droit

---

[1] *A tenir la.* B. — [2] *Essieutez.* A. — [3] *Demander.* B.

[a] Chapitre xxxiv.
[b] Chapitre xxxv.

« et par reson, si comme li plus prochains qui apar-
« tiegne as enfans du costé dont li fiés muet. » Mais
s'on forme se demande sor garde, il ne convient pas
dire c'on soit du costé dont li heritages muet ; car li
peres enporte garde de ses enfans, de l'iretage de par
le mere, et le mere de l'iretage de par le pere. Et se
le garde des enfans vient à plus lointaing parent que
pere et mere, si est ce au plus prochain, et garde l'eritage et les biens des enfans de quelque costé qu'il
viegne. Et comment baus et garde doivent estre maintenu et le diference qui est entre l'un et l'autre, il est
dit ù capitre de bail et de garde ª.

9. Or veons des demandes qui doivent estre fetes
sor ¹ force. On doit dire : « Sire, vés là Jehan qui, à
« tort et sans reson, il ou ses commans, vint en tel
« liu et m'a fet tele forche ; » et doit nommer le force
quele et toute le maniere du fet, et ofrir loi ² à prover
en le maniere qu'il l'a mis avant, s'il li est nié de le
partie. Et quant il a dit toute le maniere du fet, il
doit requerre que le vilonie li soit amendée et li damaces rendus, s'il eut damace par le force.

10. Autrement convient fere se demande, quant
on se veut plaindre de nouvele dessaisine ; car noveles
dessaizines sont de nouvel establissement ᵇ, si doit on

---

¹ Pour. T. — ² Le. B.

ª Chapitre xv.

ᵇ L'auteur du livre intitulé Le Grant Coustumier de France, qui
vivait sous le règne de Charles VI, et qui a traité amplement de la
nouvelle dessaisine ou nouvelleté, s'exprime en ces termes : « Messire
« Simon de Bucy qui premierement trouva et mist sur les cas de nou-
« velleté, ne vouloit mye, etc. » (l. II, c. xxii, p. 51, édition de 1547) ;
ce qui prouve qu'à cette époque l'ouvrage de Beaumanoir était inconnu

sivir l'establissement* en fere se demande. Donques
doit on dire en ceste maniere : « Sire, vés là Jehan
« qui m'a dessaizi et de tel coze et de nouvel, » et doit
nommer ce de quoi il est dessaisis; et se force li fust
fete a le dessaizine, bien le pot metre avant en son
claim. Et puis, quant il a tout le fet conté, il le doit
offrir à prover, s'il li est nié de partie; et doit requerre
qu'il soit resaisis tout enterinement.

11. La demande qui est fete por le tourble de saizine*, se doit fere en autre maniere que chele de le
dessaizine; car il a diference entre dessaisine et tourble
de sesine*. Donques doit on dire en ceste maniere :
« Sire, vés là Jehan qui me tourble et empeece me
« saisine en le quele j'estoie pesivlement. » Et doit dire
le maniere de l'empeecement, si comme s'il li a deffendu qu'il n'en esploite, ou s'il a fet manaces à cix
qui y voloient ouvrer*, ou s'il li a fet fere arest par le
segneur, ou aucun autre empeecement sanllavle à cex.
Et doit ofrir à prover l'empeecement, si li est nié de
partie; et requerre que li empeecement li soit ostés,
si ques il puist goïr de se saisine où il estoit premierement. Et des forces et des noveles dessaizines et des

---

¹ T. *D'essaizine*. A. — ² Le sens de la phrase est qu'il y a une différence entre la dépossession et le trouble porté à la possession. — ³ *Entrer*. B.

à l'un des plus habiles jurisconsultes de France. La complainte, en
cas de nouveau trouble ou de nouvelleté, paraît avoir été introduite
par les Établissements de Saint-Louis; l. II, c. iv; mais cette action
prenait sa source dans l'interdit *Uti possidetis* du droit romain.

ª Ceci ne peut se rapporter qu'aux Établissements de Saint-Louis,
et montre, ainsi que plusieurs autres témoignages, que ce recueil fut
bien réellement reçu en France comme un code de lois.

tourbles de saizine, comment on en doit pledier, et quele diference a de l'une à l'autre, il est dit à capitre qui de ches trois cozes párole*.

12. Autres demandes poent estre fetes, les queles[1] sont plus perilleuses que celes que noz avons dites dessus : che sont les demandes qui sont fetes por cas de crieme. Et de ces[2] demandes sont il plusors, et poent estre fetes en deus manieres. L'une, par fere droite demande, comme acuseur contre celi à qui on met sus le cas de crieme. Et d'iceles demandes se convient il fere partie et dire en icele maniere : « Sire, vées là « Jehan qui a fet tel murdre » ou « tele trayson » ou « tel omicide » ou « tel rat » ou « tel arson » ou « tele « roberie, » et doit nommer le cas de quoi il acuse et offrir à prouver, s'il li est nié de partie, et requerre que droite justice en soit fete. L'autre voie qui est fete de[3] denonciation, si est d'autre maniere. Car cil qui denonce, il ne convient pas qu'il se face droitement partie, anchois pot dire en ceste maniere : « Sire, je « voz denonce que Jehans a fet tel fet qui apartient à « voz à vengier, comme à bone justice; et est li fes si « clers et si notoires, qu'il ne convient pas que nus « s'en face droitement partie contre li. » Et doit dire comment li fes est clers; si comme s'il li fu fes devant grant plenté de bones gens, ou s'il se vanta qu'il le feroit, ou en aucunne autre maniere par quoi il apere que li fes soit clers. Car tel fet, qui sont si apert, doivent estre vengié par l'office au juge, tout soit ce que nus ne s'en face partie droitement. Et comment

---

[1] *De quoi les paroles.* B. — [2] *Telles.* T. — [3] *L'autre voie de.* T.

* Chapitre xxxii.

on doit aler ù cas de crieme, il est dit u capitre des
meffais *.

13. Moult de ' demandes sont et poent estre fetes
por moult de cozes, des queles ² noz n'avons pas parlé
especialment; mais par celes que noz avons dites, on
doit entendre que, en toutes demandes et en toutes
requestes c'on fet à justice, la quele requeste et demandes toucent le segneur ou partie, on doit dire le
coze c'on demande et combien et par quele reson on
le veut avoir; et requerre que drois en soit fes, et
offrir à prouver ce c'on met avant, s'il est nié de
partie.

14. Aucune fois avient il que cil qui pledent ne
font pas droitement demande contre partie, ançois
fet requeste au signeur, si comme s'il li requiert qu'il
le rechoive à home de fief, ou que il oste se main de
se terre ou de ses biens qu'il a saisis, ou qu'il le mette
en saizine d'aucunne coze qu'il li demande ou qu'il li
face rendre ce c'on li a tolu ou emblé ou osté par
force : en toutes tex requestes et en autres, queles eles
soient, qui sont fetes à segneur ou à justice, li sires
ou la justice doit penre garde se le requeste qui li est
fete ³ touque partie; si comme se Jehans est tenans de
le terre que Pierres requiert à avoir, ou se il saisi le
coze Pierre à le requeste de Jehan. Et quant il voit
que le requeste touque partie, il ne doit pas fere le requeste devant que l'autre ⁴ partie soit semonse; et quant
ele vient en cort, Pierres doit recorder le requeste

---

' *Quant.* B. — ² *Ou assés des choses dont.* B. — ³ T. *Qui li est
faite.* B. — ⁴ B. *Le.* A.

* Chapitre xxx.

qu'il fist au segneur ou à le justice, et Jehans doit requerre au segneur qu'il ne face pas le requeste Pierre, et doit dire le reson por quoi il ne le doit pas fere; et Pierres les soies resons, par quoi li sires li doit fere se requeste : et ainsi pot estre li ples entamés entre les parties, sans fere demande l'un contre l'autre; et poent perdre ou gaaignier aussi bien comme s'il avoient fet demande. Et se li sires fet le requeste qui li a esté fete[1], sans apeler le partie à qui ele touque, ce ne vaut riens, ançois doit estre apelée[2], quant partie monstre qu'ele se deut[3] de le requeste qui est fete en derrieres de lui[4]; car nus ne doit estre damaciés, por requeste qui soit fete en derriere de li, devant qu'il soit oïs et apelés en jugement. Mais les requestes convenables qui sunt fetes, les queles nus ne debat, ou c'on ne pot debatre porce c'on voit clere coustume por le requereur, si comme s'on requiert le saisine des biens au mort comme execuiteres ou comme oirs, ou aucunne autre requeste aussi clere : ces requestes poent bien li segneur ou les justices fere, dusqu'à tant qu'aucuns lor debat[5] por aucunne reson; car li segneur et les justices doivent fere et maintenir ce que clere coustume done, dusqu'à tant que ce qui est dit encontre soit prové; car les cleres cozes doivent aler devant les orbes.

15. Il n'a pas tele coustume en cort laie de pledier comme en cort de Crestienté; car, en le cort de Crestienté, on baille à le partie se demande en escrit, puis que le demande est de quarante sous ou de plus; et en tex liex y a de vint sous ou de plus. Et si baille on toz

---

[1] Qui li est fete. B. T. — [2] Rapelé. T. — [3] Dieut. T. — [4] Manque dans A. — [5] Le debate. B.

les erremens du plet et copie du dit[1] as tesmoins, et si
est tous li ples maintenus par escrit. Mais de tout ce ne
fet on riens en cort laie, selone nostre coustume, car
on ne plede pas par escris, ançois convient fere se demande ou se requeste sans escrit, et recorder toutes
les fois c'on revient en cort, se partie le requiert, dusqu'à tant que les paroles sont conquiés en jugement.
Et convient que li home par qui li jugemens doit estre
fes, retienent en lors cuers ce sor quoi il doivent jugier. Mais voirs est porce que memore sont escoulou-
rians, et que fort coze seroit de retenir si grant plenté
de paroles comme il convient en moult de quereles : li
baillis ou le justice pot et doit arester briement en
escrit ce sor quoi les parties entendent à avoir jugement. Et aussi se les parties ont à prover plusors articles l'un contre l'autre, il poent baillier en escrit ce
qu'il entendent à prouver et tix escris apele on *rebrices*[2]. Et de ces rebrices a bien le partie adverse transcrit s'ele le requiert; car il loist bien à cascune partie
à baillier en escrit à justice ce qu'il entendent à prouver. Et si en doit baillier autant à le partie qui plede
contre li, porce que s'il sont à acort de lor rebrices,
eles sont bailliés as auditeurs qui orront les tesmoins;
et s'il se descordent des rebrices, en disant qu'eles ne

---

[1] *Et copie des tesmoings.* B.

[2] Au xiiie siècle, la procédure par écrit, repoussée par les usages de
la féodalité, n'avait fait encore que de faibles progrès, et l'existence
des conventions se prouvait par le témoignage et le serment; cependant la cour du Roi s'efforçait d'introduire ce genre de procédure :
elle faisait recueillir ses arrêts dans un registre qui possédait un caractère à peu près authentique; les demandes et les enquêtes étaient
également mises par écrit. Voyez, sur les Rubriques, les *Olim*, t. I,
p. 90, n° ix; p. 316, n° v.

sont pas fetes selone le pledoié, eles doivent estre fetes
et acordées par le segneur et par les homes qui doivent
jugier et qui furent au plet. Et adont lor doit estre
jors donnés d'amener lor tesmoins et auditeurs bailliés
qui orront lor tesmoins, et qu'il lor demandent, selone
lor rebrices du pledoié, ce qui apartient au pledoié, et
metre en escrit. Ne les parties ne doivent savoir coze
que lor tesmoins dient ne des tesmoins qui sont amené
contre eus, ançois doivent li auditeur clorre et sceler
ce qui est fet et aporter en jugement. Et de l'office as
auditeurs est il parlé el capitre qui parole des auditeurs
et enquesteurs [a].

16. Aucunne fois met on sus cas de crieme en cort
à aucun, sans avoir volenté que cil soit justiciés pour [1]
les cas contre qui on le propose [2]; si comme se tesmong
sont apelé [3] contre moi et je di contre aucun qu'il fu
parjures, ou qu'il fist pes de vilain cas, sans li espur-
gier; ou qu'il ocist aucun, ou qu'il fist aucun larrecin,
et à ceste fin qu'il soit deboutés de tesmongnage : quant
tex cas avient, se cil le proeve à tel qui debouter le
veut, il ne gaaigne fors tant qu'il n'est mie oïs en tesmongnage contre lj, s'ainsi n'est que li tesmoins s'offre
à deffendre par gages de bataille de che c'on li met sus
traïson ou larrecin, ou aucun si vilain cas c'on en pert
le cors; car adont converroit il que cil qui debouter le
veut de tesmongnage, le provast à tel comme il avoit
mis sus, et qu'il fust adont droitement partie en aventure de perdre le cors, s'il ne le provoit à tel, aussi
comme cil feroit s'il en estoit ataius. Mais avant que li

---

[1] T. Par. A. — [2] On propose. B. — [3] Amené. A.

[a] Chapitre xl.

gage fussent donné de l'une partie et de l'autre, se cil
qui li mist sus le vilain cas por li oster de tesmognage,
regardoit que li tesmoins se voloit deffendre et espur-
gier de ce c'on li aroit mis sus : il loist bien à celi qui
l'acusa de soi repentir par fere l'amende de la vilonie
et du lait dit que il li dist, et est l'amende simple. Et
aussi, se li acusés se veut deporter d'estre tesmoins, il
ne convient pas qu'il en face plus se il ne veut; car il
pot dire : « Qui droitement se vaurroit fere partie
« contre mi, je m'en deffendroie; mais je aimme miex,
« tout ne soit ce pas voirs qu'il me met sus à moi,
« de porter de cest tesmongnage que entrer en gages. »
Encore a il une autre voie, car il pot dire à celi qui
l'a trait à tesmognage[1] : « Je ne me bée[2] pas à combatre
« por vostre querele ne à entrer en plet au mien, et se
« voz m'en volés deffendre, volentiers dirai me verité
« et se non je me[3] voil soufrir. » Adont convient il que
cil face son tesmogner por bon ou qu'il se suefre de
son tesmognage. Et c'est le meillor voie au tesmong et
le mains perilleuse; car s'on li met sus cas de crieme,
et cil qui l'a trait en tesmongnage ne le pooit prover
à bon, par gages, anchois fust vaincus il[4] ou ses campions : nus ne perdroit le cors, mais deboutés seroit
de son tesmognage et li campions aroit le poing copé,
se le bataille estoit par campion.

17. Se plusors font demande contre aucun de muebles ou d'eritages et çascuns demande le tout, cil contre
qui le demande est fete doit demourer en pais, dusqu'à
tant c'on sace à qui le demande apartient; car ce ne

---

[1] *Qui l'a tret avant pour tesmoignage.* B. — [2] *Je ne me pense.* B. —
[3] T. — [4] T.

pot estre que une coze soit toute entiere à çascun de
plusors demandeurs[1] ; si comme se j'ai un ceval et trois
home le demandent à moi, et dist çascuns qu'il est
siens, je ne sui tenus à respondre à nul des trois, devant qu'il aront pledié ensaulle por savoir au quel le
demande apartient. Mais autre coze seroit se çascuns[2]
me demandoit partie, et disoit quele partie; car adont
converroit il que je respondisse à çascun pour tant
comme à li monteroit; mais que les parties ne passassent le coze qui me seroit demandée, car se çascuns
des trois me demandoit le moitié du ceval, il converroit que li uns en fust deboutés avant que j'en respondisse, car en nule coze ne pot avoir trois moitiés. Neporquant, en aucun cas porroie je estre tenus à respondre à plusors persones dont çascuns me demanderoit toute le coze ou plus de parties qui ne porroit avoir
en le coze, c'est à savoir s'on me sivoit de mon fet ou
de me convenence; si comme se je vendoie ou donnoie
ou esçangoie ou enconvenençoie aucunne coze à plusors personnes, à çascun a par li, dont li uns ne saroit
mot de l'autre : en tel cas me porroit çascuns demander tele partie que je li aroie convenencié, et converroit que cil à qui j'aroie premiers la coze obligié l'emportast, et après que je feisse à çascun des autres aussi
soufisant coze par restor des autres cozes; et si en seroie mal renommés, car ce n'est pas sans tricerie de
vendre un ceval tout entier à çascun de trois persones
et recevoir l'argent de çascun. Et ce que noz avons dit
dessus, que cil qui tient le coze n'est pas tenu à respondre à plusors persones, quant çascuns li demande le

---

[1] *Demandes*. B. — [2] *Aucuns*. B.

tout, noz l'entendons es cas où on ne suit pas celi à qui
on demande de son fet ne de sa convenence.

18. Les unes des demandes sont sor muebles et sor
catix et les autres sor heritages, et les autres sont qui
touquent les persones, ne nule demande ne pot estre
fete qui ne conviengue à le fin de l'une de ces trois
cozes. Si devons savoir que, par coustume general et
de droit commun, les demandes qui touquent le cors
ou qui sont por muebles ou por catix, doivent estre
demandées par devant le segneur de soz qui cil sont
couquant et levant à qui on demande; exeptés aucuns
cas, si comme on a ses cozes obligiés à estre justiciés
por tout ou par le segneur de soz qui eles sont trovées,
ou quant on se claimme de force ou de novele dessaisine dont le connissance apartient au souvrain, ou
quant les cozes sont arestées de soz aucun segneur et
plusors persones les demandent, ou quant eles sont
laissiés en testament, ou quant on va[1] manoir en estranges terres et on fist dette[2] en le castelerie dont on
se parti; ou quant on suit[3] de coze emblée ou d'ome-
cide, si comme cil s'enfuient qui ce ont fet; ou quant
on est ajornés par devant son segneur et, l'ajornement
pendant, on va couquier et lever soz autrui[4] segneur :
en toz ces cas, poent les cozes d'aucun estre justiciés
par les segneurs de soz qui eles sont trovées, tout n'i
soit ou pas couquans ne levans. Mais de ples d'eritage,
il n'est pas doute que le demande n'en doie estre fete
par devant le segneur de qui li heritages muet, où que
on couque ne lieve, si comme nous avons dit dessus.

---

[1] *L'en a.* T. — [2] *Fet.* B. — [3] *On s'en fuit.* B. — [4] *Autre.* B.

19. Si comme noz avons dit, c'on ne respont pas d'une coze à plusors persones quant çascuns le demande toute, fors[1] el cas qui sont exepté, aussi s'on est acusés de un cas de crieme de plusors personnes, li acusés n'est pas tenus à respondre, devant que tuit renonchent à l'acusement, fors li uns, li quels se fet droitement partie. Et quant plusor voelent se fere droitement partie, ne ne se voelent acorder à l'un, li sires par devant qui li ples est, doit eslire le plus convenable à porsivir l'acusement, si comme celi à qui le querele touce de plus près; et doit contraindre les autres qu'il s'en suefrent. Et se li acusés s'en pot delivrer de celi qui l'acuse, nus ne le pot puis acuser de chel fet. Et de ceste matere est il parlé soufisamment el capitre qui parole des deffenses à l'apelé[a].

20. Quant on a fete[2] se demande d'aucunue coze par devant justice et on a dit reson par quoi on veut avoir se demande, et on pert ce c'on demande par les bones resons au deffendeur : li demanderes ne pot jamès redemander cele coze qu'il a perdue, tout fust il ainsi qu'il le demandast par autres resons que par celes par les queles il fist se demande premierement; car il iroit contre le jugié, s'ainsi n'estoit que nouviax drois li fust aquis en le coze puis le jugement. Si comme se je pledoie contre aucun de mon lignage, d'aucun heritage, et perdoie me demande par jugement, et après mes parens moroit sans hoir de son cors, et li heritages me venoit par esqueance comme au[3] plus prochain : en tel cas pot on veir que nouviax drois me

---

[1] *Toute fois.* T. — [2] *Quant on a à faire.* B. — [3] *Le.* B.

[a] Chapitre vii.

seroit aquis puis le jugement. Et par cel cas pot on
entendre des autres qui poent avenir, par les quix
nouvias drois porroit avenir et estre aquis.

21. Voirs est que s'on voit c'on n'a pas bien formée
se demande, on le pot amender en quele hore c'on veut,
mais que ce soit avant que les paroles soient couchiés [1]
en jugement, en tele maniere que s'on demande d'autrui fet que du fet à celi à qui on demande : par tant de
fois comme il cangera se demande, li deffenderes ara
nouvel jor de conseil. Et c'est bien resons se j'ai jor de
conseil sor une demande qui est fete contre mi, et au
revenir en cort on cange se demande, que je aie nouvel
jor de conseil; car je n'avoie à respondre fors sor le
demande qui m'estoit fete es cas [2] où jours de conseil
apartient à donner.

22. On doit savoir que en [3] toutes demandes qui sont
d'eritage, on doit avoir jor de conseil, et après jor de
veue; et de toutes autres demandes qui touquent à autrui fet, s'on ne met sus que je fis fere le fet ou que
je le porcachai à fere, car c'est bien de mon fet ce que
je commande à fere.

23. Quant aucuns fet demande contre mi, par devant le segneur desoz qui je sui à justicier, et li demanderes est d'autre justice, il doit fere seurté, se je le
requier, qu'il prendera droit en le cort de mon segneur, et que en autre cort ne me trera de ceste coze,
se n'est par apel de defaute de droit ou de faus jugement; et doit estre le seurtés soufisans et tele que mes
sires, devant qui il veut plaidier [4], le puist justicier
legierement. Mais s'il veut jurer sor sains qu'il n'en

<hr>

[1] B. Manque dans A. — [2] *En ce.* B. — [3] B. *De.* A. — [4] T. *Devant....
plaidier* manque dans A.

pot nul trouver ne avoir de cele justice, il se passera
par autres pleges soufisans d'autre justice; et s'il veut
jurer qu'il ne pot avoir nul plege, il se passera par
son serement que il de la querele qu'il demande penra
droit en cele cort, ne que en autre cort ne l'en trera,
se n'est par les apiax dessus dis.

24. Se dui home ou plus font demande à Jehan, et
li uns demande dette qu'il li doit [1], si comme por de-
deniers prestés ou por cozes [2] vendues; et li autres
demande por don ou por pramesse que on li fist, et
Jehans n'a pas assés vaillant por paier les dettes et les
pramesses c'on li demande : on doit fere paier les detes
tout entierement, et après, s'il y a remanant, bien
face on raemplir [3] les convenences des dons et des pramesses convenables; car aucuns dons et pramesses
porroient estre convenencié qui ne seroient pas à tenir :
si comme s'il est clere coze que uns hons s'enyvre volentiers, et el point qu'il est yvres, il pramet à donner
cent marcs ou cent livres à aucun, et si ne voit on pas
bien le cause porquoi il deust tel don fere s'il fust bien
à soi : tix dons ne tix pramesses ne font pas à tenir.
Et aussi s'il fet pramesses el tans qu'il est en frenisie ou
hors du sens ou enprisonés ou par force ou par peur :
eles ne font pas à tenir; ni se les pramesses estoient
paiées, se les porroit il redemander arriere, par reson
de dechevance [4] ou de force ou de peur. Et de ceste
matiere de force et de peur ferons noz propre capitre
cha en avant, où il parlera plainement des cozes qui
sont fetes par force ou par peur [a].

---

[1] *Et li uns.... doit* manque dans B. — [2] *Autres choses.* B. — [3] *Accom-*
*plir.* B. — [4] *De che que il aroit esté decheus.* B.

[a] Chapitre xxxiii.

25. Tout aions noz dit que yvrece pot escuser de
dons ou de pramesses, aussi fet ele des marciés et des
convenences es queles on voit apertes dechevances, car
autrement aroient li bareteur tout gaaignié qui por-
suirroient les yvres es tavernes, por eus dechevoir. Mais
nepourquant on doit moult regarder, en tel cas, à le
maniere du fet ou de le convenence, car s'on n'i troeve
aperte[1] tricerie ou trop grant dechevance, ce ne fait
pas à tenir; mais se on i treuve cause raisnable, sans
moult grant dechevanche de tricerie ou de barat, les
convenences font à tenir, porce que cil qui marquean-
dent ne se puissent pas legierement escuser par yvrece,
quant il ont fet marcié ou convenence de quoi il se re-
pentent. Et bien sacent tuit que nus vilain cas de
crieme[2] n'est escusés par yvreche.

26. Demande qui est contraires à soi meismes est de
nule valeur, ne li deffenderes n'est pas tenus à respondre à tele demande, fors en tant qu'il doit monstrer porquoi le demande est contraires à soi meismes;
si comme se je demant quarante[3] livres por un cheval
que je vendi à Jehan, et après demande que li chevax
me soit rendus, porce que je le prestai au dit Jehan :
chele demande est contraires en soi, car ce ne pot
estre que Jehans tiengne un ceval par title d'acat et par
title d'emprunt. Donques me convient il tenir au quel
je quiderai que bon soit, ou à le vente ou au prest. Et
cest cas ci soufist assés à fere connoistre les demandes
qui poent estre fetes d'autres cozes, les queles sont
contraires en eles meismes.

27. Se uns hons a plusors hoirs, dont çascuns cm-

---

porte se partie, cil à qui les dettes sont deues ne poent pas toutes lor detes demander à l'un des oirs et lessier les autres boirs en pais, ançois doivent demander à çascun des hoirs, selonc le cantité qu'il emporta des biens; si comme s'il emporta le moitié, il est tenus à le moitié des dettes, et du plus plus et du mains mains.

28. Porce c'on ne pot fere chertaine demande en aucun cas, il [1] convient bien en aucun cas [2] que li deffenderes [3] responde as demendes qui li sont fetes, sans les queles responses li demanderes ne pot fere certaine demande. Si comme se je voil demander à Jehan une couture de tere, ou toz les heritages qui furent Pierre, ou plusors cozes qui me furent données ou vendues [4], ou que j'atendois [5] à avoir, par aucunne reson; et je fes demander à Pierre s'il tient tout ce que je demande, ou quele partie il en [6] tient : il doit respondre et dire che qu'il en tient de la choze, si que je sace de combien je porrai pledier à li; et s'il ne le veut dire, il doit estre tornés en defaute, et pot perdre saisine par le defaute de ce qu'il tient de le coze [7]. Et s'il dit par malice qu'il n'en tient que le moitié, et il est aperte coze qu'il en tient le tout, je doi estre mis en le saisine de le moitié, et maintenir mon plet sor ce qu'il dit qu'il en tient; car drois veut bien c'on perde, quant [8] on dit menchonge à essient de ce dont on doit dire verité.

29. Quant demande est fete à aucun, et il muert, le plet pendant, on pot sivir les oirs du plet qui fu com-

---

[1] *Pour che que l'en puist fere chertaine demande, il.* B. T. —
[2] B. — [3] *Demanderes.* B. — [4] T. *Douées ou données.* A. — [5] *Ou que je enten.* T. — [6] *Il.* T — [7] *Si que je.... coze* manque dans B. —
[8] *Quanque.* B.

menciés contre lor devancier, exeptés les cas de
crieme; car se li devanciers estoit acusés de tel cas qu'il
en perdist le cors et l'avoir s'il en fust atains, et il
muert avant qu'il en fust atains : li ples devient nus, et
goissent li hoir des biens qui de li vindrent. Ne on ne
lor pot pas dire : « Voz ne les arés pas, porce que cil de
« qui voz avés cause l'ait meffet, » puisqu'il n'en fu
condampnés à son tans, car on doit croire que çascuns
est bons, dusqu'à tant que li contraires est prové.
Nepourquant des heritages ou des muebles que li devanciers aquist malvesement, pot on bien fere demande
contre les oirs, exeptés les perix de cors et les amendes
des meffès du devancier, car li hoir ne sont à respondre
es cas dont on les suit du meffet à lor devancier, fors
en tant qu'il [1] vint à aus. Mais ce sont il vers les credi-
teurs [2] qui crurent le lor à lor devancier, et vers les
pleges que lor devanciers bailla por detes, et les doivent
aquiter et le crediteur paier, combien qu'il emportassent poi, puisqu'il s'en sont fet hoir.

30. Chil qui demande et chil qui se deffent de quelque cas que che soit, exeptés les cas de crieme es quix il
a peril de mort, doivent fere serement de verité, en tel
maniere que li demanderes doit jurer qu'il ne demandera fors ce où il quidera avoir droit; et que se tesmoins
li convient traire [3], que bons et loiax avant les trera
à son essient. Et li deffenderes doit jurer qu'il connistra
verité de ce c'on li demandera en se besongne, et qu'il
ne metra reson avant à son essient qui ne soit bonne
et soufisans; et que se tesmoins li convient amener à
prover ses resons, il les amenra bons et loiax à son

---

[1] Come. B. — [2] B. Deteurs. A. — [3] Amener. B. Atraire. T.

essient. Et du serement que li tesmoug doivent fere,
il est traitié el capitre des prueves*.

51. Chil qui ne veut jurer que se demande est vraie,
ne doit pas estre recheus en se demande, car il se met
en souspechon qu'il ne demande fausseté. Et se li deffenderes ne veut jurer que les raisons qu'il met en ses
deffenses sont vraies, eles ne doivent pas estre recheues. Et se les parties se voloient soufrir de fere serement par acort, ne le doit pas le justice soufrir, ançois apartient à son office qu'il prengne le serement
des parties pour encherquier le verité de le querele;
car de che dont il sont à acort par lor serement, li ples
est finés; et de ce dont il sont en descort, doit estre li
ples maintenus et li tesmoing trait : mais les seremens
entendons noz es cours où on veut pledier selonc l'establissement le Roy b, car selonc l'anchienne coustume
ne quorent il pas. Neporquant, se li sougès, en lor
cours, de petites quereles voelent ouvrer selonc l'ancienne coustume, pour le convoitise des gages qui en
naissent, ammosue fet lor sires de qui il tiennent, s'il
né lor suefre pas, mais oste les gages, et commande
que li ples soit demenés selonc l'establissement; car ce
n'est pas coze selonc Diu de soufrir gages en petite que-

---

* Chapitre xxxix.

b Par *establissement le Roy*, Beaumanoir désigne ici l'ordonnance
rendue par Saint-Louis, en 1260 ( *Ordonnances*, t. I, p. 86), et qui
avait pour but de remplacer, dans le plus grand nombre des cas, le
combat judiciaire par des enquêtes et par la preuve testimoniale. Cette
loi importante, qui n'eut pas d'effet immédiat, ne devait être en vigueur que dans les domaines royaux; et il faut ajouter qu'elle n'y fut
pas même reçue généralement, car le duel continua de régner dans
les assises de chevaliers, où il était, comme on voit, qualifié d'ancienne coutume.

rele de muebles ou d'eritages[a]; mais coustume les suefre es vilains cas de crieme, et es autres cas meismes, es cours des chevaliers, s'il ne sont destorné par lor sovrain.

52. Trois manieres de demandes sont : les unes sont apelées *personix*, que li clerc apelent *action personele;* les secondes sont demandes reeles; les autres sont mellées, c'est à dire reeles et personeles. Les demandes personix sont qui touquent le personne, si comme convenences, acas, ventes, vilonies fetes, obligations, et moult d'autres cas qui poent touquier les persones. Les demandes reeles sont quant on demande heritage, terres, bois, prés, vingnes, yaues, justices, segnories, molins, fours, maisons, cheus, rentes et autres cozes qui sont tenues por heritages. Les demandes qui sont mellées ce sont cheles qui commencent personix et deschendent en le fin à estre reeles, si comme se Pierres demande à Jehan un arpent de vigne qu'il li vendi ou qu'il li donna ou qu'il li convenencha à garantir : tex demandes sont mellées; car eles sont personix, porce que eles touquent le fet de le persone, et se sont reeles, porce que le fins de le demande deschent sor l'eritage.

53. Le reson porquoi noz avons dite ceste division, si est tele : selonc nostre coustume, les[1] demandes qui sont personix tant solement doivent estre demandées par devant le segneur desoz les quix li deffendeur sont couquant et levant; et les demandes qui sont reeles doivent estre demandées par devant les segneurs des quix li heritage sont tenu : si est bon c'on sace, quant on veut fere demande, à quel segneur on en doit traire.

---

[a] En Orient, le duel avait lieu dans tout procès où il s'agissait d'une chose valant un marc d'argent ou plus.

[1] *Que les.* T.

34. Pierres estoit sires d'une vile, et de son droit
toute le haute justice estoit soie, et en son demaine et
en l'autrui; et Jehans avoit en cele vile heritages en
ostises¹. Si avint que deus de ses ostes vindrent pledier
par devant li de l'iretage de lor ostizes; et comme Jehans eust bien le basse justice, et le demande fust reele,
à li apartenoit bien ceste connoissance de connoistre
qui avoit droit en l'eritage. Or avint que l'une des
parties qui pledoit, atraist tesmoins por prouver s'entention; et l'autre partie leva l'un des tesmoins et li
mist sus qu'il estoit faus tesmoins, et que por tel le
feroit il par gages de bataille; et li tesmoins s'ofri à
deffendre et Jehans rechut le gages. Quant Pierres qui
avoit le haute justiche en le vile et en le terre Jehan et
ailleurs, et bien li estoit conneue, vit ce, si dist que
en sa court devoient estre demené li gage, par le reson
que c'estoit cas de haute justiche, et que cil qui n'ont
que basse justiche en lor tere ne doivent pas maintenir gages en lor court. A ce respondi Jehans que, porce
que li ples estoit meus por l'eritage qui mouvoit de
li, comment qu'il y eust gages, c'estoit à ceste fin que
li heritages fust perdus ou gaaigniés, par quoi il disoit
que le cause estoit reele, porquoi il en pooit bien tenir le court : et sor ce se mirent en droit à savoir en
laquele court li gage seroit demené². Il fu jugié que
sitost comme li acusemens fu fes de fausseté, ce fu action personele et esbrancemens de le querele qui devant estoit reele; et fu dit que connissance de gages
de bataille devoit estre à celi qui avoit haute justice et
non pas à celi qui n'avoit que le basse; et por ce

¹ *Heritages en ostisi.* B. — ²T. *A savoir.... demené* manque dans A.

s'acorderent il que Pierres, qui avoit le haute justice,
aroit les gages en se cort; et quant il seroient failli,
c'est à savoir quant li tesmoins se seroit fes por bons
ou il seroit deboutés de son tesmognage comme malvès,
li ples de l'iretage seroit mis arriere en le cort Jehan.
Et en ceste maniere fu li trois gardés de ce qui apartenoit à le haute justice por Pierre, et à [1] Jehans de le
basse, et de le connissance de le demande reele qui fu
fete en se court.

*Explicit.*

Ci define le capitres des demandes [2].

## CAPITRES VII.

Chi commenche li septimes capitres [3] qui parole des deffences que li
deffendeur puent metre avant contre les demandes qui leur sont
faites, ce sont exeptions; et des replications [4a].

1. **Nous** avons parlé el capitre devant chesti des demandes que cil qui se plaignent poent fere, si est bon
que noz parlons, en cest capitre qui ensuit, des deffenses que li deffenderes pot metre, se il les a, contre
le demande c'on li fet; les queles deffenses sont apelées
*exceptions*. Et si parlerons des resons que li demanderes met avant por destruire les deffenses, c'on apele
*replications*.

2. **Noz** devons savoir que toutes resons c'on met
avant por soi deffendre, descendent de [5] deus cozes,
c'est à savoir : les unes por alongier le demande qui
est fete contre li, et celes apel'on *exeptions dilatoires* :

---

[1] T. — [2] B. T. — [3] *De cest livre.* T. — [4] T. — [5] *Sor l'une de.* A.

[a] Voyez Pierre de Fontaines, c. xxiv, xxv, xxvi.

autant valent exeptions dilatoires, comme dire resons
qui ne servent fors que du plet delaier; et les resons
qui descendent à l'autre fin, on les apele *exeptions
peremptoires*, comme resons qui sont si fors de eles
meismes que toute le querele en pot estre gaaignée;
et por ce l'apele on *peremptoire*, qu'ele fet le demande
perir.

3. Or veons premierement queles les resons sont
qui ne font fors que les quereles delaier.

Quant aucuns dist en se deffence, qu'il n'est pas semons soufisamment, par quoi il ne veut respondre; ou
quant aucuns a gaaingnié saisine, et avant que il soit
resaisis de toutes le cozes dont il fu dessaisis, on plede
à li de le proprieté, et il ne veut respondre devant qu'il
soit resaisis entierement; ou quant aucuns est enplai-
diés d'eritage ou d'autrui fet, et il demande jor de conseil ou jour de veue, el cas là u veue apartient; ou quant
on requiert jor de prover premiere fois [1], et seconde
fois quant on n'a pas toz ses tesmoins à le premiere;
ou quant on fet contremans ou essonniemens es cas où
coustume les suefre; ou quant on debat le juge por
aucune souspechon c'on met avant, ou por ce que li
deffenderes dist qu'il ne doit pas estre juges de cele
querele, ançois se fet requerre par autre segneur; ou
quant on debat procureur, por dire contre lor procurations, ou por dire que le querele est tele que ele ne
se doit pas demener par procureur, si comme procureres n'est pas oïs en demandant; ou quant li demanderes demande dette ou convenence, et li deffenderes
allique respit; ou quant li termes n'est pas venus; ou

---

[1] *Jour de preuve premierement.* B.

quant aucuns dist qu'il est sousaagé, par quoi il ne
veut pas respondre; ou quant li deffendieres dit que
li demandieres plede à li de cele demande meismes en
autre court, par quoi il n'en veut respondre [1]; ou quant
li Rois ou li apostoles donent respit des dettes, por le
porfit de le Crestienté, et li deffenderes alligue tel respit; ou quant li ples delaie, por che que l'une des parties apele [2] de le defaute de droit ou de faus jugement :
par toutes tex resons que li deffenderes met avant,
poent estre les quereles delaiées et non par perdues, et
par moult d'autres c'on pot connoistre pas celes qui
sont dites dessus, qui ne servent fors des quereles
delaier. Et toutes sont apelées *exceptions dilatoires*.

4. D'autre maniere sont les resons où toute le querele queurt, c'on appele *exceptions peremptoires*. Si
comme s'on me demande cent livres qui me furent
prestés [3], et je alligue paiement ou qui le touque; ou
s'on me demande convenence, et je di que je l'ai aem-
plie ou je fes niance tout plainement; ou s'on me
demande heritage, et je di qu'il me descendi de mes
devanciers comme à droit hoir; ou se je me deffent, par
longue tenure et pesible, que je n'i sui tenus à respondre; ou se je moustre lettres que ce c'on demande
me doit demourer; ou s'on me demande aucune coze,
et je di que je l'ai par title d'acat de celi qui le pooit
vendre, ou par don de celi qui le pooit donner, ou
par escange de celi qui le pooit escangier : toutes teles
resons et les sanllavles sont exceptions peremptoires;
car çascune par soi, mais qu'ele soit provée, soufist au

---

[1] T. *Ou quand li defendieres.... respondre* manque dans A. — [2] *A apele.* B. - [3] T.

deffendeur à estre delivrés de le demande qui est fete contre li.

5. Qui se veut aidier des resons qui ne font fors que le plet[1] delaier, il les doit dire avant que celes qui poent fere le querele perir où il i aroit renoncié. Si comme se je metoie enni[2] ce c'on me demanderoit, et après vausisse avoir jor de conseil ou jor de veue, ou alliguier respit ou terme, ou requerre autre juge : ce seroit à tart[3], car je seroie jà alés si avant qu'il n'i aroit fors que d'oïr les tesmoins au demandeur. Et aussi, com noz avons dit de le niance, pot on veir se noz avons mis avant autres resons par quoi ce noz doit demourer qui noz est demandé; car li ples est entamés sor le tout, si ques on ne pot revenir as resons c'on pot avoir por le plet delaier. Neporquant aucunes resons dilatoires ont puis bien liu puis[4], si comme de dire contre tesmoins, de requerre[5] produtions, de contremander par loial ensoine de cors, de alliguier force ou peur ou manaces : toutes tex resons poent bien avoir liex après ce c'on a respondu droitement à le querele, et aucunes autres qui poent naistre[6] le plet pendant, qui poent estre conneues par l'aparanche du plet.

6. Toutes resons, soient dilatoires ou peremptoires, doivent estre mises avant que li jugemens soit encarquiés, car puisque cil qui doivent fere le jugement ont les paroles receues des parties, et ils se sont apoié à droit, il n'i poent ne metre ne oster, exeptées les resons qui poent esqueir le jugement pendant. Si

---

[1] *Qui ne servent ne mes que du plet.* T. — [2] *Mestois en ni.* B. T. Le sens est : Comme si je mettais en avant. — [3] *Trop à tart.* B. — [4] B. — [5] *Faire.* B. — [6] *Mettre.* B.

comme se j'avoie mis avant qu'à moi apartenoit li heritages par reson de bail, et mes aversaires disoit mès à li[1], et li enfes moroit le jugement pendant : je porroie descarquier les homes du jugement qui seroit sor aus, et dire qu'il ne feissent pas jugement sor le bail que j'aroie mis avant, mès sor l'esqueance qui me seroit venue puis le jugement encarquié, et ainsi seroient li jugeur delivré du jugement du bail, et seroit li ples sor l'esqueance[2]. Et par tel cas pot on entendre c'on vient bien à tans de dire noveles resons, puis que jugement est encarquiés. Mès c'est à entendre quant eles naissent le plet pendant.

7. Voirs est se je demande aucun heritage, porce que je di que je l'acetai, et li deffenderes met resons encontre porce que je nel doi pas avoir, et j'ai jugement contre mi : je ne puis demander cel heritage par title d'acat ni par nule reson que je puisse metre avant, le plet durant. Mais après ce que je l'aroie perdu par jugement, porroit il avenir plusors cas, par quoi je le porroie demander : si comme s'il m'estoit donés ou vendus ou escangiés, ou il me venoit comme à hoir, par le mort d'autrui; et se je, par aucune de ces resons, le demandoie, on ne me porroit pas dire que je alasse contre le jugié, porce que je le demanderoie par nouveles resons avenues puis le jugement fet. Se je le demandoie par les resons que je peusse avoir dites devant le jugement, ou par celes sor les queles je entendi le jugement, g'iroie contre le jugié : si n'en deveroie pas estre oïs, si enquerroie en l'amende du segnour; le quele amende seroit de soissante livres au gentilhome

---

[1] Pour *jamais à lui.* — [2] *L'escheoiste.* B.

qui mainroit sor son franc fief[1], et de soissante sous
de l'omme de poeste qui mainroit sor vilenage.

8. Li hoirs a bone reson de soi deffendre, à qui on
demande qu'il amende[2] le meffet que ses peres ou si
devancier firent, car il n'en est pas tenus à[3] respondre;
ne de nul cas de crieme c'on lor puist demander por ce
qu'il n'en furent pas ataint à lor tans; et bien doit on
croire que qui les eust acusés, il se seussent mix deffendre et plus chertainement que lor oir ne saroient
fere. Et on doit croire que tuit cil qui moerent avant
qu'il soient condampné de vilain cas de crieme, ou
avant qu'il feissent l'amende d'aucun meffet : tout fust
ce qu'il morussent le plet pendant, moerent absaus
du meffet de quoi on les sivoit, tant comme au siecle;
ne n'en est pas li hoirs tenus à maintenir le plet, si
comme il seroit de mueble ou d'eritage ou de convenence; car de ce convenroit il que li hoirs respondist,
et aussi de toutes les cozes c'on demanderoit à l'oir;
porce que ses peres ou si devancier les aroient mal
aquises, il convenroit qu'il en respondist[4] por tant
qu'il en seroit venu à li; et s'il ne se pooit deffendre
ou par pesible tenure ou pource que si devancier
avoient bone reson à tenir, il perdroit ce qu'il en seroit venu et les arrierages qu'il aroit levés puis le mort
de son devancier. Mais du tans de son devancier ne
seroit il tenus à riens rendre, s'ainsi n'estoit que li
devanciers en fust sivis à son tams, car s'il en estoit
sivis[5] et il fust mors le plet pendant, et li hoirs main-

---

[1] *Qui.... fief* manque dans B. — [2] *Qu'il amende* manque dans B. —
[3] *Tenus a deffendre ne à.* B. — [4] Le copiste de B a omis tout ce qui
se trouve entre les deux mots *respondist.* — [5] T. *A son.... sivis* manque dans A.

tenoit le plet et le perdoit : il seroit tenus à rendre et
du tans son devancier et du sien tans. Et s'il sont plusor hoir, çascuns n'est tenus à respondre, fors de tant
qu'il enportera de le coze mal aquise; mais les detes à
lor devancier sont il tenu à toutes paier, puisqu'il se
sont fet hoir, combien qu'il en aient porté.

9. Toutes demandes et toutes les deffenses que li
deffenderes met contre ce qui li est demandé, et toutes
les resons que li demanderes met avant por destruire
les resons au deffendeur, c'on apelle *replications*[1],
doivent estre provées, quant eles sont niées de l'averse
partie; et s'ele n'est provée, ele ne vaut riens, ançois
est estainte aussi comme se ele n'eust onques esté dite.

10. Toutes resons qui sont proposées en jugement,
soit du demandeur soit du deffendeur, qui ne sont debatues de l'averse partie par fere niance, ou par dire
resons encontre par quoi eles ne doivent pas valoir,
sont tenues por vraies et por approvées; et doit on
rendre jugement sor les resons qui sont dites, puisqu'eles ne sont debatues de parties[2].

11. Chil à qui on demande aucune coze prestée ou
aucune convenence, s'il[3] en fet nianche, il ne pot pas
après le niance recourer[4] à alliguier paiement, ne autre
reson par quoi il en doie estre quites, se le coze prestée ou le convenence qu'il nia pot estre provée contre
li; car en tant qu'il nie, done il à entendre que le coze
ne fu onques fete; et en tant qu'il veut alliguier paie,
reconnoist il que le coze fu fete, si ques il est contraires à soi meismes.

---

[1] B. T. *Qu'on.... replications* manque dans A. — [2] T. *Puisque elle
ne sont debatues de l'autre partie.* B. — [3] *Et il.* B. — [4] *Recouvrer.* A. T.

12. On doit savoir que, selonc le coustume de le cort laie, il ne doit avoir point de terme en coze qui est passée par jugement, s'on n'apela du jugement, ançois doivent tout li jugement estre mis à execussion sans delai. Neporquant aucun cas[1] en poent estre exepté; si comme li cas qui avienuent par mesqueance ou par mesaventure. On ne meffet pas en delaier[2] le jugement por savoir se li sovrains en aroit[3] pité ou merci; et aussi quant feme est condampnée à perdre le cors par jugement, et ele dit que ele est grosse, et on voit que ele est de tel aage que ele pot bien dire voir, ou quant le grossece apert à li : li jugemens ne doit pas estre fes ne mis à execussion, devant qu'ele ait esté tant gardée qu'ele ait eu enfant ou que on sache qu'ele mentoit. Et aussi li jugement qui sont fet por cozes engagiées ou por rentes à vies ne poent pas estre mis à execussion, porce que li terme sont à venir[4], ançois soufit, en tel cas, s'on baille le saizine à celi qui gaaigna par jugement.

13. Quant connissance est fete en cort, on ne pot pas fere niance de ce c'on a reconnut, tout fust il ainsi que le connissance fust fete[5] hors de plet[6], car s'ele estoit fete emmi les voies, hors de jugement, si s'en porroit aidier l'averse partie, par prouver qu'il aroit ce reconut par devant bones gens.

14. Retenue n'a pas lieu en le court laie aussi comme ele a en le cort de Crestienté; car à le cort de Crestienté il poent pledier sor l'une de lor resons et fere retenue de dire autres resons, se cele ne li vaut, et ont

---

[1] T. — [2] Détrier. A. — [3] En vouroit avoir. B. T. — [4] A avenir. A. — [5] T. — [6] Hors de jugement. B.

jugement sor cele, avant qu'il dient les autres, s'il
voelent; mais ce ne pot on fere en le cort laie, puis
c'on a respondu droitement à le demande et que ples
est entamés sor toute le querele. Mais voirs est que
tant c'on met avant exeptions dilatoires, c'est à dire les
raisons qui servent fors du plet delaier[1], là pot on fere
retenue, si comme je di : « De le demande qui est fete
« contre mi, je en[2] requier jor de veue ou droit; et
« se drois disoit que je ne le deusse pas avoir, si fais je
« retenue de dire mes bones resons; » en tel cas valent
retenues. Car se je disoie tout ensanlle mes resons qui
ne me doivent aidier fors que delaier le plet, c'on
apele *exeptions dilatoires*, et celes qui sont au principal de le querele, c'on apelle *exeptions peremptoires*,
j'aroie renoncié as exeptions dilatoires, et porce a
bien retenue lieu, tant comme exeptions dilatoires
durent. Mais quant eles[3] sont toutes passées, et il
convient respondre au principal de le querele et metre
avant ses exeptions peremptoires, on les doit toutes
metre avant, sans fere retenue, et requerre jugement
sor çascune reson, *de gradu in gradum*[4]; car puisqu'il a mis resons peremptoires en jugement, il n'i
pot puis autres ajouster por retenue qu'il en ait fete.
Et por ce dit on c'on ne baroie que une fois en le cort
laie.

15. Noz apelons *baroier*, les resons que l'une partie
dist contre l'autre, après ce que les exeptions dilatoires
sont passées; si comme çascune partie alligue resons
de droit ou de fet ou de coustume, por conforter

---

[1] T. *C'est... delaier* manque dans A. — [2] T. — [3] *Exeptions dila-*
*toires*. T. — [4] *De degré en degré.* T.

s'entention. Et sor exeptions dilatoires baroie on bien
aucune fois; si comme se je di que je doi avoir jor de
conseil et je di resons porquoi, et m'averse partie dit
que je ne le doi pas avoir et dist resons pourquoi, et
çascuns de noz deus met resons plusors avant : ainsi
pot on baroier sor exeptions dilatoires. Et ainsi com
noz avons dit du jor de conseil, pot on bien veir c'on
pot bien baroier [1] sor autres exeptions dilatoires,
quant li uns requiert le delai et dist resons porquoi
il le doit avoir, et l'averse partie le debat et dist resons
porquoi il ne le doit pas avoir. Quant tex bares sont
mises en jugement, li principax de le querele n'i quort
pas, ançois est jugemens fes, pour fere [2] assavoir mon
se cil ara le delai qu'il [3] demanda ou non; et s'il ne l'a,
il revient tout à tans à respondre de le querele.

16. Nule reson qui soit proposée de l'une partie ne
de l'autre, en le quele on voit aperte menchongne, de
li meismes ne doit estre receue en jugement; si
comme se je demant un heritage et di qu'il me descendi
de mon pere, et on set tout clerement que mes peres
n'ot onques point d'eritage : il ne convient jà que cil
qui contre mi plede de l'iretage, mete autre exeption
avant que ma menchongne. Donques pot il dire :
« Sire, il dit qu'il a droit en tel heritage, de par son
« pere; fetes enquerre, voz trouverés que ses peres
« n'ot onques heritage. » Adonques, se li demanderes
ne proeve que son pere n'eust onques hiretage [4], il est
arriere mis de se demande et est li deffenderes delivres.
Et par ceste menchongne on pot bien entendre les

----

* *Faire barroier.* B. — [2] B. — [3] *Qui le delai qui le.* A. T. — [4] T. *Que
si ot.* A.

autres qui sont aportées en jugement, selonc ce que li
cas sont.

17. Ce n'est pas bon, ne selonc Dieu, que lons
ples et grans coz soient mis en petites quereles. Et por
ce avons noz usé, el tans de nostre baillie*, quant aucuns ples muet de petite coze, d'une partie contre
autre, et le partie qui demande offre à l'autre partie à
jurer sor sains qu'il est ainsi comme il a dit; ou s'il
veut jurer le contraire, il li clamera quite de se demande : noz avons contraint le deffendeur à penre le
quel qui li plaist miex * : ou qu'il croie * celi qui li
demande par son serement, ou qu'il jurt qu'il n'est
pas ainsi; que s'il aloient avant³ en plet ordené, si
feroient il serement, se l'une des parties le requeroit.
Et puis que l'une des parties veut renoncier au plet et
croire s'averse partie par son serement, noz ne noz
acordons pas que on li doie veer⁴.

18. Avenir pot c'on paie à Pierre ce c'on doit à Jehan, porce c'on quidoit que la dete fust à Pierre, ou
porce c'on quidoit que Pierres fust encore serjans et
amenistreres de ses besognes, ou porce que Pierre ot
convent qu'il les porteroit à Jehan. En toz tex cas et
en sanlavles, pot on redemander à Pierre ce c'on li
bailla; et se Pierres le connoist ou il est prové contre
li, il est tenus à rendre. Aussi avient il aucune fois
c'on quide devoir aucune coze c'on ne doit pas. Donques, se je quidoie devoir à Pierre dix livres, lesquix
je ne li devoie pas, et je li baille les dis livres en nom

---

¹ T. — ² *Voie.* T. — ³ T. — ⁴ *Que li doie deveer.* T.

* On voit qu'à cette époque Beaumanoir n'était plus bailli de Clermont.

de paiement, et après je m'aperchois[1] que je ne li devoie pas, je li puis redemander arriere, et les me doit rendre, s'il ne prueve que je li devoie les dix livres[2] et que par bone reson les rechut.

19. Chil mist bone exeption avant, qui ne vaut pas raporter ce qu'il emporta de son pere à mariage et de se mere, por la mort de l'un tant solement; mais bien voloit raporter ce qu'il enporta de par celi qui ala mors[3]. Et por fere loi[4] mix entendre : Se mes peres et me mere me marient de lor muebles communs, et après mes peres muert, et je voil partir à le descendance de li, je ne sui tenus à raporter que le moitié des meubles que j'enportai, porce que le mere qui est demorée en vie, me garantist l'autre moitié[5], tant comme ele vist. Et tout en tele maniere di je s'il me marierent de lor conquès. Mais se je suis mariés de l'iretage le pere, je raporterai tout en partage, se je voil partir; et se je sui mariés l'iretage me mere[6], je n'en raporterai riens, tant comme ele vive.

20. Or veons, porce que le coustume est tele que cil que pere et mere marie se suefre de raporter et de partir, s'il li plest, s'ainsi n'est que li dons qui li fu fez parfust trop outrageus et trop desheritans les autres hoirs. S'il avient que pere et mere m'aient marié, et l'un muert, de mon pere ou de me mere, et je ne me voil pas tenir à paiés, auçois voil raporter et partir, porce que g'i voi mon porfit; et après, quant j'ai raporté et parti, cil qui demora en vie, de mon pere ou

---

[1] Et après il m'aperoit. T. — [2] L. — [3] Qui estoit morte. B. T. — [4] T. Le. A. — [5] Pour che que la moiti autre m'est guaaignié et guarantie de ma mere qui est en vie. B. — [6] Mariés de sa mere. B.

de me mere, muert, et je ne voil pas du derrain mort
raporter et partir, porce que bien pot estre que li peres
qui morut primiers avoit grans heritages, par quoi je
gaaignai au raporter; et me mere, qui apres muert, a
petis heritages, par quoi je perdroie au raporter : se il
me sera soufert que je me suefre, ou se il me converra
raporter pour partir[1], voille ou ne voille, à le requeste
des autres hoirs. Je di, selonc mon avis, que quant
je raportai et parti por le mort du pere, je renonchai
à le coustume qui estoit por mi de non raporter; et
por ce me converra il raporter après le mort de me
mere, voille ou ne voille, contre les autres hoirs.

21. Li demanderes mist moult bone exeption contre
le segneur, qui requeroit se cort du deffendeur, en disant que li deffenderes avoit jà respondu à se demande
et plet entamé, en niant ou en connissant, ou en
proposer fet contraire por destruire se demande. Car
on doit savoir que responses[2] sont plet entamé, por
quoi li sires ne rent pas se cort.

22. Deus manieres sont de niance fere en cort laie,
dont çascunne soufist : l'une si est de nier droitement
et tout simplement ce qui est propozé contre li, et
l'autre si est de proposer fet contraire, contre ce que
l'averse partie dit, et d'ofrir loi à prover. Car che vaut
bien niance se uns hons me demande que je li rende
un ceval ferrant qu'il me presta et je respont : « Tel
« cheval qu'il me demande, il le me vendi tel nombre
« d'argent, et l'offre à prouver. » Les paroles de cestes
deffenses enportent bien le niance du prest, ne il ne
convient pas que je responde[3] droitement au prest, puis

---

[1] T. — [2] *Que pour teix responces.* T. — [3] *Que il respongne.* B.

que je met tele exeption avant. Par cel cas pot on entendre moult d'autres. Ne on ne pot pas dire que ce
c'on me demanda doie[1] valoir por conneu, porce
que je n'en fis pas niance, se je respondi fet contraire
à le demande c'on me fist et offri à prouver, car autant vaut comme niance.

23. Cil ne pot[2] pas estre tornés en defaute qui ne
pot avoir ses tesmoins ou son conseil ou ses avocas por
le porcaz de s'averse partie. Et toutes les fois que tele
plainte vient à court, le partie qui taut à l'autre partie
ce de quoi ele se doit aidier malicieusement, si comme
par force ou par manaces ou par loier ou par prieres,
doit estre contrains de randre l'ayde qu'il a tolu à
l'averse partie. Et se ce sont tesmoing qui n'i ozent
venir, pource qu'il furent manecié, il valent autant à
celi qui les veut atraire, comme s'il eussent por li tesmognié; car tel damace en pot bien porter cil qui les
destorna.

24. Li deffenderes mist bone exeption avant, qui
ne vaut pas respondre as lettres qui estoient aportées
contre li en jugement, devant qu'il les aroit veues et
leues[3], por savoir s'il les vaurra connoistre à bones
ou s'il vaurra dire qu'eles soient fausses. Mes voirs est
que li demanderes qui se veut aidier des letres, ne les
baurra[4] pas, s'il ne li plest, au deffendeur; mes à cex
qui tiennent le court les doit il baillier; et cil, quant
il les ont veues, les doivent baillier au deffendeur et
commander qu'il les rende tantost, sans nule maniere
d'empirement.

---

[1] B. *Me demanda vaille ne doie.* A. —[2] *Doit.* T. —[3] *Et tans d'avoir
les leues.* T. *Et tams.* B. — [4] *Baillera.* B.

25. Qui a plusors resons, soit par devers le deffendeur ou par devers le demandeur, il doit dire toutes ses resons qu'il aimme le mains avant et les meillors au derrain, et çascune li plus briement qu'il pot; mes que les resons soient toutes dites, car poi de paroles sont mix retenues que trop grant plentés, meesment en cort où on ne juge pas par escris[a]. Et les meillors resons doit on dire au deerrain, porce c'on retient mix les deerraines paroles que les premieres. Neporquant, trop seroient fol cil qui sont tenu à fere les jugemens, s'il ne retenoient toutes les resons sor les queles il doivent jugier, car autrement ne porroient il bien jugier en bone conscience. Et s'il ne les retiennent pas bien à une fois dire, tant de fois les facent recorder qu'il les aient bien retenues : adont si porront bien plus loiaument jugier.

26. Noz avons veu jugier[1], que nus n'est tenus à aporter en jugement lettres ne chartres ne erremens qui soient encontre li, ne on le doit pas fere, si on ne l'ot convent, li quels convenans doit estre provés, se cil le nie qui les lettres ou les erremens ne veut aporter, ou se ce ne sont lettres ou errement communs, si comme lettres qui sont fetes por parties ou por ordenances de plusors gens; car tex manieres de lettres doivent estre aportées en jugement de celi qui les a, quant aucuns de chiaus en a à fere, pour qui elles furent faites.

27. Chil si ne fu pas folement conseilliés qui ne vaut

---

[1] *Jugemens jugier.* A.

[a] C'est-à-dire en cour laie. L'auteur parle ici d'une manière générale, car les enquêtes se jugeaient par écrit, et, à la fin du XIIIe siècle, le greffe du parlement était déjà encombré d'actes et de pièces de tout genre. Voyez les *Olim*, t. II, p. 886.

respondre à ce c'on li demandoit, porce qu'il estoit
retenus en prison, devant qu'il fust delivrés de le prison;
car nus n'est tenus à respondre en prison, se n'est en
cas de crieme. Mais en cas de crieme, est il tenus à
respondre du cas por le quel il fu mis en prison et
nient d'autre, dusqu'à tant qu'il soit de celi espurgiés.
Neporquant, avec les cas de crieme, noz en exeptons
les cas qui touquent le Roi et chiax qui tiennent en
baronnie, qui ont à fere encontre lor sougès, et les
cas que noz deismes ù capitre devant cesti. Car es cas
qui les touquent, si comme por detes ou por meffais,
tout ne soient il pas si grant comme cas de crieme,
poent il bien retenir lor cors en prison, dusques à
tant que il soient paié ou que les amendes des meffès
lor soient fetes et paiés, selonc les meffès, s'il n'i ont
renoncié par previlieges. Car tuit li segneur doivent
demener lor sougès, selonc ce qu'il sont previliegié
d'aus ou de lor predecesseurs, s'ainsi n'est c'on ait tant
uzé au contraire des previlieges, qu'il en soient anienti.
Car moult de privilege si sont corrumpu porce c'on a
laissié uzer encontre le tans par le quel on pot aquerre
proprieté; si comme, selonc nostre coustume, trente
ans contre eglises[1], et dix ans contre laies personnes,
et quarante ans d'eglise contre eglise, quant li ples est
en cort laie. Et cil qui ne sont previliegié demeurent
à estre justicié selonc les coustumes des casteleries là
où il mainnent[2].

### *Explicit.*

Chi define cest capitre des exeptions et des replications.

---

[1] *L'eglize.* B. — [2] B. T.

## CAPITRES VIII.

Comment on puet trop tart venir à se demande faire, et de quel temps teneure paisible souffit en demande de muebles, et en quel temps en demande de heritage[1] [a].

1. Cil qui voelent fere demande en court contre partie, doivent savoir c'on pot bien venir trop tart à se demande fere; car li tans est determinés, par le quel on pot perdre se demande, par l'espasse du tans qui est courus; et dirons comment.

2. Se uns hons demande à un autre muebles ou catix, soit par lettres ou en autre maniere, et il s'est soufers de fere se demande par l'espasse de vingt ans, puis le terme de le dette : cil à qui le demande est fete, n'en est pas tenus à respondre, se li demanderes n'a resnable cause par le quele li tans est courus sans demande fere. Et de tix causes pot il avoir plusors, si comme voz orrés.

3. Le premiere cause si est, se cil à qui le demande apartient[2] a esté hors du païs el pelerinage d'outremer en Iherusalem[3], ou en mains de Sarrazins, ou envoiés por le commun porfit ou du commandement du sovrain; et, dedens l'an et le jor qu'il fu revenus, il s'aparut en cort por fere se demande.

4. Le seconde cause si est, se ses peres ou si devancier firent le dete et puis morurent, et il demoura sousaagé, ne n'ot pas tuteur qui de le demande se vausist

---

[1] *Chi commenche li **VIII** chapitre de cest livre, liquel parole de ceus qui viennent tard à leur demande fere, selonc nostre coustume de Beauvoisins.* B. — [2] A. T. — [3] C. *De le crois.* A. B. T.

[a] Voyez Pierre de Fontaines, c. xxvi.

entremetre por li; et dedens l'an et jour qu'il fu en aage, il s'aparut en cort et fist se demande.

5. Le tierce cause si est se cil contre qui le demande est fete a esté hors du païs ou en prison, si que on ne le pot trere en court por le demande fere.

6. La quarte si est, se cil contre qui le demande est fete a esté en si grant poverté qu'il ne pooit paier, mais bien fu porcacié qu'il en ot commandemant avant que li vingt ans passassent.

7. La quinte cause si est, se cil à qui le dette est demandée, a esté sousaagiés, et on li demande du fet de ses devanciers, si que li vingt ans passerent avant qu'il fust en aage par quoi on li peust demander.

8. Cil qui se vaurront aidier des resons dessus dites, à ce c'on responde à li outre vingt ans, il convient que il destruize toutes les vingt années; car[1] s'il en destruioit les dix et il en demeuroit dix, esquix le demande peust estre fete, ce ne li vaurroit riens.

9. Li delai de l'iretage ne sont pas si lonc par nostre coustume; car se uns hons[2] demande heritage à aucun[3], et cil met avant tenure de dix ans pesible, à le seue et à le veue du demandeur resident el païs et tout aagié; et bien pooit le coze demander s'il li pleust, et il ne li demanda pas dedens les dix anées : li tenans n'en est pas tenus à respondre, s'il ne pot corrumpre le tenure par aucune vive reson, si comme il est dessus dit.

10. Quant parties sont fetes entre freres ou entre sereurs, ou entre freres et sereurs, par amis ou par justice, et il se suefre en cele partie un an et un jor pe-

[1] T. Il.... car manque dans A. —[2] C. T. —[3] Autrui. C.

sivlement, les parties se doivent tenir entre eus, sans
estre rapelées.

11. Pierres si demanda à Jehan dix livres por heritage qu'il disoit qu'il avoit vendu à son pere, et n'en
avoit onques esté paiés, si com il disoit; et comme cis
Jehans fust hoirs et tenist le coze, il requeroit à justice qu'il contrainsist le dit Jehan à paier les dix livres.
A ce respondi Jehans, qu'il n'i voloit pas estre tenus,
car il disoit que ses peres, puisqu'il fu en saisine de
cel acat, vesqui près d'un an, à le veue et le seue de
Pierre, et estoient manant et demourant [1] en une vile;
et fort coze estoit à croire que Pierres se fust dessaisis
de son heritage, sans avoir [2] son argent ou sans bone
seurté, quant en cele anée riens ne l'en demanda. Plus
disoit Jehans, que quant ses peres se senti malades, il
fist son testament crier en plaine paroisse, que cil à
qui il devoit riens venissent avant et il les paieroit, à le
veue et à le seue du dit Pierre; et onques li dis Pierres,
por cele dette demander, ne s'aparut. Plus dist encore
Jehans, que puis le mort de son pere il a cel heritage,
dont debas est, tenu près d'un an, ne onques mais n'en fu
tret en cort : par les queles resons il ne veut estre tenus
à respondre au dit Pierre. Ces resons conneues, il se
mirent en droit. Il fu jugié que Jehans n'estoit pas
tenus à respondre au dit Pierre de cele dette, par les
resons dessus dites. Et par ce pot on entendre c'on pot
bien venir trop tart à fere se demande.

### Explicit.

Chi define le chapitre de ceus qui vienent trop tard à leur demande
fere [3].

---

[1] C. — [2] C — [3] B. T.

## CAPITRES IX.

Ci parole des cas où jours de veue appartient, et comment on pot
baroier et monstrer veue[1].

1. Voirs est que toutes les fois que saisine d'eritage
est demandée ou le proprietés, cil qui est saisis de
l'iretage doit avoir jor de veue, s'il le requiert; mais
s'il entame le plet sans requerre veue, il n'y pot puis
recouvrer; car jors de conseil et de veue doivent estre
demandé avant que ples soit entamés; ne ce n'est pas
entamemens de plet que de requerre jor de conseil ne
jor de veue ou jor d'avisement, es cas exquix il doivent
estre doné.

2. Pierres proposa contre Jehan que li dis Jeans li
avoit fet arester ses muebles et les catix, hors de le
castelerie de Clermont et hors de le terre le conte, par
le gent le Roi; et comme il fu couquans et levans de
soz le conte, et le connissance de ses muebles et de
ses catix apartenist au conte, il requeroit que li dis
Jehans fust contrains à ce qu'il li feist desarester,
comme il fust[2] aparelliés de respondre en le cort du
conte, de ce qu'il li saroit que demander. A che demanda Jehans jor de veue du liu là u li mueble avoient
esté aresté; et Pierres le debati, porce qu'il disoit que,
en plainte de muebles ne de catix, n'avoit point de jor

---

[1] Nous avons eu recours à la table des sommaires pour compléter
celui-ci, qui, dans A, est défectueux. T porte : *Ichi commenche le
neufiesme chapitre de cest livre, qui parole en quel cas jours de veue
doivent estre donnés, et quels non.* — [2] C'est-à-dire, puisqu'il était.

[a] Voyez Pierre de Fontaines, l. I, c. xxviii.

de veue; et sor ce se mirent en droit s'il y avoit jor de
veue ou non. Il fu jugié qu'il n'i avoit point de jor de
veue *. Et par cel jugement pot en veir que, en plainte
qui est fete de muebles et de catix tant solement, n'a
point de jor de veue. Et par ce on voit ¹ que s'on melloit se demande de muebles et de catix aveques demande d'eritage, si comme se Pierres disoit : « Je de-
« mant à Jehan tel hiretage que il tient à tort et les ²
« muebles et les catix qui dessus sont et qui de tel he-
« ritage sont issu » : Jehans aroit jor de veue, s'il le
requeroit, car il ne seroit pas tenus à respondre des
muebles ne des catix devant qu'il seroit atains de l'iretage.

3. Toutes les fois que aucuns veut demander muebles ou catix, il convient qu'il nomme le cause por
quoi il doivent estre sien; et s'il nomme por cause
d'eritage, du quel heritage autres de li est tenans, ne
il ne li est pas conneus qu'il soit siens : se demande
ne vaut riens; que il convient qu'il plaide avant, de
l'iretage dont li mueble sont issu, c'on soit tenus à
respondre à li des muebles. Et quant il ara gaaignié
l'eritage, adont pot il demander les muebles et les
arrierages. Et s'il estoit autrement, çascuns vaurroit
maintenir son plet tant solement de muebles, porce
que coustume done plus de delai en plet d'eritage que
de mueble, et ainsi seroit li ples ce devant derriere,
le quel coze n'est pas à soufrir se partie le veut debatre.

---

¹ T. *Pot on veoir.* A. — ² T. *A Jehan que il tient à tort, les.* A.

* Sur le jour de vue et le jour de conseil, voyez un arrêt du parlement de la Pentecôte 1273. (*Olim*, t. I, p. 927, n° xɪ.)

Mais se partie ne le veut debatre[1], ançois entame le plet sor le demande fete de muebles et de catix contre li, li juges a bien les paroles à rechevoir par devant li, et fere droit selonc ce qui est dit d'une part et d'autre : car il loist[2] bien à celi qui plede, à delaissier[3] ce de quoi il se porroit aidier ; ne puisqu'il a respondu et plet entame sor le demande fete contre li, il ne pot puis metre reson avant por quoi il ne soit tenus à respondre ; car à tard y vient, puisque son[4] ples est entamés.

4. Bien se gart cil qui se deffent en cort laie, quant toutes ses bares dilatoires sont passées et il vient à respondre droitement à le querele, se il a plusors resons peremptoires, que il les mete toutes avant, et qu'il demant jugement sor çascune, de degré en degré ; car s'il atent jugement sor l'unc et il a le jugement contre li, il ne pot puis recouvrer as autres, ançois pert le querele, nis s'il avoit fet retenue de dire ses autres resons, se jugemens estoit fes contre li ; car le retenue ne vaut riens, puis c'on s'est couquiés en jugement. Et s'il estoit autrement, li ples seroient trop lonc. Et male coze seroit s'on demandoit à Pierre une dete, et Pierres alligoit paiement, et li paiement li estoit niés, et il offroit à prouver, et il faloit à ses proeves : se il pooit après dire : « Je ne dui onques cele dette, » ou s'il pooit dire : « Il me donna cele dete » ou « il le me quita, » car ainsi[5] toz jors seroient li plet à recommencier.

5. Quant aucuns se deffent, et il met en ses deffenses resons qui sont contraires l'une à l'autre, eles ne sont pas à recevoir du juge ; nis se partie estoit si

[1] *Ne le debat.* B. — [2] *Affiert.* B. — [3] *Car il affiert bien à laisser chelui qui plaide.* B. — [4] B. — [5] T.

nice qu'ele ne le debatist, se comme se Jehans demandoit à Pierre qu'il li paiast vingt livres, qu'il li devoit
por un ceval, le quel il li avoit baillié, et Pierres respondoit : « Je ne voz en doi nul : car ceval n'oi je on-
« ques de voz. Et ces vingt livres que voz me deman-
« dés ¹, je sui pres que je monstre que je les voz ai
« moult bien paiés » : ces deux resons que Pierres
metroit avant en se deffense, seroient contraires l'une
à l'autre; car de quoi proveroit il paiement, quant il
aroit nié ² le dete, si comme ele seroit proposée contre
li? En tel cas convenroit il que li juges contrainsist le
dit Pierre à delaissier l'une de ces deux resons, et qu'il
deist : « Sire, je n'oi onques le ceval ni autres por mi,
« par quoi je ne doi pas cele dete », ou qu'il deist :
« Sire, je oi ³ le ceval et dui ces vingt livres; mais je en
« ai fet plain paiement ». Et par ceste contrarieté que
noz avons dite, qui n'est pas à recevoir au juge, poés
voz veoir, se voz avés sens naturel, en toz autres cas
là u contrarietés sont proposées.

6. Se jors de veue est assignés à aucun, cil qui doit
fere le veue doit estre garnis au jor d'aucune personne
qui soit envoiés de par le cort à veir fere ⁴ le veue; si
que se debas est de le veue, ele sera recordée par celi
qui y sera envoiés. Et à cel recort soufist une seule
persone creable et envoié de par le cort ou uns serjans serementés, porce que jor de veue ne fet ne perdre
ne gaaignier querele, ançois est un delais que coustume done por esclarcir ce dont debat est. Se cil qui
doit fere le veue se defaut, il convient qu'il recom-

---

¹ *Dites que je vous doi.* C. — ² *Renié.* B. — ³ *Je ai eu.* B. — ⁴ T. *A veoir à fere.* A.

mence de novel le plet, et veue est donée de requief,
se partie le requiert. Et se cil qui doit fere le veue,
est pres de fere le veue soufisamment, et cil qui le doit
recevoir se defaut : le veue vaut fete; car il est en le
volenté de celi qui doit[1] avoir jor de veue, de demander
loi[2] ou de lessier loi et d'aler avant el plet, sans veue.
Et il est bien resons, quant il le demanda, et il n'i
vaut estre, que le partie qui fu preste de fere le veue
ne soit pas alongié de son plet, por le defaute de celi
qui le veue dut rechevoir.

7. Noz veismes debat[3] que Pierres se requeroit[4] à
Jehan qu'il li asseist dix livrées de terre, les queles il
li devoit asseir de son heritage; et qu'il li rendist,
por ce qu'il avoit cinq ans qu'il li dut fere cele assiete[5],
les arrierages. A ce respondi Jehans : « Je voz connois
« bien qu'il a cinq ans que je voz convenenchai à as-
« seir dix livrées de terre sor mon heritage, et lors je
« le voz ofri à fere, ne puis ne fu anée que je n'en fusse
« pres, se voz m'en requisissiés, ainsi comme voz fetes
« ore, et l'iretage sui je pres que je le voz assieche[6];
« mais les cinquante[7] livres que voz me demandés por
« les arrierages, je n'i sui pas tenus, car voz ne les me
« baillastes pas à ferme ne à louage, ne par nule conve-
« nence par quoi je soie de riens[8] tenus à voz rendre
« deniers. Et dusques à tant que le tere voz sera assise
« et que voz en serés en le saizine, puis je fere les
« fruis miens, comme de mon heritage; ne je ne vous
« doi fors heritage, et heritage voz voil paier. Et por

---

[1] Peut. B. — [2] La. B. — [3] Un debat. B. — [4] Demandoit. B. — [5] As-
sie. B. Assise. T. — [6] Assiée. T. — [7] Quarente. T. — [8] C.

« tant en voil estre quites, par ce que li delais n'a pas
« esté par me defaute de paiement fere, ançois a esté
« en vostre defaute du recevoir. » Et sor ce se mirent
en droit. Il fu jugié que Pierres n'aroit pas les deniers
qu'il demandoit por les arrierages, ançois li seroit le
terre assize tant solement. Et par cel jugement pot
on veir c'on pot bien perdre par [1] delaier à requerre
son droit; car se le terre eut esté veue, baillié et livrée
au dit Pierre dès le premiere anée, et Jehans y fust
puis entrés, il fust tenus es arrierages; aussi fust il,
s'il eut esté en se [2] defaute de le terre asseir.

8. Quant jors de veue est donés à celi qui le requiert, et le veue ne pot estre fete en cele jornée, por
aucun resnable encombrement; si comme se cil qui
doit fere le veue, ensonie le jor par aucun loial ensoine qu'il a, et si comme trop [3] le terre est couverte
de yaue ou de nege, ou si comme se li tans est tix que
perilleuse coze est d'aler as caus, ou si comme se li sires
defaut ou contremande qui doit aler ou envoier pour
veoir fere le veue : en toz tex cas convient il que autres
jors de veue soit donés, par tant de fois que tel ensoine
avendront. Mais en che ne pert ne l'une partie ne l'autre, fors en tant que li ples en [4] delaie [*].

9. Aucunes veues doivent estre fetes si tost comme
le connissance vient au signeur, sans soufrir plet ordené entre les parties; si comme quant aucuns se plaint

---

[1] T. *Pour.* B. — [2] *Demouré par sa.* B. — [3] C. — [4] *Est en.* B.

[*] Il fut décidé, par un arrêt du parlement de la Pentecôte 1269,
que la vue pouvait se faire par procureur : *Quod in ostensione facienda
inter partes, actor potest ostensionem facere per procuratorem. (Olim,
t. 1, p. 758, n° XIII.)*

d'empeecemens de lor communs[1], si comme de cemins c'on a estoupés ou estreciés, ou de fontaines ou de puis qui sont en communs liex, ou de cours de rivieres, si comme aucuns requiert poins[2] d'yaues : en toz tex cas ne doit pas li sires souvrains, qui tient en baronnie, soufrir plet ordené entre les parties, ançois, si tost que aucuns s'en deut, li sires, à qui li amendemens apartient, doit donner jor de veue, et fere savoir à celi qui dut fere l'empeecement, qu'il y soit; et après, soit ou ne soit, se li sires voit l'empeecement fet de novel, il le doit fere oster et remettre le liù en son droit estat, selonc ce qu'il estoit devant l'empeequement. Et si est cil qui l'empeequement fist, en soixante sols d'amende; car tex meffès touce novele dessaizine. Et le resons por quoi li sires en doit ouvrer en le maniere dessus dite, est porce qu'à li apartient le garde des cozes communes, por garantir le commun pourfit.

10. Aucune fois avient il que cil qui a jor de veue, monstre plus qu'il ne doit ou mains qu'il ne doit; et quant il monstre ce qu'il doit monstrer et plus avec, la veue n'est pas por ce de nule valeur, car il loist[3] à celi qui le veue rechoit, de fere oster ce qu'il a trop monstré, quant il vient au jor de plet. Et ce avons noz veu aprouver[4] par jugement. Et quant on monstre mains c'on ne doit, cil qui rechoit le veue ne pot perdre, fors que ce qui est monstré. Et quant aucuns monstre une partie de ce qu'il demande en plet, et autre heritage, par mespresure avec celi, le veue n'est

---

[1] *De delaiement en voie commune.* B. — [2] *Voie.* T. — [3] *Affiert.* B. — [4] *Esprouver.* B.

pas por ce de nule valeur de ce qui fesoit à monstrer
et qui fu monstré; et le veue du sorplus qui n'estoit
pas de le querele, doit estre tenue por nule.

11. Jours de veue pot bien estre donés en autre cas
que sor proprieté d'eritage; si comme quant on plede
sor saisine ou sor possession[1] d'eritage tant solement,
ou sor devise qui est requise[2] à justice : en tex manieres
de ples doit on[3] bien avoir jour de veue.

12. Se li tesmong qui sont amené à prover aucun
article d'un ples dont jor de veue fu donnés, requierent à veoir le liu, il doivent avoir jor de veue, car il
n'en poent si bien tesmogner ne si chertainement,
sans avoir jor de[4] veue, comme après veue.

13. Toutes les fois que tesmong sont examiné et
on lor a fete aucune demande, de le quele il ne sont pas
bien avisé, s'il demandent jor d'avisement, il le doivent avoir; mais qu'il dient, par lor scremens, qu'il
n'en sont pas avisé. Et chis jor d'avisement doit estre
du jor à lendemain, s'il ne le convient alongier par
aucune cause resnable que li tesmoins met avant, le
quele cause est à regarder à celi qui ot les tesmoins,
si comme nous dirons ù capitre des auditeurs. Et cel
delai que li tesmong doivent avoir, entendons noz en
enquestes et en ples qui sont tenu selonc l'establissement le Roy; car selonc l'ancienne coustume n'a nul
delai en prover ce qui quiet en proeve, ançois convient
prover à le premiere jornée; et ainsi en sont exepté
tout li plet en quoi gage de bataille sont reçeus. Et de
ceste maniere[5] noz souferrons noz à parler echi en-

---

[1] *Possession.* B. — [2] *Faite.* B. — [3] B. — [4] B. — [5] *Matere.* B.

droit, dusqu'à tant que noz en ferons propre capitre, li quix parlera des apiax et comment on doit aler avant en plet de gages [a].

### *Explicit.*

Chi define li capitres de jour de vue et d'avisement [1].

## CAPITRES X.

Des cas des quix li quens de Clermont n'est pas tenus à rendre le cort à ses homes, ançois l'en demore le connoissance par reson de souveraineté [2].

1. Bonne coze est que cil qui tiennent si franquement comme en baronie, et especiaument mesires qui est fix du Roy de Franche et quens de Clermont, sachent en quoi il doivent obeir à le requeste de lor sougès, et en quoi il sont tenu à retenir le connissance par devers eus, si que il gardent lor droit et qu'il ne facent pas tort à lor homes. Et por ce traiterons noz, en ceste partie, des cas des quix le connissance apartient au conte sor ses sougès et sor les homes de ses sougès, sans rendre cort ne connissance à ses homes; si que il sace clerement en quix cas il lor doit rendre et en quix non, et que si home sacent en quix cas il doivent requerre lor cort et en quix non [b].

---

[1] T. — [2] Ce titre a été tiré de la table des sommaires.

[a] Chapitres LXI et LXII.
[b] Les juridictions étaient, au XIIIᵉ siècle, si nombreuses et si variées, que des conflits éclataient entre elles pour ainsi dire à chaque instant, et que les tribunaux supérieurs avaient sans cesse à prononcer sur des pétitions de cour (*petere curiam suam*) ou règlements de juges. Le second volume des *Olim* abonde en arrêts rendus par le parlement sur des réclamations de ce genre. Beaumanoir cherche à fixer les

2. Tout cil qui tiennent en fief, en le conté de Clermont, ont en lor fief toute justiche haute et basse [4], et le connissance de lor sougès, sauves [1] les resons [2] du conte et sans ses ressors; li quix est tix que, se li sougès se plaint de son segneur de defaute de droit, par devant son souverain [3], il n'en r'ara pas se cort, ains en respondra il en le cort le conte; et s'il en est atains, il perdra le querele, s'il en est partie, et si l'amendera au conte de soissante livres. Et se li sougès qui se plaint est gentix hons et n'en puist son segnour ataindre, il l'amendera au conte de soissante livres et sera renvoiés en le cort de son segneur; et li amendera en secort en ce qu'il le traist en le cort du sovrain, et l'amende sera de soissante livres; et puis vendra à droit de le querele au jugement de ses pers, en le cort de son segneur, où il sera renvoiés. Et s'il est hons de poeste, qui ne puist ataindre son segneur de defaute de droit par devant son sovrain, l'amende sera à le volenté du segneur, en quel cort il sera renvoiés, sauf le cors. Meesmement [4] c'est à entendre qu'il a perdu, se li sires veut, quanques il tient de li; et l'amende au sovrain, de ce qu'il s'est plains de son segneur, sera de soissante saus.

3. Li secons cas de quoi li home ne r'ont pas lor court, est de cex qui sont apelé en le cort le conte de

---

[1] *Sans.* B. — [2] *Resors.* B. — [3] *T.* — [4] *Seulement.* C.

règles de compétence que les justiciables du comté de Clermont devaient suivre; mais si sages et si claires qu'elles nous paraissent, ces règles ne pouvaient pas enchaîner les rivalités, les prétentions et surtout l'avidité de tous ces seigneurs dont la féodalité avait fait des juges.

[a] La moyenne justice n'existait pas à cette époque.

faus jugement fet en lor court, comment que cil qui
apelé soit, ses justichavles ou non.

4. Li tiers cas de quoy li home ne r'ontpas leur court,
ainchois apartient au conte par reson de souveraineté[1],
si est quant aucun gentix hons est ajornés à respondre
à se lettre en le cort du conte, tout soit che qu'il soit
couquans et levans desoz autre gentil home : le connissance des letres apartient au sovrain segneur. Et fet
li sovrains aemplir le teneur de le lettre, en tele maniere que se le lettre est seelée du seel, celi qui est
ajornés il convient qu'il ait quinse jors d'ajornement
au mains; et doit li ajorneres dire ainsi : « Pierres, noz
« voz ajornons contre Jehan d'ui en quinse jors, à
« Clermont, à respondre à voz lettres. » Et adont li
ajornés ne porra contremander, mais il porra ensonier, s'il a ensoine, une fois. Et s'il estoit ajornés
simplement, que li ajorneres ne deist : « Je voz ajourne
« à respondre à voz letres », ains deist[2] : « Je voz ajorne
« à respondre quanques Jehans voz sara que deman-
« der », il porroit contremander trois quinsaines, et
le quarte par ensoine, s'il avoit ensoine; le quel ensoine il li couvenroit jurer au premier jor qu'il venroit
en cort, s'il en estoit requis de l'autre[3] partie. Et por
ce est il bon que li ajorneres ne soit pas negligens de
nommer le cause por quoi il ajorne, por quel cause que
ce soit; car s'il l'ajorne à se letre[4], il n'i a point de
contremant, si comme dit est dessus[5]. S'il l'ajorne à
respondre à[6] convenence de muebles ou de catix, sans

[1] C. T. De quoy.... souveraineté manque dans A. — [2] T. Je.... deist
manque dans A. — [3] B. — [4] Si l'ajorné a se lettre. T. — [5] B. — [6] B.
S'il l'ajorne à. A.

lettres, encore ne pot il contremander. Mais li sires
desoz qui il est couquans et levans, en ara se cort,
s'il le requiert, avant que ples soit entamés par devant
le souverain. S'il ajorne [1] sor force ou sor novele dessaisine ou sor nouvel tourble ou sor rescousse d'eritage
ou sor douaire ou sor crieme ou sor asseurement : en
nuls de tex cas il ne pot contremander, mais ensonier
pot une fois, s'il a ensoine.

5. Li quars cas de quoi li home ne r'ont pas lor
court, si est quant aucun se sont obligié par letres du
souvrain, comme par lettres de Roi, ou par letres de
conte ou par lettres de baillie.

6. Li quins cas de quoi li home ne r'ont pas lor
court, si est quant aucuns veut avoir trives ou asseurement; car li quens pot mix justichier cix qui brisent trives ou asseurement que ne feroient si souget;
mais c'est à entendre quant aucuns requiert trives ou
asseurement par le conte, car se li oste couquant et
levant soz aucun segneur, voelent peure asseurement
là u il quiet par lor segneur, il en poent bien avoir le
connissance, exeptés les gentix homes, car d'eus n'a
nus le connissance en tex cas, fors que li quens.

7. Li sisimes cas de quoi li home ne r'ont pas lor
court [2], si est quant aucuns se plaint de trives brisiés, les queles trives furent donées par le conte, ou
d'asseurement brisié, qui fu donés par le conte; car
il est bien resons que li meffés soient vengiés par li,
puis qu'il fist le trive donner ou l'asseurement [3]. Mais
se uns des homes le conte fist doner l'asseurement ou

---

[1] Se il l'ajourne. T. — [2] B. — [3] L'asseurement en va court. B.

le trive en se cort, il en r'a se cort[1], et doit estre li mellès vengiés par li.

8. Li septimes cas de quoi li home ne r'ont pas lor court, si est se li quens demande à aucun ce qui li est deu, ou ce qui est deu à ses forestiers ou à ses prevos, por le reson de se terre, ou plegerie por li, ou s'amende ou se prison brisié ou aucun mellet fet à li ou à se gent, ou aucune enfrainture fete en se tere, ou en aucun autre cas dont li quens pot avoir cause contre li; car de nul cas qui le touque, il n'est tenus à aler en le cort de son souget; et donques se le cause n'estoit justicié par li, puis qu'il n'iroit pas pledier en le cort de ses sougès, il perdroit ce qui li seroit deu.

9. Li aucun des homes si voelent dire, que se uns de lor homes ou de lor ostes fet mellée el propre demaine le conte et il s'en part, sans estre pris en present fet, que li quens ne le pot penre en le terre son souget ne en le soie, ne avoir connissance du mellet; mais je ne m'i accort pas, car donques aroit mains li quens en se terre que li souget en le lor, et dirai comment. Se li ostes[2] le conte mellet en le terre d'aucun de ses homes[3], et il ne sont ne pris n'aresté, et li sires se plaint au conte de l'enfrainture de se terre : li quens li fet amender le mellet conneu ou prouvé; et donques est il bien resons, comme li quens ne plede pas en le cort de son souget, si comme j'ai dit, que de l'enfrainture fete en se terre, qu'il puist justicier por s'amende et por fere donner le trive ou l'asseurement, se partie le requiert; mes se partie se plaint sans requerre trives

---

[1] Cette dernière phrase est ainsi dans B : *Puis que il fist la trive donner ou l'asseurement en sa court, il en ara sa court.* — [2] *Se l'un des ostes.* B. — [3] *Terre à un gentiexhoume.* T.

ou asseurement, li sires, desoz qui chil de qui on se plaint est couquans et levans, a se cort, s'il le requiert; et neporquant li quens le pot justicier por tant qu'il apartient à s'amende, si comme j'ai dit dessus.

10. Se li quens suit aucun de ses gentix homes[1] d'aucun cas de crieme, et li cas li est niés, il convient que li quens le mete en voir par deus loiax tesmoins, au mains; et s'il ne veut ne connoistre ne nier, li quens en pot enquerre de son office, et pot bien trover le fet si notoire, qu'il ne li fet nul tort s'il le justiche[2] du meffet. Mais il convient que li meffès soit moult apers et moult notoires; et s'il ne pot estre notoirement seus, mais on y trueve moult de presontions, longue prisons li doit estre apareillié.

11. En menus esplois, se li quens les demande à ses sougès, comme d'amende de cinq sols à home de poeste, et de dix sols à gentil homme, ne convient il pas que li quens le proeve, fors par un de ses sergans, auquel serjant pooirs est donés d'ajourner.

12. Li huitismes cas de quoi li home ne r'ont pas lor court, si est, s'aucune feme fet ajorner partie à respondre à son douaire, tout soit ce que l'hiretage où[3] quel ele demande son doaire, soit tenus d'aucun des homes le conte; car le femme qui demande douaire a tel avantage que, s'il li plest, ele pot pledier devant le segneur de qui li heritages muet, et s'il li plest miex[4] en cort de Crestienté, ne on ne li pot deffendre; car il li loist eslire le quele voie qui li plest de ces trois. Mes puisque li ples est entamés devant le juge qu'ele ara eslut, ele ne pot pas lessier por aler à un des autres

---

[1] *De ses hommes de par gentiex hommes.* B. — [2] *Pour justicie.* — [3] T. *Soit.... où* manque dans A. — [4] B.

juges, ains convient que le cause de son doaire soit
ilueques determinée. Et s'ele va à un des autres juges,
et partie s'en veut aidier que ples soit entamés en autre
cort, on l'i doit renvoier.

13. Li neuviesme cas dequoi li houmes ne r'ont pas
leur court[1], si est de nouvele dessaizine ou de novele
force ou de novel torble. Je met ces trois cozes en une,
porce que eles dependent l'une de l'autre, et neporquant il y a difference, et si orrés quele cl capitre qui
en parlera[2].

14. Li disiesme cas de quoi li home ne r'ont pas lor
cort, si est se ples est entamés entre les parties, avant
que la cort soit requise, de quelque querele que ce
soit. Et por ce est il estavli que li serjant le conte ne
doivent mie ajorner les ostes as homes de Clermont
en lor persone, ains doivent aler au segneur ou à
celui qui est estavlis de par le seigneur[3], et li doit
dire : « Noz voz commandons, de par le conte, que
« vos aiés tel home, qui est vostre oste, par devant le
« gent le conte, à tel jor et en tel lieu »; et adonques
li sires doit obeir au commandement. Et cis commandemens fu fes as serjans, porce qu'il avenoit moult
souvent que li segneur ne savoient pas que lor sougès
fussent ajorné en le cort le conte, si que il ne venoient
pas à tans por requerre lor court; car li sougès aucune
fois amoit mix entamer le plet que demourer en prison tant que lor segneur le seussent, et ensi en perdoient li segneur lor court.

15. Ples n'est pas entamés por demander jor de

---

[1] T. — [2] B. *Ou à.... seigneur* manque dans A.

[3] Cha xxxii.

conseil, en cas là u il afiert; ne por demander jor de veue, el cas là u veue apartient. Mais quant on connoist ou quant on nie ou quant on respont après jor de veue, ples est entamés.

Or veons en quel cas il apartient jor de conseil, s'il est requis. S'on demande treffons d'eritage, jours de conseil y apartient[1]. S'on me demande d'autrui fet, si comme le dete que mes peres et me mere acrurent ou aucuns autres parens à qui je sui hoirs, jors de conseil y afiert. Mais el cas d'eritage dessus dit a contremans, et après, jor de veue; et en cel cas, si[2] n'a fors jor de conseil tant solement. Et de ce est il parlé el capitre des contremans soufisamment[a].

### *Explicit.*

Chi define li capitres des cas desquiex li quens de Clermont n'est pas tenus à rendre la court à ses houmes[3], ainçois l'en demeure la connoissanche[4].

## CAPITRES XI.

Des cas des quiex le connoissanche apartient à sainte Eglise, et des quiex à le cour laie, et de le difference qui est entre le lieu saint et le lieu religieus.

1. Bonne coze est et porfitavle, et selonc Dieu et selonc le siecle, que cil qui gardent le justice esperituel, se mellassent de ce qui apartient à l'esperitualité tant solement et laissassent justicier et esploitier à le laie justice les cas qui apartiennent à le temporalité, si que

---

[1] Cette phrase manque dans B. — [2] B. *Chi il.* A. — [3] *Ne rent pas la congnoissanche à ses subgiez.* B. — [4] T.

[a] Chapitre III.

par le justice esperituel et par le justice temporel drois
fust fes à çascun. Et por ce noz traiterons des cas qui
apartiennent à sainte Eglise, des quix le laie justice ne
se doit meller; et si parlerons des cas qui apartiennent
à le laie juridition, des quix saint Eglise ne se doit
meller; et si parlerons d'aucuns cas où il convient
bien et est resons que l'une justice ayde à l'autre;
ch'est à entendre la justice de sainte Eglise à la laie
juridition, et la laie juridition à sainte Eglise[1] [2].

2. Verités est que toutes acusations de foy, à savoir
mon qui croit bien en le foy et qui non, la connissance en apartient à sainte Eglise; car, porce que sainte
Eglise est fontaine de foi et de creance, cil qui proprement sont estavli à garder le droit de sainte Eglise,
doivent avoir le connissance et savoir le foi de çascun;

---

[1] T. *Ch'est.... Eglise* manque dans A.

[2] La compétence des cours ecclésiastiques était, pendant le xiiie siècle, réglée avec précision, ce qui n'empêchait pas que l'application des
règles établies ne donnât lieu à des conflits très-animés entre l'autorité spirituelle et l'autorité temporelle. Saint-Louis s'appliqua à prévenir les excès qui se commettaient de part et d'autre, c'est-à-dire,
d'un côté, l'emploi trop prompt de l'excommunication, et, de l'autre,
la saisie du temporel, prononcée souvent sans cause valable. Mais les
lois qu'il rendit sur cette matière, quoique dictées par un esprit aussi
ferme que réfléchi (*Establissemens*, l. I, c. xv, xviii, lxxxiv, lxxxv,
lxxxvi, cxxiii, cxxv, etc.), n'attaquaient pas la source du mal, qui se
trouvait principalement dans les affaires mixtes, dont chaque justice
voulait attirer à soi la connaissance. Ici l'influence du jurisconsulte
devait être plus grande que celle du législateur, car il fallait éclairer
les esprits avant de leur commander. Beaumanoir comprit cette vérité, et ne craignit pas d'aborder une matière difficile, très-délicate,
que Pierre de Fontaines avait prudemment négligée, et sur laquelle
on ne trouve, dans les écrits des jurisconsultes anglo-normands (*The
Myrror of Justice*, c. iii, sect. 4) et dans ceux des légistes d'outre-
mer, que des notions insuffisantes.

si que, s'il a aucun lai qui mescroie en le foy, il soit
radreciés à le vraie foi par l'enseignement; et s'il ne
les veut croire, ançois se veut tenir en se malvese
erreur, il soit justiciés comme bougres, et ars. Mais
en tel cas doit aidier le laie justice à sainte Eglise, car
quant aucuns est condampnés comme bougres, par
l'examination de sainte Eglise, sainte Eglise le doit
abandoner à le laie justice, et le justice laie le doit
ardoir, porce que le justice espirituel ne doit nului
metre à mort [a].

3. Li secons cas de quoi le juriditions apartient à
sainte Eglise, c'est de mariage [b]; si comme il avient
que uns hons fiance une feme, qu'il le prendera dedens
quarante jors, se sainte Eglise s'i acorde : s'il demeure
par l'un des deus, li autres le pot fere contraindre à
ce que mariage se face, s'il n'i a resnable cause par la
quelle li mariages ne se doivent pas fere. Et de toutes
les causes qui en poent naistre et devant le mariage et
après le mariage, et li quel mariage sont à souffrir et
li quel non, apartiennent à l'evesque, ne point ne s'en
doit melleier la laie justiche [1].

4. Li tiers cas qui apartient à sainte Eglise, si est de
toz les biens et de toutes ammosnes qui sont donnés,
ammosnées ou amorties, por sainte Eglise servir et
soustenir, exceptés les cas de justice et le garde temporel, le quele apartient, par general coustume, au
Roy, et par coustume especial, as barons en quix ba-

---

[1] *Et liquel mariage et liquel non apartient à l'evesque*. A.

[a] *Assises de Jérusalem*, t. I, p. 592.

[b] *Regiam majestatem*, l. I, c. II. — Bracton, l. V, t. V, c. III, §. 5.
— Britton, c. XXXIV, p. 148; c. CVII, p. 406; c. CVIII, p. 411. — *Fleta*,
l. I, c. XXIII.

l onies les eglises sont fondées. Ne il n'est pas mestier
à ciax qui ont les biens de sainte Eglise, que le laie justice ne lor aide à ¹ garder et à sauver lor biens temporex, que li malfeteur ne li facent grief ne force. Nepourquant il poent cix qui lor mellont semonre et
escommenier, se cil qui sont semons ne se deffendent
par bones resons. Mais porce que cil de sainte Eglise
quident aucune fois que aucunes cozes soient de lor
droit, les queles ne le sont pas, si comme s'il demandent aucun heritage du quel aucuns est tenans : le
connissance en apartient à celi de qui li tenans dit
qu'il tient l'eritage. Mais ce qui est conneu à lor, soit
muebles ou heritages, il poent, s'il lor plest, escommenier celi qui lor empeece.

5. Quant aucuns fet tort ou force à cix qui ont les
biens de sainte Eglise, il ont deus voies de lor droit
porcacier. La premiere, si est ², se il lor plest il poent
pledier, par devant le justice de sainte Eglise, par plet
ordené, selonc ce qu'il est uzé et maintenu à pledier
en le cort de sainte Eglise; et s'il lor plest mix, il
poent pledier en le cort laie, par devant celi qui les a
à garder de tort; et yluec doit atendre le droit qui lor
sera fes puisqu'il s'i seront trait. Et done bone seurté ³,
se partie le requiert, qu'il ne le traveilleront en autre
cort, ançois prendera tel droit comme le laie justice
le requiert ou l'ordonra ⁴; car male coze seroit qu'il
peussent traire à le justice laie des griés c'on lor feroit,
et après, se li drois n'estoit à lor talent, qu'il peussent
recovrer au droit de sainte Eglise.

---

¹ T. *Ahit à.* A. *Ne leur ait.* B. — ² T. — ³ *Et doit bone seurté
fere.* T. — ⁴ *Ou li dourra.* B.

6. S'il avient qu'aucuns clers ou aucune religions[1] pledent à aucune personne, par devant le justice de sainte Eglise, et de ce meisme cas, le plet pendant en le cort de sainte Eglise, il voelent pledier par devant le justice laie : le partie contre qui il pledent n'en est mie tenue à respondre devant qu'il aroient le plet de sainte Eglise delaissié du tout en tout. Et s'il l'avoient fet escommenier el plet, par le justice de sainte Eglise, si convenroit il qu'il le feissent assaurée[2], avant que le partie fust contrainte à respondre en le court laie.

7. Li quars cas de quoi le juriditions apartient à sainte Eglise, si est des clers, c'est à savoir de toz les contens, qui poent mouvoir entre clers, de muebles, de catix et d'actions personeles et des biens qu'il ont de sainte Eglise, exeptés les heritages qu'il tienent en fief lai ou à chens ou à rentes de segneur ; car quiconques tiengne tex heritages, le juriditions en apartient au segneur de qui li heritages est tenus, si comme dit est. Et aussi, quelque plet li lai voelent mouvoir contre clerc, le connissance en apartient à sainte Eglise, exeptés les ples d'eritages desus dis.

8. Li quins cas de quoi le connissance apartient à sainte Eglise, si est des croisiés. Quiconques est croisié de le crois d'outremer, il n'est tenus à respondre en nule cort laie, s'il ne veut, de nules convenences ne de muebles ne de catix. Neporquant, se li croisiés est porsivis de cas de crieme ou de cas d'eritage, le connissance en apartient en cort laie ; et de toutes autres cozes menues, se pot il bien obligier en cort laie, se il li plest.

---

[1] Ou aucuns religieus. B. — [2] Assoudre. T. Que il se feist assorre. B.

9. Li sisimes cas qui [1] apartient à sainte Eglise, si
est de femes veves; et, tout en le maniere qu'il est dit
dessus des croisiés, le feme veve, et tans de se veveté,
se justice par sainte Eglise. Neporquant, se li croisiés
et le feme veve entrent en plet en cort laie, sainte
Eglise ne s'en doit meller, ains doit estre li ples determinés par laie justice.

10. Li septimes cas qui apartient à sainte Eglise,
si est des testamens; car s'il plest as execuiteurs à porcacier les biens de l'execussion par le justice de sainte
Eglise, fere le poent; et s'il ont mestier de le justice
laie à traire lor biens ens, l'aide ne lor doit pas estre
vée, car toutes justices qui requises en sont doivent
edier as execuiteur en cas [2] de testament, si que par defaute de justice le volentés du mort ne demeure pas à
estre fete.

11. S'il avient qu'aucuns voille pledier à execuiteurs et demander aucune coze par le reson du testament, li execuiteur ne sont pas tenu à respondre en
cort laie, s'il ne lor plest, ains en apartient le connissance à sainte Eglise, et par sainte Eglise doivent li
execuiteur estre contraint à paier lor testament. Et
quant il avient que li execuiteur ne voelent obeir au
commandement de sainte Eglise, anchois se laissent
escommenier, en cel cas doit bien aidier le justice laie
à le justice de sainte Eglise; car li execuiteur doivent
estre contraint, par le prise de lor biens temporex, à
ce que li testamens soit aemplis si comme il doit. Neporquant, le justice laie ne fet pas ceste contrainte

---

[1] *Douquel (De coi.* B.) *la connoissanche.* T. — [2] *Cause.* B.

I.                                                        1 i

au commandement [1] de le justice de sainte Eglise,
mais à sa supplication. Car de nule riens qui touque
cas de justice temporel, le justice laie n'est tenue à
obeir au commandement de le justice esperituel, selonc
nostre coustume, se n'est par grace. Mais le grace ne
doit pas estre refusée de l'une justice à l'autre, quant
ele requiert [2] benignement.

12. Voirs est que li prelat de sainte Eglise et li capitres des Eglises et plusors autres religions ont bien
heritages es quix il ont toutes justices et toutes segnories; et cil qui en ceste maniere les ont, poent bien
avoir baillis, prevos, et serjans, por fere ce qui apartient à le laie juridition. Et s'il avient cas qui apar-
tigne à l'esperitualité en yces liex, la connissance en
apartient à l'evesque; mais il convient que le justice
laie qu'il ont en yces liex, soit tenue du conte de
Clermont, des lix qui sieent en le conté de Clermont,
ou de l'evesque, se li lieu sient en le conté de Biavés
qui est soie [3]. Et à che pot on entendre que, toute
coze qui est tenue comme justice laie, doit avoir resort de segneur lai; et tel maniere de resort ont cil qui

---

[1] *Aucun mandement.* A. — [2] *Est requise.* B. T.

[3] Les habitants de Beauvais, tirant avantage des droits de commune
que le roi leur avait accordés, prétendaient exercer la justice et ne
plus dépendre de celle de l'évêque. Sur les plaintes de ce dernier,
Louis VII se transporta à Beauvais, et ayant pris connaissance des
droits respectifs, les habitants finirent par avouer que la justice, dans
toute la ville, appartenait à l'évêque seul. En conséquence, le roi donna
ses lettres de l'année 1151 (*Ordonnances*, t. XI, p. 198), par lesquelles
il établit les droits de l'évêque, et la compétence de la commune,
quand celui-ci ne faisait pas justice. Cette décision était encore en
vigueur quand Beaumanoir écrivait.

tiennent en baronnie, en tant comme lor baronie s'estent. Et s'il n'en font ce qu'il doivent et qui apartient au resort, quant il en sont sommé soufisamment, on en pot aler au Roy *; et en a li Rois le connissance. Car toute laie juriditions du roiaume est tenue du Roy en fief ou en arriere fief; et por ce pot on venir en se cort, par voie de defaute de droit ou de faus jugement, quant cil qui de li tienent n'en font ce qu'il doivent. Mais avant que on viengne dusqu'à li, on doit porsivir les segneurs sougès de degré en degré, c'est à entendre : se j'ai toute justice en me terre et je tieng cele justice du conte de Clermont ', et li quens de Clermont le tient du Roy, et je ne fes pas ce que je doi de ma justice, si que on me veut porsivir de defaute de droit ou de fax jugement : on me doit porsivir par devant le conte; car s'on me porsivoit par devant le Roy, s'en aroit li quens se cort, s'ele estoit requise.

13. Autres cas y a encore dont le connissance apartient à sainte Eglise, si comme le garde des sains liex; lequele garde doit estre si francement gardée que quiconques y meffet, il est de fet escommeniés; et doit cis meffès estre amonestés par sainte Eglise. Et s'il n'obeist à l'amonnission, il doit estre escommeniés publiquement.

14. Il a diference entre lieu saint et lieu religieus.

----

' Manque dans A.

* Ce recours au roi était le moyen suivi généralement pour arrêter les empiétements des cours ecclésiastiques, qui souvent s'étendaient au delà de toutes les bornes, comme on peut s'en convaincre en lisant un arrêt rendu au parlement des octaves de la Toussaint 1264, contre l'évêque de Beauvais. (*Olim*, t. 1, p. 591.)

Et porce qu'il sont aucun cas qui avienent es liex religieus, li quel apartienent à le laic justice, et s'il avenoit es liex sains il apartenroient à sainte Eglise, nous
dirons li quel lieu sont saint et li quel sont religieus,
selonc nostre entention. Li lieu saint, si sont cil qui
sont dedié et establi por fere le service nostre Segneur,
si comme eglises, moustiers, capeles et chimentieres
et mesons privilegiés d'abeïes. Tox tex manieres de liex
doivent estre gardé si dignement, que tout cil qui y
queurent à garant, combien qu'il aient melfet, ne de
quelque melfet il soient pris, soient clerc soient lai,
il y ' doivent avoir garant, tant comme il s'y tiennent ;
exeptés trois ças, es quix nus liex, tant soit sains, n'en
doivent garantir cix qui en sont coupable, ançois les
pot penre le justice laie, en quelque lieu ele les truist,
et ne s'en doit sainte Eglise meller. Et dirons les cas
quix il sont.

15. Li premiers cas du quel sainte Eglise ne garan-
dist pas celi qui en est repris, si est de celi qui fet sacriliege. Sacrilieges est qui emble coze sacrée en liu saint
ou hors de liu saint, ou qui emble coze qui n'est pas
sacrée en lieu saint. Coses sacrées, si sont celes qui sont
benoites et apropriées à fere le service nostre Segneur.
Donques, qui fet tel maniere de larrecin, le justice laie
le doit et pot penre en eglise et hors d'eglise. Encore
pot on fere sacriliege en autre maniere, si comme aucuns fiert autrui par mal talent en lieu saint, ou bat,
ou fet sanc, ou tue : tex manieres de melfès sont sacriliege et n'en garantist pas sainte Eglise. Mais voirs est
quant li sacrilieges est tix qu'il n'i a larrecin ne mort

d'omme, l'amende du meffet est ' au prelat, en quel juridition li liex sains siet. Et quant il y a larrecin ou mort
d'omme, le justice en apartient au segneur lai, en quel
justice li liex sains siet.

16. Li secons cas du quel sainte Eglise ne garantist
pas celi qui en est coupavles, si est de celi qui est notoirement roberres de chemins, en agait enpensé; car,
quant il est sivis de tel fet et il fuit à garant au lieu
saint, li liex ne le garantist pas que le justice ne le
puist penre et justicier comme larron et traiteur.

17. Li tiers cas de quoi sainte Eglise ne garantist
pas, si est dessilleurs de biens, si comme de tix qui
ardent les mesons à essient, ou de cix qui esterpent
les vignes ou qui gastent les blés. Quiconques est coupables de tix meffès, il doit estre pris, en quelque liu
qu'il soit, et justiciés selon le meffet.

18. Et à ce que li lieu saint ne garantissent pas cix
qui sont coupable des trois cas dessus dis, a mout
bones resons; et entre les resons qui y sont, nous en
dirons trois, por çascun trois cas une reson.

19. Le raison porquoi li liex sains ne garantist pas
celi qui fet sacriliege, si est tele que sainte Eglise si est
mere de çascun Crestien, et doit sainte Eglise garantir
toz Crestiens qui y vienent à garant, aussi comme le
mere son enfant garantiroit par bone volenté, s'ele en
avoit le pooir. Et tout aussi que se li enfes roboit ou
batoit se mere, venjance en devroit estre fete, selonc
le meffet, ne ne l'en devroit pas le mere garantir ; tout
aussi, et cent mil tans plus, qui meffet à le sainte Eglise
en tel cas, ne doit pas estre par sainte Eglise garantis.

---

¹ *La justiche en appartient.* T.

20. La reson porquoi sainte Eglise ne doit¹ pas garantir les robeors de cemins, si est tele que tuit Crestien, de droit commun, doivent sauf aler et sauf venir
par les cemins : en cel droit, doit soustenir li droit
spirituels et li droit temporeus toz Crestiens si franquement, que quiconques fet contre cel droit roberie,
il meffet à l'une juridition et à l'autre, et por ce ne
doit nus lix sauver tex malfeteurs.

21. Le reson porquoi li saint liu ne garantist pas
les essilleurs de biens dessus dis, si est tele que sainte
Eglise ne porroit estre servie ne li pueples soustenus,
se li bien estoient essillié; et male coze seroit que
uns malvès arsit une cité et puis fust garantis par
soi metre en un saint lieu. Meesmement, ce qui est
gasté en tel maniere ne fait bien à nului; si que liex
sains ne doit garantir tex manieres de malfeteurs.
Noz avons parlé des sains liex, or veons des liex religieus.

22. On apele *liex religieus* les manoirs enclos de
murs, qui sont as gens de religion. Mais tel lieu ne
sont pas tuit d'une condition; car il en y a de tix qui
par priviliege especial, doné de prince qui fere le pot,
est si frans, que aussi bien garantist il celi qui y va à
garant, puisqu'il est dedens le porte, comme s'il estoit
el moustier.

23. Mais toutes religions n'ont pas tex priviliges.
Donques toutes les cours et toutes les mesons as gens
de religion, qui ne sont priviliegié en le maniere dessus dite, le justice de toz les cas de crieme et de toz autres meffes est au baron, en quel baronnie li liex est

¹ *Deveroit.* B.

fondés; exeptés les eglises qui ont toutes justices en
lor teres, car iceles eglises ont le connissance des meffès
qui sont fet en lor justice.

24. Autres cas y a encore qui apartienent à sainte
Eglise, si comme quant contens vient de bastardie,
por debouter que [1] li bastart ne portent riens comme
oir : tex connissances apartienent à sainte Eglise, ne
cil de qui sainte Eglise tesmogne qu'il est loiax et de loial
mariage, ne pot pas ne ne doit estre deboutés comme
bastars en cort laie, ançois convient que le justice laie
croie ce que le justice de sainte Eglise tesmogne en
tel cas.

25. Li autres cas de quoi li connissance apartient à
sainte Eglise, si est des sorceries; car li sorcier et les
sorcieres si errent contre le foy, et quiconques erre
contre le foi, il doit estre amonestés par sainte Eglise
qu'il delaissent lor erreurs et viegnent à amendement
de sainte Eglise. Et s'il n'obeist à lor monnission,
sainte Eglise les doit condampner, si que, par droite
justice et par droit jugement de sainte Eglise, il soient
condampné et tenu por mescreant. Et adont, à le supplication de sainte Eglise, le justice laie doit penre tex
manieres de gens. Et tele pot estre l'erreurs, que cil
qui est pris a mort deservie, si que [2] on voit apertement
que le sorcerie de quoi il uzoient, pot metre home à
mort ou feme; et s'on voit qu'il n'i ait point de peril
de mort, griés prison lor doit estre apareillié por l'erreur, dusqu'à tant qu'il venront à amendement et qu'il
delairont lor erreur du tout en tout.

26. Or veons que est sorceries. Sorcerie si est, si

---

[1] Car. B. — [2] Si comme se. B.

comme uns hons ou une feme fet entendant à un vallet
qu'ele li fera avoir une mescine à mariage, lequele il
ne porroit avoir par amis ne par avoir; et li fera entendant que ele li fera avoir par force de paroles ou
par herbes ou par autres fes qui sont malvès et vilain
à ramentevoir. Moult sont deceu cil qui de tix sorceries s'entremetent et chil qui y croient, car paroles
n'ont pas tel pooir comme il cuident ne tex manieres
de fes comme il font, se n'est par force de l'anemi[a],
meesmement en persones en qui paroles n'ont nule
vertu en mal fere. Car nous veons que se uns hons ou
uns clers qui ne seroit pas ordenés à prestre, disoit
une messe et toutes les paroles du sacrement, por riens
qu'il feist et deist il ne porroit fere sacrement, tout
deist il ices paroles meismes que li prestres dist; donques pot on bien veoir que les paroles qui sont dites
por mal fere, par le bouce d'une vielle, si ont petite
vertu. Mais il avient que li anemis qui met tout son
pooir à decevoir home et feme, por trere les ames en
perdurable paine, fet aucune fois, quant Diex le
suefre, avenir les cozes por les queles les sorceries sont
fetes, porce qu'il doinst occoison d'ouvrer en ceste
maniere contre le foi; et aucune fois Diex le suefre
par le foible creance qui est en ciex qui en oevront.
Mais se nus ne devoit esquiver cele erreur, fors portant que nus ne vit onques nului qui en uzast, qui en
venist oncques [b] à bon quief, si le devroit çascuns en
son cuer despire et avillier.

27. Voir est que toutes les fois c'on fet tort ou

---

[a] T.

[b] Par force du démon.

injúre à saint Eglise et saint Eglise ne le pot ou ne
veut amender de soi, s'ele suplie à le justice laie qu'ele
li preste s'ayde, ele li doit prester et aidier, si comme
li fix doit fere à se mere, car tuit Crestien et toutes
Crestienne sont fil et filles de sainte Eglise, et sont tenu
à sainte Eglise garder et garantir toutes les fois que
ele en a mestier et qu'ele se complaint à eus comme à
ses enfans[a].

28. Verités est que tuit li cas spirituel, comme des
ordenances des Eglises et des cozes sacrées et des contens qui muevent de actions personeles entre clers et
entre gens de religion, et les penitances qui doivent
estre enjointes selonc les peciés c'on confesse à sainte
Eglise : toz tex cas et les cas qui de tex[1] poent naistre,
doivent estre corregié[a] par sainte Eglise[b].

29. Noz avons parlé des cas des quix le juriditions
apartient à sainte Eglise, et encore parlerons noz d'aucuns qui noz venront en memore. Mais ci endroit

---

[1] *Et les cas qui de cheus.* T. *Et les cas* manque dans A. — [a] *Corrumpus.* B.

[a] L'opinion qu'exprime ici Beaumanoir sur la sorcellerie ferait honneur à des écrivains d'une époque postérieure de plusieurs siècles à
celle où il vivait. Professer une telle opinion au XIII° siècle, c'était
s'élever au-dessus du préjugé le plus répandu de son temps. Voyez un
arrêt du parlement, rendu à la Saint-Martin 1282, qui restitue à
l'évêque de Senlis trois sorcières que la municipalité de cette ville
avait jugées. (*Olim*, t. II, p. 405, n° VIII.)

[b] Dans leur assemblée tenue à Rouen en 1205, au mois de novembre,
les seigneurs normands « distrent que se clerc est pris de queconques
« meffet, que l'Eglise l'ara se elle le requiert; et se il est ataint de lar-
« rechin ou d'omicide, il sera desgradez et forjurra la terre, ne au-
« trement n'en sera pugnis pour tel meffait; et se il est trouvez en la
« terre après le forjurement, le Roy, sans nul autre meffait, en fera
« sa justice comme de lay. Et se après cen fesoit aucun meffait en la
« terre, le Roy en feroit sa justice comme de lay. » (Marnier, *Establissements*, p 84.)

dirons nous des cas qui apartiennent à le laïe juridition et des quix sainte Eglise ne se doit meller.

3o. Voirs est que tuit li cas où il pot avoir gages
de bataille ou peril de perdre vie ou membre, doivent
estre justicié par le laie justice; ne ne s'en doit sainte
Eglise meller, exepté les persones previlegiés, si comme
clers, li quel demeurent en toz cas en le juridition de
sainte Eglise.

31. Tuit cas de crieme entre laies persones doivent
estre justicié en cort laie, ne ne s'en doit sainte Eglise
meller. Et porce que ce seroit anuis de dire et de spe-
cifier les cas de crieme, il seront dit el capitre des
meffès *.

32. Li tiers cas qui doit estre justicié par le laic
juridition ¹, est ² des convenences et des obligations qui
sont fetes entre laies persones, par lettres provées ou
par tesmoins. Mais voirs est que en tel cas de convenences et d'obligations, se les parties s'asanllent à pledier en le cort de sainte Eglise, de lor bone volenté,
et il se metent en plet : tant qu'il soit entamés, le
court de saint Eglise a le connissance du pledoié et le
pot mener dusqu'à sentence diffinitive. Et quant l'une
des parties est condampnée, ele en pot contraindre le
condampné à fere paier le jugié par force d'escommeniement; et en autre maniere non, car le laie justice,
selonc nostre coustume, n'est pas tenu à fere paier ce
qui est jugié en le cort de sainte Eglise en tel cas.

33. Li autre cas qui doivent estre justicié en le laic
juridition, si sont tuit li plet qui poent mouvoir des
homages des fiés, d'arrieres fief et d'autres heritages

---

¹ *Justiche.* B. — ² *Sont.* B. T.

* Chapitre xxx.

tenus en vilenage, et de servitutes, quant ices cozes
sont tenues de gens laies; car sainte Eglise a bien tex
manieres de ples es cozes dessus dites, qui de li sunt
tenues [*].

34. Toutes mellées et toutes vilonies dites ou fetes
contre laies persones et en justice laie, doivent estre
justiciés par le justiche laie. Mais voirs est quant les
mellées sont fetes en sains liex; li amendemens en doit
estre à sainte Eglise, si comme il est dit dessus.

35. Quant clers tient heritage de sen patremongne
ou de s'aqueste [1], de segneur lai, et aucuns l'en demande
tout ou partie, la juriditions eu apartient au segneur
lai de qui li heritages est tenus.

56. Se clers est marceans, il ne pot pas afrancir se
marceandise par le priviliege de se clergie, ançois convient que se marceandise s'aquite de tonlix, de travers,
et d'autres coustumes qui sont deues, selonc les coustumes des lix. Mais li clers qui se vit de benefices de
sainte Eglise ou de son patrimoine, sans nule marceandise mener, n'est tenus à nules tex coustumes
paier.

57. Quant il a fet [2] ou maneces entre clers d'une
partie et gens laies d'autre, se li lai demandent asseurement des clers, il le doivent porcacier en le cort de
sainte Eglise; et se li clers le voelent porcacier des
lais, il le doivent porcacier [3] en le cort lai. Et dirons en
quele maniere le justice laie doit fere l'asseurement.
Car quant asseurement se fet, il se doit aussi bien fere
de l'une partie que de l'autre, et li clers ne se pot obli-

---

[1] Pour *de son acquet.* — [2] *Fez.* T. — [3] *Il les en doivent suir.* T.

[*] Les paragraphes 34 à 39 manquent dans B.

gier en fere asseurement en cort laie; donques convient il, quant clers requiert asseurement de laie persone, que il l'ait avant asseuré et se soit avant obligiés
en l'asseurement par son ordenaire. Et quant li ordenaires ara certefié, par lettres pendans, que tix clers
s'est obligiés en droit asseurement, envers tele personne, de li et des siens, adont le laie justice doit contraindre le lai à fere droit asseurement de li et des siens,
au clerc et as siens; et autrement ne se pot fere asseurement certains entre tex personnes.

38. De droit commun, toutes les dismes doivent
estre à sainte Eglise; et porce que, quant ples est fes
de dismes, le juriditions apartient à sainte Eglise,
exeptés aucunes dismes qui especialment sont tenues
en fief lai, car celes doivent estre justiciées par les
segneurs de qui eles sont tenues.

39. Nus, par reson de disme qu'il ait en me terre,
comment qu'il le tiegne, de sainte Eglise ou de fief
lai, n'a sor le lieu, par reson de disme, ne justiche
ne segnorie, ne n'i pot penre en justichant; et, s'il
me plest, je puis enporter tout ce que g'i ai, anchois
qu'il en porte riens ne qu'il y mete le pié. Neporquant,
je ne doi pas lessier que je ne li laisse se droite disme
loialment; et se je ne le fes, je peque et sui tenus à
rendre ce que je disme malvesement, comme de tort
fet. Car les dismes furent establies et donées anciennement à sainte Eglise soustenir toutes; mais aucunes
en ont esté puis mises en main laie, les unes par escange,
les autres par le don des eglises ª.

---

ª Voyez l'ordonnance rendue par Saint-Louis, en 1269, sur l'alié-
nation des dimes. (*Ordonnances*, t. I, p. 102.)

40. Il loist[1] bien à justice laie[2] que quant aucuns clers est souspechoneus de cas de crieme, qu'il le prengne et tiegne en prison, mais que ne le face morir en prison nule; et se son ordenaire le requiert, rendre li doivent et denoncier le cas porquoi il fu pris, et adont ses ordenaires en doit ovrer selonc le justice de sainte Eglise.

41. Noz avons veu que quant noz avons pris aucun clerc, por cas de crieme, en le conté de Clermont, que li vesques voloit que nous les menissons à Biavès; mes noz ne le vausismes onques fere, ançois les envoie querre es prisons où il sont, et à son coust, par certain procureur.

42. Se clers est pris par le laie justice por cas de crieme, et ses ordinaires le requiert : avant qu'il soit bailliés, il doit paier ses despens et ce qu'il doit par reson de prison; et s'il n'a de quoi paier, ses ordinaires le paie s'il le veut r'avoir. Mais se li clers est pris por autre cas que por cas de crieme, il doit estre rendus à son ordinaire quites et delivres, sans riens paier.

43. Il n'afiert pas à clerc qu'il veste robe roiée, ne qu'il soit sans coronne[3] aparant de clerc, puisqu'il a eu coronne d'evesque. Neporquant, s'il n'est[4] ainsi, ne renonce il pas au privilige de clerc; donques, se uns hons est pris en tel habit par le justice laie, et ses ordenaires le requiert, se le justice laie set qu'il soit clers, il le doit rendre; et s'ele nel set, il le convient prover à l'ordenaire en le court laie; et quant il l'a prové, il li doit estre rendus. Et se cil qui est pris en

---

[1] *Affiert.* T. — [2] *As justiches laies.* T. — [3] *Tonture.* B. — [4] *Est.* A.

tel abit ne pot prover qu'il soit clers, ne ses ordinaires', il demorra à justicier comme lais.

44. Je ne los pas as justices laies que puisqu'il aront
pris en habit lai home qui se face clers, que il se has-
tent de justicier, devant qu'il sacent le verité, s'il est
clers ou non, et s'il se porra prover à clerc ou non,
ou puisqu'il est requis de sainte Eglise comme clers;
car s'il estoit justiciés, puis l'amonnission fete, ou
puisqu'il aroit dit : « Je sui clers, » et il estoit après
provés à clerc par sainte Eglise : cil qui l'aroient justicié seroient escommenié griement, sans estre absols
que par l'apostole. Mais s'il estoit pris en abit lai, et il
ne disoit pas : « Je sui clers », ne amonnissions ne fust
fete de sainte Eglise, et il estoit justiciés par jugement
por son meffet : sainte Eglise n'en porroit puis riens
demander à le justice laie, tout fust il ainsi que sainte
Eglise vausist prouver que li justicier eust esté clers.
Car se sainte Eglise pooit tenir les laies justices en tel
cas, justice ne seroit jamès fete seurement en tel cas,
et si en demourroient moult de justices à fere ; la quele
coze nus ne devroit mie volentiers ' voloir, porce que
justice, si est li communs porfis à toz.

45. Aucune fois avient il que aucunes persones laies
sont prises en abit de clerc, si comme larron ou murdrier ou autre malvese gent, si se font fere coronnes
les uns as autres, ou à un barbier au quel il font entendant qu'il sont clerc. Quant tix manieres de gens
sont pris, il doivent estre rendu à sainte Eglise, et
apartient à sainte Eglise savoir le verité. Et s'il true-

---

vent qu'il soient clerc, il les doivent justicier selon le
fourme de sainte Eglise, c'est à savoir en prison per-
petuel, s'il sont ataint de cas de crieme. Et s'il sont
trouvé lai, par lor reconnissance ou par aucune autre
maniere chertaine : s'il furent pris por cas de crieme,
sainte Eglise ne les doit pas rendre à le laie justice,
car cil qui les renderoient seroient irreguler, s'il estoient jugié pour tel fet; donques les poent et doivent
metre en prison perpetuelle, aussi comme s'il estoient
clerc. Mais s'il sont pris par autre cas que por cas de
crieme, bien les doivent et poent rendre à le laie justice; ne puisqu'il aront esté une fois rendu de sainte
Eglise comme lai, il ne porront puis estre requis
comme clerc [a].

46. Quant il avient que justice laie se met en paine
de penre malfeteurs por cas de crieme, et il se res-
queuent à penre, si ques on ne les pot penre sans tuer :
se li prendeur les tuent, on ne lor en doit riens demander, comment que cil qui se deffendent au penre [1]
soient clerc ou lai, nis se li clerc disoient : « Noz som-
« mes clerc [2]. » Et bien y a reson, car en prendant les
clers por cas de crieme, chil qui les prenent sont sergant de sainte Eglise; et bien y pert [3], por ce qu'il sont
tenu à bailler les à lor ordenaire. Et s'il se tenoient de
penre les ou mors ou vis quant il tornent à la deffense,

---

[1] T. *A prendre.* B. — [2] *Et se il disoient : « Nous soumes clers, »* si
n'en aroient jà les preneurs mal, par droit. B. — [3] *Appert.* B.

[a] Un arrêt rendu au parlement des octaves de la Chandeleur 1261
(*Olim*, t. I, p. 529, n° VI) montre que les prélats et les abbés se servaient du droit qu'ils avaient de donner la tonsure pour enlever au
roi ses justiciables; mais la cour savait réprimer cet abus. (Cf. *ibid.*,
p. 541, n° XIII.)

jamais clerc ne se lairroient penre à le laie justice,
qu'il ne se deffendissent. Et encore plus à lor ordinaire s'il les voloient penre, porce qu'il saroient bien
que s'il les tuoient il seroient irreguler, donques ne
porroient il estre pris, par quoi moult de maus porroient avenir. Encore se li lai ne les ozoient penre ou
mors ou vis quant il se torneroient à deffense, se il n'i
avoit nul clerc, anchois fussent tuit lai, si se doute-
roient li preneur qu'il n'i eust[1] clerc, si que moult de
malfeteur porroient escaper par ceste doute. Et por ce
est il communs porfis à toz que le justice laie puist
penre, por cas de crieme, et clers et lais, et avant tuer,
s'il se deffendent, qu'il n'escapent.

47. Une coustume queurt en le cort de Crestienté,
qui ne quort pas en cort laie; car se Pierres demande à
Jehan dix livres qu'il li fiancha à rendre, Jehans pot
demander à Pierre qu'il li rende un ceval qu'il li presta,
tout soit il ainsi que li dis Pierres feist semonre Jehan
et Jehans ne fist pas semonre le dit Pierre. Ceste coustume apelent il, en le cort de Crestienté, *reconvention.*
Et se li dis Pierres qui fit semonre le dit Jehan, ne
veut respondre au ceval presté, porce qu'il ne fu pas
semons à respondre contre Jehan aussi comme Jehans
fu contre li, Jehans ne seroit pas tenus à respondre as
dix livres. Mais autrement seroit en cort laie, car cil
qui seroit semons respondroit, ne li deffenderes ne
porroit fere demande, sans fere semonre d'autre coze
que de le querele dont il seroit semons. Mais de cheles
qu'il meteroit en se deffense, si comme s'il alligoit

---

[1] *Ne fussent.* B.

paiement, ou il disoit avoir baillié aucune coze en aquit
de le dette : de ce seroit li demanderes tenus à respondre. Donques pot on veir que reconventions ne quort
pas en cort laie si comme en cort de Crestienté *.

48. Uns clers demanda en cort laie à un home lai
vingt livres qu'il li devoit por le vente d'un ceval, li
lais li connut bien le dete, mais il disoit que, en entencion de soi aquiter de cele dete, il li avoit baillié
deniers et autres denrées, si requeroit que li clers en
contast à li, et le remanant, par desor le conte fet, il li
estoit pres de paier. Li clers respondit que ylueques ne
voloit il pas respondre du conte qu'il li demandoit,
et que il ne voloit pas en cele cort faire ; mais quant
il avoit conneu que vingt livres li devoit, il requeroit
qu'il fust contrains à paier. Et s'il li voloit riens demander, si le feist semonre devant son ordinaire. Noz,
par devant qui chis plés estoit demenés, au clerc
dismes, que s'il ne respondoit à ce que li lais disoit,
qu'il li avoit baillié puis le tans que le dete fu fete
des vingt livres, noz ne contrainderiens pas le lai
à paier les vingt livres, car ce n'estoit pas reconventions, quant il disoit qu'il avoit baillié les cozes en entencion de li aquiter. Mais s'il demandast au clerc aucune coze deue du tans devant que le dete fu fete, ou
il li demandast cevax ou autres bestes, ou blés ou vins
ou convenences qui ne touquassent de riens à le querele des vingt livres, noz l'eussions contraint à paier
les vingt livres, et li eussions dit qu'il alast pledier au
clerc de ces cozes par devant son ordinaire ; car adont

---

* *Réconvention en cour laïque n'a lieu.* Sur le sens de cette maxime,
voyez les *Mémoires du Clergé*, t. VII, p. 379, 380.

feist li lais reconvention, le quele ne quort pas en
cort laie, si comme il est dit dessus.

49. Quant uns hons qui est en le justice d'un segneur, fet demande à aucun d'autrui* juridition, et cil
li veut redemander aucune coze : cil qui fist semonre
n'est pas tenus à respondre, tout soit li uns et li autres lais, s'ainsi n'est que ce soit des deffenses de le querele c'on li demande; car ce seroit reconvention, le
quele ne quort pas en cort laie, si comme noz avons
dit de dessus.

### Explicit.

Chi define li capitres qui ensaigne li quex cas apartiennent à sainte
Eglise et li quel à le court laie, et des quiex l'une des cours doit
aidier à l'autre quant ele en est requise.

## CAPITRES XII.

#### Des testamens, li quel valent et li quel ne valent mie*.

1. Après ce que noz avons parlé, el capitre devant
cesti, des cas qui apartiennent à sainte Eglise et à le

---

* *D'aucune*. B.

* Le droit de recevoir les testaments appartenait aux curés; cependant la décision des questions de propriété, que l'exécution de cette
sorte d'actes faisait naître, était dans la compétence des tribunaux
civils; et le jurisconsulte de Clermont s'applique à prévoir et à résoudre, conformément au droit coutumier, toutes les difficultés qui
pouvaient, en cette matière, arrêter les parties et embarrasser les
légistes. On n'aperçoit pas, dans ce qu'il dit, la marque visible de
l'influence du droit romain, parce que cette législation accordait à la
faculté de disposer une latitude trop opposée aux restrictions que le
droit coutumier y apportait, pour que ces deux systèmes de lois pussent se rapprocher et se confondre. Il faut donc étudier ce chapitre
comme un résumé fidèle du droit des provinces septentrionales de la
France, sur les testaments; mais pour acquérir une connaissance

laie cort, noz parlerons, en cest capitre chi ensivant,
des testamens; porce qu'il est grans besoins que cascune juridbitions mete s'ayde en fere tenir les testamens qui sont à droit fet, por le sauveté des ames à
cex qui les font. Et porce que cascuns sace comment
on pot et doit fere testament, noz dirons à qui le saizine du testament aparitent, et li quel valent et li quel
non, et comment on les pot et doit fere, et comment
il poent estre mis à execussion.

2. Jehans réqueroit à le justice qu'ele le meist en
saizine des muebles[1], des conquès et du quint de l'heritage qui fu Thomas, par le reson de che que li dis
Thomas avoit fet de li[2], en se derraine volenté, son
execuiteur; et estoit contenu en son testament, que ses
devis fust paiés de ces cozes. A ce respondi Pierres,
que le saizine des biens apartenoit à li, comme cil qui
estoit fiex et drois hoirs de cheli Thomas; et quant il
seroit en saizine, se Jehans li savoit que demander, par
reson d'execussion ne d'autre coze, il en seroit à droit.
Il se mirent en droit li quix emporteroit le saizine, ou
il comme oirs ou Jehans comme execuiteres. Il fu
jugié que Jehans comme execuiteres en seroit en saizine, le testament conneu ou prové; car mout seroit
perilleuse coze se li testament estoient empeecié ou
detrié[3] par les oirs de cix qui les testamens font.

---

[1] *Des biens meubles.* C. — [2] *Cheli.* T. — [3] *Delayés.* B.

complète de cette importante matière, en ne doit pas négliger les
autres jurisconsultes du xiiie siècle, car presque tous, et particulièrement ceux d'Angleterre, en ont fait l'objet d'une étude particulière.
Voyez *les Establissemens*, l. I, c. viii, lxiv, lxxxii; Pierre de Fontaines, c. xxxii, p. 143; Littleton, *Institutes*, sect. cclxxxvii, p. 359;
*Fleta*, l. II, c. lvii; Britton, c. xxxiv; *Siete partidas*, part. VI, t. I.

3. Çascuns gentixhons ou hous de poeste, qui n'est pas sers [a], pot, par nostre coustume, laissier en son testament ses muebles, ses conquès et le quint de son heritage, là u il li plest, exeptés ses enfans as quix il'ne pot plus laissier à l'un qu'à l'autre. Mais li sers ne pot lessier en son testament plus grant somme [1] que cinq saus [b].

4. Il est coustume bien aprovée que li hons toutes ces cozes dessus dites pot lessier à se feme ou le feme à son segnour [c]. Mais se le feme fesoit tix lais en se plaine santé à son segneur, par force ou par maneces, et il estoit bien prové des oirs à le feme, cis lais seroit de nule valeur.

5. Se lais est fes à eglise, d'eritage qui soit d'aquest ou du quint de l'iretage, comme on pot laissier, li sires de qui li heritages muet, ne le pot deffendre; mais il pot commander à l'eglise à qui li lais est fes, que il l'oste de se main et le mete en main laie dedens an et jour; et se l'eglise ne le fet, li sires pot penre l'eritage en se main et goïr des yssues, dusqu'à tant que l'eglise ara enteriné le commandement du segneur.

6. S'aucuns laisse ses muebles, ses conquès et le quint de son heritage à une personne ou à plusors, et cil qui les lais fet, doit dettes ou torfès qu'il ait commandé à rendre, et n'ait pas devisé où ce sera pris : cil qui emporteront [2] les lais, n'en goïront pas s'il n'i a remanant par desor detes et torfès paiés ; car male

---

[1] C. — [2] *Emporterent.* A.

[a] C'est-à-dire tout vilain affranchi de la main-morte.

[b] Soit qu'il ait ou qu'il n'ait pas d'enfants.

[c] Les mots *seigneur*, *baron*, étaient synonymes de *mari*.

coze seroit se li droit boir de celi qui lais fet, qui n'emportent que les quatre pars de l'iretage, estoient encombré de paier detes et torfès, et cil emportassent les lais toz quites; et por ce doit on avant penre les muebles por paier detes et torfais. Et se li mueble ne pooient soufire, on doit penre les aquès; et se li aquets ne les meubles ne ' poent soufire, cil à qui li quins de l'iretage est laissiés paiera le remanant, ou il laira son quint as hoirs, et il seront tenu à paier tout. Et se cil qui les lais fet, devisoit à penre detes et torfès sor les quatre pars qui demourroient as oirs, ne le porroit il fere; car il saulleroit qu'il peust plus laissier du quint de son heritage, si li torfès et les detes ne sont si grant que tuit y quore; car se li mueble et li aquest ne poent paier detes et torfès, il convient que li heritages y queure, jà soit ce qu'il n'en demeurt point as oirs, se les detes et li torfès sont si grant.

7. S'aucuns laisse le quint de son heritage, et li heritages soit en plusors pieces, il le pot laissier en une piece, s'il veut; mais qu'il ne vaille que le quint de tout [2]. Et se cil qui lais fet ne le devisoit, et il est requis à justice de celi à qui li lais est fes ou des oirs, se chil à qui le quint est laissié [3] voloit penre son quint en çascune piece, le justice ne le doit pas fere, car c'est li porfis des deus parties. Et il a esté jugié en ceste maniere.

8. Nus lais ne vaut s'il n'est fes de persone qui soit en bon sens et en bone memore, et s'il ne le dit de se [4] bouche.

---

[1] C. — [2] *Mes que il vaille le quint ou plus.* B. — [3] C. — [4] B. *Le.* A.

9. A testament fere doivent estre tex gens qui le puissent tesmoguer, s'aucuns debas en mouvoit, ou il doit estre scelés de seel autentique ou de plusors seax de nobles personnes, comme de gentix gens ou d'ommes de religion qui portent seaus.

10. Aucune fois avient il que li segueur perdent aucune fois[1], por les testamens qui sont fet de lor sougès[2]; et que ce soit voirs, voz le saurez, porce que noz dirons un cas que noz en veismes avenir. Uns chevaliers espousa une dame, le quele avoit enfans d'autre baron. Le mariage durant, li chevaliers aceta un fief et en fist homage au conte; après, le dame, en se derraine volenté, donna à son baron toz ses muebles et ses conquès, à tenir les dis conquès toute se vie, et après ele morust : en tel point que ses ainsnés fix n'avoit pas aage d'entrer en l'ommage de ce que se mere avoit aquesté; et porche noz y getasmes le main à le moitié du dit conquest que li enfés devoit avoir de par se mere, por defaute d'omme. Et li chevaliers si se traist à nous, et noz requist que noz ottissions nostre main, car il estoit, de che qu'il acata, en le foi et en l'ommage de tout; et comme se feme li eust donné en son testament se partie à tenir se vie, et l'en pooit tel don fere par le coustume de Biavoisis : à tort y metious le main por defaute d'omme. Por ce noz nous conseillames à cex du conseil le Roy[3] et ailleurs, et fu tex li consaus que, puisque le coustume estoit tele que li hons pot donner à se feme et le feme à son baron muebles et

---

[1] C. *A le fois.* A. *A la fiée.* T. — [2] Manque dans C.

[3] Les baillis adressaient souvent au parlement des consultations de ce genre.

conquès et le quint de l'iretage, à tort li empeequie-
riemes [1]; et por ce nox en ostasmes nostre main et
l'en laissames goïr. Et par ce pot on veir clerement
que li sires perdi par le testament qui fu fes, car s'ele
ne l'eust donné en son testament à son baron, ch'est
tout cler que li sires tenist le moitié du conquest, dusqu'à tant que li enfes venist en aage, ou dusqu'à tant
qu'aucuns du lignage à l'enfant se traisist avant por requerre le bail.

11. Or veons se li dons du testament eust esté fais à
toz jors au baron, s'il y eust en deus homages. Noz disons que nennil, que un tant solement. Et il apert que
par le conseil que noz eusmes, li chevaliers le tint tout
à un homage, puis que se feme morust, dusqu'à tant
que ses fillastres vint en aage. Et quant il fu enaagiés,
il fist homage du treffons de l'iretage, porce qu'il estoit
drois hoirs de le proprieté, et ne demoura pas por ce
que ses parrastres ne goesist [2] du contenu [3] de son testament.

12. Or veons se li drois hoirs qui est en l'ommage
de le proprieté et ne rechoit pas les fruis, quiet en
aucunes defautes ou en aucunes amendes envers son
segneur, se li sires s'en porra penre au fief que il tient
de li, du quel fief uns autres a les fruis par le reson du
testament. Noz disons que se les defautes ou les entrepresures sont por coze qui apartiegne au fief, si comme
s'il [4] desobeist, ou s'il le semont de service et il ne le
sert pas si comme il doit, ou aucuns plede à li de le [5]
proprieté de l'iretage [6] et il ne veut venir avant, anchois

se met en toutes defautes : por toz tex cas li sires metra
et ¹ pot metre le main au fief qu'il tient de li et penre
les fruis, dusques au jugement de ses homes, por les
entrepresures dessus dites. Et cil à qui li fruit devoient
estre pour reson du testament, pot metre en court
laie l'oir², et li fere contraindre qu'il face delivrer ses
biens qui sont encombré por son fet. Et se li hoirs n'a
rien par quoi il puist estre justiciés, ou il s'en va ³ hors
du païs, chil qui doit goïr se vie des fruis par reson du
testament, quant li hoirs sera en toutes defautes, pot
requerre au segneur qu'il le rechoive à home le tans
qu'il a ⁴ tenir le fief par reson du testament, et li sires
est tenus au fere. Et quant il l'a recheu à home des
fruis, il li doit rendre ce qu'il en a levé, puisqu'il fu
requis de rechevoir l'ommage. Mais por ce ne demeure
il pas, quant il muert, qu'il n'a les fruis que se vie et
li drois hoirs veut venir à despoullier l'eritage, que li
sires ne puist remetre ⁴ le main de nouvel por les
desobeissances qui furent fetes, el tans que uns autres
tint les fruis par reson du testament ⁵ ; car comment ⁶
que uns autres enport les fruis d'un fief duquel je sui
hoirs ⁷, je sui tenus à obeir et à deservir le fief por reson de l'hommage que j'ai fet et de l'heritage que j'a-
tent ; et puis perdre ou gaaingner, en plet ⁸ ou par
meffet, le proprieté ; mais je ne puis perdre ce que uns
autres y pot avoir par reson de testament ou de doaire.
Et du douaire est encore plus fort que de testament ;
car por desobeissance ne por meffet que mon home
me face ⁹, je ne puis ne ne doi metre le main as fruit

qui sont tenu par reson de douaire, ne il ne convient pas, por coze que li hoirs face [1], que li douaires me face homage ne redevance, auçois en doit emporter [2] les fruis quitement et francement. Por ce, se cil qui est mes hons me doit une dete ou il m'a une convenence, le quele il ne me tient pas, ne doi je pas metre le main as fruis de celi qui tient par reson de testament ne por nule riens, se n'est por ce qui apartient au fief, si comme il est dit dessus en cest capitre meisme.

13. Je me doi bien garder que ce qui est tenu de mi ne soit tenu par main estrauge, par reson de testament ou de douaire, fors tant solement comme coustume suefre, nis se li hoirs [3] de le coze se voloit taire; car je me puis bien fere partie de ce où je voi mon damace aparant; et c'est bien mes damaces, se ce qui est à moy et tenu [4] de mi vient en main que je ne le puisse pas si bien justicier que se mes hons le tenoit. Donques, se aucuns otroie à se femme à tenir en doaire plus que le moitié de l'iretage qu'il tient de mi, je ne l'ai pas à soufrir, s'il ne me plest; et aussi s'aucuns donne en testament les fruis de plus que du quint de son heritage, li quix heritages n'est pas d'aqueste; je ne l'ai pas à soufrir, s'il ne me plest, tout soit ce qu'autres de mi ne le debate; mais ce que coustume suefre à donner en testament et en doaire, il le me convient soufrir.

14. Tout soit il, ainsi que noz avons dit, que le coustume de Biavoisis est tele que qui veut pledier à autrui de muebles et de catix, il le doit porsivir par

[1] *Hons meffache.* T. — [2] *Porter.* A. — [3] *Celui hons.* C. — [4] *Est tenu.* T.

devant le segneur desoz qui il est couquans et levans;
neporquant, en aucun cas pot on pledier de muebles et
de catix par devant le segneur desoz qui il sont; si
comme en requerant parties de descendement ou d'es-
queanche et¹ en coze qui est laissié en testament; car
se propre chose m'est lessié en testament, je le puis
fere arester, comme le moie coze, par le segneur desoz
qui je le truis; et se nus en veut debatre, la connissance en apartient au segneur desoz qui ele est; exeptés
les executeurs du testament, car cil de riens qui à testament apartiegne, ne sont tenu à pledier, s'il ne lor
plest, par devant nul juge, fors que par devant le baron
de le tere ou par devant l'evesque. Et as dis execuiteurs doit estre baillié le saizine de ce qui est contenu
el testament avant toz plais, car par lor main doit estre
mis li testamens à execussion.

15. Quant aucune personne à qui il loist à debatre
testament s'apert, porce qu'il veut dire qu'il n'est pas
à droit fes, les cozes du testament doivent estre sauvement gardées en le main du baron desoz qui eles sont,
sans rendre cort à nului. Et quant li ples est finés,
rendre les doit à celi qui drois le done.

16. Il ne loist pas à toz à debatre testament; et cil
qui le poent debatre, ce sont cil qui poent dire, par
bone reson, qu'il sont damacié à tort por le testament
qui fu fes contre droit ou contre coustume; car autres
gens le debateroient aucunes fois por le hayne du mort,
des hoirs ou des execuiteurs; et por ce ne doit nus estre
oys en debatre testament, s'il ne sont ² damaciés par
le fet du testament.

_____

¹ *Ou.* C. — ² B. *S'il ne s'en sent.* A.

17. Nous avons dit, en cest capitre meismes, que çascuns pot laissier en son testament le quint de son heritage et ses muebles et ses conquès. Neporquant, se li remanans de son heritage n'est pas si grans qu'il soufisse à le soustenance de ses enfans, et li mueble et li catel sont grant, et il n'en laisse nul à ses enfans,ançois les laisse toz à estranges persones : noz ne nous acordons pas que tex testamens soit tenus,ançois doit estre retret du testament, tant que li hoir puissent resnablement vivre et avoir lor soustenance selonc lor estat, excepté deus cas : l'un, s'il est dit el testament qu'il face ce lais comme cozes rendues por torfais, car en cel cas n'en seroit riens rendu as hoirs [1]; nis [2] se toz ses heritages y couroit, car trop est cruel dete d'avoir de l'autrui à tort, ne nus hoirs ne doit enriquir du torfet son pere, ne nus ne doit estre mix crus de son torfet que cil qui le reconnoist en son testament. Li secons cas en coi nul restors ne doit estre fes as hoirs, si est, s'il fet mention el testament que li hoir li aient meffet, parquoi il ne lor vaut riens laissier el testament; car se je voi mon fils, me fille [3] ou me mere, ou cele qui doit estre mes oirs, mener si deshoneste vie que ce soit escanlles à li et à son lignage, je ai bone reson de li oster de mon testament. Et li escanlles, si est des pechiés de cors, d'aus vilainnement et honteusement demener [4], ou de mariegé desavenant, fet pas eles contre me voulenté; ou de si fole larguece c'on voie que che qui vient en lor main est perdu. Et

---

[1] B. *Ne seroit riens rendre as hoirs.* A. — [2] *Ains.* C. — [3] *Me fille.* A. T. *Ou mon fils ou cil ou chele.* C. — [4] B. *Et li esclandre, si sont de piqué de cort eschandalisié.* T.

male cose seroit s'il me convenoit laissier en mon testament à me fille ou à me mere qui seroit mariée à
mon anemi. Et se je le voil oster de mon testament, je
doi dire en mon testament : « Je ne voll pas que tix
« ou tele, qui est mes hoirs, prengne riens en mes
« muebles, en mes conquès ne el quint de mon heri-
« tage; car il m'a meffet en tele maniere que je croi
« mix fere le porfit de m'ame à autre persone qu'à li. »
Mais voirs est que des quatre part de mon heritage ne
puis je pas oster à mes hoirs ce que coustume et drois
donne, ne por nuls des cas dessus dis.

18. Encore y a il autre reson parquoi je puis oster
mes oirs de mon testament, de muebles des conquès
et du quint de l'iretage, c'est se les quatre pars de
l'iretage sont de tel valeur qu'eles puissent souffire à le
soustenance de mes hoirs, ou se mi hoir ont tant du
lor ou d'autre costé[1] que de mi[2], qu'il soufiste à lor
soustenance; ou se je fui aucune fois povres et il estoient rique et lor requis qu'il m'aidassent et il me fail-
lirent; ou s'il mirent main à mi par mal talent : de toz
tex cas les puis je oster de mon testament. Donques
pot on veoir que ce que noz avons dit, quant on
laisse le tout à estranges persones, c'on doit secorre
as hoirs du testament, c'est à entendre, quant il sont
povre et ne l'ont pas mefet, pour droite cause de
pité.

19. S'aucuns laisse toz muebles et ses conquès à une
persone ou à deus, et on fet restor as hoirs du testament por cause de pité, il noz sanlle que ce soit bien
que cil à qui li lais fu fes, soient conté el nombre des

---

[1] *Chose. C.* — [2] *Quatre quins. C.*

oirs, si ques il aient part el testament aut...nt comme li uns des hoirs, cascuns en se persone; car il ne sanlle pas que li mors n'eust aucune cause d'aus bien fere quant il l'en souvint en son testament.

20. Li testamens, là u il est veu qu'aucuns est deshiretés en lais fais, sans nule cause de pité, si comme se je laisse tout le mien à estranges persones riques et nient à mes povres hoirs ni à mes povres parens prochains, ce n'est pas max d'aler contre tel testament et de porcacier qu'il soit de nule valeur, car il apert que cil qui fit le testament fu mal ¹ meus encontre reson, s'il ne dist en son testament le cause porquoi il le fist, le quele cause soit veue resnable.

21. Deus cozes sont c'on ne pot laissier en testament : l'une si est masure taillavle au segneur, porce que li lais ne doit pas estre fes d'eritage qui doie servitute au segneur; l'autre de serjanterie à hiretage, car nis entre hoirs ne se pot ele partir, ançois convient que li uns des hoirs l'enporte entiere, porce que li services qui en est deus au segneur ne se departe. Neporquant, des masures l'avons noz veu soufrir par volenté; mais qui le menroit en jugement, noz creons qu'il ne fust pas soufert. Mais en toz autres heritages, soit en vilenages soit en fief, poent estre li quint laissié en testament, sauf les droitures as segneurs, et sauf ce que, s'il est lessié as gens de saint Eglise, li sires lor pot commander qu'il le metent hors de lor main dedens an et jour, en le maniere qu'il est dit ailleurs, en cest capitre meisme.

---

¹ Manque dans T.

22. On doit moult secorre à cix qui sont desherité en testament, par l'ennortement de lor parrastres ou de lor marrastres, car il avient à le fois que le feme, por fere le volenté de son secont mari, li laisse à li ou à ses enfans d'autre feme, ses muebles ses conquès et le quint de son heritage, et en deshirete ses hoirs. Et certes, tout soit il ainsi que nostre coustume le suefre à la court de Biavès[1], nox ne creons pas que ce soit drois et resons, et creons que bien et ammosne seroit de contrester à tel testament et de faire les[2] de nule valeur, meesment quant ele en oste ses hoirs sans cause; et creons que qui en yroit à sentence diffinitive, en apelant de l'evesque à l'apostole ou des barons au Roy, que tex testamens ne seroit pas tenus.

23. Il ne me loist mie à moi aidier en partie par le vertu du testament et à debatre le d'autre partie, en disant que li testamens ne fu pas à drois fes; si comme se j'en pris aucune coze qui me fu laissié el testament et je voil debatre d'aucun qui n'i ait mie ce qui li fu laissié el testament, je ne le puis pas fere; car si tost que je pris ce qui me fu laissié el testament, il apert que je agrée le[3] testament, et por ce ne le puis je puis debatre.

24. Se il sont plusor hoir et li uns tant solement plede contre le testament, et li autre se taisent un an et un jour puis le mort de celi qui fist le testament, et cil qui plede contre le testament fet tant qu'il est jugié que li testamens ne fu pas à droit fes : li autre oir n'emporteront point gaaing du plet, ançois l'em-

---

[1] B. Et le cours de Biavès. A. — [2] Tant qu'il fussent. C. — [3] Ce qui est au. C.

portera cil qui le plet maintint à son coust; car, en tant comme il se tenrent un an et un jour et virent celui qui pledoit contre le testament et ne se traioient par avant, apert il qu'il orent le testament agreable; ne cil qui pleda du testament, qui estoit oirs aussi comme il estoient, n'estoit pas tenus à pledier por aus; et porce en doit il porter tout le gaaing.

25. Si comme noz avons dit que cil qui prent aucune coze de ce qui est laissié el testament, ne le pot pas puis raprover [1] par malvès, c'est verités. Neporquant, se je sui oirs à celi qui fist le testament, tout aie je pris aucune coze du testament, se aucuns autres demande par le reson du testament, et j'ai autres resons contre li que dire : « Li testamens ne fu pas à droit « fes » : bien le puis metre avant; si comme s'il quita ce qui li fu laissié el testament ou s'il ne le vaut penre el tans que li bien du testament durerent, car en tel cas ou en sanllavles ne le voil je pas fere contre le testament.

26. Executeur, puisqu'il ont recheue l'execussion sor aus, ne poent pas dire que li testamens ne fu pas à droit fes; et por ce se doivent bien garder li oir qui se voient desherité par le testament qui ne fu pas à droit fes, qu'il n'entreprengnent les execussions [2] sor aus, car il aroient renoncié à ce qu'il peussent dire contre le testament. Et que li executeur ne puissent fausser le testament dont il sont executeur, il y a bone reson, car il representent le persone du mort et de ce qu'il l'enprirent [3] quant il devinrent execuiteur, et ce ne leur doit pas estre souffert.

---

[1] B. *Approuver.* A. T. — [2] *L'execution.* B. — [3] *Il entreprinrent.* B.

27. S'aucuns fet son testament et il nomme execuiteurs [1] qui n'i sont pas present, et muert avant qu'il
aient pris l'execussion sor aus, il est en lor volenté d'en-
penre l'encarque de l'execussion ou du laissier. Neporquant, s'il le laissent, li testamens ne doit mie por ce
estre de nule valeur, ançois le doit fere tenir l'evesque
ou li sires de le terre, au coust des biens de l'execussion;
car çascune justice doit metre paine que li testament
qui sont à droit fet, soient tenu et aempli.

28. Quant aucuns fet son testament et il fet deus
executeurs ou trois, et il n'est pas devisé el testament
que li uns ait pooir sans l'autre, et li uns des execuiteurs meurt avant que le testament soit mis à execussion; por ce n'est pas li testamens de nule valeur, ançois, à le requeste de l'executeur qui vit, li quens ou
li vesques li doivent baillier un compaignon; et s'il ne
le requiert, si pot il aler toz seus es besognes de l'execussion acomplir, si que le volenté du mort soit acomplie.

29. Li executeur, toutes les fois qu'il assanlent ou
qu'il vont es affaires pour l'execucion [2], il poent penre
lor despens resnables sor les biens de l'execussion, selonc lor estat, et aussi les cous [3] qu'il ont en pledier
por les biens de l'execussion sauver. Et s'il en font
outrage, il pequent durement, car cil qui executeur
les fist, les creoit à loiax; et de tant comme il se fioit en
aus et il prirent sor aus son testament et n'en firent lor
avenant, il sont larron quant à Dieu.

3o. Il loist bien as hoirs de celi qui fet [4] testament,

---

[1] *En son testament.* B. — [2] C. *Es.... execucion* manque dans A. B.
T. — [3] *Biens.* A. — [4] *Fit.* A.

qu'il demandent conte as executeurs des biens qu'il
orent por le testament acomplir, par deus resons : le
premiere resons est porce qu'il sacent que le volenté
de leur predecesseur soit acomplie; et le seconde, porce
que s'il y a remanant des biens par desor l'execussion
paiée, ce doit estre rendue as hoirs; et se li hoir n'en
demandoient pas conte, se le doit demander li quens
ou li evesques et contraindre les executeurs à ce qu'il
en facent lor avenant.

31. Quant testament est fes en tele maniere c'on
laisse certain nombre des biens à paier detes et à rendre torfais, et les persones ne sont pas nommées à qui
les detes et li tor fet doivent estre rendu, li executeur
doivent fere crier par toutes les eglises des viles où li
mors repera, que cil qui vaurront demander detes ou
torfais, viegnent en tel lieu et à tel jor; et quant il
sont venu au lieu, lor demandes doivent estre mises
en escrit; et celes dont li executeur se doutent qu'eles
ne sont pas vraies, il les convient prouver as demandeurs. Et quant li cris a esté fet communement par les
eglises, et il ont les proeves receues des orbes demandés, il doivent regarder combien il sont tenu à paier
et combien il ont des biens de l'execussion; et s'il ont
assés biens por tout paier, fere le doivent; et s'il en
ont trop poi, il doivent retrere le defaute à¹ çascun,
selonc ce qu'il doit penre en l'excussion, car male
coze seroit qu'il paiassent tout à l'un et nient à l'autre. Et s'aucuns atent tant à demander ce qui li est
deu par le reson du testament, que li bien du testament
soient aloué, li execuiteur ne sont tenu de riens à res-

¹ *Selonc.* B. *De.* T.

pondre, car lor pooirs ne' dure fors que tant que li bien² de l'execussion durent.

32. Se li execuiteur sont enpledié³ par devant les juges de sainte Eglise ou par devant cix de le cort laie, pour aucune coze qui apartiegne au testament, il se poent bien tenir saisi des biens de l'execussion, dusqu'à⁴ le valeur de le demande c'on lor fet et des coz qui poent naistre el plaist, si que il puissent paier ce qui sera jugié contr'aus. Et en tel maniere porroient li execuiteur fere fraude en tel cas, si que il en porroient estre damacié; si comme s'il alouoient les biens de l'execussion, le plet pendant, porce qu'il se peussent escuser par dire : « Noz n'avons nul des biens de « l'execussion. » Mais s'il avoient aloué les biens de l'execussion avant que li ples fust commenciés, dire le porroient, et devroient estre delivré du plet; et encore, se li ples estoit por lais⁵ et il alouoient les biens de l'execussion en paier detes et torfais; et fust devant le plet entamé ou après, li executeur n'en devroient estre de riens repris, car se li lais estoit toz clers et toz conneus à celi qui enplede, · 'en aroit il riens devant que detes et torfais seroient paié. Et por ce ne doivent pas li executeur laissier à paier detes et torfais por le plet des lais. Mais se li ples est por detes et por torfais, il se doivent tenir saisi, si comme il est dit dessus.

33. Quant li executeur ont paié ce qui est contenu el testament, et il ont remanant de l'execussion, et il ont fet crier par trois fois, si comme dit est, que qui lor vaurra riens demander qu'il viegne avant, et il

---

¹ Si. B. — ² Li pooir. B. — ³ Em plait. B. — ⁴ Manque dans T. — ⁵ Les executeurs. B.

ont acompli les demandeurs par paier ou par bones
deffenses, si ques il demeurent en pes un an et un jor
puis le cri : bien poent rendre as hoirs le remanant,
et en doivent estre contraint, car s'il n'i avoit tans, il
porroient dire malicieusement : « Noz volons retenir
« les [1] biens, porce qu'aucuns ne mueve plet contre
« noz, si que noz aions pooir de noz deffendre, s'on
« noz assaut. » Et encore devant l'an et jour, quant li
cri sont fet, et li cler paiement et li executeur demorent sans plet, se li oir à qui li remanans du testament
apartient, voelent fere seurté as executeurs qu'il les
delivreront de coz et de damaches, noz acordons noz
que par ceste seurté il emportent le remanant des biens
de l'execussion.

34. Nus qui escrit le testament, ou qui en est avocas
por les executeurs quant il en ont à pledier, ou qui est
à lor conseil por trouver les resons par quoi li testamens est bons, ou qui ait tenu le testament à bon
en jugement ou par devant bones gens, ou qui ait
creance [2], à tenir tous enaagiés puis le mort de celi qui
fist le testament, ne pot le testament debatre, ne dire
qu'il n'est pas à droit fes, car en toz ces cas il ont aprové
le testament à bon, par l'ayde qu'il y font.

35. Se cil qui fet le [3] testament, fet fiancier à ses
hoirs qui sont sous aage ou il sont en aage, mais il sont
en se mainburnie, que il tenront l'ordenance de sou
testament, et après, se cil qui fist le testament muert :
se li hoir voient qu'il feist le testament contre droit, li
creantemens ne lor doit pas nuire; car li sous aagiés
se pot aidier de ce qu'il n'estoit pas en aage de fere

---

[1] *Tenir ces. B. T.* — [2] *Ou qui l'ait à tenir creanté. B.* — [3] *Son. T.*

creantement ne convenence. Et cil qui estoit en aage, mais il estoit en se mainburnie, se pot escuser, par ce qu'il ot peur que s'il ne fesoit se volenté ou ottrioit, qu'il ne moreust en couroz ou en hayne, ou qu'il ne li vendist son heritage s'il [1] escapoit. Mais neporquant, quant à Dieu noz creons que cil qui estoit en aage se meffet, s'il va contre che qu'il fiancha et jura.

36. Cil qui est encore el ventre se mere, el tans que cil dont il est hoirs fist son testament, le pot rapeler, s'il fu fes contre droit, car aussi bien li doit on garder son droit comme as autres.

37. Il avient aucune fois que cil qui fet son testament n'a nul enfant, mais se feme est grosse, et l'a encore si poi porté, c'on ne le set pas; et fet cil son testament en autre maniere qu'il ne le feist s'il quidast avoir enfans, et muert avant qu'il sace que se feme soit grosse, si ques il ne rapele pas son testament. Et quant cex cas avient, on doit moult penre garde se li oirs est moult bleciés du testament; si comme se cil laissa toz ses muebles et ses conquès, et il n'avoit pas autre heritage convenable à son enfant : on li doit fere restor du testament, si ques il puist avoir soufisamment selonc son estat; car on doit croire qu'il n'eust pas fet cel testament s'il eust hoir de son cors.

38. Se execuiteres vendoit heritage par le vertu du testament, si comme le quint qu'il pot laissier par coustume, li parent du mort le poent aussi bien rescorre par le bourse [2], comme se cil l'eust vendu, qui

---

[1] *S'il en.* B.

[2] C'est-à-dire faire le retrait de l'héritage, en offrant le prix payé par l'acquéreur.

fist le testament; car li heritier ' ne sont pas arriere
du droit de le rescousse por le raison du testament.

39. Il a différence entre les dons qui sont fet en
testament et cix qui sont fet hors de testament, car il
est clerc coze que tout che qui est pramis en testament, soient don ou ammosnes ou restitutions,
poent estre rapelées par celi qui fist le testament ou
apeticiés ou creues à se volenté, tant comme il vit.
Mais ce ne pot en fere des dons que on done ou pramet
hors du testament, car il les convient aemplir; et le
resons si est, c'on ne pot à nului demander, tant
comme il vit, par reson de testament; porce qu'il
loist à celi qui le fet à amender ou à rapeler le, comme
il est dit dessus.

40. Testament qui est fes sans escrit, pot bien valoir quant il est tesmongniés par le serement de deus
loiax tesmoins, sans nule souspechon, et qu'il soient
tel qu'il n'aient nul porfit el testament; car s'il y aten-
doient à avoir porfit, lor tesmongnages ne vaurroit
riens. Et cha en arriere ne vausist pas li testamens qui
ne fust escris, s'il ne fust tesmongniés par cinq persones, si comme noz avons entendu des signeurs de lois;
mes nostre coustume a corrumpue ceste loi et suefre que
testamens se prueve par deus loiax tesmoins ², et aussi
font toutes autres quereles, selonc nostre coustume.

41. Aucune fois avient il que aucuns hons s'en va
hors du païs, et laissent lor testament fet et ordené
avant qu'il muevent, en le main de lor exccuiteurs; et,

---

¹ *Les heritages*. B.

² Ce changement avait été introduit, à la fin du xiiᵉ siècle, par le
pape Alexandre III.

avant qu'il reviegnent, il ont volenté de fere autre testament là u il sont, tout nouvèl; et en fesant le deerrain testament, il ne rapelent pas le premier; et après il muerent, et viennent li deus testament en place. Or est à savoir se li premiers testamens tenra en cest cas ou s'il sera rapelés par le deerrain testament. Et noz, selonc nostre coustume et selonc nostre avis, en determinons en ceste maniere, que là où li deerrains testamens ne fera mention de rapeler le premier, ne contrarietés ne sera trovée el deerrain testament, par quoi il apere que le volentés du mort fust tele que li premiers ne fust pas tenus : li premiers et li deerrains doivent estre tenu por testament; et apert, puisque contrairietés ne rapiaus ne sont trouvé el deerrain, que ce n'est fors qu'ajoustemens de testament; si comme il avient aucune fois c'on fet son testament, selonc son estat, au departir de son païs, et, quant on est hors, on le fet des cozes que on en a portées de son païs, ou c'on a aquises de nouvel, ou des cozes meismes qui demorerent, lesqueles poent estre laissiés en testament et ne furent pas laissiés el premier testament : en toz tex cas vaurroit li premiers testamens et li deerrains.

42. Porce que noz avons dit ci dessus que li premiers testamens ne vaurroit riens se contrarietés estoit trouvée el deerrain, il est bon que nous esclairons quele contrarietés taut le premier, quant il n'est pas rapelés especialment.

Le contrarietés si est tele : quant il laisse el deerrain le contraire [1] de ce qu'il laissa el premier, si comme

---

[1] T. Le contrarieté; A.

s'il dist : « Je voil que mi executeur preingnent dix
« livres que Phelipes me doit et qu'il les doignent as
« povres. » Et el premier testament il est contenu qu'il
avoit quité au dit Phelipe ces dix livres : en tel cas
apert il que li deerrains est contraires au premier, et
por ce convient il que Phelipes pait les dix livres. Ou
s'il laissa el premier à une certaine persone dix livres,
et il laisse el deerrain, à cele meisme persone, cent
saus : le persone ne pot demander que les cent saus
du deerrain testament, car il ne se pot aidier du
premier testament, puisqu'il fist mention de li el
deerrain; car il apert qu'il restaint les dix livres à
cent saus. Et si entendés que noz n'entendons pas, se
contrarietés est trouvée au deerrain testament, en
plusors cas, de ce qui est contenu el premier, que li
premiers testamens soit faus, fors es cas où le contrarietés sera trouvée; si comme s'il est ordené el premier
testament que aucuns me laissa le quint de son heritage ou autre certaine coze, par reson de restitution
ou d'ammosne; et il n'en fet el deerrain testament
point de mention de mi, ne il ne laisse à autrui ce
qu'il me laissa : je le puis demander par le reson du
premier testament, tout soit contrarietés trouvée contre plusors qui furent nommé el premier testament
par le deerrain; car le contrarietés qui est trouvée
contre autrui et non pas contre mi, ne me doit pas
grever. Mais s'il avoit laissié à autre personne que à
mi, par le deerrain testament, ce qu'il me lessa par
le premier, je ne le porroie demander, car il aparroit
par le deerrain testament qu'il ne vaut pas que je
l'eusse.

43. S'aucuns fet deus testamens en divers tans, et

çascuns vaut en tout ou en partie par les resons dessus dites, et çascuns testamens doit estre demenés par divers executeurs; si comme se il eslut autres executeurs au deerrain testament qu'il ne fist au premier, ce n'est pas contrarietés qui taulle le vertu du premier testament; car il avient bien que li mors, por haster se execussion, veut que elle soit mainburnie par deus peres de gens. Mais [1] en tele maniere pot estre faite [2] le conclusion du deerrain testament que ele rapele le pooir des premiers executeurs; si comme s'il dit generalment : « Je voil que mi executeur aient toz « mes biens, por aemplir me deerraine volenté » : par tex mos seroit ostée le vertu du premier testament et li pooirs des premiers executeurs; et por ce quant tel cas vienent ainssi, doit on moult bien penre garde as significations des paroles qui sont contenues el testament.

44. Toutes les fois que paroles sont dites, soit en testament ou hors de testament, les queles paroles ont plusors entendemens, on doit penre le meillor entendement por celi qui le parole dist; car on ne doit pas croire qu'aucuns die parole qui li nuise à essient, devant qu'il le dist si clerement et par si cleres paroles, que autres entendemens n'i puist estre trouvés. Donques, s'aucuns fet testament et il a el testament aucune parole obscure ou aucune où il ait deus entendemens, on le doit jugier selonc l'entendement c'on doit avoir pour sauver s'ame. Et se le parole est dite en autre querele, on doit jugier que cil le dist à ceste fin que ele li vausist à se querele gaaignier. Et les paroles qui

---

[1] *Car.* B. — [2] B.

sont obscures doit en fere esclaircir, se eles poent
estre esclarcies, avant c'on les mete en jugement. Mais,
porce qu'eles ne poent estre esclarcies en testament,
porce que cil qui les dit est mors, doit on jugier selonc
le mellor partie à son oes. Et de ces paroles où il a
plusors entendemens et qui sont obscures, n'est il nus
mestiers c'on les escrise, por ce qu'aucuns n'i puisse
penser aucun malice; mais legierement le pot on savoir
et connoistre selonc ce que li cas aviennent. Si noz
en souferrons à tant.

45. Il ne loist pas à toz à fere testament, car cil qui
est sous aage en autrui bail ou en autrui garde, ne pot
fere testament, car il n'a riens; ne li forsenés ne li
fols naturex, car il n'ont pas sens ' por quei coze qu'il
facent doie estre tenu. Mes se li forsenés ou cil qui est
queus en frenisie firent testament, avant que ce lor
avenist, il vaut, nis s'il le rapeloient el tans de le for-
seneric ou de la frenisie ², car coze qu'il facent en tel
point ne lor doit grever contre le bone volenté qu'il
orent devant; ne cil qui point ne parolent, porce qu'il
sont muel de nature ou si apressé de maladie qu'il ont
perdue le parole; ne cil qui sont condampné par lor
meffet par jugement, car il n'ont riens; ne cil qui sont
bani sor le hart, du roiame, por vilain cas de crieme,
de coze qu'il aient el roiame ², car il meffont tout le
leur comme ataint du fet, puisqu'il n'ozent droit aten-

---

' Manque dans T. — ² T.

³ Le bannissement perpétuel ou à temps, et les pèlerinages plus ou
moins éloignés, selon la grandeur du délit, étaient des peines fréquemment prononcées au moyen âge.

dre; ne hous de religion, que quanques il a est à se
Eglise, exceptés les prelas et les autres religions où
aucuns pot avoir propre, si comme canoines et prestres
seculers; car tex gens poent tenir lor heritages et fere
ce qu'à lor religion apartient, et por ce poent il fere
testament. Mes bien se gardent en lor consciences
comment il l'ordeneront des biens qui lor sont venu
de lor eglises, car mix vaut qu'il les laissent à lor
eglises que aillors, s'ainsi n'est qu'il voient lor eglises
en bon estat et qu'il soient meu par cause de pité à
laissier en autre lieu ce qu'il ont espargnié.

46. Aucune fois avient il que cil qui font lor testament, sont deçeu en ce qu'il quident que ce qu'il
laissent soit lor, et il est autrui; si comme s'aucuns
laisse une pieche de terre qu'il quidoit qu'ele fust soie,
et ele est autrui : en tel cas doit on regarder por quel
cause il fu meus à laissier le, ou por fere restitution de
torfet ou por ammosne ou por amor carnele ou en
paiement de dete qu'il devoit; et s'on voit qu'ele fust
laissié por dete ou por restitution de torfet, restor li
doit estre fes de le valor de le coze, nis s'il n'estoit ou
penre, fors que sor ce qu'il aroit laissié par reson d'ammosne. Mais se li lais li avoit esté fes par ammosne ou
por amor carnele, li lais seroit de nule valeur, car on
ne pot fere don ne ammosne d'autrui coze; ne l'ammosne que cil devisa, quant il fist son testament, ne
doit pas nuire à celi à qui on devoit dete ou torfait.

47. Cil qui laisse aucun lieu saint ou aucune coze
sainte, et quide qu'ele soit soie et ele ne l'est pas, tex
lais sont de nule valeur. Et s'aucun à aucune coze
sainte ou sacrée qui soie soit, il le pot lessier en testa-

ment à lieu convenable ou à persone qui soit convenable de tel coze recevoir. Car s'aucuns laissoit demain les aournemens d'un autel à persone laie, qui n'aroit point de capele por fer ent¹ son porfit, on ne le devroit pas soufrir, car les cozes qui sont establies à Diu servir, si ne doivent en nule maniere estre mises hors des mains à cix qui sont establi à fere le service nostre Segneur.

48. S'aucuns me laisse en son testament ce meismes qui est mien, li lais est de nule valeur, car por noient me laisse ce qui est jà mien. Et ce cas avons noz mis en nostre livre, por aucune doute que noz avons veue de cix qui en lor testament laissoient à lor femes ou les femes à lor segneurs, aucunes certaines cozes de lor muebles ou de lor conquès, si comme en disant : « Je « laisse à me feme cele piece de terre qui siet en tel « lieu », ou : « Je laisse mon palefroi ou aucune propre « coze »; et quant il estoit mors, le feme disoit qu'ele avoit le moitié de son droit en ce qui li estoit laissié, si requeroit, porce qu'il li avoit le tout laissié el testament, que restors li fust fes de le moitié, qui soie n'estoit pas, ains estoit à le feme de son droit. Et li executeur disoient encontre, que ele s'en devoit tenir por paiée, puisqu'ele avoit tout ce qui fu laissié, comment qu'ele l'eust eu, ou par son droit ou par le vertu du testament; et sor ce il se mirent en droit. Il fu jugié que nus restors n'en seroit fes à le feme, et que li testamens ne descendoit fors en tant comme cil y avoit qui le testament fist. Et par cel jugement pot on veoir

___

¹ *Pour en fere.* T.

que cil qui me laisse ce qui est mien, ne me laisse
riens.

49. S'aucuns fet testament et il ordenne, puis le
testament fet, le contrarieté de ce qu'il ordena ou
laissa en son testament : li testamens est de nule valeur
en tel cas; si comme s'il me laissa en son testament
vingt livres que je li devoie, et après le testament fet,
i me contraint à paier les vingt livres : il apert qu'il
rapele son testament de tant comme à mi monte. Ou s'il
me laissa une piece de terre, et après le testament il le
vent ou à mi ou à autrui : je ne le puis pas après demander par reson de testament, car il apert que ce ne
fu pas se deerraine volentés que j'eusse tele tere par
reson de testament.

50. S'aucune coze est laissié entiere à pluiseurs persones par mespresure, si comme s'il dist u testament :
« Je voil que Pierres ait mon cheval », et après il dist
en cel testament meisme : « Je voil que Jehans ait mes
« cevax » : li ceval doivent estre departi moitié à moitié
entre Pierre et Jehan, car il apert que li mors si veut
le porfit de li un et de l'autre, et çascune partie ne les
pot pas toz avoir, si ' doit on sivir le volenté du mort
au plus près c'on pot.

51. Quant aucuns laisse aucune coze à autrui, et il
nomme le nom de celi à qui il laisse et oublie le sornom, ou il nomme le nom et le sornom, et plusor se
traient avant, qui ont cel meisme nom et le sornom; si
comme on diroit demain ' Pierres de Clermont, et il
y aroit plusors qui areient nom Pierres de Clermont :

---

' *Et pour che.* B. — ' Manque dans T.

on doit regarder en tel cas auquel Pierre li mors entendi. Et che porra on savoir par presontions; si
comme se li mors ot à fere ou à marceander, et' prist
le service de l'un et nient des autres : on doit entendre
que ce fu à celi. Et s'on n'i trueve tex presontions, on
doit regarder as autres; si comme se li uns est povres
et li autres riches, on doit mix croire qu'il laissast au
povre que au rice. Si doit on baillier les lais à celi de
qui on croit que li mors l'entendist.

52. Quant on laisse aucune coze chertaine et le coze
perist de soi meismes, avant que cil soit mors qui fist
le testament, ou après se mort, avant qu'ele soit baillié à celi qui ele fu laissié, sans le coupe des executeurs,
si comme se uns cevax est laissiés et il se muert, ou
une meson et ele art, ou vins et il espant : li damaces est à celi à qui li lais fu laissiés, ne nus restors
n'en doit estre fais. Et s'il ensivoit les executeurs por
avoir restor et lor mist sus que le coze seroit perie
par lor coupes, se le coupe estoit tele que li executeur
eussent le coze perie, convertie en lor porfit, il seroient
bien tenu à restorer le damache; mais s'il gardoient
le coze en bone foy, dusqu'à tant qu'il eussent paié
les detes et les torfais, et ele perissoit en tel delai : il
n'en seroient pas tenus à restorer le damace, porce
que detes et torfais doivent estre paié avant que li
lais, si comme noz avons dit ailleurs, en cest capitre
meismes.

53. S'aucuns de cix qui font lor testamens laissent
toutes lor bestes, sans especefier² autrement : s'il a
fouc³ de brebis, on doit entendre que ce sont eles

---

qu'il a lessiés. Neporquant, par le mot[1] qui est si gene-
raus, noz creons qu'il emporteroit tout ce qui est tenu
por beste : cevax, vaques et porchiax ; et autres bestes,
se il les avoit. Mais s'il disoit : « Je laisse men fouc de
« bestes », on n'i devroit entendre que les brebis, car
on ne dit pas *fouc de vaques* ne *fouc de cevax*, mais
on dit bien *fouc de porchiaus* et *fouc de brebis ;* et por
ce s'il disoit : « Je laisse men fouc de bestes », il seroit
entendus des brebis, et s'il disoit : « Mes fous de
« bestes », et il avoit plusors fous de brebis et de pourchiax, il seroient tout entendu. Et s'il en ostoit aucune
puis le testament fet ou il l'acroissoit d'autres, toz jors
aroit li testamens vertu en croissant et en apetichant.
Et se cil qui fist le testament ostoit tant de bestes que
li remanans ne deust pas estre tenus por fous, li lais
du fouc seroit de nule valeur. Et on doit entendre fouc
où il a tant de pourchiax ou de brebis qu'il y con-
viengne une garde ; car ce n'est pas fous de bestes, qui
est sans garde establis proprement pour eles ; et por
ce a il, es viles, bergiers et porquiers qui gardent les
bestes de cix qui en ont si poi qu'il n'i voelent pas
metre propre garde por aus : et por che s'on l'apele fouc
quant eles sont toutes ensanlle, ne pot pas çascuns dire
de cix qui bestes i ont, qu'il i[2] ait un fouc de bestes[3].

54. Toutes cozes qui sont laissiés par lor propre
nom en testament, se eles empirent ou amendent puis
le testament fet, li amendemens ou li empiremens est à
celi à qui ele fu laissié ; car il est bien resons que cil qui

---

[1] *Mort.* B. — [2] T.

[3] Sur le sens légal du mot *foucq*, voyez Laurière, *Glossaire du
Droit françois*, t. I, p. 499.

pot avoir le damace ait le porfit. Si comme s'aucuns laisse une piece de terre qu'il aceta ou [1] le quint de son heritage, et il, puis le testament, fet meson ou vigne en le dite tere, sans rapeler le testament : cil à qui ce fu laissié en doit porter le terre toute tele comme ele est après le mort de celi. Et eucontre ce, s'il avoit meson ou vigne en la tere lessié, quant li testament fu fes, et cil qui fist le testament ostoit le meson ou essartoit le vigne, cil à qui li lais fu fes ne porroit demander le coze, fors que tele qu'il le trouveroit. Et par ce que noz avons dit, pot on entendre de toutes cozes qui poent amender ou empirier puisque li testament sont fet, si comme noz avons dit devant.

55. On pot bien, selonc nostre coustume, fere lais par condition, si comme s'aucuns dist : « Je laisse à « me feme mes muebles et mes conquès, en tel maniere « qu'ele garde mes enfans et que ele se maintigne loial- « ment en gardant se bone renommée; et s'ele ne fet « ainsi, je voil qu'ele soit tenue à mes hoirs de ce que je li « lais. » Se lais est fes en ceste maniere et le feme n'acom- plit pas le condition, si comme se ele se demaine folement ou met les enfans hors de soi, ele est tenue à rendre ce qui li fu laissié. Et por ce, toutes les fois que lais est fais par condition, cil qui les lais veut avoir, doit fere seurté as executeurs du mort qu'il aem- plira le condition, exeptés les conditions qui sont contre Diu; si comme s'aucuns disoit par erreur [2] en son testament : « Je laisse à Pierre cent livres, en tel « maniere qu'il me venge de Jehan qui me bati », tex lais et tex conditions sont de nule valeur; car s'il avoit

---

[1] *Ou pour.* A. — [2] *Errement.* T

Jehan batu, ne porroit il emporter ce qui li fu convenancié, por le reson de le laide oevre. Ne nul testamens ne doit mie estre fes selonc crualté, mais selonc misericorde. Et aussi ont li aucun laissié aucune fois à lor femes, ou les femes à barons, par tele condition que cil qui sor vivroit ne se remariast pas; mais tele conditions est contre Dieu; et por ce noz est il avis, en cest cas, que cil qui sorvit n'est pas tenus à emplir le condition, s'il ne le creanta à celi qui fist le testament ou s'il ne voua castée. Et si ne doit pas por ce perdre le lais, car resons d'amour et d'ammosne donne que li uns pot laissier à l'autre, et bien en doivent estre ostées les malveses conditions. Et par celes conditions que noz avons dites, pot on entendre les autres qui doivent estre tenues ou non tenues en testament.

56. Voirs est que se li hoirs du testament veut fere bone sauve seurté as executeurs de paier tout ce qui est contenu en testament, par lor main et par lor conseil, on ne li doit pas oster qu'il n'ait le possession des biens au mort; car se li executeur emportoient les biens por le testament paier, et il y avoit remanant par desore le testament paié : si le doivent il rendre à l'oir.

57. Il loist bien à l'oir qu'il face contraindre les executeurs qu'il rendent conte de ce qu'il ont fet du testament que il prirent sor aus, par deus resons : le premiere, si est porce que çascuns doit voloir que le volentés de sen predecesseur soit acomplie ; le seconde si est, porce que s'il y a remanant par desor le testament paié, li pourfis en est siens. Et quant il pot avoir aucun pourfit en le coze, bien est resons qu'il sace quoi ; et ce ne porroit il savoir se contes n'estoit fes du testament.

58. Bon est, porce que les simples gens ne sevent pas le fourme comment on doit fere testament[1], et il en ont mestier à le fois en tel lieu où il ne poent pas avoir legierement conseil, que noz metons en nostre livre le general fourme de fere testamens, si que cil qui vaurront fere testament y puissent trouver exemple de fere testament. « En nom du Pere et du Fil et « du Saint-Esprit, *amen*. Je, Pierres, de tel lieu, fes sa- « voir à toz presens et à venir que je, por le porfit de « m'ame, en men bon sens et en men bon memore, « fas et ordenne men testament en le maniere qui en- « suit : Primes, je voil et ordenne que toutes mes « detes soient paiées et tout mi torfet soient amendé, « conneus ou prouvés, par devant mes executeurs »; et bien doit nommer et especifier en son testament toutes les detes et toz les torfes dont il pot estre sou- venans, car c'est grans pès et grant delivrance as exe- cuteurs et à cex meismes qui sont dit el testament : as executeurs, porce qu'il sont certain de le verité, sans paine, par le tesmognage de celi qui fist le testament; et à chex qui sont nommé el testament, porce qu'il sont delivré du prouver[2]. Et ce qui n'est[3] dit el testa- ment : « Mes detes et mes torfais conneus ou provés « par devant mes executeurs », il les convient prover par deus loiax tesmoins, aussi c'on feroit par devant autre juge en autres quereles; car de le querele du tes- tament, sont li executeur juge en cel cas et es autres, selonc le pooir qui lor est donés el testament. Et se cil qui fet le testament, nomme en son testament au-

---

[1] *La forme dou testament et comment on le doit faire.* B. — [2] *De paier.* T. — [3] *Pour en est.*

cunes de ses detes ou de ses torfès, por ce ne doivent
pas perdre li autre qui loialment le voelent prouver.
Après doit on dire el testament, quant les dettes et li
torfet sont especilié ou dit en general : « Conneus ou
« prové par devant mes executeurs », ce c'on veut laissier et departir por l'ame de li par reson d'ammosne.
Et puis, quant on a dit à qui et combien, on doit dire
et deviser sor quoi il sera pris, si comme sor muebles
et sor conquès ou sor le quint de son heritage ou sor
toutes ches trois cozes, se l'une ou les deus ne pooient
soufire. Et après doit on nommer ses executeurs, et
donner pooir de metre le testament à execussion, en
disant : « Et por toutes les cozes dessus dites mainbur-
« nir, j'ai eslen mes executeurs Phelipe, Guillame et
« Jehan. » Et doit nommer lor sornons. Et lor doit
donner plain pooir de recevoir et de paier et plenere
saisine des biens de quoi li testamens doit être paiés.
Et por le peril que li uns des executeurs ou li deus
n'aient tel ensoine qu'il ne puissent entendre à le besogne du testament, il est bon c'on doinst pooir à toz
ensaulle et à çascun par li, se li autre n'i poent estre.
Et après doit metre le tans que ce fu fet et seeler le de
son seel et du seel à ses executeurs, se ce sont persones qui aient seaus. Et se cil qui fet le testament n'a
point de seel, il le doit fere seeler de seel autentique,
si comme de seel de baillie ou de cort de Crestienté;
car li seaus d'un simple prestre ne vaut que por un
tesmoing; mais se deus prestre y metoient lor seaus,
il soufist quant il tesmoignent en le letre qu'il furent
present au fere le testament, ou il l'oïrent recorder par
celi qui fist le testament et lor requist qu'il y meissent
lor seaus. Et se cil qui fist le testament est apressés de

maladie, par quoi il ne pot pas tant atendre que gens y viegnent qui le puissent tesmogner par seel : s'il est tesmogné par vives vois, il soufist en le maniere que noz avons dit ailleurs, en cest capitre.

59. S'il avient qu'aucuns face son testament et li executeur ont tel ensoine qu'il demeure par lor ensoine à estre mis à execussion, por ce ne doit pas li testamens estre anientis, ançois est resons que si tost comme le connoissance en vient à sainte Eglise ou au segneur de le terre, il doivent fere metre le testament à execussion par loial gent por le porfit des ames.

60. Tout soit il ainsi que li quens qui tient en baronnie, a le connissance des testamens quant on en vient à li, neporquant il ne pot delfendre, se debas est du testament, que li ples n'en soit à le cort de Crestienté ; mais que ce soit avant que 'i ples soit entamés par devant li. Et se ples de testamens est mis à fin en cort laie, comment que il ' soit mainburnis ne par quelque gent que ce soit, il loist à le cort de Crestienté qu'il sace comment il a esploitié, si que s'il y a qu'amender par li, doit estre amendé ; car à eus apartient ce qui est fet por le sauveté des ames, plus qu'à autrui.

## *Explicit.*

Ci define li capitres des testamens, et li quel valent et li quel non.

---

' B. *Ne convient il que il.* A. T.

# CAPITRES XIII.

Des douaires que les fames doivent avoir après le mort de leur maris,
par la raison de leur mariage, et comment eles les puient tenir, et
comment il revient aux hoirs par cause d'hiretage [1].

1. Bon est que après ce que noz avons parlé el capitre devant cesti des testamens, que noz, en cest capitre qui ensuit, parlons des douaires; porce que, après
ce que cil qui sont en mariage ont ordenés lor testamens et lor deerraine volenté et il sont trespassé de
cest siecle, il est mestiers que lor femes, qui demeurent
esbahies et desconfortées, soient gardées que force ne
lor soit fete en ce qu'eles ont acquis par le reson du
mariage après les decès de lor maris; et por ce noz dirons quix douaires eles doivent avoir et comment eles
les doivent tenir, selonc nostre coustume [2].

---

[1] *Par la.... d'hiretage* manque dans A.

[2] Les cours d'Église et les cours laïques connaissaient du douaire
par prévention, mais les dernières n'étaient compétentes en cette
matière, que quand il s'agissait de services personnels, ainsi que cela
fut décidé par l'article premier de l'accord passé entre Philippe-Auguste et ses barons. (*Ordonnances*, t. XI, p. 40.)
Sur le douaire, voyez *Les Establissemens et Coutumes de Normandie*, p. 6 et 61; *Li Droict et lis Coustumes de Champagne et Brie*,
c. XII, p. 211, du tome III du *Coutumier général*; *Livre de Jean
d'Ibelin*, c. CLXXXVII-CLXXXVIII, p. 279-281; *Livre de Geoffroy le
Tort*, c. XVI, p. 449, et §. LXV, p. 467; *Clef des Assises de la
Haute-Cour*, §. CCXXIX-CCXXX, et CCLXIX; *Livre au Roi*, c. XXI, p. 620,
du tome I des *Assises de Jérusalem*; *Les Establissemens*, l. I, c. XI-
XX; c. CXIII, CXXXIII, CLXVI; Britton, c. CI-CIV; *Fleta*, l. III, c. XI; les
*Olim*, t. I et II, *Indices Rerum*, verbis *Dos, Dotalitia, Dotalitium*.
Britton et les auteurs des *Establissemens* de saint Louis ont plus
approfondi cette matière que Beaumanoir, qui s'est ici renfermé dans
l'exposition de la jurisprudence du comté de Clermont.

2. Par la ¹ general coustume, le feme emporte en douaire le moitié de tout l'eritage que ses barons avoit de son droit au jor qu'il l'espousa, s'il n'est ainsi que ses barons n'ait eu feme de le quele il ait enfans; car adont n'emporte ele por son doaire que le quart de l'iretage son baron, car li enfant de le premiere feme emportent le moitié dont lor mere fu douée, et se li hons a eu deus femmes et enfans de çascunue ², le tierce feme n'emporte que l'uitisme; et aussi poés entendre de le quarte feme le sezieme ³. Mais combien que li barons ait eu de femes, s'il n'en a enfans, li douaires de celi qui après vient, n'en est point apeticiés, car li heritages du baron demore en autel estat comme il estoit quant il espousa cele de qui il n'a nul enfant.

3. En plet de douaire n'a point de contremant ne de jor de conseil, mais il a jor de veue; et porce que le feme ne soit damacié por le delai, li juges, si tost comme elle le requiert, doit penre en se main tout ce que ele demande par reson de doaire, et puis connoistre, en presence de partie, se ele y a douaire ou non.

4. Se uns hons, par nostre coustume, a une feme de le quele il a enfans, et le mere muert, li hons ne laira pas por ses enfans, s'il li plest, à vendre son heritage, tout soit ce que le mere as enfans fust doée de le moitié; car douaires, par nostre coustume, n'ahirete ⁴ pas enfans en maniere que li peres n'en puisse fere se volenté de son heritage puis le mort de se feme.

5. S'il avient que uns hons vende son heritage au

---

¹ T. — ² *Chascune des fames.* B. — ³ *Sezine.* B. — ⁴ *N'aherite.* T.

tans de se femme, et le feme ne veut renoncier à son
doaire, li hons pot garantir le marcié au vivant de li
malgré se feme ; et se le feme muert avant de l'home,
il garantist à toz jors ; et se li hons muert avant, le
feme enporte son douaire. Mais si tost qu'ele est
morte, li heritages va à celi qui l'aceta, tout soit ce
qu'ele ait enfans de celi qui le vendi. Et par ce apert il
bien que li enfant ne sont pas aherité par reson des
douaires lor meres, selonc nostre coustume.

6. Encore vi je un jugement par le quel il apert
que li enfant ne sont pas hireté par le reson des
douaires. Car uns gentix hons si ot trois femes ; de le
premiere et de le seconde il ot filles, et de le tierce il
ot fix et filles, et après li gentix hons morut. Les filles
de le premiere feme demanderent le moitié de l'iretage, par reson que lor mere en fu douée ; les filles de
le seconde feme demanderent le quart de l'iretage, por
le reson du doaire lor mere ; et li fiex malles de le
tierce feme demanda l'uitisme de tout l'eritage, c'est à
savoir les deus pars des fiés et le mestre manoir et
l'ommage de le tierce partie de ses sereurs, tout fust
ce que eles fussent ains nées des premiers mariages ;
et sor ce se mirent en droit. Il fu jugié que li hoirs
malle de le feme derraine emporteroit l'uitisme[1], c'est
à savoir les deus pars du fief, le quief manoir et l'ommage de ses sereurs de le tierce partie.

7. Feme qui tient meson en doaire, le doit atenir
de couvreture et de cllosture soufisant. Se feme tient
bos en douaire, elle ne le poet cauper devant que il
ait sept ans tous acomplis. Se feme tient vignes en

---

[1] Le neeische B.

doaire, il convient qu'elle les maintiengne en tel maniere qu'eles ne soient essilliés. ·

8. La femme, par nostre coustume, emporte en
son douoire le cief manoir, tout soit ce que ce soit
forterece; et tout l'enclos, tout soit ce qu'il soit tenus
de plusors segneurs. Et cel cas de le forterece, ai je
veu debatre et puis aprouver par jugement.

9. Il est au quois de le feme, quant ses barons est
mors, de laissier tous les muebles et toutes les dettes
as hoirs et d'emporter son doaire quite et delivre; et
s'il li plest, ele pot partir as muebles, et se ele y part,
ele est tenue à se part des dettes. Et puis que ele a pris
l'un des cois, ele ne pot pas recouvrer à l'autre, ains
convient qu'ele en suefre son preu ou son damace. Or
est à savoir, se ele en veut porter se part des muebles,
se ele fera seurté as hoirs ' de paier se part des dettes.
Il fu jugié à Creeil, qui est des membres du conté de
Clermont, qu'ele n'estoit pas tenue à fere seurté, car
li hoirs s'en pot deffendre envers les deteurs qu'il n'est
tenus envers eus que de se partie. Mais il est bone coze,
s'il est denoncié au juge qu'ele ait petit heritage por
se part des detes paier, ou ' qu'ele uze folement des
muebles ou qu'ele s'en veut aler hors du païs, que li
siens soit arestés dusques à tant que elle ait fait bone
seurté au segneur; mais s'ele ne veut, ele ne se justi-
cera, fors par le cort de Crestienté, el tans de se
veveté.

10. Quant femme se remarie, ele revient du tout en
le juridition de le laie court.

11. El point que le feme muert qui tient en doaire,

---

' *Au cois.* A. — * *El.* B.

li doaires vieut as hoirs el point qu'il est el tans du trespassement à le femme, tout soit ce qu'il y ait bos à coper en aage ou vignes prestes à vendenger, ou blés ou mars pres à soier ou pres à fauquier. Mais s'il y a rentes ou deniers deus, dout li termes soit passés ains qu'ele muire, tex detes sont as hoirs de le feme ou à son testament aemplir, se elle le demande.

12. La general coustume des douaires de ce que le feme enporte le moitié de ce que li hons à au jor qu'il l'espouse, si comme j'ai dit dessus, si commencha par l'establissement le bon Roi Phelippe, roi de France, li quels regnoit en l'an mil deus cens et quatorze. Et cest establissement commanda il à tenir par tout le roiame de France, exeptée le couronne et plusors baronies tenues du roiame, les queles ne se partent pas à moitié por le douaire, ne n'enportent les dames en douaire, fors ce qui lor est enconvenencié en fesant le mariage. Et devant cest establissement du bon Roy Phelippe, nule feme n'avoit douaire, fors tel qui li estoit convenencié au mariage*. Et bien apert que le coustume estoit tele anciennement, par une parole que li prestres fet dire à l'omme, quant il espouse, car il dist : « Du doaire qui est devisés entre mes amis et les « tiens, te deu. »

13. Se tere esquiet de costé ¹ à celi qui est mariés, comme d'oncle ou d'autain, de frere ou de sereur, ou

---

* *De costé* manque dans B.

* Cette ordonnance ne nous est point parvenue. Laurière pense (*Ordonnances*, t. I, p. 46) qu'elle fut rendue en 1214. Nous croyons qu'elle ne le fut qu'en 1219, et que le fragment rapporté par ce savant auteur. p. 58, et sous cette date, n'est autre chose qu'un article de

de plus lointaing degré de lignage, et li hons muert, le feme n'i a nul douaire en tel maniere d'esqueanoe. Mais s'aucune tele esquence est esqueue à l'omme avant qu'il ait espousé, il est aperte coze qu'ele en est douée, aussi bien comme du propre heritage à l'omme.

14. S'aucune descendue d'eritage vient à l'omme el tans qu'il a feme, comme de son pere ou de se mere ou de son aiol ou de s'aiole, ou de plus loins en descendant, et li hons muert puis cele descendue, ains que le feme : la feme emporte le moitié par le reson du doaire. Mais se le descendue vient après ce que li hons est mors, tout soit ce qu'ele en ait enfans, ele n'i pot demander douaire; car li barons n'en fu onques tenans, ains vient as hoirs. Et se li hoir ne sont aagié, le garde des hoirs et des heritages apartient à le mere. Et aussi tenroit ele le garde de toutes esqueances qui venroient à ses enfans sous aagiés.

15. En un cas aroit bien feme doaire de l'iretage dont ses barons n'aroit onques esté tenans ne prenans; chest à savoir se uns hons se marie et il a mere, le quele mere tient en hiretage doaire de par le pere au marié; se cil mariés muert et le mere aussi après, qui tenoit en doaire, le feme au marié enporte le moitié de ce que le mere tenoit en doaire; car il estoit jà descendus du pere au marié, le mariage durant, si que le mere n'i avoit que la moitié de se vie; et porce revient il au secont douaire, ainsi comme se le dame fust morte au vivant de son fil.

l'établissement sur les douaires. L'introduction du douaire légal, et sa fixation à un taux aussi élevé, sont l'acte législatif le plus important du règne de Philippe-Auguste.

16. Trois cas sont es quix li hoir n'emportent pas le douaire ausi vestu comme il le truevent. Li premiers cas si est, quant feme baille à moitié à gaaignier les terres qu'ele tient en douaire; car, en cel cas, s'ele muert ançois que li bien soient despoullié, li gaaignieres enporte se moitié, s'il n'est ainsi que li hoirs voille rendre au gaaigneur les coz resnables qu'il a mis; car le feme ne pot garantir marcié qu'ele face de son douaire puis le tans de se mort, ne il n'est pas resons que li gaaigneres perde ce qu'il y a mis par cause de bone foy. Et neporquant, en aucen cas porroit bien li gaaigneres folement metre, si comme s'il le prendoit à plusors anées à ferme, si comme à fumer ou à maller ou à vigne planter, car en ces cas li hoir ne sont tenu à tenir le marcië puis le mort de le feme, ne à tix cous rendre. Li secons cas si est, se[1] feme a baillié son doaire à ferme de grain ou de denier, et ele muert avant que les despuelles soient levées; en tel cas ne doivent penre li hoir que[2] ce que li fremier doivent. Et s'il voit que le coze fu baillié à mal resnable pris, adont porroit li oirs penre toutes les despueilles par le gaainguié[3] paiant. Li tiers cas par coi li hoir n'emportent pas ce qui est seur le doaire[4], si est le bos quant il est copés, ou les viugnes quant les crapes sont copées[5], ou les blés ou les mars quant il sont soié avant le mort de le femme, car ce sont muebles qui sont desseure de l'iretage. Mais aucunes fraudes en poroit on fere là u il aroit à amender; si comme s'on hastoit le bois de coper, ains qu'il eust aage de sept ans, ou vignes vendengiés en vergus ou

---

[1] *De aucune.* B. — [2] *Fors.* B. — [3] *Gaaingnage.* B. — [4] T. *Par coi.... doaire* manque dans A. — [5] Manque dans T.

despuelles soier trop vers, et puis morust le feme ains
le terme que ces cozes deussent estre despoullié : en
ce cas porroit li hoirs penre les despuelles, se eles
estoient sor l'eritage. Et seroient li hoir de le femme
morte tenu à rendre les damaces de ce que cil bien
aroient esté trop tost despoullié, nis se li bien avoient
esté mis hors du douaire avant que le feme morust;
car che seroit torfais apers, et por ce aroit li hoirs action de demander tex manieres de torfais as hoirs de le
feme ou as executeurs, se ele avoit executeurs qui tant
eussent des biens à le feme qui peussent tex damaces
restorer.

17. Encore vi je fere un jugement par le quel il
apert que li oir ne sont pas herité par le reson des
doaires lor meres; et fu li jugemens tix que uns chevaliers si ot deus femes : de le premiere il ot un fil,
de le seconde il ot un fil et une fille, li chevaliers morut et se feme aussi. Li enfant partirent selonc le
coustume du païs, puis avint que li fix malles de le
derraine feme morut. La suer vaut avoir s'esqueance,
par le reson qu'ele estoit se suer de pere et de mere, et
par le reson qu'ele avoit esté douée de ce que ele et ses
freres avoient enporté en partie, au quel douaire avoir
il n'avoit plus d'oirs que li. A ce respondi li oirs malles
de le premiere feme et disoit, qu'à li apartenoit ceste
esqueance par deus resons : le premiere, porce que
suers ne partissent pas à nule esqueance de costé; et
le seconde, porce que douaires n'ahiretoit pas par le
coutume de le conté; et comme li heritages vient de
par son pere qui fix il estoit et oirs malles, il requeroit
à avoir l'esqueance de l'iretage, et sor ce se mirent en
droit. Il fu jugié que li oirs malles enporteroit le dite

esqueance et que le suer n'i aroit riens. Et par ce apert
il que douaires n'ahirete pas, selonc nostre coustume.

18. Che que noz avons dit par plusors resons, que
douaires n'ahirete pas par le coustume de Biavoisis,
noz l'entendons des heritages qui sont tenu en fief;
car li heritage qui sont tenu en vilenage se partissent
selonc les douaires; si comme s'il avient que uns hons
ait eu trois [1] femes et enfans de çascune feme, et après
li peres muert : li enfant de le premiere feme emportent
le moitié de toz les vilenages, par le reson de ce que
lor mere en fu douée; et li enfant de le seconde feme
emportent de l'autre moitié le moitié, c'est à entendre
le quart de tout l'eritage, porce que de tant fu lor
mere douée. Et li enfant de le tierce feme emportent
de l'autre quart le moitié, c'est à entendre l'uitisme
de tout, porce que de tant fu lor mere douée. Et
quant ces parties sont fetes, il demeure en l'iretage un
witisme. Ou s'il n'i a que les enfans de deus femes, li
premier en ont porté [2] le moitié et li secont le quart,
il demeure un quart à partir. Si doit on savoir que li
quars, s'il n'i a que deux peres [3] d'enfans, ou li witisme
s'il y a enfans de trois femes, se doit partir ygalement
entre toz les enfans, soient premier ou secont ou
tiers, autant à l'un comme à l'autre; car le partie
du pere qui demoura sans estre carquié de douaire,
nus des enfant n'i a avantage ne esqueance en cix qui
sont tenu en vilenage; car des fiés parlerons noz, el
capitre de descendement et d'esqueance, comment il
se devisent [4].

---

[1] *Deus.* A. — [2] *Emportent.* B. — [3] *Paires.* T.

[4] Chapitre xiv.

19. Tout soit il ainsi que les dames, par le coustume de Biavoisis, emportent les fortereces en douaire, noz l'entendons des fortereces qui ne sont pas castiax, li quel sunt apelé *castel* par le reson qu'il sont quief de le conté, si comme Clermont ou Creeil; car nus de cex n'en seroit portés en douaire. Neporquant, si tost que li sires du castel est mors, le dame doit demorer en le saizine du manoir du castel, dusques à tant que li hoirs li¹ ait fet manoir soufisant, selonc le douaire de le terre et el liu là u li douaires siet, tout soit ce que le dame ait autres manoirs de son heritage. Et ce veismes noz jugier par le dame de Nulli, en l'ostel le Roy². Car quant se sires fu mors, si oirs de le premiere feme qu'il ot eue, le debatirent que ele ne devoit pas avoir le castel de Nulli en douaire, par deus resons : le premiere si est, porce que lor mere en avoit esté douée; et le seconde, porce que c'estoit castellerie; ne onques por ces resons ne demora qu'ele ne l'emportast par jugement. Et par ce apert il encore bien que li hoir ne sunt pas ahireté en Biavoisis, selonc les douaires, es heritages qui sunt tenu en fief, car s'il en fussent aherité aussi qu'il sunt en France ᵇ, ele n'i eust pas eu douaire, puisque li sires de Nulli eust eu autre feme et enfans de cele

¹ Manque dans A.

² Au parlement. Chaque fois que Beaumanoir cite un arrêt qui n'a pas été rendu dans son bailliage, il a soin de l'indiquer.

ᵇ On appelait à cette époque *la France*, les pays qui relevaient directement du Roi ; et, comme on voit ici, les apanages n'étaient même pas compris dans cette désignation.

premiere femme, ançois l'en eussent porté li premier
enfant por le douaire lor mere.

20. Tout soit il ainsi que le seconde feme ou le
tierce enporte tout le manoir en douaire, par le coustume de Biavoisis, por ce n'est il pas as [1] enfans qu'ele
a de celi por qui elle emporte le manoir en doaire;
ançois, quant ele est morte, revient li manoir à l'oir
malle du mort ains né, hors part des autres.

21. Noz avons veu plusors ples entre les dames veves
d'une part et les executeurs ou les oirs du mort de
l'autre, sor ce que, quant le dame renonchoit as
muebles et as detes, si en voloit ele porter se plus bele
robe à parer et son plus bel lit furni, et de çascunne
maniere des jouyax le plus bel; si com le plus bel he-
nap, le plus bel anel et le plus bel capel : si que noz
avons veu en aucuns liex là u il a esté soufert par de-
boneretè, que ele emportoit bien autant de muebles
ou plus comme il demoroit as hoirs ou as executeurs.
Et aucune fois avons noz veu que, quant ele voloit partir
as muebles et as detes, s'en voloit ele porter hors part
ce qui est dessus; mais, Dieu merci, cis debas est
venus devant noz en jugement à Clermont, et a esté
jugié que, quant li sires est mors, soit que le dame
voille partir as muebles et as detes, ou soit qu'ele y
renonce porce que les detes sont grans et li mueble
petit : ele emporte tant solement se robe de çascun
jor, le deerraine qu'ele ot acoustumé à vestir à çascun
jor, el tans que ses barons à couquiés malade, et son
lit tel comme ele l'avoit acoustumé plus communement

---

[1] *A ses.* B. T.

par son gesir ; et tuit autre mueble, quel qu'il soient, doivent venir à partie, se ele partist as muebles et as detes. Et se ele y renoncha, tout doit estre delivré as executeurs que li mors establi ou as oirs, ce qui demeure après le testament paié. Et cel jugement entendons noz aussi bien entre cix de poeste, qui sont de franque condicion, comme entre les gentix hommes.

22. Nus ne doit douter, quant mueble viennent en partie entre les dam    veves et les hoirs et les executeurs de lor segneurs, et n y a blés semés ou tremois ou vignes fetes, dusqu'à tant que le nessance de le crape y apert, que tix despueilles ne viegnent à partie aussi comme li autre mueble, car che sont muebles [1], par le coustume de Biavoisis. Et des coz qui y sunt encore à metre avant c'on puist tix muebles lever, çascune partie y doit metre selonc le partie qu'il en doit porter des muebles, car ce ne seroit pas resons que li executeur feissent soier les blés ou vendengier les vignes au coust de l'execussion, des quix le dame emporteroit se part, et por ce y doit çascuns metre son avenant.

23. S'il avient que li mors muire avant que blé soient semé, mes les terres ont lor roiés [2] ou aucunes de lor roiés, ou les vignes sont fouyés ou tailliés ou provigniés, mais les crapes n'i aparent pas encore : en tel cas ne vienent pas les despueilles qui puis y sont mises en partie, mais li laborages tant solement de tans passé ; si comme se les gasquieres sunt fetes au vivant du segneur, et li doaires à le dame li est assis en

---

[1] B. T. — [2] *Mes les terres si sont labourées à le charue par roez.* B.

teres wides : se les gasquieres sont fetes du sien et du
segneur, il est biens drois et resons que ce qui y fu
mis de se partie, li soit rendu de cix qui emportent
les gasquieres toutes fetes.

24. Voirs est quant il convient que li douaires soit
exeptés [1] de le partie as hoirs, le coustume est tele que
le dame qui veut avoir le doaire, fet le partie; et quant
ele a le partie fet, li oirs du mort prent le quele partie
qu'il li plest. Et por ce est il bon à le dame, se ele met
les teres wides d'une part et les plaines d'autre, que
ele face retenue que se li oir ou li executeur prennent
les teres plaines, que se partie des muebles li soit sauvée,
car se ele laissoit courre le partie sans fere retenue, ele
n'aroit nul restor des teres plaines, porce qu'il sanlleroit que ele aroit tout avalué l'un contre l'autre [2].

25. Douaires est aquis à le feme si tost comme loiax
mariage et compaignie carnele est fete entre li et son
mari, et autrement non.

*Explicit.*

Chi define li capitre des douaires [3].

## CAPITRES XIV.

Des deschendemens et d'esqueanches de costé et de partie de heritage,
et des rapors, et des dons qui ne font à souffrir, et de fere houmage [4].

1. Mout de diverses coustumes sont en parties d'eritages qui vienent en descendant ou par esqueance de

---

[1] *Essieutés.* B. — [2] *Tout mis ens à droite value l'un contre l'autre.*
B. — [3] T. — [4] T. *Et de.... houmage* manque dans A et B.

costé, par le roiame; et por ce noz en parlerons en cest capitre, et dirons comment parties se doivent fere en fief et en vilenage; et si dirons le diference qui est entre descendance et esqueance¹ de costé; et si parlerons des rapors que cil doivent fere qui voelent partir, et comment li don outrageus ne doivent pas estre soufert, et comment li hoir doivent trere à lor segneurs por fere lor hommages².

2. Descendemens, si est quant heritages descent de pere à enfans ou d'aiol à enfans des enfans³; si comme se³ il avient que uns hons a enfans et ciaus⁴ ont enfans, et li premier enfant moerent ains que lor aiols, si que li heritages descent de l'aiol as derrains enfans; ou quant heritage descent de par le mere ou de par l'aiole : tous heritage qui ainsi vienent, on doit dire que c'est descendemens.

3. Esqueance, si est quant heritages esquiet de costé, par le defaute de ce que cil qui muert n'a nul enfant, ne nul qui de ses enfans soient issu, si que ses heri-

---

¹ *Escheoite.* T. — ² T. *Descent à enfans de pere ou d'aiol à enfans, et des enfans.* A. — ³ T. — ⁴ *Chaus.* T. *Il.* A.

* Il ne faut point oublier, principalement lorsqu'il s'agit des successions, que Beaumanoir s'occupe avant tout des coutumes du comté de Clermont. Ce qu'on lit dans ce chapitre, et dans les xviii°, xix° et xx°, ne forme donc pas un traité complet sur une matière qui, pendant le moyen âge, variait selon les pays, selon les provinces, et même selon les localités. Les recherches de l'auteur sont spéciales, et s'appliquent à une époque et à un pays où les fiefs étant entrés dans la circulation, il ne restait que fort peu de ces anciens principes sur les successions féodales, qui ont fourni aux jurisconsultes d'outre-mer une si vaste et si belle matière. Ajoutons qu'il n'était pas possible de mieux faire connaître et de rendre plus claire cette législation mixte qui participait du droit commun et du droit féodal.

tages esquiet au plus prochain parent; si comme à ses
freres, ou à ses sereurs se il n'i a nul frere, ou à ses oncles
s'il n'i a nul frere ne sereurs, ou à ses autains s'il n'i
a freres ne sereurs ne oncles, ou à ses cousins germains
ou à ses cousines germaines s'il n'i a nul plus prochain,
ou à son plus prochain parent dedens le quart degré
de lignage.

4. Quant heritages vient en descendant, se il descent
à sereurs, l'ains née emporte des fiés le cief manoir,
et li remanans si est partis ygalment à çascune; et
vienent les mains nées à l'ommage de l'ains née, de tele
partie comme elles emportent; et l'ains née sereur va
à l'ommage du segneur, de sa partie d'eritage que ele
emporte et des homage des sereurs[a].

5. Se eritages descent à enfans et il y a hoir malle,
li hoirs malles ains nés emporte le cief manoir hors
part, et après, les deus pars de çascun fief; et li tiers
qui demeure doit estre departis entre les mains nés
ygaument, autant à l'un comme à l'autre, soient frere
soient sereurs; et de lor parties il vienent à l'omage
de lor frere ains né.

6. Se vilenages vient à enfans en deschendant ou
en csqueance, il n'i a point d'ains neece, ains emporte
autant li mains nés comme li ains nés.

7. Noz apelons vilenage, heritage qui est tenus de
segneur à cens ou à rente ou à campart, car de celi
qui est tenu en fief, on ne doit rendre nule tele redevance.

8. Il a grant difference entre fief qui vient en des-

---

[a] Conformément à l'ordonnance rendue le 1er mai 1209, par Philippe-Auguste. (*Ordonnances*, t. I, p. 29.)

cendant et fief qui esquiet de costé, si comme il apert par plusors cas que vos orrés.

Li premiers cas, si est que li fiés qui vient as hoirs en descendant, il y a ains neece; car li hoirs malle ains nés emporte les deus pars et l'ommage de ses mains nés, si comme j'ai dit dessus.

En esqueance de costé n'a point d'ains neece, ains emporte autant li uns comme li autres; et va çascuns de se partie à l'ommage du segneur.

Li secons cas, si est que sereurs partissent au tiers du fief qui vient en deschendant, et eles n'emportent rien du fief qui vient par reson d'esqueance, puisqu'il y ait hoir malle aussi prochain du lignage au mort comme elle est. Mais s'il n'i avoit hoir malle aussi prochain, ele en pot porter l'esqueance.

Li tiers cas, si est que nus fiés qui vient en descendant ne doit racat au segneur, en le conté de Clermont, exeptés les fiés et les arrieres fiés de Bules et de Conty, car cil doivent racat au segneur et de fil au pere. Et tout li fief qui viennent de costé doivent racas as signeurs.

9. Marie, gentix feme¹, proposa contre Jehane, se sereur mains née, que ele devoit avoir l'ommage de li, de le moitié du fief qui lor estoit descendus de lor pere et de lor mere, et demandoit à avoir le cief manoir hors part. A ce respondi Jehane, que entre sereurs n'avoit point d'ains neeche, par quoi ele voloit partir en le maison et à l'eritage, moitié à moitié, et venir de se partie à l'ommage de son segneur, et sor ce se mirent en droit. Il fu jugié que Marie l'ains née

---

¹ *Gentiane.* B.

suer emporteroit le cief manoir hors part, et de le
moitié de l'autre moitié ele aroit l'ommage de se suer
mains née; par quoi il apert que suers n'a ains neece,
fors el manoir.

10. Chertaine coze est que tant c'on pot savoir que
il soit nus drois hoirs qui soit venus en descendant,
soit malles soit femele, nus, combien qui soit prochains qui soit de costé, n'en pot porter l'eritage ne
les muebles, se n'est par le reson de l'execussion au
mort; c'est à dire, s'il avient que j'aie freres et j'aie
enfans, et mi enfant ont enfans, et tuit li premier
moerent avant que moi, fors que li deerrain, qui me
sont jà el quart degré de lignage en descendant : il emporteroient avant mon heritage et mon mueble, le
quel mueble je n'aroie pas laissié por m'ame, que ne
feroit mes freres ou uns autres¹, combien qu'il me fust
près, li quix m'apartient de costé. Car nus qui m'apartient de costé, n'en doit porter le mien comme oirs,
tant c'on puist trouver oir qui soit venus de moi en
descendant, combien qu'il me soit eslongés par le
mort des peres et des meres. Car li oirs qui vient en
descendant, represente toz jors le persone du pere et
de le mere, du droit qui pooit venir au pere et à le
mere en descendant.

11. Il est dit que suers ne partissent pas en fief qui
vient de costé, puisqu'il y ait hoir malle aussi prochain
du costé dont li heritages vient; mais il est voirs que se
ce sont vilenages eles y partissent, soit qu'il y ait oir
malle ou non, et emporte autant le suer comme li oirs
malles; car comment que vilenages vienent, il se de-

---

¹ *Ou autres.* B.

partent par teste, autant à l'un comme à l'autre, soient malle soient femeles.

12. En descendant de fief, ne pot avoir que une ains neece entre les hoirs vivans. Et que ce soit voirs, il est aprovés par un jugement qui chi ensuit.

Uns chevaliers à son vivant maria son ains né fil et li donna de son heritage ; après, li chevaliers morut, il ot autres enfans, et li ains nés qui mariés estoit, es-garda qu'il ne feroit pas son porfit de venir à l'ains neece du descendement son pere, por ce qu'il convenoit, s'il en voloit porter, qu'il raportast ce que ses peres li avoit doné à mariage. Et quant ses freres, li ains nés après lui[1], vit que ses freres ains nés[2] ne se treroit pas à l'ains neece du descendement lor pere, il requist à avoir l'ains neece du descendement, contre ses mains nés. A ce respondirent li mains né, qu'il n'avoit u descen-dement point d'ains neeche, porce que lor freres ains nés, qui venist à l'ains neece s'il vausist, en avoit tant emporté de l'iretage son pere, qu'il se tenoit à paiés de l'ains neece ; et por ce il requeroient que li remanans fust partis ygalment entrax, autant à l'un comme à l'autre ; et sor ce il se mirent en droit. Il fu jugié que, porce que li ains nés avoit emporté du pere tant qu'il s'en tenoit à paiés de s'ains neece, li ainnés n'en pooit après point demander, ains partiroient ygamment le descendement du pere, et venroit cascuns de se partie à l'ommage du segneur. Et en cest cas gaaigna li sires les homages des mains nés. Car se li ains nés qui fu ma-riés au tans du pere, se fust trais à l'ains neece du des-cendement, il en eust portés les homages des mains nés ;

---

[1] B. — [2] *Que son frere marié qui estoit li aisnés.* B.

et porce qu'il ne se traist et nus des autres n'en povoit
porter¹ l'ains neece, furent li homage des mains nés
aquis au segneur. Et par cel jugement pot on entendre
que cil que peres et mere marient, ont le quois d'aus
taire, s'il lor plest, ou de raporter ce qu'il en ont porté
et revenir à partie du descendement².

13. Cil qui veut partir au descendement et avoit
porté aucune coze du pere et de le mere, doit raporter
tout entierement ce qu'il emporta, s'il n'est ainsi qu'il
l'aist mis hors de se main, si que il ne le puist rapor-
ter³; et adonques convient qu'il raporte le valeur que
le coze valoit quant ele fu baillié, soit muebles soit
heritages; et quant il ara raporté, il doit partir au descendement, aussi comme s'il n'en eust riens emporté.
S'aucuns en a porté heritage, et il ne le veut raporter,
porce qu'il a edefié sus ou il a amendé le liu, ains veut
raporter le valor de tant com il valoit quant il l'enporta : ce ne soufist pas, ains convient qu'il raporte
l'eritage à tout son amendement; car li amendemens
qui est fes en l'eritage qui pot revenir en partie, doit
estre el porfit de cex qui partie y poent avoir.

14. Quant aucuns emporte heritage, le pere et le
mere vivant, et il a l'eritage empirié, si ques il n'est
pas de valeur por partir au remanant : il doit raporter
le valor qu'il valoit el tans qu'il li fu bailliés, car li em-

---

¹ *Se il n'est ainssi que il ait mis hors de sa main, si que il ne puet
raporter.* B. — ² *Ne povoit demander.* T.

³ La même question fut décidée d'une manière semblable, mais sur
des faits quelque peu différents, au parlement des octaves de la Chandeleur 1261 (*Olim*, t. I, p. 527, n° 1), par un arrêt qui posa ce principe : *Secundum usum et consuetudinem Franciæ, in eadem terra
unica est primogenitura.*

piremens qu'il a fet en l'eritage, ne doit pas estre el
damace d'autrui.

15. Il est dit dessus qu'il loist à celui que peres et
mere marient, qu'il se taise, s'il li plest de venir à partie, et se tiengne à ce qui li est donné. Neporquant, li
dons porroit bien estre donés si outrageus, que li peres
et le mere donerent à celui [1], qu'il ne seroit pas à tenir;
car il ne loist pas au pere et à le mere à donner tant à
l'un de lor enfans que li autre en demeurent orphelin
et desherité. Donques, est ce à entendre que li dons soit
resnables, selonc ce qu'il ont, si que li autre oir n'en
soient [2] pas desherité; car il avient bien que li peres et
le mere aiment tant l'un de lor enfans plus des autres,
qu'il vorroient qu'il peust estre herités de tout le lor,
et ainsi demorroient li autre sans terre. Neporquant,
coustume suefre bien que cil que pere et mere marient,
ait plus qu'il n'emporteroit en se partie; mais que ce
ne soit trop outrageusement. Et cis outrages doit estre
restrains par le juge à le requeste des autres hoirs,
après le mort du pere ou de le mere; car tant comme
il vivent, poent il et doivent garantir à lor enfans che
qu'il lor ont doné en mariage.

16. Quant il avient qu'aucuns fiés vient par reson
de succession ou d'esqueance, il ne doivent pas atendre
que le segneur de qui il doivent tenir le fief, les semongne à venir à lor hommage; car li sires n'est pas
tenus d'eus fere savoir qu'il y viegnent, ançois y
doivent venir dedens les quarante jors que li fief est
esqueus ou descendus; ne ne doivent riens lever du fiés
qui apartiengne à heritage, devant que li homage sont

---

[1] B. — [2] Demourent. B.

presenté à fere au segneur. Et s'il ne le font en ceste
maniere, le sires de qui li fiés doit estre tenus, pot
saisir le fief et fere por sien quanques il en porra lever
des issues, dusqu'à tant que li oir de le coze trairont à
son homage.

17. S'il avient qu'aucuns tiegne son fief sans fere
homage et li sires ne gete pas le main au fief, porce
qu'il n'en set mot, ou porce qu'il resgarde qu'il n'est
pas tenus à fere savoir à celi qui li fiés est venus ou
esqueus, qu'il viegne à son homage; et cil tient le coze
et lieve grant tans; et après ce qu'il l'a tenu grant tans
sans segneur, li sires y veut geter le main : il le pot,
s'il li plest, tenir autant de tans, sans home, comme cil
qui en dut estre ses hons, le tint sans segneur, exeptés
cex qui tiennent en bail. Car s'aucuns soufroit à celi
qui tient en bail à lever les despuelles du fief dont il
doit estre ses hons, et il voloit tenir le fief autant,
sans home, comme il l'aroit tenus sans segneur, et li
hoirs de l'iretage venoit à age dedens cel tans : li sires
ne le porroit pas refuser por le meffet de celi qui le
tint en baillie[1].

18. En un cas est li sires tenus à fere savoir à cex
qui doivent estre si home, que il viengnent à son homage à certain jor et en certain liu, li quex jors[2] ait
quinse jors d'espasse au mains. Quant segnorages se
cange de main en autre, si comme il avient que uns
hons muert qui a homages, et le successions et li drois
des homages vient à son hoir : en cest cas li hoirs doit
fere savoir à cex qui furent home son pere, qu'il
viegnent fere lor homages en le maniere dessus dite.

---

[1] *En bail.* T. — [2] *Jors* est ici pour *délai.*

Et aussi, quant segnorage se cange en autre maniere, par don ou par acat ou par esqueance. Et par ce pot on entende briement, quant aucuns sires vient à tere, il doit fere savoir à ses homes qu'il viengnent à son homage; et quant cil qui tienent de segneur vienent à tere, il doivent presenter à lor segneur lor homage, en le maniere desus dite, en cest capitres meismes [1].

19. Voirs est que cascuns [2] sires qui vient à tere, doit fere homage et soi presenter au segneur avant qu'il semogne les siens homes de venir au sien homage; car devant qu'il a fet vers son segneur ce qu'il doit, il ne doit goïr ne esploitier du fief, si comme dit est en cest capitres meisme.

20. Uns chevaliers et une dame, en lor mariage durant, aceterent un fief en l'eritage du chevalier. Il orent enfans. Après, le mere morut et li enfant demanderent le moitié du fief, par le reson de l'aqueste lor mere; et li chevaliers qui estoit lor peres, dedens l'an et le jor que le mere fu morte, le retraist des enfans par le bourse; et li sires de qui li fiés estoit tenus, requist à avoir deus homages de cel fief : l'un, par le reson de le moitié qu'il y avoit de son droit, par son acat; et l'autre moitié qu'il avoit retraite de ses enfans par le bourse. A ce respondi li chevaliers, qu'il n'i devoit avoir que un homage, car si enfant n'i avoient nul droit de l'iretage, puis qu'il le vausist avoir par le bourse; et quant il estoit hons de tout le fief entierement et nus n'emportoit riens fors li, il n'estoit pas tenus à fere deus homages; et sor ce se mirent en droit. Il fu jugié qu'il n'i devoit avoir que un homage. Mais

voirs est que, se li enfant en eussent porté le moitié par le reson du conquest lor mere, que li peres ne l'eust pas retrait par le bourse, il y eust eu deus homages.

21. Porce que noz avons veu faire[1] plusors demandes as segneurs contre lor sougès, d'avoir deus homages des fiés qui estoient aceté en mariage, quant il avenoit que li uns morust et il en demouroit enfans, tout fust ce que li peres ou le mere s'acordassent que li fiés demourast entiers sans partir à moitié : nous feismes ce desclairer en l'assize de Clermont, en le maniere qui ensuit. Se uns gentix hons et une gentix feme assanllent ensanlle[2] par mariage et acatent un fief et il ont enfans, et après li peres ou le mere muert, et cil qui demeure et si enfant s'acordent ensanlle de lor parties fere, en tel manere que li fiés qui fu acetés demeure toz entiers à l'une des parties : li sires de qui li fiés muet, ne le pot debatre; car il loist au pere ou à le mere de[3] partir contre lor enfans, ou as enfans l'un l'un vers l'autre, s'il n'ont ne pere ne mere, si porfitablement comme[4] il lor plest, sans lor fief departir ne depecier; exepté que se li mains né emportent, par le gré de l'ains né, nus des fiés entiers ou plus du tiers d'aucun des fiés : li ains nés des enfans en pert les homages de ses mains nés, et en vienent li homage au segneur. Et s'il avient que çascuns[5] trnie[6] à tele partie comme coustume li[7] done, sans autre acort fere, soit du pere ou de le mere contre les enfans, ou des enfans l'un contre l'autre, ou des autres esqueances de costé : tantes parties sont fetes tant d'ommages y a, et sont tuit li ho-

---

[1] B. — [2] *Sont assambles.* B. — [3] B. *A.* A. — [4] *Quant.* B. — [5] *Aucuns.* B. — [6] *Si ce traie.* B. — [7] T.

mage as signeurs; exepté que li mains né emportent,
par reson de descendement, contre lor frere ains né.
Car, si comme noz avons dit en cest capitre, il en
doivent porter le tiers des fiés et venir à l'ommage
de lor ains né. Et s'il ont le tiers en plusors fiés ou il
s'acordent qu'il aient por lor tiers un fief entier, tout
soit il ainsi que li fiés entiers ne vaille pas plus que li
tiers qu'il avoient par tout, neporquant li ains nés
n'en pot retenir l'ommage, ançois vient li hommages
au segneur. Et toz ces cas dessus dis avons noz fet[1][a]
passer par jugement. Pierres devoit avoir à home Jehan, d'un fief qui estoit venus au dit Jehan d'esqueance
de costé, et sor ce fief avoit deus doaires tous vivans,
dont li premiers doaires emportoit le moitié, et li secons douaires le moitié de le moitié, si ques il ne demeuroit à Jehan, qui estoit drois oirs, que le quart du
fief tenant et prenant. Et porce qu'il vit qu'il li convenroit tout le fief racater, aussi bien ce qui estoit tenu
en douaire comme ce de quoi il pooit demourer tenans
et prenans, il ne se vaut traire à l'ommage ne au racat;
et Pierres, porce qu'il n'en avoit point d'omme, prist
et leva le quart du fief qu'il trouva delivre; car les
douaires ne pooit il ne ne devoit empeequier. Et quant
ce vint cinq ans après ou six, li douaire morurent;

---

[1] T. *Veu*. A.

[a] Le manuscrit A porte *veu*, tandis que B et l'imprimé donnent *fet*.
Nous avons adopté cette dernière leçon, parce que, dans des assises
telles que celles de Clermont, le bailli était, à vrai dire, l'arbitre du
jugement, et que Beaumanoir, en se rappelant une sentence qui y
avait été rendue, devait certainement dire qu'il l'avait fait rendre. Il
se fût exprimé conformément à la leçon de T, si l'assise de Clermont
eût été une assise de chevaliers.

et quant Jehans vit le fief delivre des douaires, il traist
à Pierre, qui sires estoit des liex, et li requist qu'il le
receust à home et qu'il preist son racat. A ce respondi
Pierres, qu'il voloit autant tenir ce qui estoit des
douaires comme il avoit fet le remanant, car li douaire
li avoient empeecié, si ques il ne pooit lever; et sor
ce mirent en droit, à savoir se Jehans emporteroit le
tout ou se li sires tenroit ce que li douaire tinrent,
autant qu'il avoit tenu le quart par defaute de homme.
Il fu jugié que Jehans venroit à l'ommage de tout,
par le reson de ce que Pierres, qui sires estoit du fief,
en avoit porté par defaute d'omme ce qu'il avoit trouvé
delivre. Mais se Pierres se fust soufers de lever et Jehans
fust venus au quart, sans fere son homage, et Pierres
eust tant soufert que li douaire fussent esqueu, il peust
le tout saisir, et tant tenir le tout sans home comme
Jehans eust tenu le quart sans segneur. Et par ce pot
on veoir que li sires perdi par trop tost saisir et lever.

22. Aucun ont doute que puis que li heritages est
partis¹ du pere ou de le mere et venus à lor enfans par
don ou par lor otroi ou par aucune maniere, qu'il ne
puist puis revenir au pere ne à le mere, mais si fet.
Quant li enfes muert sans hoir de son cors, ses heritages et ses aquestes et ses muesbles² reviennent à son
pere ou³ à se mere comme au plus prochain, tout fust
il ainsi qu'il eust freres ou sereurs. Et male cose seroit
que li peres et le mere perdissent lor enfant et le lor;
car toutes voies est on plus tost reconfortés d'une perte
que de deus, et plus legierement en doivent estre li peres
et le mere conseillié de donner à lor enfans. Et ce c'on

---

¹ *Departis.* B. — ² B. — ³ *Et.* B.

dist que heritages ne remonte pas, c'est à entendre : se j'ai pere et se j'ai enfans et je muir, mes heritages descent à mes enfans et non à mon [1] pere; voire se mi enfant estoient mort et il avoient aucun enfant, si lor venroit ançois mi heritages que à mon pere; et combien qu'il fussent en lointain degré en descendant de mi, il lor venroit avant qu'à mon pere; mais s'il n'i a nul hoir issu de mi, nus qui m'apartiegne de costé n'emporte le mien avant de mon pere ou de ma mere, si comme il est dit dessus.

23. Se j'ai heritage de par mon pere et mes peres muert, et après je muir sans hoir de mon cors, mes heritages de par mon pere ne revient pas à me mere, ançois esquieut au plus prochain qui m'apartient de par le pere; nis s'il estoit el quart degré de lignage; car me mere est estrange de l'iretage qui me vient de par le pere, et aussi est mes peres estranges de l'heritage qui me vient de par me mere. Mais de mes muebles et de mes conquès, de quelque part qu'il me viegnent, nus de costé ne les emporte par prochaineté, avant du pere et de le mere. Autrement iroit, se je n'avoie ne pere ne mere ne hoir qui fust issus de mon cors, et je avoie aiol ou aiole et après defaloit de moi; que [2] mes heritages qui seroit venus de par mon pere ou de par me mere, monteroit à mon aiol ou à m'aiole, de qui costé il seroit descendus, avant qu'à mes freres ne à mes sereurs; que mes freres et mes sereurs m'estoient d'autre costé que de le droite ligne en descendant. Mais mi mueble et mi conquest esquerroient à mes freres et à mes sereurs, porce qu'il seroient trové un

point plus près, tout soit ce de costé. Et neporquant, noz creons que coustume lor donne plus que drois, car noz entendons que, selouc drois, riens ne doit issir de droite ligne de descendement, tant c'on en truist nul vivant soit en montant soit en descendant. Et ceste coustume qui taut à l'aiol et à l'aiole les muebles et les conquès por donner les as freres ou as sereurs, ne les taurroit pas as enfans dés enfans, qui sont en cel meisme degré de lignage en avalant que l'aiol et l'aiole sont en montant.

24. Se je n'ai mon pere ne ma mere, ne nul oir issu de mon cors, ne frere ne sereur, mais j'ai aiol ou aiole et neveus et nieces, et j'aqueste¹, et après je muir : mes muebles et mes conquès doivent avant venir à mon aiol ou à m'aiole qu'à mes niés ne à mes nieces, tout soient il en un meisme degré de lignage. Et par ce pot on veir que drois se prent plus pres de² garder que riens n'isse de droite ligne de descendement, soit en montant soit en avalant.

25. Selonc le coustume de Biavoisis, je puis bien fere du tiers de mon fief arriere fief et retenir ent l'ommage, si comme se je marie aucun de mes enfans. Mais se j'en oste plus du tiers, li hommages du tiers et du sorplus vient au segneur. Et en tel maniere le poroie je fere que je porroie plus perdre; si comme se je reteroie les homages de plus du tiers, que je querroie en l'amende de mon segneur de soixante livres, por le meffet. Et se convenroit que je garantesisse à mes enfans ce que je lor aroie doné ou le vaillant, se li sires le voloit tenir autant sans home, comme mi en-

---

¹ Manque dans B. — ² *De* pour *afin de.*

fant l'aroient tenu sans estre en son hommage : le
quele coze il porroit fere s'il li plesoit.

26. S'il avient que aucuns doinst le tiers de son fief
à son vivant à ses enfans, et en retient l'ommage, et
après muert, et chil qui furent marié et qui emporterent ce¹ tiers, se voelent taire et tenir à paié, sans
raporter avèques lor freres et lor sereurs qui demorent
en celes deus² pars du fief, qui demourerent au pere
quant il dona le tiers à ses enfans : ne doit pas estre
ciercié³ une autre fois, ançois doivent li oir garder
combien il en donna et combien il en demoura, et
penre le tiers sor le tout, por les mains nés. Et s'il enportent plus du tiers, soient li premiers mariés ou
cil qui demorerent en celes, li homage de tout ce que
li mains né emportent, doivent venir au segneur.

27. Or veons se uns hons à soixante livrées de terre
d'un fief et il y a quatre enfans, des quix il en marie
l'un des ains nés et li done vingt livrées de terre
de cel fief, et après ce qu'il en a rechut l'omage, il
muert, et cil qui a ces vingt livrées de terre ne veut
pas raporter, ançois se veut tenir à paiés, porce
que pere et mere le marierent, se li dons tenrra.
Noz disons que nennil, puisqu'il n'i a autre fief ne
autre heritage que celi, car li autre deus mains nés
n'emporteroient riens se li dons estoit soufers; et s'il
emportoient, il convenroit que il fust pris sor le
partie de l'ains né des quarante livrées de terre; et si
convenroit qu'il en perdist les hommages et qu'il venissent au segneur; et porce que li autre en seroient

---

¹ *Qui emportent tel.* A. — ² *En celes, les deux.* T. — ³ *Partis.* B.
*Tiercé.* T.

trop damacié, ne doivent pas tel desavenable don estre
soufert. Mais s'il y avoit autres heritages, fust de fief
ou de vilenage, parquoi li mains né qui demeurent
en celes, peussent avoir partie ausi grans ou près
ausi grans, si comme à quarante saudécs près ou à
soixante, de che que lor freres ou lor sereur emporta :
li dons ne seroit pas rapelés, car se li damages n'est
trop grans ne trop apers, li dons que peres et mere
fet en mariage, doit estre tenus. Aucun païs sont, si
comme à Beauvais en Beauvoisis et en le banlieue d'ice-
lui, quand à ce qui est en ladite banlieue et en ladite
ville¹, là u li niés partist à l'oncle²; mais ce n'est pas

---

¹ *Si comme.... vile* manque dans B. — ² La Thaumassière a placé ici
un passage qui ne peut pas appartenir à Beaumanoir, en l'accompagnant
de la note suivante : « Ce qui est renfermé entre deux étoiles n'est pas
« dans l'exemplaire de M. Louettière, ny dans celuy de M. Colbert,
« mais dans celuy de M. Chappé. » Ce passage, qui n'est autre chose
qu'une annotation marginale, écrite par un lecteur, se retrouve dans
notre manuscrit D, et montre avec quelle facilité on faisait passer,
même au XVIIe siècle, une glose, de la marge dans le texte. Voici au
surplus cette note :

« C'est à sçavoir en ligne directe, mès non en collateralle; ligne
« collaterale ch'est quant trois freres sont, et l'un d'iceux muert qui
« ait enfans, che qu'il a appartient à ses enfans; et puis après le second
« muert, che que le second a vaillant appartient au tiers vivant, et
« n'en ont rien les enfans dudit premier mort. Mes s'il advenoit que
« le pere d'iceux freres mourut, qui est ligne directe, les enfans de
« l'un d'iceux freres pourcient presenter leur pere qui mors seroit, et
« tous iceux enfans pour une teste, et non autrement; et ch'est pour-
« tant que c'est ligne directe. Et qui soit voirs, il fut jugé en parle-
« ment au Noel cinq cens neuf, nonobstant que l'evesque fut adjoint
« avecques J. Fourcroy, qui soutenoit le contraire; et ledit evesque
« condemné aux despans et l'autre aussi. Mais de tous les hiretages et
« mesme de tous les muebles qui sont situés hors la banlieue, et les
« muebles transportés hors de ladite ville et banlieue, du vivant dudit
« trespassé, ne partisse point à l'oncle le nepveu. »

par nostre coustume; car par nostre coustume, tout
ce qui vient en partie, soit en descendant soit d'esqueance, li plus prochains l'emporte du costé dont
l'esqueance vient; et çascuns doit savoir que li oncles
est plus prochains que li niés, car il est un point plus
aval, et li oncles demeure el point que li peres au niés
estoit.

28. Noz veismes un debat que uns heritages escay à
plusors cousins germains qui estoient venu de freres
et de sereurs, et li cousin germain qui estoient descendu des freres malles, ne voloient pas que lor cousin
germain qui estoient descendu des serors, emportassent
riens de cele esqueance; car il disoient que se lor peres
vesquist et le mere de lor cousins germains, qui
estoient frere et sereur, et l'esqueance fust venue à lor
tans, li freres, qui lor pere avoit esté, en eust le tout
porté, porce que li heritages estoit de fief, et sereurs
ne partissent pas à esqueance de fief, quant il vient de
costé et quant lor mere n'emportast riens, se lor
peres et lor mere vesquissent, et il ne poent demander part en l'eritage fors par le reson de le mere : il
disoient qu'à tort y demandoient part à avoir. Et encontre ce disoient li autres cousin germain nés de le
seror, que cele resons que lor cousin germain metoient
avant, estoit de nule valeur; car il disoient que on
doit jugier les cozes qui avienent, selonc le tans c'on
trueve present; et tout presentement il estoient prové
cousin germain et en un meisme degré de lingnage
et oir malle; tout fust il ainsi que lor mere n'en eust
riens porté s'ele vesquit avec son frere, neporquant,
se li freres fust mors et li heritages fust esqueus le vivant de lor mere, il li fust venus, et quant ele en pooit

I.                                                    16

estre droit hoirs en aucune maniere; et il estoient si
enfant hoir malle, aussi comme li autre qui aroient
esté né du frere lor mere : il disoient que, par nul
droit, il n'en devoient estre debouté qu'il ne partissent
comme cousin germain; et sor ce se mirent en droit.
Il fu jugié qu'il partiroient à cele esqueance de costé
tout communalment, comme cousin germain. Et par
cel jugement pot on veir que cil qui sont en un meisme
degré de linguage, partissent as esqueances de costé
tout communamment, puisqu'il soient oir malle et
qu'il soient du costé dont li heritages esquiet, et nient
les femes[1], s'eles ne sont plus prochaines, fors en vilenages ou en muebles, car en ce partissent elles avec
les malles. Et aussi partissent elles en descendement qui
vient de pere ou de mere, d'aiol ou d'aiole, en le maniere qui est dessus dite en cest capitre meisme.

29. Se li peres et le mere avoient marié lor enfans
de l'iretage qu'il aroient aquis ensanlle, et li enfes moroit après sans oir de son cors, après ce que ses peres
ou se mere seroit mors : li peres ou le mere qui sorvi-
vroit, emporteroit le moitié de l'iretage qu'il li aroient
doné de lor aquest, et li plus prochains parens au pere
ou à le mere mort, emporteroit l'autre moitié; porce
qu'autant de droit y avoit li peres comme le mere, si
n'en pot çascuns r'avoir à par li que le moitié, se li
enfes muert sans hoir. Mais se li peres et le mere
vivent ensanle el tans que lor enfes muert sans hoir,
tout ce qui demeure à lor enfant lor revient, se li enfes ne l'a aloué à son vivant, et exepté ce qu'il a lessié
en testament de ce qu'il pot et doit lessier, c'est à

---

[1] *Et les fames non.* T.

savoir : ses muebles et ses conquès et le quint de son
heritage, si comme il est dit el capitre des testamens[a];
et exepté le partie que le feme au mort en doit porter,
s'il estoit mariés, c'est à savoir : son douaire, le moitié
des muebles et le moitié des conquès. Et se c'est fille
qui fust mariée du pere et de le mere ou de l'un par
li, et elle muert sans oir de son cors, ses barons emporte le moitié de ses muebles et de ses conquès; et
fust encore ainsi qu'il n'i eust nul mueble, fors que cix
que le fille aporta à mariage du pere ou de le mere,
par le reson de l'acompaignement du mariage.

3o. Aussi est il s'aucuns à enfans en bail et il aque-
roient aucune coze el tans qu'il sont en bail : tout[1] ce
qu'il aquierent est à celi qui les tient en bail, exepté ce
qui lor seroit donné ou laissié en testament d'autrui,
car ce lor doit estre gardé dusqu'à tant qu'il soient en
aage; et exeptés cex qui sont en garde et non pas en
bail; car s'il aquierent aucune coze, ce doit estre lor.
Et aussi lor doit on rendre conte de lor muebles et de
lor heritages vilains, qui le tient por eus, el tans qu'il
sont sous aagié.

3r. Çascuns doit savoir que quiconques aquiert
heritages, si tost comme l'aqueste vient à ses hoirs,
ce devient lor propres heritages, puisque l'aqueste
descent un seul degré; donques, tout le peust lessier
en testament quanques il[2] aquesta; ses hoirs auquel
l'aqueste vient, n'en pot lessier que le quint; et aussi ne
le peust nus de son lignage r'avoir par le bourse, se
cil qui l'aquesta le vendist; mais on le r'a bien quant

---

[1] *Tout soit.* T. — [2] *Chil qui.* T.

[a] **Chapitre** xu.

li hoirs le vent. Et par ce apert il que c'est drois heritages, puisqu'il descent ou esquiet un sol degré de lignage.

### *Explicit.*

Ci faut chus capitres de descendement et d'escheoite.

## CAPITRES XV.

**Des baus et des wardes et des aages as enfans, et à quel temps il vienent en aage en Biauvoisins.**

1. Nous traiterons en cest endroit de cix qui prennent bail par le reson d'enfans sous aagiés, et de le difference qui est entre bail et garde; et à quans aus enfans sont en aage por tere tenir et por fere coze qui
puist estre contre aus. Et de toutes ces choses traiterons
nous en cest chapitre, porce que l'un depend de l'autre*.

2. Bail si est quant aucuns muert et il a enfans qui

---

* Voyez, sur le bail et la garde, *Le Grant Coustumier de Normendie*, c. xxiii, p. 16; *Établissements et coutumes de l'Échiquier de
Normandie*, p. 48; *Li Droict et lis Coustumes de Champaigne et
Brie*, c. v, xx (*Coutumier général*, t. III, p. 209); Pierre de Fontaines, c. xiv; l'ordonnance de saint Louis sur le bail et le rachat
dans les coutumes d'Anjou et du Maine, du mois de mai 1246 (*Ordonnances*, t. I, p. 58); *Establissements*, l. I, c. cxvii, cxxxvii; Britton, c. lxvi; *Fleta*, l. I, c. ix; *Olim*, t. I, p. 155, n° iii; p. 472,
n° xiv; p. 524, n° xvi; p. 726, n° iv; p. 888, n° xxv.
Les corps municipaux étant regardés, pendant le moyen âge,
comme les défenseurs naturels des veuves, des orphelins et des mineurs, il n'est guère de charte de commune où l'on ne trouve quelque
disposition sur la garde bourgeoise; quant à la garde féodale, on ne
doit pas l'étudier ailleurs que dans les jurisconsultes d'outre-mer.
(*Assises de Jérusalem*, t. I, p. 261, 262, 266, 435, 440, 461, 496,
596, 631.)
Beaumanoir est certainement le jurisconsulte du xiiie siècle qui a
le mieux parlé du bail, de la garde et de la tutelle. Après lui vient

sont sous aagé et qui ne poent ne ne doivent venir à
l'ommage du segneur de ce qui lor est descendu par
reson de fief de lor pere ou de lor mere, de lor aiol
ou de lor aiôle, ou de plus haut degré en descendant.
Quant il avient ainsi, li plus prochains du lignage as
enfans et qui apartient du costé dont li fiés muet, pot
penre le bail s'il li plest, et fere l'ommage au segneur
comme de bail, et estre en son ommage; et doit deservir le bail dusqu'à tant que li uns des enfans soit en
aagiés; et quant li uns des enfans est en aagiés, il doit
fere homage au segneur de se partie, et tenir le bail
de ses freres et de ses sereurs sous [1] aagiés.

3. Nus n'est contrains à penre bail s'il ne veut; et
bien se gart qui le prent, car sitost come il l'a pris et
il en a fet hommage et foi au segneur, il convient qu'il
racàte le fief au segneur, de le valeur d'un an à sen
coust. Et qu'il gart et maintiengne les enfans sous
aagiés à sen demaine et [2] à sen coust, selonc lor estat.
Et si convient que quant li premiers des enfans sera
aagiés, qu'il li rende ce qu'il aroit tenu en bail, quite
et delivre, sans dete nule.

4. Voirs est que nul n'est contrains à penre bail,
ne estre garde d'enfans ne estre hoirs de nului, s'il ne
li plest; mais puis c'on s'i sera assentis, si ques on ara
esploitié d'aucune coze de ce qui sera tenu par reson
de bail ou de garde, ou aucuns ara esploitié comme
oirs de ce qui li sera descendu ou esqueu de costé : il

---

[1] *Tous.* B. — [2] B.

Britton. Les Établissements de saint Louis ne contiennent que deux
articles sur ce sujet, qu'il importait cependant beaucoup de ramener à
des règles générales.

ne lor loira pas à eus repentir, ains convenra, s'il tient en bail, qu'il l'aquit au segneur, et qu'il soustiegne les enfans, et qu'il rende l'eritage quite et delivre au premier aagié. Et s'il tient enfans eu garde, il a l'aministration des biens as enfans; et s'il tient comme oir, il convient qu'il responde des detes que cil devoit de qui il est fes oirs, en tele maniere qu'il n'ara jà si poi emporté comme oirs, qu'il ne soit tenus à tout paier quanques cil devoit de qui il s'est fes oirs.

5. En quele maniere que fief viegne as enfans sous aagiés, soit en descendant soit d'esqueance de costé, li baus apartient au plus prochain du lignage as enfans. Mais que li lignages soit du costé dont li heritages muet, c'est à dire se pere et mere muerent et li fief descendent as enfans sous aagiés, et il y a des fiés de par le pere et de par le mere : li plus prochains apartenans as enfans de par le pere, soit hons soit femme, emportera le bail des fiés de par le pere; et aussi le plus prochains de par le mere enportera le bail des enfans qui venra de par le mere. Et seront cil dui qui enporteront le bail [1], tenu à rendre le bail quite et delivre à l'aage de l'enfant, si comme il est dit dessus, non pas ygalment, mais çascuns selonc ce qu'il tenra de l'iretage par le reson du bail [2].

6. Pierres tenoit un enfant en bail, et estoit li fiés

---

[1] *Emporteront les* u *tout le bail et à aus i apartenra, et si seront.* B.

[2] *Quesitum fuit a consilio domini Regis ad quem pertineret ballus, utrum ad materteram, vel ad consanguineam : In hoc vero convenit et consensit consilium domini Regis quod idem ballus ad materteram et non ad consanguineam pertineret.* Arrêt des octaves de la Toussaint 1272. (*Olim*, t. I, p. 888, n° xxv.)

si petit que il n'estoit pas convenables au vivre ne à le
vesture des enfans. Li enfant avoient heritages vilains,
des quix Pierres avoit l'aministration comme garde
por les enfans : si voloit Pierres penre de ces vilenages,
por les enfans mainburnir de ce qui lor faloit, par
desor ce que li fiés valoit; et li ami as enfans ne le
vaurrent pas soufrir, ains requirent au conte que
Pierres feist bone seurté de rendre as enfans, quant il
seroient aagié, toutes les yssues de lor teres vilaines;
et que Pierres fust encore contrains à paistre et à vestir
les enfans, comme cil qui avoit pris le bail; et que il
encore ne peust renoncier au bail, puisqu'il y estoit
entrés : et sor ce se mirent en droit. Il fu jugié que
puisque Pierres estoit entrés el bail, combien qu'il
vausist poi, il devoit les enfans mainburnir et rendre
quites quant il seroient aagié, et fere sauves toutes les
despuelles de lor vilenages par bone seurté; le quele
seurté il doit baillier as amis prochains des enfans ou
au segneur, s'il n'i a amis qui le voille penre. Et par
cel jugement poés voz savoir qu'il a grant peril en
penre bail; et por ce n'en est nus contrains, s'il ne li
plest; si que il loist à çascun à regarder et à soi conseillier se li baus est de tel valeur, selonc le cas¹ qu'il
a, que ce soit li porfit ou li damaces de penre loi.

7. En vilenage n'a point de bail, mais quant vilenages vient à enfans sous aagiés et il n'i a point de fief,
par quoi nus se traie au bail : li plus prochains du lignage as enfans pot, se il veut, avoir le garde des enfans et esploitier les vilenages por les enfans, par
seurté fere as amis ou à le justice, se li ami ne le re-

---

¹ *Carche.* B.

quierent, de rendre bon conte as enfans quant il seront
aagié, les despens et les cous resnables des enfans rabatus; ne il ne pot caloir à penre tel garde, de quelque
costé li plus prochains qui prent le garde, apartiengne
as enfans, ou du costé dont li heritages vient ou d'autre.

8. Quant li sires prent qui que soit à home, par reson de bail, il doit, avant qu'il le rechoive à homme,
penre[1] bone seurté de son racat ou certaine convenence
qu'il sera paiés à jour, s'il li veut croire sans autre
seurté. Et s'il le prent à home tout simplement, sans
penre seurté et sans autre convenence, il renonce au
droit qu'il avoit à son racat. Car, puisqu'il l'a reçeu
simplement, il li doit garantir son fief quitement et
franquement, ne ne li doit puis demander, fors ce qui
apartient au service et à l'obeissance du fief, s'il n'est
ainsi que cil qui prent le bail se mete en tel homage
par fraude ou par barat; si comme s'il fet entendant
au signeur que li fiés li est descendus et que en descendue n'a point de racat, ou par aucune voie de barat
par fere entendant faus au segueur : de ce le porroit li
sires sivir et saisir son fief, tant qu'il aroit[2] son racat.

9. Voirs est que por cause que cil face qui tient en
bail, li hoirs, quant il[3] vient en aage, ne doit pas perdre
qu'il ne truist son fief quite et delivre[a]. Donques
poons noz veoir que cil qui tient en bail, ne pot le fief

---

[1] *Baillier.* B. — [2] *R'aroit.* B. T. — [3] *Qui.* B.

[a] Les bails ne remettaient pas toujours avec facilité aux héritiers
les biens qu'ils avaient tenus pour eux. Jean Marcel, chevalier, fut
forcé d'actionner le Roi au parlement de la Chandeleur 1274, pour
en obtenir les biens de sa femme, tenus en bailliage par le Roi, et
d'alléguer textuellement la coutume, comme si son droit n'eût pas été
manifeste. (*Olim.* t II, p. 55, n° VIII)

mellère ne obligier, fors que le tans que ses baus dure.
Mais tant de tans comme il dure, le pot il mellère ou
obligier vers son segneur ou vers autrui.

10. Il a plusors differences entre bail et garde. Le
premiere, si est que bail[1] rent quite et delivre l'eritage
à l'enfant; et garde doit rendre conte quant ele est de
vilenage; car il ne doit estre de fief nule garde, fors
que en un cas que voz orrés après. Quant peres et
mere or[2] enfans et li peres muert ou le mere tant
solement, et il y a fief de par le mort, cil qui demeure,
soit li peres soit le mere, a le garde des enfans et du
fief qui de par celi qui est mors vient, sans paier racat,
exepté le fief de Bules et de Conty où on racate de
toutes mains, si comme j'ai dit ù capitre des descendemens et d'esqueances[a]. Le seconde difference qui est
entre bail et garde, si est cele que se mi enfant sous
aagié sont avec moi, et il ont aucune cose de par lor
mere qui est morte, il perdent et[2] gaaignent avec moi,
dusqu'à tant que partie lor est fete soufisamment et
qu'il sont osté de me mainburnie. Et cil qui sont en
bail ne poent demander fors que lor fiés quites et delivres, quant il sont aagié; ains emporte, cil qui le bail
tient, toz les esplois des fiés et toz les muebles de celi
dont li baus vint, par desor son testament, ou le tout
s'il n'i a point de testament. Et si ai je veu que de cix
qui moroient sans testament, que l'evesque en voloit
avoir les muebles; mes il ne les emporta pas par nostre
coustume, ains en ai delivré le saisine as hoirs du mort,

---

[1] T. *Baus.* A. — [2] *Ou.* T.

[a] Chapitre xiv.

el tans de nostre baillie, par plusors fois, à le seue de
le cort de l'evesque.

11. Qui tient en bail, s'il a edefices u bail, il les doit
maintenir el point où il les prent, si que li oirs ne
truist pas ses edifices empiriés quant il vient à son
aage.

12. Cil qui tient en bail ne doit pas essillier les heritages, c'est à dire que s'il y a vignes, il ne les doit
pas coper ne essarter ne laissier gastes sans feture [1], car
assés est le vigne essillié c'on laisse à manovrer selonc
le coustume du païs. Et se il a bois el bail, il ne doit
estre copés devant qu'il ait sept ans acomplis ; et s'il y
a bois de soixante ans ou de plus, il doit estre gardés à
l'oir sans empirier ; et s'il y a arbres fruit portans, il
ne doivent estre copé ne essillié. Et qui fet contre ces
cozes, li sires y doit metre le main et destraindre celi
qui le bail tient, à ce qu'il ne le face pas. Et s'il y a
fet que li sires n'en sace mot, quant li fes vient à le
memore du segneur, il le doit justicier à ce qu'il baille
bone seurté de rendre le damace à l'oir ; car, de droit
commun, li segneur sont tenu à garder le droit de t...
cix qui sont sous aagé. Et porce que cil qui tienent en
bail n'en poent emporter les cozes dessus dites, pot
on entendre que cil qui tienent en garde le poent encore mains ; car por ce est ele apelée garde, que ele
doit garder en toutes cozes le droit des sous aagiés.

13. S'il avient qu'aucuns baus esquiee [2] et nus ne se
trait avant por le bail recevoir, porce qu'il y a trop
de detes, ou porce que li enfant sont pres de lor aage,

---

[1] *Labourer.* B. — [2] *Eschie.* T.

si que le paine de celi à qui li baus apartient ne seroit
pas emploié, ou porce qu'il ne plest à penre à nului,
li sires en ces cas pot tenir le fief par defaute d'omme,
dusques à tant que li enfes vient à son homage toz
aagiés. Ne jà li sires ne sera tenus à paier riens qui fust
deu par reson du fief que il tient par defaute d'omme,
ançois convient que li deteur atendent, dusqu'à tant
que li enfes fust aagiés et qu'il se face oirs; et adonques
le poent sivir et demander ce qui lor est deu; et ainsi
poent retarder [1] les detes as creanciers, porce que nus
ne se trait avant pour recevoir le bail.

14. Certaine coze est que li hoirs malles est aagiés,
par nostre coustume, quant il a quinze ans acomplis,
et le femme quant ele a douze ans acomplis. Mais por
ce ne demeure pas qu'il ne se puissent bien tenir u
bail ou en le garde où il sont, tant comme il lor plest;
mais que ce soit sans fraude et sans barat; car s'il fesoient aucune convenence à cix qui les tiennent en
bail ou en garde, par le quele convenence il seroit
aperte coze qu'il l'aroient fet por apeticier le droit du
segneur, li sires ne l'aroit pas à soufrir; mais tant
comme il se voelent taire, sans convenence fere de lor
bone volenté, li sires ne les pot contraindre; et le
porrés veir par un cas qui ensuit. Pierres tenoit en
bail un sien neveu et une soie niece, qui estoient frere
et sereur. Le suers vint avant à son aage de douze ans
acomplis que ses freres ne fist [2] à l'aage de quinze ans,
si que, s'il pleust à le seror, ele eust osté le bail de le
main de son oncle et l'eust tenu tant que ses freres
eust eu quinze ans acomplis. Et quant li sires vit, qui

---

[1] *Atargier.* B. *Retargier.* T. — [2] Pour *fust.*

volentiers pris son racat, que ele ne venroit pas au
bail, il saisi le fief. Adonques se trest Pierres avant et
li dist : « Sire, grief me fetes, qui saisissiés ce que je
« tiens de voz en bail et dont je fes envers voz ce que
« je doi. » A ce respondi li sires, que en son bail ne devoit il plus estre, puisque le suer, qui plus prochaine
estoit, estoit en aage. Et Pierres dist que c'estoit voirs
qu'ele estoit aagié, mes puis qu'ele ne se traist au bail,
il ne l'en pooit contraindre, ne le fief ne devoit il pas
saizir, car il en avoit home; et sor ce s'acorderent au
conseil qu'il en aroient des sages homes. Il fu regardé
par le conseil des sages homes de le conte, que li sires
ne pooit pas contraindre le suer à penre le bail de son
frere, ains convenoit qu'il y soufrist Pierre son oncle,
dusques à tant qu'il pleroit à le suer qu'ele y venist,
on dusques à tant qu'il se treroient avant comme oir
aagié. Et par ce pot on savoir que çascuns se pot
tenir tant en autrui bail ou en autrui garde qui plest
à celi qui s'i tient et à celi qui a le bail ou le garde,
exeptés les fraudes qui poent estre fetes por le segneur
decevoir, si comme il est dit dessus.

15. S'il avient qu'aucuns tiengne en bail et il y a
homes de fief, par le reson du bail li home ne sont
pas tenu à paier ronci de service [1] à celi qui le bail
tient; donques, tex manieres de services doivent estre
gardés dusqu'à l'aage de l'oir; et le resons si est, que
qui sert, il en doit estre quites toute se vie, et cil qui
tient le [2] bail n'i a riens, fors à certain tans. Et s'il pooit
les services lever, li oirs trouveroit son fief empirié
de tant qu'il apartenroit as services qui aroient esté

---

[1] T répète ici *pour la raison du bail.* — [2] En. B.

paié[1] à celi qui avoit tenu le bail; et ce ne pot fere cil qui tient en bail, fors en un cas qui ensuit, et se n'i[2] est pas li oirs damaciés, si comme voz orrés ci après.

Pierres tenoit un bail, et, par le reson de chu bail, il avoit homes. Li uns de ses homes, qui avoit nom Jehan, tenoit en bail, et devoit, li baus de Jehan, mains durer que li baus de Pierre, porce que li hoirs dont il tenoit le bail, estoit plus pres de son aage. Et porce que li baus ne pooit venir à l'oir dont Pierres tenoit li bail, il convint que il paiast service à Pierre, tout fust ce que li dis Pierre tenist en bail. Et en tel cas poés voz veir que on pot estre sievis[3], tout soit ce c'on tiegne par reson de bail, et si n'est li hoirs de riens damaciés.

16. Quant aucuns tient en bail et il y a detes, li deteur doivent sivir celi qui le bail tient. Et se cil qui le bail tient est bien soufisans et bons à estre justiciés, et li creanciers, par negligence ou par se volenté, laisse à porsivir et à requerre se dete à celi qui tient le bail, dusques à tant que li oirs ait aage, et puis le demande à l'oir : li oirs a bone deffense parquoi il n'est pas tenus à le dette paier, car il pot dire as creanciers : « Voz « saviés que j'estoie tenus en bail, et estoit li baus sou- « fisans por mi aquiter, et avés lessié le tans du bail « passer sans demander vostre dette par justice, par « quoi je ne voil estre tenus à respondre »; et en tel cas il n'i respondra pas, ains convenra que li creanciers quiere se dete à celi qui tint le bail. Mes en plusors cas porroit estre tenus li oirs à respondre as crean-

---

ciers, tout soit ce qu'il eust esté tenus en bail, et orrés en ques cas.

17. S'aucuns est tenus en bail et cil qui bail tient [1]
quiet en povreté, ains que les detes soient paiées, li
oirs n'en est pas delivres qu'il ne l'en conviegne respondre as deteurs; mes il pot bien sivir celi qui le tient
en bail, qu'il l'aquite [2]; et s'il a tant vaillant, il doit estre
contrains à aquiter l'oir. Li secons cas, si est quant li
creanciers est hors du païs tout le tans que li baus
dure, et quant il revient, li oirs tient le coze : en cel
cas li creanciers pot sivir le quel qu'il veut, ou l'oir ou
celi qui tint le bail; et s'il porsuit l'oir, li oirs pot
porsivir celi qui le tint en bail qu'il soit aquités. Li
tiers cas, si est se li baus meffet, si que cil qui tient en
bail pert et ce qu'il tient en bail et quanques il a
d'autres cozes, si que li creancier ne le poeut sivir :
en tel cas est li hoirs tenus à respondre à eus, car il
n'est pas resons que li creancier perdent lor dete por
le meffet de celi qui tint en bail. Or veons que li oirs
fera en tel cas, car il ne pot porsivir celi qui meffist
quanques il avoit. Je di en tel maniere, que se li
sires prent le fief en se main, par le reson de le forfeture de celi qui tenoit en bail, li sires doit l'oir
aquiter de tant con..ne les levées du bail montent,
entre le jor que li sires le prist en se main et le jor
que li hoirs traist se à son homage, ou pour soi traire
avant comme aagiés; car de tant comme li hoirs en-
tendoit à entrer en l'homage puis qu'il seroit aagiés,
li sires ne seroit tenus à riens rendre, car il porroit

---

[1] T. S'aucuns qui est tenus en bail. A. — [2] Quel soit acquitiés et
que il l'aquit. T.

dire qu'il tenroit par defaute d'omme. Mes d'iceli tans
qu'il l'aroit tenu par le reson de le forfeture de celi
qui tint le bail, il seroit tenus à aquiter l'oir selonc
les levées; et s'il y avoit plus detes que levées, li sires
ne seroit pas tenus à paier le sorplus; et s'il y avoit
plus levées que detes, ce seroit aquis au segneur par
reson de forfeture. Et en ceste maniere n'est nus
damaciés de le forfeture, fors cil qui forfist; fors en
tant que s'il y a plus de detes que levées, li oirs est
damaciés de tant comme il afiert au sorplus des levées,
car il n'en a qui porsivir.

18. Quant baus esquiet et on ne trueve qui le
prengne, porce qu'il est trop carquiés de detes, ou
porce que li baus doit trop poi durer, porce que li
oirs est trop pres de son aage : li sires pot penre le
fief en se main par defaute d'omme, et sont soies
aquises toutes les levées du fief, dusqu'à tant que li
hoirs a aage, sans dete paier. Et en cel cas pot estre li
hoirs damaciés, porce qu'il ne trova qui le tenist en
bail, car il li convient paier les dettes dont cil fust
tenus qui l'eust eu en bail.

19. Voirs est quant baus esquiet et il n'est nus qui
le prengne ne qui voille mainburnir les enfans, et il
n'i a nul vilenage des quix li enfant puissent estre
soustenu : li sires qui tient lor heritage par defaute
d'omme, lor doit livrer vesture et pasture, selonc ce
que li enfes est petis ou grans; car ce seroit oevre sans
misericorde de laissier morir les enfans par defaute,
puisque drois lor soit aquis d'aucun heritage. Et si est
drois communs, et resons s'i acorde, que tuit enfant
sous aagié, li quel n'i troevent qui les prengne en bail
ne en garde, sont et doivent estre en le garde du se-

gneur, et donques lor doit bien li sires livrer soustenance, qui tient d'aus parquoi il le doit[1] fere.

20. La garde que li segneur ont sor lor[2] sous augiés,
n'est pas à entendre que se li segneur ne tienent riens
du lor ne qui doie estre lor, qu'il lor doie nule soustenance, s'il ne le font par reson d'ammosne; mais il
doivent garder c'on ne lor face tort ne grief. Et s'il
ont muebles ne vilenages, li sires doit regarder qu'il
soient mis resnablement en eus norrir et soufisamment, et le remanant garder à lor porfit.

21. Se baus esquiet, il ne se depart pas, ains l'emporte li plus prochains tout. Et s'il sont freres et sereurs, li ains nés malles, l'emporte sans partie des
autres. Et s'il n'i a fors que sereurs, l'ains née l'emporte ne les mains nées n'i ont riens.

22. Aucun si dient que li enfant de poeste sont tousjors en aage, mes c'est gas; car se c'estoit voirs,
donques porroit uns enfes qui alaiteroit[3] encore se
mere, dessaisir se de son heritage, et nus drois ne nule
coustume ne s'i acorde, ains uze communement que
ce que il fet dessoz quinze ans, ou le femme dessoz
douze ans, en soi ostant de son heritage, ne vaut
riens qu'il ne le puist après rapeler. Donques, il est
aperte coze que li oirs malles n'a aage devant qu'il a
quinze ans acomplis, ne le feme devant qu'ele a douze
ans acomplis, si comme j'ai dit dessus des gentix homes.

23. On dist que en home de poeste n'a point de
bail; mais c'est à entendre quant il n'ont point de
tere de fief; car s'il ont fief, il poent avoir bail, et
l'emporte li plus prochains, en le maniere que je voz ai

---

[1] Peut. B. — [2] Les. B. — [3] Qui alette. B.

dit dessus des gentix homes. Mais s'il n'i a fors vilenages, il n'i a point de bail. Et aussi n'aroit il entre
gentix homes s'il n'i avoit fors vilenages, ains y apartient garde, si comme j'ai dit dessus.

24. Se baus esquiet à home qui maint hors du païs
ou hors de le castellerie, là u li bax siet, et il n'a
point d'eritage en le dite castelerie, qui soit soufisans
as detes paier qu'il doit par le reson du bail, et il en
veut porter les levées du bail : eles doivent estre arestées à le requeste des creanciers ou des amis à l'oir,
dusqu'à tant qu'il ait fet bone seurté du bail aquiter;
car autrement porroit li hoirs estre moult deçeus.
Mais li sires n'a pas à fere tel arest, s'il ne li est requis
des amis à l'oir ou des creanciers; car s'il se voelent
tere, li sires ne doit pas destorner[1] à celi qui est ses
hons, qu'il n'emporte ce qu'il tient de li pesivlement.

25. Voirs est quant aucuns tient en bail et li creancier, à qui les detes sont deues par le reson du bail,
donnent respis ou font nouviax marciés ou noveles
convenences de lor detes, et en ce pendant li oirs
vient en aage, se[2] li creancier voelent l'oir porsivir, il
n'en est pas tenus à respondre en chest cas, ains convient qu'il porsivent[3] celi qui tint le bail, qu'il apert
qu'il s'en tinrent à li si tost com il li donerent respit,
ou si tost comme il remuerent le dete de l'estat où il
estoit devant.

26. S'il avient que dete soit deue à si lonc tans[4] que
li bas esquieé ou faille avant que li termes quieé, li
creancier pot demander se dete à l'oir, car il n'en pooit

---

[1] *Destourber.* B. — [2] *Et.* B. — [3] *Ainchois convient il que il en poursievent.* T. — [4] *Terme.* T.

riens demander à celi qui tenoit le bail, porce que li termes n'estoit pas venus. Et por ce convient il que li oirs face le gré au creancier. Nepourquant, li oirs porra sivir celi qui le tint en bail qu'il l'aquite; car, por ce, se li termes ne quay pas le bail durant, ne demore pas que le dette ne fust deue et que li bax ne doie l'oir aquiter.

27. Il est voirs, quant li oir vient en aage et il a esté tenus en bail, il prent son heritage ainsi comme il le trueve; c'est à dire, s'il vient à son heritage¹ el tans que les despuelles sont ostées, il n'en pot riens demander, mais que eles n'aient esté ostées trop tost par voie de barat. Et s'il y a despuelles de blés ou de mars ou de bos ou d'autres cozes, li oirs les en doit porter quites et delivres; ne n'en pot cil qui a tenu le bail riens demander, car il pert² à estre sires de le coze si tost que li enfes vient à son aage. Mais se ce sont terres gaaignables qui aient, el tans du bail, esté donées à loiel minage³, sans fraude et sans barat, li oirs s'en doit passer par le minage⁴, car en cest cas li gaaigneres ne perdroit pas.

28. Il avint que uns baus esquey à Pierre à fere son homage. Il obliga en liu de seurté vers son segneur, le fief qu'il tenoit en bail por son racat. Après il morut avant que ses sires fust paiés, et li baus se vint à Jehan qui estoit li plus prochains après le dit Pierre. Adonques se traist Jehans au segneur, et li offri le cors et les mains, et li ofri à fere seurté de son racat. Li sires dist qu'il le voloit bien, mais il voloit avec che que l'obligations que Pierres li avoit fete, el tans qu'il tenoit le bail, fust raemplie avant que Jehans goesist du bail. A ce

---

¹ B Homage. A. — ² Apert. B. — ³ Mariage. B. — ⁴ Par muiage. B.

respondi Jehans, que li dis Pierres ne pooit obligier le
fief qu'il tenoit en bail, fors tant que li baus duroit¹,
par quoi il requeroit que li baus li fust bailliés quites
et delivres de le dite obligacion, comme il fust apareil-
liés de fere bone seurté de son racat; et sor ce se
mirent en droit. Il fu jugié que l'obligacions que
Pierres avoit fet, ne tenroit pas et que li sires delivre-
roit le fief audit Jehan, par reson du bail, de l'obligacion quite et delivre. Et par cel jugement pot on
entendre clerement², que nus ne pot obligier ce qu'il
tient en bail, en damace de l'oir ne de celi à qui li bax
pot venir. Mais tant comme il pot et doit durer, on
en pot fere son pourfit sans autrui damacier.

29. Pierres tenoit une soie niece en bail, et grant
terre avoit par le reson du bail. Li acors des amis fu
tix, qu'il marierent³ le demoisele de l'aage de dix ans.
Quant ele fu mariée, ses barons mist l'oncle en cort,
et propoza contre li qu'il li lessast l'eritage qui devoit
estre se feme, le quel il avoit tenu en bail; et disoit
que, puisque le demisele estoit mariée, combien que
ele eust d'aage, ele estoit venue en aage de terre tenir,
par le reson du mariage; parquoi il requeroit au segneur de qui li fiés estoit tenus, que puisque Pierres
ne li voloit delivrer, qu'il li delivrast, et qu'il le
receust à home comme de l'iretage se femme. A ce
respondi Pierres, que par le coustume de Biavoisis le
feme n'estoit en aage devant douze ans acomplis, et
porce que le coustume estoit clere, en fist il homage
comme de bail et le racata au segneur, et estoit tenus
à rendre le demisele quite et delivre, quant ele venroit
en aage; ne por ce, se li demisele se marioit sans aage,

¹ *Li duroit.* B. — ² B. — ³ *Mariroient.* B.

ne devoit il pas perdre, par droit, ce que coustume li
donnoit dusqu'à certain tans; et sor ce se mistrent en
droit. Il fu jugié que Pierres tenroit le bail dusques à
tant que le demisele aroit douze ans acomplis. Et par
cel jugement poons noz veir, que mariages n'acource
pas le tans que cil doivent avoir qui tienent par reson
de bail. Mais autrement iroit se c'estoit garde; car se
j'avoie une fille et le mere estoit morte et je tenoie le
fief de cele fille par le reson de le mere, et me fille estoit
mariée sous aage : si tost que elle seroit mariée, elle
emporteroit l'eritage de par se mere. Et en cel cas pot
on veir une des diferences qui est entre bail et garde.

3o. En un cas pot on retenir[1] feme en bail comme
sous aagé, tout soit ce que ele ait esté en aage et en homage de son fief; si comme se une feme a douze ans
acomplis et ele rechoit se terre et fet son homage, et
après se marie à un home qui soit sous aagiés desoz
l'aage de quinze[2] ans acomplis, à le coustume de Biavoisis; ou desous l'aage de vingt ans, à le coustume de
France[3] : en tel cas le seigneur[4], de par le feme, requiet en
bail; car li hons sous aagé qui l'a prise, n'est pas rechus
à l'ommage devant qu'il soit en aage, et ele, puis qu'ele
est mariée, n'a nul pooir de deservir son fief. Donques
convient il que cil qui devant tenoit le bail de le feme,
le r'ait et tiegne tant que li maris de le feme soit aagiés,
ou li sires du fief le porroit tenir par defaute d'omme.
Et ainsi creons noz qu'il en seroit qui en vauroit
pledier. Neporquant, noz avons veu c'on le laissoit
tenir à le feme; mais noz creons que c'estoit par debo-
nereté et non par droit.

---

[1] *Tenir.* B. — [2] *Dix.* B. — [3] *Dessous l'aage de x ans acomplis par
le coustume de Franche.* B. — [4] B. *Li fiés.* A.

31. Il est voirs que li peres et le mere qui tiennent[1] lor enfans hors de lor bail, n'en perdent pas por ce lor garde, auçois les poent oster hors de lor bail par justice, par deus raisons. Le premiere, porce c'on ne se prengne pas à aus de lor mefès s'il meffont; et le seconde, se li enfant ont aucune coze de par pere ou de par mere, ou par don ou par testament d'autrui qui ne face pas compaignie avecques le pere ou avecques le mere. Et ce sont les deus resons parquoi on oste volentiers ses enfans hors de bail. Et si ne demore pas por ce, c'on ne les puist tenir puis en se garde; car, de droite coustume, garde d'enfans sous aagiés qui sont mis hors de bail apartient au plus prochain[2]. Porce que maint mariage porroient estre fet qui ne seroient pas convenable de chix ou de celes qui sont en autrui bail ou en autrui garde, il est resons que cil qui en a le bail ou le garde, face bone seurté as amis prochains de l'un costé et de l'autre, qu'il ne les mariera pas sans lor conseil; et s'il ne veut fere le seurté, le garde des enfans li doit estre ostée, et les doit on metre en la garde d'aucun prodomme ou d'aucune prode feme du lignage, qui ceste seurté voille fere. Et s'on ne trueve qui en ceste maniere les voille penre, li sires de le tere les doit fere garder sauvement, s'il en est requis; et quant il est ainsi fet, li mariage mal convenable n'en sont pas si tost fet[3].

---

[1] *Mettent.* B. — [2] *N'en font pas si tost.* B.

[3] Les chevaliers du Vermandois furent interrogés sur cette question : Quand un homme fait le partage à ses enfants, et que son épouse, mère de ceux-ci, prend le baillage, doit-elle payer le partage sur son douaire, comme les autres dépenses, tant que dure le baillage? Les chevaliers répondirent qu'ils avaient vu prononcer l'affirmative plus de quinze fois. (*Olim,* t. I, p. 111, n° xx.)

32. A briement parler, on ne doit laissier le garde des enfans sous aagiés ne des orfelins à nului qui soit mal renommés de vilain cas, ne à nul fol naturel ne à nul awgle[1]; ne on ne doit pas lessier l'aministracion de lor biens à faux[2] despenderes, ne à povre persone, s'il ne fet seurté de rendre bon conte; ne à celi qui est si sours qu'il n'ot[3] goute, ne à muet; car tix gens ne poent pas tres bien aministrer autrui coze.

33. Garde ou baus d'enfans sous aagiés sont de tel nature, que tant comme il sont en bail d'autrui ou en autrui garde, il ne poent fere d'aus coze qui tiegne, sans l'auctorité de celi qui les a en bail ou en garde; et s'il le fesoit de lor actorité et il estoit conquiés ou deçeus, si le porroit il rapeler quant il seroit en aage, si comme il est dit el capitre des soz agiés[a]. Donques, pot on veoir que s'aucuns qui est en autrui poeste, reçoit ce qui li est deu, cil qui le paia n'en est pas quites; ançois le pot, cil qui en a le bail ou le garde, demander arriere à celui qui le paiement en fist. Et cil qui li paieroit n'en seroit pas quites, et converroit qu'il respondist. Nepourquant, cil qui fet cele demande, doit jurer sor sains que li sous aagiés qui le rechut ne le bailla n'à li n'à son commant[4], ne qu'il ne le pot avoir de l'enfant, porce qu'il l'a perdu ou aloué, ou qu'il ne set que li enfes en a fet, ne ne le pot savoir. Car s'il pooit avoir le coze sauve et entiere qui fu baillié au sous aagié, mal seroit c'on feist au deteur paier deus fois. Mais se le coze est perie ou empirié ou perdue en le main de

---

[1] *Aveugle.* T. — [2] *Foulz.* B. — [3] *Que il voit.* B. — [4] *Commandement.*

[a] Chapitre xvi.

l'enfant, il convient que le dete soit paiée arriere ; et tel damace rechoit il, porce qu'il paia folement. Nis se le dete estoit reconnue par letres et li enfes rendoit les lettres, si devroit il estre contrains à rendre les letres arriere, car li sous aagié n'ont nulle aministracion de lor cozes baillier, ne de recevoir et d'otrier.

### *Explicit.*

Ci define li capitre des baus et des gardes et des aages as enfans [1].

## CAPITRES XVI.

Des enfans sous aagiés, comment et en quel cas il poent perdre et gaaingnier, et comment il poent rapeler lor decevance, et comment lor aage se doit prouver, et comment partie se pot fere contre aus [2].

1. En aucun cas pot on pledier contre les sous aagiés par nostre coustume, si comme se li peres du sous aagié avoit aucune coze tolue ou efforcié dedens l'anée qu'il morut, et n'avoit pas esté en saisine de le coze an et jor : on en pot bien sivir l'oir qui est soz agé; mais que ce soit avant que le coze ait esté tenue an et jor, le tans du pere ou du fil durant. Mais se li ans et li jors est passés, que li peres s'en mist en saisine, li hoirs n'en respondra pas devant qu'il ara aage, ançois demorra en saizine de le coze, dusqu'à tant qu'il sera aagiés et c'on porra pledier à li de [3] le proprieté.

---

[1] T. — [2] Cette rubrique manque dans A, mais nous l'avons prise dans la table des sommaires. Elle est ainsi donnée par T : *Chi commenche li saetiesme chapitre de che livre, liquiex parole des enfans qui sont soubz aage : coument et en quel cas il puent perdre et gaaignier par ceux qui administrent leur besoignes.* — [3] *Dessus.* B. *Sur.* T.

2. Encore se li peres a aceté un heritage et il muert avant que li ans et li jors soit passés, et li [1] oir sont sous aagié, cil qui, par droit de l'iretage [2], poent et doivent venir à le rescozse de l'iretage, poent bien l'eritage demander par le bourse au sous aagié. Et en toz les cas es quix li sous aagiés est tenus à respondre, il doit avoir tuteur qui le deffende. Et se nus de son lignage prochains ne se veut trere avant por estre son tuteur, li sires du sous aagié li doit baillier estrange persone à tuteur. Et s'il ne pot trouver qui s'en entremete, porce que nule france persone ne prent tuterie de nului s'il ne li plest, li sires meismes doit estre son tuteur, porce que, de droit commun, tout li sous aagié sont en le garde du segneur en qui justice il sont, si convient qu'il les face garder c'on ne lor face nul [3] tort, ou que il meismes les gart [4].

3. Tout ainsi comme noz avons dit que li sous aagiés n'est pas tenus à respondre à ce dont ses peres ou il aront esté tenant an et jor pesivlement, tout aussi n'est nus tenus à respondre à celi qui est sous aagiés, de ce dont il ara esté tenans an et jour pesivlement. Car cil qui se metroit en plet de coze qui touque à [5] proprieté contre les sous aagiés, se metroit en aventure de perdre, et si ne porroit gaaigner; car se jugemens donoit le coze au sous aagié par le pledoié, li aagiés qui seroit mis el plet, ne le porroit redemander; mais ce porroit fere li sous aagiés et demander restablissement de le coze, quant il venroit en aage.

4. Bien se gart cil qui a esté sous aagiés et il s'aper-

---

[1] *Si.* T. — [2] *Qui par droit dou lignaigne.* B. T. — [3] B. — [4] *Les garantise.* B. — [5] B.

choit c'on li ait fet tort ou decevance el tans qui fu
sous aage, que il, dedens l'an et le jor qu'il est en aage,
en soit plaintis, s'il veut avoir restablissement. Car
s'il lesse le an et le jor passer de son tans aagié et puis
se plaint, cil se porra aidier de le tenure de tout le
tans qui sera courus, el tans qui fu sous aagé. Si comme
se cil qui se deffent tint le coze nuef ans, el tans que
cil fu sous aage pesivlement, et après, un an et un jour
puis le tans qu'il fu aagiés : le proprieté de le coze li
sera aquise, porce que tenue¹ de dix ans li sera contée;
et par tant de tans pot on aquerre proprielé, selonc
nostre coustume.

5. Li sous aagiés pot bien rescorre l'eritage qui li
vient² de lignage par le bourse, car autrement seroit
il deçeus, porce que li heritages qui est acetés et tenus
an et jor, demeure à celi qui l'a par title d'acat. Et
por ce y fu mis li ans et li jors, que cil qui sont hors
dou païs puissent revenir dedens cel terme, por ravoir³
loi et por soi porveir de l'argent, et porce que li
sous aagié fussent porveu dedens cel⁴ terme, qui pour
eus le retresist.

6. Quant aucuns veut prouver qu'il est en aage
por issir de bail ou por estre tenans de son fief que
ses sires tient par defaute d'omme, il ne li loist pas
à amener tesmoins, tout soit ce qu'il voille prouver, tex comme il li plest; ançois doit estre fete enqueste de son aage par les parens, et par les parrins et
les marrines, et par les norrices et par le prestre, et
par cex qui furent au baptizier, et par les mesniés qui
estoient entor le mere el tans qu'il fu nés; car cil qui

¹ *La tenure.* B. — ² *Duit.* T. — ³ *Avoir.* T. — ⁴ *Le.* B.

veut prover son aage par autres tesmoins que par l'enqueste de cix dessus nommés, se rent durment souspechonneus[a]. Neporquant, noz avons veu c'on li souf-
froit à prover par autres tesmoins, mais c'est restraint; porce c'on a seu de certain que li aucun emporterent le droit des heritages comme aagié et ne
l'estoient pas, porce c'on lor laissoit eslire tesmoins à
lor volenté. Et on ne meffet de riens as sous aagiés,
s'on.veut savoir le verité de lor aages par les persones
desus dites.

7. Se il sont plusor enfant et li aucun sont aagé et li
autre sous aagié, por riens qu'ils facent ne qu'il dient,
ne poent perdre le partie de cex qui sont sous aagé;
mais gaaignier poent il pour aus, par reson de compaignie, s'il ont muebles communs ou heritages vilains.
Mais se tout est de fief, et il font fere partie des muebles
par le justice, li ains nés pot tenir le bail des sous
aagiés et baillier à çascun se partie, à le mesure qu'il
viennent en aage. Et comment les parties se doivent
fere, il est dit el capitre de descendement et d'esqueance[b].

8. Se cil qui est sous aagé vent aucune coze et jure
à le vente garantir ou baille pleges, et après, quant il
est en aage, il veut debatre le vente ou le marcié qu'il
fist, porce qu'il estoit sous aagiés : nous ne noz acordons pas que li marciés soit nus, s'il estoit de douze
ans ou de plus, quant il fist le serement; car de tel aage

---

[a] Nous voyons ici comment, au xiii° siècle, on suppléait à l'absence
des registres de l'état civil : une enquête avait lieu, ainsi que cela se
pratique encore de nos jours quand les registres ont péri.

[b] Chapitre xiv.

pot on bien jurer. Et s'il ne fist point de serement,
mais il bailla pleges du marcié tenir, et on s'en prent
as pleges, porce qu'il ne veut pas tenir le marcié qu'il
fist sous aagé : on doit moult regarder le maniere du
marcié comment il fu fes; et s'on voit qu'il fust fes sans
fraude et sans malice, por le porfit du sous aagié ou
pour se grant necessité, on doit fere le marcié tenir et
aquiter les pleges. Et s'on voit que li marciés fu fes malicieusement, en dechevant ou en damachant le sous
aagié, se cil le debat quant il vient en aage, il pot pledier de le dechevance qui fu fete; et adont li marciés ne
sera pas tenus ne li pleges ne seront pas tenu à fere
plegerie, puisque cil qui les mist en plegerie fera le
marcié nul, parce qu'il fu deçeus el tans qu'il estoit
sous aagé.

9. Or veons s'aucuns acate heritage qui soit à sous
aagié, et prent pleges que on li garantira, et après il
edefie¹ sor l'eritage, et li sous aagiés porcache après que
li marciés est de nule valeur, porce qu'il fu decheus
el tans qu'il estoit sous aage, s'il r'aura ses mises : noz
disons que oïl, porce qu'il estoit en saisine de l'eritage
et qu'il le tenoit par cause de bone foi; car autrement
ne les r'eust il pas. Donques, se li hoirs en tel cas redemande le coze, porce qu'il fu deçeus, il rendra les
coz des edefices.

10. Quant enfes qui est sous aagiés fet aucun cas de
crieme, on doit regarder le maniere du fet et le discre-
tion qu'il a selonc son aage; car il avient bien que un
enfes de dix ans ou de douze est si porvers² ou si plains
de malice, qu'il ne se veut atorner à nul bien fere. Et se

---

¹ *Dedefie.* B. *Defie.* T. — ² *Povres.* B.

un tex enfes fet un murdre par se volenté ou par l'ennortement d'autrui, il doit estre jugiés; mais s'il fesoit
larrechin, il ne seroit pas jugiés, car ses aages l'escu-
seroit. Ne de nul cas de crieme noz ne creons pas que
li enfes qui est sous aagiés perdist ne membre ne vie,
fors que por mort d'omme ou de feme tant seu-
lement¹.

11. S'aucuns marciés a esté fes por celi qui est sousaagiés, et on voit et set certainement que c'est ses porfis, et il veut rapeler cel marcié quant il a son aage,
porce qu'il ne le veut pas, tout soit ce ses porfis : il ne
nous est pas avis qu'il le doie ravoir, car on ne se doit
pas si poi regarder à fere le volenté des enfans comme
lor porfit, ne on ne doit pas rapeler les marciés qui
sont fet por les enfans sous aagiés en lor porfit, mais
on doit rapeler cex qui sont fet en lor damace.

12. S'aucuns porcache qu'il soit receus à home,
tout soit il ainsi qu'il n'ait pas son aage acompli, il
pot perdre ou gaaignier en jugement, puis qu'il est
en saizine d'eritage et par segneur; donques, poent li
aagé estre aprochié par le volenté des segneurs, à le
requeste des sous aagiés et de lor amis. Neporquant, se
ceste coze estoit fete malicieusement, si comme se li
parent le porçachoient malicieusement, por fere otroier
aucune coze qui fust en son damace : il porroit pledier
de le dechevanche, quant il seroit aagiés; et le dechevance provée, se coze li seroit ramenée en l'estat où
ele estoit quant il fu decheus.

13. S'il avient qu'aucuns soit pres de son aage, si
comme à un an ou à deus, et il fet entendant qu'il l'a

¹ T.

tout, par son screment ou par prueves, et fet en cel
point aucun marcié, et après le veut rapeler : il ne doit
pas estre oys, puisqu'il le fist entendant, par serement
ou par prueves, qu'il estoit en aage; ançois doit estre
se convenence tenue, s'il ne fu deçeus de le moitié ou
de plus. Et de ce qu'il jura son aage ou qu'il le prouva
par tesmoins, il pot perdre ou gaaignier comme aagiés.

14. Aucunes gens quident que li frere qui tienent
avec aus lor freres et lor sereurs sous aage, aient tant
solement le garde et l'aministration d'eus, et que ce ne
soit pas drois baus, mais si est; et il apert que se li
peres et le mere moerent, et il ont plusors enfans dont
li aucun soient aagié et li autre sous aagié : li aagié emportent toz les muebles, ne jà n'en feront partie à lor
freres ne à lor sereurs quant il vienent en aage, ne
des levées de le terre de le partie as sous aagiés,
puis que ce soit de fief. Et ainsi, se li ains nés entre
en l'ommage por li et por ses freres qui sont sous
aagié, et y a plus detes que muebles, il est tenus à
payer les toutes, si que çascuns des sous aagiés viegne
à se partie quites et delivres des detes, par le reson
de ce qu'il ont esté el bail lor frere, exepté, en toutes
manieres, les vilenages, dont contes doit estre fes as
mains nés, selonc lor partie, quant il vienent en
aage[1].

15. Quant peres et mere muerent, et li ains nés des
enfans vient en l'ommage du segneur, sans nommer
de quoi il fet homage au segneur, on doit entendre que
c'est de tout ce que ses peres tenoit por li et por ses

---

[1] Les paragraphes 15, 16 et 17 manquent dans A.

freres; porquoi se debas muet puis entre li et les
mains nés, porce que li ains nés veut qu'il paient leur
part des detes, et li mains nés dient qu'il n'i sont pas
tenu, ançois les doit il aquiter, porce qu'il ont esté
en son bail, si comme il apert qu'il a levé aucunes
cozes de lor parties, et si en fist homage au segneur
tout simplement, sans aus exepter : en tel cas ont li
mains nés droit et en doivent porter lor parties quites
et delivres des detes.

16. Se li ains nés voit que ce ne soit pas ses porfis de
penre le bail de ses freres et de ses sereurs sous aagiés,
porce qu'il y a trop de detes, ou porce que li enfant
doivent prochainement veni. en aage, ou porce qu'il
ne li plest à recevoir le bail : il en doit fere mention
quant il fet son homage, et dire au segneur qu'il ne
fet homage que de se droite partie; c'est à savoir des
deus pars du fief et de l'homage à ses mains nés, qu'il
devra avoir d'eus quant il venront en aage. Adonques
demorront il en se garde, en tel maniere que ce qu'il
levera, tornera en lor partie et el porfit des sous aagiés,
et lor en devra estre contes fais, quant il venront en
l'ommage lor ains né. Ne li ains nés, puisqu'il renoncha
au bail, ne pot pas dire qu'il en doie emporter les yssues
de lor parties, du tans qu'il furent sous aagié, par defaute d'omme, porce qu'il en fu en son cois d'avoir
loi par¹ reson de bail, se il vausist. Et si seroit male
coze et contre reson que li ains nés peussent tenir par
defaute d'omme les parties des sous aagiés, car nus ne
se pot trere à fere l'omage por eus; ne nus n'est tenus
à fere l'ommage de lor parties, fors eux meismes, à le

¹ *D'avoir part.* T.

mesure qu'il vienent en aage. Mes adont, s'il ne voloient venir à l'ommage de lor ains né, porroit il tenir
par defaute d'omme et fere sien ce qu'il leveroit, dusques à tant qu'il li aroient fet homage.

17. Li juge ne li segneur des orfelins ne des sous
aagiés ne doivent sofrir en nule maniere que nule persone souspechonneuse soient aministreur ne procureur
de lor besongnes ne garde de lor persones, tout soit il
ainsi que li parent as orfelins et as sous aagiés le vausissent bien soufrir, porce que generalment li segneur
ont le garde des orfelins et des sous aagiés; et par de
sor tous si doivent garder qu'il ne soient damacié en
nule maniere, si tost comme le denonciations du damaces vient à eus.

18. Li aucun dient[1] que certaines parties ne se poent[2]
fere entre les sous aagiés qui sont en bail et en garde
d'autrui, mais si fet; car male coze seroit se uns hons
qui soit[3] en aage, avoit à partir heritages contre sous
aagiés, s'il convenoit qu'il atendist tant, qu'il fussent
en aage avant que se partie fust exeptée[4] et mise d'une
part; car pot estre que li sous aagiés seroit encore en
bers[5], et li aagiés vaurroit edefier et fere en se partie
vignes ou d'autres manieres d'amendemens, ou doner
ou vendre ou escanger ou fere son porfit en aucune maniere : si porroit avoir grant damace en atendre l'aage
au sous aagié. Adonques, quant tele partie est requise,
ele doit estre fete au segneur du sous aagié; et li sires
doit fere tuteur au sous aagié et lui donner pooir de fere

---

[1] *Cuident.* T. — [2] *Puissent.* T. — [3] *Seroit.* T. — [4] *Li feust delivrée.* T. — [5] *Biers.* T.

le partie soufisamment, par le seremeut de bones gens.
Et chil tuteres doit estre fes du plus prochain parent à
l'enfant ou de l'autre après, se cil n'i veut ou n'i pot
entendre. Et se li sires ne trueve nul des parens[1] à l'enfant sofisant qui y voille entrer, por ce ne demore il
pas que partie ne se puisse fere; car li sires meismes
y doit estre ou envoier soufisamment por le sous aagié
et fere[2] les parties. Et loons bien à cex qui tex parties
rechoivent contre les sous aagiés, qu'il prengnent
letres du segneur par qui ce fu fet, du tesmongnage
de le partie; porce que se li sous aagiés veut rapeler les
parties quant il vient en aage, que cil qui rechut les
parties se puist edefier[3] de ce qui fu fet, par les letres du
segneur ou par vis tesmoins. Et qui en ceste maniere
le fet, les parties tienent à toz jors sans rapeler[4], et en
autre maniere non.

19. Toutes les fois qu'il convient fere parties d'eritages, soit entre freres et sereurs, soit entre autres
gens, il convient que ele se face par l'une de quatre
voies, si comme par segneur, ou par juise[5], ou par
los geter, ou par l'acort de cix qui ont les parties à
fere. Par segneur, si comme quant il ne se poent acorder, et li sires i va por fere fere les parties; par juise,
si comme quant il s'acordent que les parties soient
fetes par le dit et l'ordenance d'aucunes certaines persones qui sont nommées; par los geter, si comme
quant il ne sont à acort qu'ele partie çascuns y doit
avoir, mais li uns veut penre de cele part[6] que li autres

---

[1] Nus dou lignage. T. — [2] Fere fere. T. — [3] Aidier. T. — [4] Sans rapel. T. — [5] Mise. T. — [6] Et. B.

ne li veut pas soufrir : adont doivent estre li lot geté, si que çascuns prengne se part[1] ou ses los esquiet, par lor acort, si comme quant il s'acordent ensanlle queles parties çascuns i doit avoir et de quel part il penra. Et noz avons parlé de ces quatre voies de partir, porce que se li contens muet[2] de partie qui ait esté fete, se l'une des parties se veut aidier que ele ait esté fete par l'une de ches quatre voies, elle est à tenir sans rapeler.

*Explicit.*

Ci define li capitre des soubz aagiés[3].

## CAPITRES XVII.

#### Des tuteres qui sont baillié as enfans sous aagiés por garder et aministrer lor besongnes.

1. Nous avons traitié ci devant des baus et des gardes as enfans et des sous aagiés, or veons des tuteurs qui sont bailliés as enfans sous aagiés par justice, por eus deffendre et garantir et por lor droit soustenir et garder.

2. Quant aucuns enfes ou plusor demorent orfelin et sous aagié, et il n'est nus prochains parens à qui li baus ou le garde apartiegne de aus, ou il ont bien tex parens à qui ele apartient, mes il ne les voelent pas penre : toutes tex manieres d'enfans, soient franc ou gens de poeste, quieent, par droit commun, selonc le coustume de la contée[4], en le garde du segneur. Et à

---

[1] *De cele part.* T. — [2] B. *S'il en est contens ou muet.* A. — [3] T. — [4] *De la contée* manque dans A.

I.                                                                    18

tix manieres d'enfans[1], s'il n'ont riens, li sires les
doit fere porcacer tant qu'il puissent estre nourri; et
avant doit il metre taille sor ses sougès que li enfant
muirent par defaute de norreture. Et se li enfant ont
aucune coze de lor droit, li sires lor doit baillier une
maniere de garde c'on apele tuteurs. Et cil tuteur
doivent les enfans et le lor garder et maintenir au
porfit des enfans, et rendre conte bien et loialment au
signeur, çascun an une fois au mains.

3. Se cil qui est tuteres por enfans sous aagiés, a
grant coze entre mains por les enfans, li sires doit
penre bone seurté que li bien soient gardé sauvement.
Et s'il ne fet seurté, et li sires se doute que li hoir ne
fussent damacié par malvese garde, il doit penre en
se main l'avoir des enfans et fere lor sauf, si ques il
l'aient quant il venront en aage[2].

4. Avenir porroit que enfant sous aagié demorroient
orfelin desoz un segneur qui soit povres et au desoz,
et li enfant aroient grant coze de lor droit, les queles
cozes li sires penroit volentiers por se necessité; mais
s'il avenoit ainsi, li parent as enfans doivent requerre
le conte qu'il contraigne le seigneur à fere seurté des
biens as enfans; et se li quens n'en estoit pas requis
des parens as enfans, et il savoit que uns de ses sougès[3]
eust les biens de cix sous aagiés, si devroit il contraindre
le dit segneur à fere seurté, car il loist au souvrain à
garder c'on ne face tort as orfelins.

5. Li tuteres as enfans sous aagiés doit procurer les
besognes as enfans, ne on n'en pot[4] alliguier contre li

---

[1] De gens. T. — [2] Si que il aient, quant il vendront en aage, leur
biens. B. — [3] B. Si sires. A. — [4] Ne doit pas. B.

qu'il ne soit oys en demandant por les enfans et en deffendant[1] des muebles; car s'il n'estoit oïs en demandant por les enfans, moult porroient estre li enfant damacié, ains qu'ils venissent en aage por demande fere; car il convenroit que les detes que li predecesseur as enfans aroient fetes, demorassent en le mains as deteurs, dusqu'à l'aage des enfans, ou que li plet que li predecesseur aroient meu d'eritage ou de muebles, demorassent en tel estat que li predecesseur le lairoient, et en tele maniere seroient li oir damacié. Et il vaut mix que les droitures as hoirs sous aagiés soient conqueillies et gardées sauvement par le main des segneurs ou des tuteurs, dusqu'à l'aage des enfans, que ce qu'eles demourassent en le main des deteurs.

6. Ce qui est establi et[2] pledié por les enfans par le tuteur establi de par le segneur, doit estre tenu, soit por les enfans ou contre les enfans; car s'il ne pooient perdre en plet et il pooient gaaignier, cil qui se deffendroient contre les tuteurs n'aroient pas ju[3] parti. Mes ce qui est dit que li tuteur poent perdre en plet, si est à entendre quant li tuteur sont demandeur et li deffendeur gaaignent le plet en aus deffendant.

7. Voirs est s'on fet demande d'eritage as tuteurs contre les enfans, li tuteur n'en sont pas tenu à respondre, ançois ont li sous aagié tel avantage, qu'il enportent le saizine de tout l'eritage que lor predecesseur tenoient, el tans de lor mort, comme de lor propre heritage. Et fust encore ainsi que ples en fust entamés el tans des predecesseurs, et morussent le plet pendant: si

---

[1] *Ois en demandant et en defendant des muebles.* T. — [2] B. — [3] *Jeu.* T.

demorroit li ples en autel estat dusqu'à l'aage des enfans. Mais en cas de muebles et de catix, li tuteur sont
tenu à respondre por les enfans, car male coze seroit
que li creancier qui aroient perdu[1] le lor au predecesseur, atendissent à avoir lor dete, dusqu'à l'aage des enfans; et por ce convient il qu'il soient paié par le main
des tuteurs, se li enfant ont tant de muebles; et s'il
n'ont tant de muebles, les despuelles de lor heritages,
par desor lor estroite soustenance, y corroit[2]; mais il
ne seront pas contraint à vendre lor heritage devant
qu'il venrout en aage. Et adont, s'il y a detes à paier,
il doivent estre contraint au vendre, tant qu'il aient
paié ce qui est deu, par reson de lor predecesseur dont
il sont oir. Et lor doit on donner quarante jors d'espasse del vendre.

8. Cil qui est tuteres por enfans sous aagiés, n'est
pas tenus à fere les besongnes des enfans à son coust,
ançois en doit avoir salere soufisant des biens as enfans,
selonc ce qu'il ont et qu'il a de paine por les enfans. Et
l'estimacions de son salere doit estre resgardée par le
conte, s'on en vient premierement à li, ou par devant
le segneur desoz qui il sont couquant et levant. Mais
se li souget le conte li fesoient avoir trop grant salaire, quant li enfant seroient aagié il aroient action
de demander le trop à lor tuteur, et lors seroit jugiés
li saleres selonc les paines que li tuteur aroient eu.

### Explicit.

Ci define li capitre des tuteurs qui sont bailliés as sous aagiés pour
aus garder[3].

---

[1] Creu. B. —[2] Se les enfans ont muesbles, les despueilles de l'iretage
qui est leur par dessus leur estroite soustenance, i courront. B. —[3] T.

## CAPITRES XVIII.

Li quel hoir sont loial pour tenir heritage et li quel en puevent estre debouté par bastardie, et coment bastardie puet estre prouvée, et lesquels mariages sont bons et les quels non[1].

1. Plusor debat sont entre les enfans du pere qui a eu plusors femes, en disant que li aucun ne sont pas loial hoir, ançois sont nés en malvès mariage, par quoi il doivent estre tenu por bastart et estre osté de tele partie qu'il emportassent s'il fussent loiel oir. Et por ce est ce bon que noz dions en ceste partie briement li quel oir sont loiel et li quel poent estre debouté par bastardie, car tout soit ce coze que l'Eglise ait le connissance des loiax mariages, por ce ne demore pas que ples n'en soit aucune fois en cort laie, por les heritages qui sont tenu de fief lai, des quix li droit hoir voelent debouter les bastars; et porce que tix debas depent de l'iretage, convient il à le fois que juges seculers s'entremete de connoistre le bastardie qui est proposée par devant li[2].

2. On doit savoir que tuit cil sont loiel oir qui sont nés et conçeus en loiel mariage, tout soit ce qu'il n'i soient pas né, porce que li peres muert el tans que se feme est grosse. Mais aucuns pot bien naistre en tans de loial mariage, qui n'est pas loiax oirs, si comme

---

[1] Ce qui suit *debouté par bastardie*, est tiré de T.

[2] Sur l'état civil des enfants naturels et illégitimes, voyez *Les Establissemens*, l. I, c. xcvii-xcix; l. II, c. xxx; *Établissements et Coutumes de l'Échiquier de Normandie*, p. 55; Britton, c. cvii; *Fleta*, l. vi, c. xvi; *Les Olim*, t. I, p. 496, n° xv; p. 686, n° x; p. 846, n° xxi; p. 913, n°° lxxviii, lxxix.

s'aucune feme grosse se marie à autre personne que
celi qui l'engroissa hors mariage ; car tout soit il nés
el tans de mariage, toutes voies fu il conçeus el tans
de bastardie. Et tix bastardies sont aucunes fois si
couvertes, c'on ne pot pas bien savoir le verité ; et aucune fois que le verités est sue par l'aparance du tans
de le nascion ; car se le feme le portoit sept mois puis
le mariage, ele pot bien celer le fet qu'il n'est pas
apers au monde ; car en tant de tans pot un enfes
naistre et vivre, et si pot estre qu'il fu engenrés
deus mois ou plus devant le mariage[1]. Mais s'ele le
porte mains de sept mois, le mariage durant, et li
enfes vit, il apert qu'il fu conçeus devant le mariage,
et por ce pot il estre tenus por bastars ; ne en ce cas
riens ne le pot delivrer de le bastardie que une sole
coze, c'est quant il est conçeus de celi meisme qui
espousa puis se mere. Car quant uns hons a compaignie à une feme hors de mariage et il l'espouse après
el tans que ele est grosse, li enfes qu'ele a el ventre,
devient loiax par le vertu du mariage. Voire s'il en y
avoit plusors enfans nés avant qu'il espousast, et le
mere et li enfant à l'espouser estoient mis dessoz le
paile[2] de sainte Eglise, si devenroient il loiel oir et seroient aherité comme loiel oir, en toutes manieres de
descendemens ou d'esqueance de costé.

3. La mere n'est pas creue en aucun cas contre ses
enfans, por ce se elle dist qu'il sont bastart, car le
haine ou l'amour qu'ele a au parrastre, ou li desiriers
qu'ele a que si autre enfant emportassent le sien, le
porroient à ce mener qu'ele diroit que li aucun de ses

---

[1] Et li enfes vit. B. — [2] Le drap. B.

enfans seroient bastart por les autres aheriter. Et
aucunes fois a on veu qu'eles ne laissoient pas, par lor
vilenie, qu'eles ne le deissent; et donques, quant tel
cas avienent, on doit demander à le mere [1] toutes les
demandes par quoi on puist savo'r le verité; et s'on
voit qu'ele en die vraies ensengnes, on l'en doit plus
tost croire que une autre; car nus n'en pot mix savoir
le verité que le mere. Et si doit on moult regarder
por quel cause ele est mené à ce dire; car s'on voit
qu'ele soit bien mené par cause de loialté, si comme
il pot avenir que une feme aimme mix reconnoistre
se vilonnie que souffrir que cil fussent aherité qui ne
le doivent pas estre; ou espoir il li fu commandé,
quant ele s'en confessa du pecié, qu'ele le deist, por
ce que le verités ne pot estre seue que par li : en cel cas
se doit on penre pres du croire.

4. Tout soit il ainsi que commune renommée keure
entre une feme qui est en mariage, qu'ele est bien de
plusors homes carnelment, et soit encore c'on le sace,
parce c'on les a veu converser ensanlle, ou par presontions par les queles on pot croire l'assanlée de le
feme et des autres persones que de son mari, et le
feme ait enfans el tans que ele mainne tele vie, mais
toutes voies ses [2] barons repere aucunes fois entor li : li
enfant en cel cas ne sont pas tenu por bastart, car pot
estre qu'il sont du mari et pot estre que non sont;
et toutes coses là u il a doute, soit en cest cas et en
autres, on se doit tenir au mellor coron et à le mellor
partie [3], dusques à tant que li contraires est prové.

---

[1] B. T. *La mere.* A. — [2] *Toutes voies aucunes fois.* A. — [3] *A la meilleur partie.* B. T.

Et en cest cas pot il estre malvesement prové qu'il soient bastart. Dont il est assés de tex[1] qui tienent les heritages de cix qu'il quident à lor peres et à lor parens qui ne le sont pas, parce qu'il sont bastart et avoltre; et par tex peciés porroit il avenir que uns hons espourroit se suer, et si quideroit il et ele et tuit si voisin, qu'il ne s'entrefussent riens. Si comme se uns hons mariés avoit enfans de se femme et enfans d'une autre feme mariée, et après moroient, et mariages couroit des enfans les uns as autres : en tel cas aroient li frere lor sereurs et si n'en saroient riens. Et por tex perix et por moult d'autres qui en poent avenir, sont tel pecié lait et vilain et deffendu, et especialment par sainte Eglise, por les perix des ames.

5. On doit savoir que tuit cil qui naissent après ce que mariages est desseurés, el tans que trente nuef semaines et uns jors sont passé puis le mort du mari, sont bastars; car feme ne pot porter son enfant plus de trente et nuef semaines et un jor; par quoi il apert qu'il fu conçeus puis que li barons fu mors; et por ce est il aprovés bastars, par l'aparance du lonc tans.

6. Il pot avenir que uns mariages est desseurés par sainte Eglise quant au lit, et neporquant li enfant que il orent tant comme il furent ensanlle, ne sont pas prové por bastart; si comme quant aucuns porcace le dessoivrement[2] de se feme, porce qu'il l'a trouvée en pecié de fornication, ou le feme de son mari, porce qu'ele l'a trouvé en tel cas : les pot bien sainte Eglise desseurer, et si ne sont pas li enfans bastart qu'il orent devant le desseurée. Mais se le feme a eu enfans puis le

---

[1] *Chaus.* B. — [2] *Desseurement.* B.

dessoivrement, il sont bastart. Neporquant, ceste
desseurance n'est pas si fort que, s'il li plest à l'omme
et à le feme, qu'il ne se repuissent remetre ensanlle;
et s'il s'i remetent, et il ont puis enfans, il sont de
loiel mariage et poent estre loiel hoir.

7. Autre coze est des dessoivremens qui sont fet par
sainte Eglise, par cause de lignage; si comme il avient
que uns hons prent se cousine en tiers ou en quart,
ou plus pres, car puis que li quars degrés est passés,
mariages se pot fere; et puis après, quant il ont esté
ensanlle tant qu'il ont eu enfans, et sainte Eglise le set,
ele depart le mariage : en tel cas ne sont pas li oir loiel;
car tant comme il furent ensanlle, il furent en avoltire.
Et neporquant, se li hons ne le feme ne savoit riens du
mariage, ne par les bans qui furent fet en sainte Eglise
ne en autre maniere, bien pot li apostoles confermer
le mariage, s'il li plest, et por le pité des enfans; et s'il
ne li plest, il convient que li mariages soit desseurés
et li enfant tenu por non loiel, quant à ce qu'il ne sont
pas aherité comme droit hoir : dont c'est pités, porce
que l'assanllée du mariage ne fust pas fete malicieusement. Mais il est ainsi, porce que aucun porroient
fere malicieusement tex mariages, et après, quant li
lignages seroit aperçeus et sainte Eglise les vaurroit
desseurer, il se deffenderoient en ce que il diroient qu'il
ne sorent mot du lignage, por fere les enfans loiax; et
por cel peril esquiver et por le pecié, se doit çascuns
sogneusement garder qu'il ne se marient fors là u il
poent et doivent.

8. Bon est que on sace li quel mariage sont à esquiver, car il est moult de simples gens qui ne le sevent
pas. Se doit çascuns savoir que nus ne doit espouser

cele qui li apartient de lignage, devant qu'ele a passé
le quart degré; ne se commere, de quel enfant que ce
soit, ou de l'ome ou de le feme; ne cele avec qui il a levé
autrui enfant, ne se marrastre, ne cele qui ait esté à aucun de son lignage, en quart ou en plus prochain degré;
ne le cousine à cele qu'il a compaignié carnelment, ne se
fillole, ne les enfans de son compere ne de se commere,
puis le comperage nés; ne cele qui a plevi autrui par
paroles de present, ne cele qui est en religion ou pro-
pheses, ne cele c'on sait qui aie maris qui soit encore
vis, tout soit il hors du païs; ne juyve, s'ele n'est
avant crestiennée; ne cele qu'il[1] set qui ait eu compaignie à son lignage carnelment, ou par mariage ou sans
mariage. Et quiconques prent de celes dessus dites, il
sont en avoltire[2]; ne li enfans qui d'aus naissent ne
doivent pas estre loiel, ains sont tenu por bastart,
quant as biens. Et de toz ces cas, quant debas en naist,
apartient le connissance à sainte Eglise, en tant comme
au mariage apartient desseurer, ou comme por tenir loi
por bon.

9. Tuit sacent que li mariages qui est tenus por
bons par le tesmognage de sainte Eglise, ne pot estre
debatus ne corrumpus en cort laie, ne li enfant qui en
naissent tenu por bastart, tout soit ce que sainte Eglise
ait fait grace à l'omme et à le feme à soufrir le mariage; si comme se li mariages peust estre departis par
aucune reson, et sainte Eglise le conferme et suefre,
por le pité des enfans qui en sont jà né, ou por aucune
autre cause de pité; et ainsi doivent estre li oir loial

---

[1] Qui on. B. — [2] Dites, les enfans qui d'iaus nessent sont nés en
avoultire. B.

et en poent porter l'eritage, tant comme loiel oir poent
et doivent porter, et de toz autres biens qui poent et
doivent venir à drois oirs. Et tout ainsi que noz devons
croire sainte Eglise quant ele noz tesmongne les mariages loiax, le devons noz croire quant ele noz tesmongne les desloiax mariages. Donques, se ples est
devant noz, d'aucuns oirs qui deboutent autres de
l'iretage comme bastars, et il noz aporte le tesmognage
de sainte Eglise, qu'ele tesmongne qu'ele a conneu de
le cause et que, par sentence diffinitive, li mariages où
il furent ne fu tenus por malvès, ou qu'il fu prové
contr'eus qu'il furent né et conceu hors de mariage :
noz devons croire le tesmognage de sainte Eglise et
fere droit selonc ce qui est tesmognié.

10. Se sainte Eglise tesmongne à justice laie qu'aucuns hoirs soit bastars, si que par le tesmongnage li
bien qu'il eust, s'il fust drois hoirs, sont delivré à autre
persone qui est drois hoirs, puisque cil l'a perdu par
bastardie ; et après, puis qu'il fu[1] tesmongnié por bastars, porcache tant vers sainte Eglise, qu'ele tesmongne
qu'il est loiax ; c'est à tart, puisque autres en a porté[2]
par le main laie et par jugement, ce qui deust estre
sien se le bastardie n'eust esté tesmonguié contre li ;
car il apert en tel cas que cil qui ont le connissanche
por sainte Eglise, furent deçeu en lor tesmongnages ;
car s'il estoit loiax oirs, il furent deçeu en tesmongnier
le bastardie ; et s'il estoit bastars, il furent deçeu en tes-
mongner qu'il estoit loiax hoirs ; ne li secons tesmongnages qui tesmongne le contraire de ce qu'il avoient
tesmongnié premierement, n'estoit pas à rechevoir.

---

[1] Se chelui qui est. B. — [2] A tout emporté. B.

11. Mais autre coze seroit se li ples n'estoit fors sor le
saizine tant solement, car cil qui aroit perdu le saisine
par jugement, porce qu'il seroit tesmognié contre li
qu'il seroit bastars, et après, au plet de le proprieté,
porroit monstrer qu'il seroit loiax oirs, et monstreroit
comment cil qui tesmognerent le bastardie de li, furent
deceu : il porroit avoir recouvré son damace[1] par gaaingnier le proprieté. Et ainsi, comme noz avons dit, que
li tesmognages de sainte Eglise doit estre creus de ce
qu'ele tesmongne les bons mariages ou les malvès, ausi
entendons noz que ses tesmonguages doit estre creus
en toutes causes des queles le connissance apartient à
sainte Eglise.

12. Mais il convient bien, quant li plet sont gros ou
perilleus, qu'il soit tesmognié autrement que par le
tesmongnage d'un official tant solement; car li officiax
n'est que uns seus tesmoins, quant il tesmongne en
cort laie, se ce n'est en aucun legier cas dont on se
pot bien passer et c'on pot legierement croire, si
comme d'une absolution; ou que ples est par devant li
à tel jor, ou d'une semouse ou d'une ordenance qui a
esté fete par devant li : de ces cozes est creu ce que le
li oficiaus tesmogne par le seel de le cort, sans avoir
mestier d'autre tesmognage; et aussi est il creus quant
il tesmongne aucun escommenié.

13. Se li officiax tesmongne qu'aucuns soit bastars
et l'evesque tesmongne qu'il soit loiax, on ne doit pas
croire le tesmognage de l'ofical, mais l'evesque. Et se
li vesques et l'oficial tesmongnent une meisme coze[2],
et li arcevesques, qui a le resort du dit evesque, tes-

---

[1] *Adonc poroit il recouvrer.* B. — [2] *Voie.* B.

mongne le contraire, on doit croire le tesmongnage
de l'arcevesque. Et se li arcevesques tesmongne comme
li evesques fist, ou il conferme se sentence, et li apostoles ou cil qui sont envoyé de par li, tesmongne le
contraire : on doit mix croire le tesmognage de l'apostoles que le par desous. Et ausi disons noz, de ce meisme
que les cors laies tesmognent, qu'on doit mix croire ce
que le par desus tesmongne que le par desoz, et fere
droit selonc le mellor tesmognage.

14. Li bastart qui sont né en mariage, sont à le fois
prové en le maniere que noz deismes dessus, en cel
chapitre meismes[1], et à le fois en autre maniere; si
comme se li maris est outremer ou en autres teres
estranges, ou enprisonés par si lonc tans que dix mois
ou plus soient passé, et après les trente et nuef semaines et un jor qu'il s'en parti, se feme a enfans : en
tel cas il poent estre prové à bastart par l'aparance du
fet. Mais se li maris estoit en se delivre poeste hors du
païs, por son porfit ou porce qu'il en est banis ou por
guerre on por poverté, et se feme avoit enfans, et ne
saroit on de qui, ne par renommée ne par veue de converser autrui aveques li : en ce cas ne seroient pas si
enfant prové à bastart par l'aparance du fet; car pot
estre[2] que li barons y conversa en repost, el tans que
ele conchut. Mais se li barons revient, et trueve que se
feme ait eu enfans el tans qu'il a esté hors, et il en esquive la compaignie de sa feme[3] et dist que li enfant
sont bastart, en afermant qu'il ne fu el païs par nuit
ne par jor, en tant de tans comme[4] feme pot porter en-

---

[1] T. — [2] *Il puet moult bien estre.* B. — [3] T. *Esquive se compai-*
*gnie.* A. — [4] *Que sa.* B.

faus : en tel cas doit il estre creus, car male coze seroit
que cil qui seroient bastart et avoltre, à se veue et à se
seue, fussent si hoir et emportassent son heritage malgré
sien. Car nus ne doit croire que nus feist volentiers ses
drois enfans bastars, por son heritage fere torner à autrui hoirs; et toutes voies, porce que aucuns ne soit
meus à ce par malvese cause, si comme haine monte
aucune fois entre home et feme à poi de reson ou par
jalousie ou en autre maniere, on doit moult regarder
que li hons ne soit meus fors par cause resnable ; et ce
pot on veir assés apertement, par le maniere de l'acusement et par les circonstances du fet.

15. Encore se pot bastardie prover par autre voie,
par l'aparance du fet; si comme se li maris est tix qu'il
ne puist engenrer enfans, parce qu'il n'a pas ce que
nature li doit donner por engenrer enfans; si comme se
il avient que uns tex hons prent feme et ne revele pas
son essoine privé, et le feme se tient en se compaignie
ne ne porcace pas le desseurement du mariage, mais ele
compaigne carnelment avec autre que avec son mari,
par quoi ele a enfans : en tel cas, se li hons fet son essoine apert, sont li enfant prové bastart par l'aparance
du fet. Mais se li essoines est repus[1] tant que li maris soit
enfouys[2], et tele coze est provée por eus fere bastars,
ce ne doit pas estre receu en prueve ; car puis qu'il tint
les enfans por sieus tout son vivant, et ne fist on nule
mention qu'il eust mehains, il doivent estre tenu por
loiel oir, se le mere ne les acuse, si comme noz avons
dit en autres cas.

16. Toutes les fois que cors[3] se sont deceue, et par

---

[1] Repos. B. T. — [2] Mors. B. — [3] Court. T. Aucune court. B.

le deceuance ele fet ou juge ¹ aucunne coze, et après le sentence, ele s'aperchoit qu'ele fu deceue, ele pot bien rapeler son ² jugié; mes ce disons noz es cours de sainte Eglise, car en le cort laie, convient il tenir ce qui est jugié, puisque le sentence est passée sans apel, s'ainsi n'est que si grans fraude ou si grans baras y soit trouvés, que li sires, de son office, face rapeler les parties par devant li et rapiat ce qui fu fet par barat; car ce apartient bien à l'ofice de loiael cort, soit de Crestienté ou de cort laie.

17. Il n'est pas mestiers que le cort de Crestienté se passe legierement des ples qui naissent de mariage depecier ³, tout soit ce que li maris tesmongue ce que le feme propose contre li; car il pot estre qu'il tesmognent ensanlle le cause de departir mariage, porce qu'il voelent bien le departie, et qu'il se voelent remarier aillors, ou por haine qui est mené entr'ax. Donques, ne doit pas sainte Eglise du tout croire en ces paroles, mais savoir le verité du fet qui est propozé; parce que ce qui est propozé se monstre en apert, ou par enqueste d'autres tesmoins, quant li fet ne se pot autrement monstrer; si comme se le feme dist que li hons est tix qu'il ne pot engenrer, et il le connoist, parce qu'il veut bien le desseurance : on ne doit pas croire à se connissance, c'on ne sace se c'est voirs par veue; si comme s'on voit qu'il a ce qu'il disoit qu'il n'avoit mie. Et ainsi disons nous des autres cas qui par veue se poent monstrer ou par l'aparance du fet, et les autres cas qui ne poent estre monstré si apertement; si

---

¹ *En jugement.* B. — ² *Le.* B. — ³ *Si se passe legierement de mariage despechier des plais qui en naissent.* B.

comme se aucuns suit l'autre d'aucun avoltire, enqueste
en doit estre fete, tout soit ce que li uns et li autres le
connoisse, si comme dit est; car male coze seroit et
perilleuse as ames et as hoirs, c'on desseurast les mariages à çascun mal talent que li uns a à l'autre.

18. Porce que noz avons parlé que le cors rapiat[1] le
sentence dont ele se vit decheue puis le jugement, noz
en dirons un cas que nous en veismes. Car uns chevaliers prist une feme, et quant il orent esté grant piece
ensanlle, tant qu'il orent enfans, li mariages fu après
acusés et fu depeciés et fu tenus por malvès par le jugement de sainte Eglise, et ot çascuns congié de soi
marier aillors. Li chevaliers prist une autre feme et en
ot enfans, et le dame prist autre baron et en ot enfans;
et avint après ce[2], que le feme, derrainement espousée
du chevalier, morut, et li barons, derrainement espou-
sés de le dame, morut; et le premiere fame du chevalier prit un autre baron et ot enfes, et le mari à icelle
dame si trespassa autresi de cestui siecle; et tant avint
que[3] après, conscience requist le chevalier et le dame
que lor mariages avoit esté depeciés par malvese cause.
Il se trairent à le cort de Crestienté et monstrerent comment ele avoit esté deceue en depecier le mariage; et
le cors, le deceuance conneue, rapela le sentence que
ele avoit donée contre le mariage, et aferma, par sentence, que li mariages premiers estoit bons et loiax, et
qu'il pooient bien ensanlle estre comme en bon mariage, et se rassanlerent. Et ainsi ot li chevaliers enfans
de deus femes mariées et vivans tout à un meisme tans,
et le dame enfans de deus maris. Or avint que li che-

---

[1] *La court rapele.* B.—[2] B.—[3] *La premiere fame... que* manque dans A.

valiers et le dame morurent : si commencha ples entre
les enfans du premier mariage et les enfans du secont
mariage; car li enfant du secont mariage disoient que li
enfant du premier mariage estoient né en malvès mariage, par quoi il apparoit qu'il estoient bastart; et bien
estoit prové, si comme il disoient, parce que sentence
avoit esté donée contre le mariage et pooir d'aus remarier, et cel mariage depecié, il estoient né en loiel mariage et aprové par sainte Eglise; et dura tant li mariages
qu'il fu desseurés par mort : par quoi il requeroient qu'il
feussent receu à l'eritage comme loiel oir, et li autre debouté comme cil qui droit n'i avoient, par les resons
dessus dites. Et li enfant né du premier mariage, en eus
deffendant disoient encontre, qu'à eus apartenoit li heritages comme à loiax oirs et ains nés en bon mariage;
et bien aparoit que le sentence que sainte Eglise avoit
donée contre le mariage, ele rapela et reconnut que
ele avoit esté deceue en donner le sentence et tint le
mariage à bon et à loial, dont il apparoit qu'il estoient
loiel oir; et sor ce se mirent en droit. Il fu jugié que
li enfant du premier mariage estoient loiel oir et qu'il
venroient à le succession du pere et de le mere, et li
enfant du secont mariage, né comme loiel oir, partiroient au [1] descendement de lor pere et de lor mere. Et
par cel jugement pot on entendre que çascuns des mariages fu loiax el tans qu'il dura, car ce que sainte
Eglise fu deceue en fere contre le premier mariage, ne
dut grever à nului, puis qu'ele rapela se sentence; et
le congié qu'ele dona du remarier, fist le secont mariage
loiel; et li rapiax de le premiere sentence qu'ele fist

---

[1] *Comme maisnés dou.* B.

I.                                          19

contre le premier mariage, le raferma et tint pour loiel.

19. Bien sacent tuit cil qui sont bastart et qui bien le sevent, par le connissance de lor mere ou en autre maniere, qu'il n'ont droit en nul descendement. Et s'il s'i metent porce que nul ne les debat, par ce c'on n'en set pas le verité, por ce ne demeure pas qu'il ne le tiengnent à tort et contre Dieu et el peril de lor ames. Et s'il voelent fere ce qu'il doivent selonc Dieu, il sont tenu au rendre à cex qu'il sevent qui sont droit hoir et loial.

20. Voirs est que en testament pot bien li hons ou le feme laissier à ses enfans bastars, por cause de pité, aussi comme il feroit à estranges persones, c'est à savoir de lor muebles ou de lor conquès ou le quint de l'iretage. Neporquant, se li hons ou le feme qui a enfans bastars et enfans loiax, n'a fors muebles et conquès, noz ne noz acordons pas qu'il puissent estre laissié as bastars et nient as loiax hoirs, se li oir loial ne l'ont meffet vers le pere ou vers le mere, si comme noz deismes el capitre qui de ce parole ª. Donques disons noz en tel cas, que le plus grans partie en doit estre laissié as hoirs loiax, et aucune coze en doit on lessier as bastars pour lor soustenance. Mais se uns hons ou une feme n'a nul enfant loial, mais il a enfans bastars, bien lor pot laissier ses muebles et ses conquès et le quint de son heritage, ou tout ou en partie; mais s'il muert sans eus laissier aucune coze, il n'emportent riens ne que feroit uns estranges.

21. Aucunes fois avient il que deus gens qui sont en

---

ª Chapitre xvii.

mariage se departent par lor volenté et par le gré de
sainte Eglise, sans vilaine cause, si comme quant il
ont volenté d'entrer en religion ou de vouer casteé.
Mais ceste departie ne se pot fere sans l'acort des deus
parties, car li hons ne le pot fere sans l'acort de se feme,
ne le feme sans l'acort de son mari; et s'il ont enfans,
il ne laissent pas por ce à estre loial ne à venir por ce
à le succession de lor pere et de lor mere.

22. Chil de qui il est certaine coze qu'il soit bastart
et avoltre, ne poent en nule maniere estre fes loial,
quant à ce qu'il viegnent au descendement d'eritages
des peres et des meres; mais cil qui ne sont fors bastart tant solement, poent bien estre fet loiel oir par
estre mis desoz le poile à l'espouser, si comme noz
avons dit dessus; et li avoltres sont cil qui sont engenrés en femmes mariées d'autrui que de lor segneurs
de homes mariés. Donques, s'il avient que uns hons
ait enfans en songnantage[1], d'une feme qui a mari, et
li maris muert, et li hons qui à son vivant le tenoit,
l'espouse, li enfant qui naissent puis le mariage ou qui
furent engenré ou né el tans qu'ele fu veve, poent
estre fet loial; mais cil qui furent engenré ou né el
tans que ele ot autre mari en avoltire, ne poent estre
fet loial, quant à le succession du pere ou de le mere.
Mais noz en avons bien veus aucuns qui par le grace
de l'apostole estoient clerc et tenoient des biens de
sainte Eglise; mais de ce ne se ont à[2] meller les cors
laies, car à l'apostole et as prelas apartient l'aministra-
cions de sainte Eglise.

23. On ne doit pas douter que quant uns hons est

_____

[1] En soulingnage. T. — [2] Doivent. B.

hors du lien de mariage, et a compaignie à une feme et en a enfans et il l'espouse puisque li enfant sont né ou el tans qu'ele est grosse, se li enfant sont mis de soz le drap, li quix est acoustumés à metre sor cex qui se marient sollempnelment en sainte Eglise, ne soient loial, puisqu'il y sont mis avec le pere et avec le mere, le mariage fesant; et puis lors ne sont pas li enfant bastart, ains sont oir et poent estre ahireté, si comme loiel enfant né en mariage. Et par ceste grace que sainte Eglise et coustume consentent à tix manieres d'enfans, avient il souvent que li pere espousent les meres por le pité des enfans, si que mains de maus en sont fet.

24. Noz veous un cas uquel mes·fix mains nés[1] en pot porter l'ains neece de mon heritage, contre mon fil et son frere ains né, et dirons comment. Se uns hons a d'une feme un fil en songnantage[2] et puis espouse une autre, de le quele il a un fil, et après cele qu'il a espousée muert, et il espouse le premiere dont il ot un fil en songnantage, et est li fix mis desoz le drap avec le pere et avec le mere, por li fere loial : en cest cas ses mains nés fix est ains nés, quant à l'eritages; car il est nés de premier mariage. Et tout soit il ainsi que li autres soit ains nés d'aage, le tans qu'il fu bastars ne li doit pas estre conté, si que el tans qu'il ist de bastardie, il est nouviax nés[3] comme à estre hoirs. Mais se li oirs[4] qui est nés du premier mariage, estoit femele, et cil qui fu aucunes fois bastars, qui devint loiax par le mariage du pere et de le mere, estoit hoirs malles, il

---

[1] *Mains nés* manque dans B. — [2] *Soignantage.* T. — [3] *Hoirs.* B. — [4] *Hons.* B.

emporteroit l'ains neece contre se suer; car combien que il y ait de mariages et filles de çascun mariage, et du deerrain mariage fust uns hoirs malles, i emporteroit il l'ains neece contre sa sereur et contre toutes ses sereurs nées des premiers mariages, par nostre coustume, porce que douaires n'ahirete pas, si comme noz deismes el capitre des douaires[a].

25. Che que noz avons dit que li enfant ne sont pas herité par nostre coustume, par reson des doaires lormeres, si comme il sont en France et en autre païs, noz l'entendons en heritages qui sont tenu de fief; car en heritages qui sont tenu en vilenages, s'acorde nostre coustume à l'usage de France; c'est à savoir, que li enfant né du premier mariage emportent le moitié et cil du secont mariage le quart et cil du tiers mariage l'uitisme, comment que li enfant de çascun mariage soient malle ou femeles. Et quant le pere muert et li enfaut de çascun mariage ont parti, selonc ce qui est dit dessus, le partie du pere qui demeure de vilenage doit estre partie à trestoz ses enfans, autant à l'un comme à l'autre, car en vilenage n'a point d'ains neece[b].

### *Explicit.*

Ci define li chapitre qui ensaigne li quel hoir sont loial et li quel sont bastart.

---

[a] Chapitre xiii.

[b] Beaumanoir ne s'est occupé des bâtards que dans leurs rapports avec le droit civil, et non avec le droit politique. Il n'a pas dit que, dans certains pays, ils appartenaient, ainsi que leurs biens, au Roi ou aux seigneurs, parce que sans doute il n'en était pas ainsi dans le comté de Clermont. On voit par là combien on se tromperait en généralisant les doctrines exprimées par cet habile jurisconsulte, qui

## CAPITRES XIX.

**Des degrés de lignage, par quoi chascun puist savoir combien si parens li sont prochain ou lointain [1].**

1. Pource que çascuns sace en quel degré [2] on li apartient, par plusors resons, si comme : porce que mariages ne se face en trop prochain degré de lignage, ou porce c'on puist requerré son ami de soi aidier de se guerre, ou porce c'on puist demander le sien quant il esquiet par proïsmeté, ou porce c'on sache combien on est prochains, quant on veut rescorre aucun heritage par le bourse : noz traiterons eche [3] endroit, en un petit capitre, de le division des lignages, et comment et en quel maniere liguages s'alonge [4].

---

[1] *Parquoi*, etc. T. — [2] *Degré de lignage.* B. T. — [3] *Ichi.* B. — [4] *S'eslonge.*

éclairait de toutes les lumières de son esprit profond et abondant la coutume de son ressort, mais qui n'entrevoyait pas même la possibilité d'établir une loi commune au sein de cette inconcevable variété de coutumes, d'usages et de mœurs qui formait la législation de la France.

[a] Il y avait, au moyen âge, deux manières de compter les degrés de parenté : la supputation ecclésiastique et la supputation civile. Ces deux modes étaient les mêmes quant à la ligne directe, où les degrés de parenté résultaient du nombre des générations ; mais ils différaient complétement dans la supputation des degrés en ligne collatérale. Selon le droit civil, on comptait autant de degrés entre deux collatéraux, en ligne égale ou inégale, qu'il y avait de personnes engendrées de l'un et de l'autre côté, issues de la même souche, ladite souche non comprise. Suivant le droit canonique, si les deux collatéraux étaient en ligne égale, c'est-à-dire également éloignés de la souche commune, on comptait autant de degrés qu'il y en avait de l'un d'eux à la souche commune ; si la ligne était inégale, on prenait le nombre

2. Noz devons savoir que liguages se pot deviser en quatre parties. Le premiere partie en montant, si comme mes pere ou me mere. Le seconde partie en descendant, si comme mes fix et me fille; et ces deus parties sont de lignage droit de descendement. Le tierce partie, si est de lignage de costé en montant. Le quarte partie, si est de lignage de costé en avalant. Or veons des degrés de lignage.

3. Mes fix est el premier point en avalant, et mes peres el premier point en montant, et mes freres si est el premier point de costé, et mes oncles m'est el premier point de costé en montant.

Mes aiols si m'est el secont point de lignage en montant, et li fix de mon fix el secont point de lignage en avalant, et li fix de mon frere m'est el secont degré de lignage de costé en avalant, et l'apele on neveu; et li fix de mon oncle m'est el secont degré de lignage en montant, et l'apel'on cousin germain.

Mes besaiols m'est el tiers degré de lignage en montant, et li fix du fil de mon fil m'est el tiers degré de lignage en avalant, et li fix de mon cousin germain m'est el tiers degré de lignage de costé; et commence de l'oncle en avalant, et est dist fix du cousin germain.

Et porce que je vieng en descendant de l'oncle, noz poons entendre le montant, car trop y aroit grant multitude de paroles en racouter, puis que li liguages s'alonge, toutes les brances qui en issent en montant

---

des degrés de celui qui se trouvait le plus éloigné de la tige commune. Il importe de ne pas méconnaître cette distinction quand on étudie les anciens jurisconsultes.

et en avalant. Et por ce noz ne parlerons que de quatre, sor quoi noz avons commencié tant solement; que par le division de ces quatre, porra on entendre les autres.

4. Or dirons donc que li fix de mon neveu si m'est el tiers degré de lignage en descendant.

Li peres à mon besaiol m'est el quart degré de lignage en montant; et li fix du fil au fil mon fil m'est el quart degré en avalant; et li fix du fil mon cousin germain m'est el quart degré de lignage, en montant de par mon oncle; et li fix du fil mon neveu m'est el quart degré de lignage en avalant de costé.

Li aiols à mon besaiols m'est el quint degré de lignage en montant; et li quint enfant issu de moi, me sont el quint degré en avalant; et li fix du fil au fil mon cousin germain m'est el quint degré de lignage de costé, en avalant de par mon oncle; et li fix du fil au fil mon neveu m'est el quint degré, en avalant de costé.

5. Et en tex degrés de lignage se pot fere mariages, puisqu'il escape le quart et que li lignages vient de costé; car s'il pooit estre que li aiols à mon besaiols vesquit, il m'est jà el quint degré de lignage en montant; et li quint enfant issu de moi vesquissent et y eust une fille, ele li seroit en l'onzime degré de mariage en d scendant, et si ne le porroit avoir par mariage. Donques pot on veoir le diference qui est entre descendement et lignage de costé; et des diferences qui y sont, il en parole el capitre des descendemens et d'esqueance[a].

---

[a] Chapitre xiv.

6. Noz avons dit dusques el quint degré de lignage
en montant, et dusques el quint degré en avalant, en
le quele droite ligne mariages ne se pot fere; et si
avons dit du lignage de costé dusques el quint degré,
el quel degré on fet bien mariage : si pot on entendre,
par ce qui est dit, qui est li plus lointains lignages; car
à çascun remuement d'enfans[1], lignages s'alonge un
point. Si pot çascuns savoir, par ce qui est dit, en quel
point de lignage çascuns li apartient : si noz en soufferrons à tant.

### Explicit.

Ci define le chapitre des degrés de lignage.

## CAPITRES XX.

**De chaus qui tienent heritage par cause de bonne foi, et comment
il doivent estre wardé de damage.**

1. Or veons après ce que noz avons parlé des degrés
de lignage, de cix qui tiennent heritages par cause de
bone foi, si que cil qui tiennent l'autrui coze à tort[2]
et à essient, sacent comment il seront tenu à rendre;
et comment cil qui tienent par cause de bone foi, doivent estre gardé et garanti de damace.

2. On doit savoir que cil qui sont en saizine d'eritage par cause de bone foi ne sont pas tenu à rendre
les levées, tout soit il ainsi qu'il perdent puis l'eritage
par jugement; si comme se j'ai aceté un heritage et
suis en saisine de segneur, et après aucuns vient avant
qui monstre par bone reson que cil n'avoit droit en
l'eritage, qui le vendi[3], si que le vente est de nule va-

---

[1] *Aucun.* B. — [2] *A tort* mauque dans B. — [3] *Que il vendi.* B. T.

leur; en tel cas je ne suis pas tenus à rendre les arrierage que je :rai ' levé devant ce que li heritages me isse
hors de le main ; et aussi, se je tieng l'eritage par cause
de don ou de testament ou d'engagement ou de doaire
ou de celi qui hoirs j'estoie : en toz ces cas ne sui je
pas tenus à rendre les levées des heritages. Mais se je
tieng l'eritage par malvese cause, si comme par force
ou par nouvele dessaizine ou par taute ' ou par con-
celement, si comme cil qui n'i ai nule cause de bone
foi, quant li heritages me sera mis hors de le main, je
dois estre justiciés à rendre les arrierages.

3. Qui edefie sor heritage qu'il tiegne par cause de
bone foi et porce qu'il creoit avoir droit en l'eritage,
et après autre l'emporte de son droit, li coust des edefices li doivent estre rendu; mais que ce ne soit en
heritage li quix est encore dedens an et jor que on le
puist r'avoir par le borse, car en tel cas ne r'auroit
on pas les coz des edefices, fors cix qui seroient fet por
soustenir les edefices qui seroient el marcié; car tix
coz y pot il bien metre, porce que ce n'est li damaces
à nului. Et qui edefie en heritage qu'il tient par cause
de male foi, cil qui par bone cause le gaaigne, a les
edefices sans riens rendre. Et porce est grans perix de
edefier sor autrui heritage; et les quix causes sont bones
et males, il en touce el paragraphe devant cestui.

4. Aucune fois avient il que certaine partie ne se
pot fere entre oirs, el tans que lor peres ou cil de qui
il sont hoir, vivent; si comme quant le feme demeure
grosse. Car se le partie vient de descendement du pere,
et le feme est grosse, on ne set quans enfans ele ara,

---

' *Ai.* T. — ' *Toute.* B. *Tolte.* T.

deus ou quatre; et se li enfant emportoient le moitié
des muebles et des conquès le pere contre leur' mere : li
enfant à naistre en porroent estre damacié, s'il alouoient
lor partie folement. Et por ce noz acordons noz c'on
mete en sauve main, por le partie des enfans à naistre,
por trois enfans; si que, s'il y en a trois, qu'il poïs-
sent avoir lor part de par lor pere; et s'il y en a mains,
le partie de cix qui defauront reviegne à partir entre
les oirs communs. Et se li oir qui sont ne voelent
fere bone seurté de rendre le droite partie à cix qui
naistront et çascuns soi obligier por le tout : on
pot bien soufrir que les parties du tout soient fetes
entr'ax.

5. Il avient aucune fois, quant li hons muert, que
le feme demeure grosse, et n'a pas² tans porté qu'il soit
seu apertement, fors que par le dit de le feme; et aucune fois avient il que ele meisme ne le set pas, si
comme quant ele l'a poi porté. Or veons donques en
tel cas, quant li mors a enfans qui sont né : s'il voelent partir avant que quatre mois et demi soient
acompli puis le mort du pere, les parties doivent estre
fetes si comme il est dit dessus; mais se quatre mois
et demi sont passé et il n'apert pas que le feme soit
grosse, adont poent il partir entr'ax communement
de le descendue de lor pere; et s'il n'i a nul oir aparent
et on ne set pas que le feme soit grosse, ne elle ne veut
jurer qu'ele croit qu'ele soit grosse, adont poent il
partir entr'ax communement de le descendue de lor
pere. Et s'il n'i a nul oir aparent et on ne set pas que
le feme soit grosse, se ele veut jurer sor sains qu'ele

croit mix que ele soit grosse que autrement, nus ne
partira à li, ançois emportera le saisine de toz les biens,
par bone seurté que s'il avient qu'ele ne soit grosse, ele
rendera le partie au mort à cix qui par droit y devront
venir. Et se ele ne veut ou ne pot fere seurté, le justice desoz qui li bien seront, doit tenir le partie au
mort en se main, dusqu'à tant c'on sace se ele est grosse
ou non.

6. Quant il avient que li hons muert sans enfans et
se feme demore en tel point qu'ele meismes ne set pas
qu'ele soit grosse, ne ele ne veut jurer qu'ele le croit
estre, à sa requeste le justice doit tenir les biens du
mort en se main, dusqu'à tant que quatre mois et demi
soient passé. Et adont, s'ele ne le veut jurer ou on ne
voit apertement qu'ele soit grosse, le partie au mort
doit estre delivrée aus hoirs.

7. Se feme demeure grosse quant ses barons muert
et ele tient les heritages de son baron par le reson de
se grossesse, porce que le garde des enfans sous aagiés
apartient à li, et ele lieve¹ les despuelles el tans de se
grossesse, et li enfes est mornés, voirs est que li heritages du mort esquiet à ses plus prochains parent.
Mais il ne poent demander à le feme ce qu'ele a levé,
el tans de se grossece, des levées de l'heritage, car ele
avoit cause de bone foi au lever, par le reson de l'enfant qui estoit en son ventre, qui estoit hoirs du mort
et devoit estre.

8. Se feme demeure grosse quant ses barons muert,
et n'i a autres enfans aparans, à li apartient le saisine
des biens au pere, si comme noz avons dit dessus. Et

---

¹ *Tienne.* T.

après, se ele porte tant l'enfant que il[1] soit nés, si ques il puist[2] bien estre tesmognié[3] c'on l'ait oy crier, et après muert, tout soit ce qu'il ne vive pas tant qu'il soit portés au moustier por baptisier, noz creons, puisqu'il y a eu oir né, que li mueble et li catel de le partie au pere esquicent à la mere comme à le plus prochaine. Et aucun porroient quidier que non feissent, puisque li enfes ne fu baptisiés, et noz creons que si doit fere; car si tost comme oirs est nés, nous creons que li drois du pere et de le mere li soit descendus temporelement, et, par le baptesme, li heritages de paradis esperituelment.

9. En toz cas qui avienent quix qu'il soient dont ples est, et en toutes parties d'oirs et en toz rapors c'on fet, por partir après les decès des peres et des meres, par devant quelque juge que li plet soient, les parties doivent jurer, se partie le requiert, qu'il ont bone querele et loial, et que s'il lor convient amener tesmoins, bons et loiax les ameneront; et que de ce c'on lor demandera en le querele, verité diront, ne por pere ne por mere ne por gaaing n'en mentiront. Et se li cas est por parties de gens qui ont à partir ensanlle ou de raporter aveques ce qui est dessus dit, il doivent jurer que tout ce qui doit estre à le partie aporteront avant ou ensegneront se les cozes ne sont en lor baillie, exeptés les cas de crieme; car[4] en cas de crieme dont on pot perdre vie ou membre, li acusés n'est pas tenus à jurer, se li cas n'est de gages; car en cas de gages doivent estre fet li serment des parties, si

---

[1] B. *Qui.* A. — [2] *On puisse.* B. — [3] *Tesmoingner.* B. — [4] *Mais.* B.

comme il est dit el capitre des presentations qui sont
fetes por gages *.

10. Bien se gart cil qui jure qu'il raportera tout ce
qui se doit partir entre oirs, ou qui jure ce qu'il a vaillant, porce qu'il est taillables à son segneur ou à aucune commune, qu'il die verité; car s'il est trouvés
parjures, il doit perdre le sorplus de ce qu'il jura et
doit estre au segneur ou à le commune qui taillables
il est. Et se li seremens est por raporter ce qui se doit
partir entre oirs, et il conçoile* aucune coze : ce qui
est concelé doit estre as autres oirs, et en doit perdre
se partie cil qui le concela, qui raporter le devoit. Et
il est bien resons que cil ait damace qui autrui veut
decevoir et qui se parjure.

### Explicit.

Ci define le capitre de ceux qui poursievent les hiretages pour cause
de bonne foi *.

## CAPITRES XXI.

Comment compaignie se fet par coustume, et comment on puet perdre
et gaaigner en compaignie *.

1. Plusors gaains et plusors pertes avienent souvent
par compaignie* selonc nostre coustume; et por ce se
doit çascuns garder avec qui il se met en compaignie
ou qu'il rechoit à compaignon. Et ces compaignies de

---

1 *Conchele.* B. — 2 T. — 3 *Comment elle se fet par coustume, et*
*puet fere, et comment elle dure et comment elle faut.* T. — 4 *Compai-*
*gnie qui doit estre apelée compaignie.* A.

* Chapitre LXIV.

quoi noz volons parler, c'est des compaignies qui sont teles que par le compaignie li avoir vienent à partie, quant le compaignie faut. Et tele compaignie se fet en plusors manieres. Et porce noz traiterons en ceste partie comment tel compaignie se fet selonc nostre coustume, et de le perte et du gaaing qui en poent naistre; et si parlerons en quele maniere on pot et doit oster enfans de son bail, à ce qu'il ne puissent riens demander par reson de compaignie[a].

2. Çascun set que compaignie se fait par mariage, car si tost comme mariages est fes, li bien de l'un et de l'autre sont commun par le vertu du mariage. Mais voirs est que tant comme il vivent ensanle li hons en est mainburnissieres, et convient que le feme suefre et obeisse de tant comme il apartient à lor muebles et as despuelles de lor heritages; tout soit ce que li feme y voie se perte tout apertment, si convient il qu'ele suefre[1] le volonté de son segneur. Mais voirs est que li treffons de l'iretage qui est de par le feme, ne pot li maris vendre, se ce n'est de l'otroi et de le volonté de se feme; ne le sien meisme, se ele ne renonce à son doaire, qu'ele riens[2] ne demandera por[3] son douaire, s'ele le sorvit. Et des parties qui doivent estre fetes

---

[1] *En sueffre.* B. — [2] Sous-entendez *et ne declare.* — [3] T. *Qu'ele n'emporte.* A.

[a] Beaumanoir a beaucoup plus en vue, dans ce chapitre et dans le suivant, les associations conventionnelles ou tacites qui se formaient entre les agriculteurs du comté de Clermont, que la communauté entre époux. L'importance de ces associations, que l'on vit naître et s'affermir au sein de diverses provinces, aussitôt que la rigueur du régime féodal commença à s'affaiblir, et dont les débris subsistent encore aujourd'hui dans quelques-unes, ne pouvait pas échapper à un observateur aussi éclairé.

par le compaignie de mariage, quant mariages faut,
noz en parlasmes el capitre des douaires[a], si noz en
tairons ci endroit.

3. Le seconde maniere comment compaignie se fet,
si est en marqueandises, si comme il avient que deus
marqueant ou trois acatent une marcandise de dras ou
d'autre coze, et avient souvent que li uns[1] paie autant
de le marceandise comme li autres, et à le fois li uns
en paie plus et li autres mains : bien est voirs que
quant cele marceandise est fete, il loist à çascun,
quant il li plest, à demander se part de le marceandise,
selonc ce qu'il en paia, et ainsi dessource[2] le compaignie. Mais tant comme le marceandise est ensanlle
sans departir, s'il le vendent ou font vendre en main
commune, çascun doit partir au gaaing ou à le perte,
selonc ce que çascuns mist en l'acat de le marceandise; c'est à entendre, se li uns y mist autant li uns
comme li autres, il partiront tout ygalment; et se li
un y mist le moitié et li deus l'autre moitié, cil qui
y mist le moitié emportera le moitié, soit de perte soit
de gaaing, et li deus autres l'autre moitié. Et par ce
poés entendre du plus plus et du mains mains.

4. La tierce maniere comment compaignie se pot
fere, si est par convenences; et cette compaignie se fet
en moult de manieres, car à le fois on s'acompaigne à
autrui dusqu'à certain nombre d'argent, ou à le fois
dusqu'à certain tans, ou à le fois tant comme il vivent;
et en toutes ces manieres de compaignies il convient
garder et fere garder les convenences, exeptées au-

----

[1] *Chascuns.* B. T. — [2] *Desseure.* B. *Se dissoivre de.* T.

[a] Chapitre xiii.

cunes causes par les queles tex convenences poent bien
estre depeciés; si comme quant l'une partie quiet en
langeur, si que il ne se pot meller de le marqueandise
por quoi il s'acompaingnerent, ou quant il se marient,
ou quant il veut doner de se marqueandise à ses enfans
à mariage, ou quant il veut aler outremer ou en aucun lointaing pelerinage, ou quant il est si embeson-
gniés des besognes son segueur ou des besognes au
sovrain, qu'il ne pot entendre à le marceandise; ou
quant il monstre que le marceandise est contre s'ame
et qu'il a pecié el demener, ou quant il veut entrer en
religion : par toutes tex causes poent estre compaiguies
depeciés. Et quant les convenences se depiecent par tex
causes, le marceandise se doit departir selonc l'estat
où les cozes sont el point que le compaignie se depiece.
Et encore se pot ele depecier quant aucuns pot prover
contre son compaignon qu'il a fet en le compaiguie
autre coze qu'il ne dut, car male coze seroit qu'il convenist demorer et metre le sien en malvese compaiguie, puis c'on le puist [1] metre en voir.

5. Le quarte maniere par quoi compaignie se fet,
si est le plus perilleuse et dont j'ai veu plus de gens
deceus; car compaignie se fet, par nostre coustume,
par solement manoir ensaulle, à un pain et à un pot,
un an et un jor, puis que li mueble de l'un et de l'autre
sont mellé ensaulle; dont noz avons veu plusors rices
homes qui prenoient lor neveus et lor nieces ou aucun
de lor povres parens par cause de pité, et quant il
avenoit qu'il avoient aucun mueble, il les traioient [2] à
eus por garder et garantir à celi que il prenoient à

---

[1] L'en le puisse. B. L'en puist. T. — [2] Atraioient. B.

compaignie par cause de bone foi; et neporquant il ne
mellassent jà si poi des biens à cex que il prenoient
aveques les lor, puis qu'il y fussent un an et un jor,
que la compaignie ne se feist; si que noz avons veu
aprover par[1] jugement que cil qui n'aporta pas en le
compaignie le valeur[2] de quarante saus et n'i fu pas plus
de deus ans et ne se melloit de riens[3], ançois fu apelés
avec[4] un sien oncle par cause de pité, por li nourrir :
si demanda partie por le cause de le compaignie[5], et
l'eut par jugement et emporta qui valut plus de deus
cens livres. Et par cel jugement pot on veir le peril
qui est en recevoir tele compaignie. Et por soi garder
c'on ne soit en tele maniere deceus et que on ne laisse
pas bien à fere ne à apeler entor soi ses povres parens
par ceste doute qui est perilleuse, noz dirons comment
on les pot avoir entor soi sans peril.

6. Cil qui veut metre entor soi son povre parent por
cause de pité, en tele maniere que compaignie ne se
face pas, doit penre son cors tant solement, sans meller cozes qu'il ait aveques les soies. Et s'il est sous
aagé, il doit monstrer au segneur desoz qui il est couquans et levans, et en le presence de deus ou de trois
des plus prochains parens à l'enfant, et dire : « Sire,
« je apel[6] tel enfant entor moi por Dieu, et voil que
« voz saciés que je ne voil que, pour li tenir, il me puist
« riens demander pour reson de compaignie; car je
« ne voil pas, tant poi comme il a, meller aveques le
« mien, se ce n'est en tele maniere que les soies cozes
« me soient bailliés par voz et par ses amis, par certain

---

[1] En. B. — [2] Plus de la value. B. — [3] De nules riens. B. — [4] Lisez
par. — [5] Pour la raison de l'acompaignement. T. — [6] Je ai apelé. B.

« pris d'argent ; le quel pris d'argent je li soie tenus à
« rendre tant solement ou à metre en son porfit. » Qui
en ceste maniere le fet, il est hors du peril de compaignie.

7. Encore pot on bien apeler entor soi en autre maniere sans peril ; si comme quant on ne melle nus des
biens ensanlle, ou quant on tient par certain loier. Si
comme il avient que uns hons va manoir aveques un
autre et convenence à paier certain nombre d'argent
por ses despens, et set bien au sien asener, si ques il ne
paie à celui avec qui il est, fors que ce qui li est enconvenencié : en toutes tex manieres ne pot on demander
par reson de compaignie.

8. La quinte maniere de compaignie comment ele
se fet, si est entre gens de poeste, quant uns hons ou
une feme se marie deus fois ou trois ou plus, et il a
enfans de cascun mariage, et li enfant du premier
mariage demorent aveques lor parrastre, sans partir et
sans certaine convenence de tenir les[1] : en tel cas il[2]
poent perdre et gaaigner[3] aveques lor pere et aveques
lor marrastre, ou aveques lor mere et aveques lor parrastre. Et quant li enfant voelent partir, il emportent
tuit l'eritage qui lor descendi de lor pere ou de lor
mere mort, et le tiers des conquès et des muebles fes
el tans de le compaignie. Et s'il a enfans de deus mariages en le compaignie du tiers mariage, li enfant
du premier mariage en doivent porter, si comme noz
avons dit, l'eritage de lor pere ou de lor mere mort,
et li tiers des muebles et des conquès du tans du se-

---

[1] *De cus* (pour *cheus*) *tenir.* B. — [2] *I.* B. — [3] *Gaaingnier par raison de compaingnie.* B.

cont mariage. Et du tans que li tiers mariages se fist
et que li enfant du secont mariage vienent en compaignie avec eus et avec leur mere, il emportent le quart
des muebles et des conquès qui sont aquis el tans du
secont mariage, et li enfant du secont mariage l'autre
quart, et li peres ou le mere qui est el tiers mariage,
l'autre quart. Donques, pot on veir que selonc ce que
plusors persones sont ensanlle, lesqueles doivent fere
compaignie, quant plus sont et plus sont petites les
parties, sauf ce que tuit li enfant d'un mariage, quant
il vienent en compaignie aveques le secont mariage ou
avec le tiers, ne sont conté que por une sole personne;
car autant emporteroit li uns ' comme feroient li dix,
quant il vienent à partie.

9. Ceste compaignie dont noz avons parlé ci devant,
qui se fet par coustume entre les gens de poeste, ne
se fet pas en ceste maniere entre les gentix homes;
car, quant li enfant du premier mariage ou du secont
demorent aveques lor pere ou lor mere, et aveques lor
parrastre ou lor marrastre, on ne l'apele pas compaignie, mais garde; et ceste garde est otroiée au pere ou
à le mere, par coustume, dusqu'à tant qu'il y a enfant
aagié, li ques en veut porter le descendance de son
pere ou de se mere mort : adonques il l'emporte par
reson de succession et le bail de ses mains nés ensement. Et s'il y avoit muebles el tans que lor pere ou
lor mere morut, il en doivent porter le moitié; et s'il
y avoit plus detes que muebles, et li peres ou le mere
les a ' paiés el tans de le garde, li enfant n'en sont tenu
à fere nul restor, car il loist bien au pere ou à le mere

---

' *Un seus.* T. — ' *Ont.* B.

à aquiter lor enfans el tans qu'il les a en garde, mais il ne li loist [1] pas à carquier de dete le succession qu'il emportent de lor pere ou de lor mere mort [2].

10. Quant li gentix hons ou le gentil feme tient son enfant en se garde après le mort de son pere ou de se mere, et il y a heritages tenus en vilenages qui doivent estre à l'enfant par le succession de son pere ou de se mere mort, tout li porfit et toutes les yssues du vilenage doivent estre gardées à l'enfant, si ques il les aient en son porfit quant il seront en aage; car nus, par reson de garde ne par reson de bail, ne pot fere siens les fruis des vilenages qui sont as enfans qu'il tienent; et ce entendons noz entre les gentix homes, car entre cix de poeste, quant compaignie se fet entr'aus, poent bien les yssues des vilenages venir en compaignie tant comme le compaignie dure.

11. Nous avons dit que le garde des enfans entre frainces persones apartient au pere ou à le mere, selonc nostre coustume, et c'est voirs. Neporquant, je voi plusors cas par les quix ou par aucun des quix le justice, à le requeste des parens as enfans, les doit oster de le garde et de le compaignie du pere ou de le mere, quant li enfant n'ont fors le pere ou le mere, et dirons aucun des cas.

12. S'il avient que uns hons ou une feme ait ses enfans en se garde ou aucuns autres enfans en son bail, et il tient, par reson de le [3] garde ou du bail, grant heritage, li quix doit estre as enfans, et li amis as enfans de l'autre costé ou du costé meisme dont cil les

---

[1] *Affiert.* T. — [2] *La succession qu'il emporte de son pere ou de sa mere mort.* T. — [3] *Son.* T.

apartient qui les a en bail ou en garde, se doutent
qu'il ne les facent marier sans lor conseil : il poent
requerre à le justice que li enfant soient osté de le
main à celi qui les a en bail ou en garde, ou qu'il face
bone seurté qu'il ne mariera nus des enfans sans lor
conseil. Et s'il veut le seurté fere, on ne li pot les
enfans oster par ceste voie; et s'il ne veut fere le
seurté, on li doit oster les enfans et baillier à un des
autres parens qui le seurté vaurra fere. Et si convenra
que celi qui les penra en garde ait de celi qui les devoit
tenir et qui ne vaut fere seurté, soufisamment por les
enfans mainburnir et soustenir. Et porce que ceste
coze n'a pas esté requise en moult de lix, a on bien
veu fere de tix mariages à cex qui les avoient en bail
ou en garde, qui n'estoient pas soufisant, ou par non
sens ou par malvese convoitise de don ou de pramesse;
et por ce fait il bon courre au devant de tix perix.

13. Li secons cas par quoi on pot oster enfans de
bail ou de garde[1] à celi qui les tient, si est quant il ne
livre pas soufisant soustenance as enfans, selonc lor
estat et selonc ce qu'il en tient[2].

14. Li tiers cas par lequel les enfans pueent estre
osté hors de la compaignie dou bail ou de la garde à
celui qui les tient[3], si est quant cil qui les tient, est
heritiers d'avoir le droit as enfans se il morussent, et
malvese renommée laboroit contre li, et quant on set
qu'il a esté acusés de cas de crieme du quel il ne se
delivra pas à s'onnor; car male coze seroit c'on laissast
enfans à celi qui est mal renommés par son vilain fet.

15. Li quars cas comment on puet oster enfans

---

[1] B. Enfans de le garde. B. — [2] Tiennent. B. — [3] B.

hors de la compaignie de bail ou de garde à celui qui
les tient[1], si est quant li enfant n'ont fors pere ou
mere, et li peres ou le mere se marie, si que li enfant ont parrastre ou marrastre, et il est clere coze
et aperte que li parrastres ou le marrastre mainent
malvese vie as enfans ou qu'il lor monstre samblant
de hayne; en tel cas, li enfant doivent estre osté de
lor main, hors du pooir au parrastre ou à le marrastre.

16. Li quint cas, si est quant cil qui les tient est
de si fol maintenement qu'il n'a en li ne conseil n'ar-
reance, car à tix geus ne doit on laissier nule garde
d'enfans.

17. Et de toz tex cas que noz avons dit, il ne convient pas à cil qui porcachent que li enfant soient hors
des mains à cix qui les tienent, qu'il en facent plet
ordené contre aus,ançois soufist s'il le denonchent
au juge. Et li juge, de son office, doit apenre du cas qui
li est denonciés, et s'il trueve le cas par l'aprise, il les
doit oster, si comme il est dit dessus; car on doit entendre que cil qui le[2] denonchent le font par cause
de bone foy, et apert, porce qu'il n'en metent riens
en lor porfit. Et de toz ces cas doit avoir li quens le
sengnorie et le connissance, se li[3] home[a] n'en oevrent
entre lor sougès sans delai; car tout li cas qui sont
por le sauveté des enfans sous aagiés, ne doivent point
querre de delai, ains doit tantost courre li souvrains
à aus aidier et garantir, si tost comme il voit que son
sougès n'en a pas fet ce qu'il dut.

---

[1] B. — [2] *Che.* T. — [3] *Si.* T.

[a] C'est-à-dire ses vassaux jouissant du droit de justice.

18. Il est dit dessus que nus, par reson de bail ne de garde, ne pot ne ne doit fere siens les fruis des vilenages as enfans; et encore disons noz tant avec, que cil qui les veut lever doit fere bone seurté, s'il en est requis, de rendre les porfis as enfans ou de metre les en lor porfis; et s'il ne veut le seurté fere, le justice doit metre en se main lesdites despuelles et fere les garder dusqu'à l'aage des enfans.

19. Noz avons parlé comment compaignie se fet par coustume et comment on pot oster enfans hors des mains[1] à cix qui les ont, or parlerons, en cest endroit, du peril qui est et pot estre à tenir enfant en son bail ou en se garde, et comment on les en pot oster qui veut.

20. Quant pere et mere ont lor enfans avec eus en lor garde ou en lor mainburnie, et li enfant font aucun meffet, el quel meffet il appartiengue amende d'avoir, on se prent du meffet au pere, s'on ne pot trouver celi qui fist le meffet; et s'on le tient et il l'amende, si convient il que li peres pait l'amende, car li enfant qui sont en le mainburnie le pere et le mere n'ont riens, soit qu'il aient aage ou non aage. Et s'il avient que li enfant facent aucun cas de crieme du quel on doie perdre vie, s'on les tient, en[2] les justice[3], et n'en pot on riens demander au pere n'a le mere, se li fes ne fu fes par eus ou par lor porcas, ou s'il ne les rechetoient puis le fet, car s'il les receterent puis, il saulleroit qu'il eussent esté agreable au fet. Neporquant, il n'en perderoient pas le cors, mais il querroient en le merci du segneur de lor avoir. Donques,

---

[1] De bailg des mains. T. — [2] Pour on. — [3] Pour justicie.

li peres et le mere qui voelent esquiver tex perix, poent metre lor enfans, à le mesure qu'il vienent en aage, hors de lor main et hors de lor pain et de lor pot et de lor mainburnie, ou par ans¹ ou par mariage ou par envoyer les servir hors d'entor aus, ou par donner lor partie de terre dont il se chevissent sans fraude; car il avient aucune fois que fraude est toute aperte en tix dons; si comme quant li peres veut avoir aucune venjance d'aucun meffet, et il ne le veut pas fere de soi, parce qu'il a trop à perdre, si oste ses enfans d'entor soi, et li done si poi du sien, c'on pot bien veoir por quel cause il le fet; car le cause est tele, qu'il pense c'on ne se penra fors à ce qu'il donne à ses enfans, por le meffet de ses enfans, et ainsi aroient trop grant marcié li pere qui par lor enfans vaurroient fere fere les meffès. Donques, qui veut oster enfans de se garde, il lor doit doner convenablement ou oster les el tans c'on voit qu'il n'i a point de malice; si comme quant li peres est sans guerre et sans haine et en tans de pais. Neporquant, il avient aucune fois que li peres voit son enfant fol et mellin² ou de malvese maniere, si que il pense que tant plus li donra et tant plus il perdra; et se tel coze muet le pere à petit doner et à metre son fil hors de se mainburnie, ce n'est pas merveille, car mix vaut que li fix qui est faus et de malvès contenement³ perde par se folie, que ses peres qui n'i a coupes. Et quant enfans sont osté⁴ de bail ou de garde en le maniere dessusdite, et li enfant font aucun meffet de cas de crieme, le justice doit moult regarder à l'entencion que li peres ot à oster l'enfant hors de se garde,

---

¹ *Aus.* B. — ² *Merlis.* B. — ³ *Maintenement.* T. — ⁴ *Hors de.* B.

se le coze fu fete malicieusement ou non, et selonc ce
que il trueve, il en doit ovrer.

21. Il est dit dessus, d'oster enfans hors de le mainburnie au pere et à la mere. Or veons quant li enfant
ont ou pere ou mere mort, et il demeurent avec celi
qui demeure, comment il poent estre osté de mainburnie. Noz disons que si le pere ou le mere le met hors
d'entor soi et lor baille tout ce qui lor est venu, de par
le mort, en muebles et en heritages, sans retenir, il
sont hors de mainburnie et de se compaignie. Et qui
le fet en ceste maniere, il le doit fere par justice ou
par les amis de ses enfans.

22. Il est bien resons que cil qui n'aporte riens en
compaignie ne puist riens demander par reson de compaignie. Donques, se j'ai mes enfans avec moi, qui
n'ont point mere, et je ne prens rien de le partie lor
mere, né ne melle avec le mien, compaignie ne se fet
point; et aussi d'autres persones qui sont avec moi,
s'il n'i aportent muebles ou issues d'eritages, les quex
je melle avec le mien, ne puent riens demander par
reson de compaignie, combien qu'il soient aveques
moi manant; car qui riens ne met en compaignie riens
n'i doit penre.

23. Quant une personne veve se marie, qui a enfans
à autre persone veve qui a aussi enfans, et tout li enfant demeurent avec eus en compaignie, et il aportent[1] en compaignie aucune coze du pere ou de le mere
mort : le compaignie se fet en quatre pars, si que çascune maniere d'enfant emporte un quart et li pere et
le mere çascun un quart, exceptés les gentix homes qui

---

[1] *Emportent.* B.

tienent les fiés par le reson de le garde à ses enfans;
car entr'ax ne se fet pas compagnie, si comme il est
dit dessus en cest capitre meisme.

24. Se uns hons de poeste a plusors enfans qui font
compaignie avec li, par le reson des biens à le mere
morte, qui furent mellé avec les siens, et il en a marié
l'un ou les deus et lor donne des biens qui sont commun par le reson de le compaignie, et li autre demeurent en compaignie avec li, puisque cil sont ou furent
marié, un an ou deus ou plus; por ce ne demore pas,
quant il voelent partir au pere, que ce qui fu doné à
mariage des freres ou des sereurs ne doie estre debatu[1]
de le partie à cix qui voelent partir; car cil qui furent
marié et cil qui demorent[2] en compaignie ne fesoient
tuit que une sole partie; et trop seroit li peres damaciés se cil qui avec lui demorerent puis les mariés, emportoient partie entiere; car donques courroit li dons
à cex qui furent mariés sur le partie du pere, le quele
coze ne seroit pas resons. Et se li dons as mariés estoit
si grans que li autre enfant en fussent deçeu, il poent
apeler les mariés à partir de ce qu'il emporterent de
le compaignie et de le succession de le mere morte;
car li peres ne lor pooit pas donner le droit que li
autre enfant avoient en le compaignie et en le succession de le mere. Donques, se gart bien li peres ou
le mere qui marie une partie de ses enfans, li quel font
compaignie aveques li, que il n'emportent fors tele
partie comme il doivent avoir par reson de le succession de lor mere ou de lor pere mort et de le compaignie fete puis le mort du pere ou de le mere; car se

---

[1] *Rabatu.* B. — [2] *Demorerent.* B.

il lor donne plus, il convient que ce soit du sien et non pas de le partie as autres enfans.

25. Nus ne pot demander par reson de compaignie, combien que li bien soient mellé ensanlle, s'il n'ont esté au mains ensanlle an et jour, se ce n'est ainsi c'on l'acompaigne[1] par convenence ou par marceandise; car en ces deus cas se fet le compaignie si tost comme le convenence est fete ou si tost com le marceandise est achetée[2].

26. Encore est il une autre maniere de compaignie le quele ne pot partir[3] ne desseurer, ançois convient qu'ele tiegne, voillent les parties ou non qui en le compaignie sont, fors en une maniere que noz dirons : c'est le compaignie de communaltés. Et cette compaignie se devise en deus manieres, car l'une des communaltés, si est par reson de commune otroiée de segneur et par chartre : tele maniere de compaignie se doit uzer selonc les points de lor chartre, et poent perdre et gaaignier ensanlle es cas qui appartienent à lor commune[a]. Et qui veut issir de tele maniere de compaignie, il convient qu'il soit regardé combien il a vaillant et combien li autre de le commune ont vaillant, et doit regarder combien le commune doit, soit à vie soit à heritage ou à deniers; et puis doit on re-

---

[1] *Se che n'est si comme avec se compaignie.* B. — [2] B. *Fete.* A. — [3] *Departir.* B.

[a] Beaumanoir donne peu de détails sur l'administration des communes urbaines, institutions avec lesquelles les baillis étaient toujours en guerre, et dont, en général, ils n'appréciaient pas très-haut l'importance et le mérite. On verra ailleurs le jurisconsulte de Clermont déclarer l'opposition la plus forte contre l'établissement des communes.

garder combien il converroit paier à çascun au marc
ou à le livre, qui toute le vaurroit aquiter sans delai ;
et puis doit on penre sor celi qui s'en veut issir toute
se partie entierement; et puis convient qu'il voist
manoir hors du lieu de le commune, et en ceste ma-
nie꞉ ꞉꞉꞉꞉ pot il metre hors de le compaignie et des fres
de l꞉ ꞉꞉꞉꞉ue, sauf ce que s'il y a heritage qui de-
m꞉꞉ ꞉꞉꞉ el pooir et en le justice de le commune, il
n꞉꞉ ꞉꞉ ꞉e pas porce que li heritage ne puissent estre
taillié en telle maniere que il seroient taillié s'il estoient
à homme estrange qui onques n'aroit esté de lor
commune.

27. L'autre maniere de compaignie qui se fet par
reson de communalté, si est des habitants es viles ou
il n'a pas communes, c'on apele *viles bateices*[1]. Et ceste
compaignie si se fet es fres et es cous qui lor convient
metre es cozes qui lor sont communes et des quelles
il ne se poent consuirrer[2] sans damace[3], si comme de
lor moustiers refere et de lor cauciés[4] ramender, de
lor puis et de lor gués maintenir, et des autres cozes qui
sont fetes par l'acort du commun, si comme de coz
qui sont mis en ples por lor drois maintenir et por
lor coustumes[5] garder : en toz tex cas et en autres
sanllavles font tex manieres de gens compaignie ensanlle, et convient que çascuns pait son avenant des
fres selonc droit. Ne nus de tex manieres d'abitans ne
se pot oster de compaignie, s'il ne va manoir hors du
lieu et renonce as aisemens. Et s'il s'en part en ceste

---

[1] *Baeleresches.* B. T. — [2] *Consievrer.* B. T. — [3] *Vaut autant que
l'en ne puet passer que il ne soit fait sans damage.* T. — [4] *Voies.* B. T.
— [5] *Commune.* B.

maniere, si convient il qu'il face compaignie aveques
cix du lieu où il va manoir.

28. Il ne convient pas, quant on veut fere aucune
coze por le profit d'une vile, c'on le laist à fere por
ce, s'il ne s'i voelent tuit accorder; anchois soufist, se le
grengnor partie, à le quele partie il ait des mix soufisans, s'i accorde. Car s'il convenoit qu'il s'i acordassent tout, donques porroient cil qui poi sevent et poi
valent, destorber les cozes qui sont fetes por le commun
profit, et ce ne seroit pas soufert.

29. Doi compaignon avoient ensanlle compaignie[1]
en le marceandise d'un bois; quant li bois fu vendu
et delivrés, li uns des compaignons se trest à cix qui
devoient les detes, sans le seu de son compaignon, et
les fit creanter à autres persones à qui il devoit de se
propre dete. Quant ses compains sot que les detes
es queles il avoit le moitié de son droit, estoient crean-
tées à autres persones, à qui il ne devoit riens, sans son
acord, il se traist ausi à noz, avant que li terme venissent des detes paier, et noz monstra le dechevance
que ses compains li avoit fet; et noz, le verité seue,
commandasmes à cix qui les creantemens avoient
pris, qu'il ne s'atendissent qu'à le moitié de cel
creantement, car plus n'i avoit cil qui le creante-
mant fist fere, et quissent l'autre moitié sor celi qui
fist fere le creantement; et si commandasmes à cix
qui le creantement avoient fet à le requeste de l'un
des compaignons, qu'il ne paiassent que le moitié de
ce qu'il avoient creanté à cix à qui il avoient fet le
creantement, et l'autre moitié à celi qui estoit com-

---

[1] *S'estoient ensamble acompaingnié.* B.

pains de le marqueandise. Et ainsi feismes noz rapeler
ceste decevance. Mais se li termes des dettes fust passés
et li paiemens fes si comme il estoit creantés, avant
que li compains nous eust monstré comment il estoit
deceus : le paiemens s'i tenist, ne n'eust cil qui estoit
compains de le marceandise, nul restor as deteurs qui
orent les denrées du bois, ançois convenist qu'il en
sivist son compaignon à qui requeste li paiemens fu
fes. Car qui prent denrée par le main d'une persone
et il les paie à li ou à son commandement, il en doit
estre quites, se deffense ne l'en est fete par justice ou
de celi qui y demande partie, par reson de compaignie,
avant que li paiement soit fes. Mais quant deffense l'en
est fete, il doit paier à çascun se partie, ou autrement
il n'en seroit pas quites que[1] çascuns des compaignons
ne le peut[2] sivir de se partie. Et por les perix qui en
poent naistre, se fet il bon garder à qui on marceande
et à qui on s'acompaigne.

3o. Compaignie se pot fere en mult de manieres, si
comme noz avons jà dit et encore en dirons noz. Car
compaignie se fet aucune fois en une sole coze ou en
deus ou en trois, selonc ce qu'il est enconvenencié. Si
comme deus compaignons prendent une ferme à trois
ans, ou si comme s'il prendent ferme et[3] une vente de
bois ou autres marceandises certaines; por ce, se tele
compaignie se fet, ne sont il pas compaignon de toz
lor biens, mais des cozes tant solement de quoi il
s'acompaignerent[4]. Et quant le coze faut, et il ont conté
ensanle de le perte ou du gaaing qu'il y orent, le
compaingnie est faillie, ne il ne poent riens demander

---

[1] *De.* T. — [2] *Peust.* B. — [3] *A.* B — [4] *S'entr'acompaingnerent.* B.

li uns à l'autre par reson de compaignie, fors que de
ce dont il furent compaignon.

31. On doit croire que çascuns de cix qui furent[1]
compaignon d'une coze ou de plusors, fet le mix qu'il
pot et au plus grant porfit, por li et por son compaignon, dusques à tantque li contraires est provés; et por
ce doit estre tenu ce que çascun des compaignons fet,
soit au vendre soit au paier les cozes necessaires por
le compaignie, ou en recevoir les paiemens qui par le
reson de le marceandise sont fet. Et se cil qui paie ou
rechoit, oevre autrement qu'il ne doit, ses compains li
pot demander por tant comme il monte à se partie, et
bien li pot deffendre qu'il ne s'en melle plus, fors que
de tant qu'à se partie afiert. Et adonques, quant tix
contens muet entre compaignons, on doit baillier à
çascun se part de ce dont il sont compaignon, se c'est
coze qui se puist partir; et s'ele ne se pot partir, si
comme viviers ou travers ou teles cozes sanllavles, li
sires, par devant qui tex ples vient ou qui a le justice
es cozes dont li conteus est, les doit fere coillir porfi-
tavlement as cos[2] des compaignons, s'il ne se poent
en autre maniere acorder.

32. Se plusor compaignon sont ensanlle[3] et li uns
pert aucune coze de ce qui à le compaignie apartient, si
comme s'il done le coze por mains que ele ne vaut, ou
s'il a receu deniers et on li taut ou emble, et de ses cozes
avec, ou se[4] il fet aucunne negligence sans malice : si
compaignon ne poent fere demande contre li, puisque
il meismes a damace en le coze; car on doit croire que
nus ne fet volentiers son damace à essient; et por ce,

---

se doit on penre garde à l'acompaignier à qui on s'acompaigne, car cil qui pert par le negligence de son compaignon ne s'en doit penre qu'à sa folie. Mais puisqu'il l'ara veu trop negligent, deffendre li pot qu'il ne le face plus, et ouvrer en·le maniere qu'il est dit dessus.

33. Compaignie se fet aucunes fois en tele maniere que li uns paie tout l'argent que le marceandise couste et li autres n'en paie point, et neporquant il emporte le moitié du gaaing. Et aucune fois ele se fet en tele maniere, que li uns en paie les deus pars et li autres le tiers, et est le convenence tele qu'il partissent au gaaing moitié à moitié. Et aucune fois ele se fet en tele maniere, que li un emporte part au gaaing s'il y est; et se perte torne, il n'emporte point de perte. Et toutes tex manieres de compaignies se poent bien fere par convenence, car il loist bien à çascun à acompaignier autrui et à fere bonté du sien à celi qui est acompaigniés à li. Et aucune fois fet on tex acompaignemens, porce que li uns a plus de paine en aministrer les besongnes de le compaignie que li autres, si ques il est bien resons que se partie soit mellor, selonc ce qu'il a plus paine.

34. Se une compaignie est fete d'aucunes certainnes cozes, sans nule convenence que li uns des compaignons y ait plus que li autres, et li uns des compaignons est empeeciés en tele maniere qu'il ne se pot entremetre de fere ce qu'à le compaignie apartient, et li autres, par le defaute de son compaignon, est carquiés de toute l'aministration des besongnes, ce ne doit pas estre du tout à son coust, mais au coust des cozes communes. Et encore porroit la coze estre si grans, si

comme de vente de bois ou d'autre marceandise, de
le quele il est mestiers que le porveance du compaignon y soit toz jors, qu'il porroit demander salere sor
le partie de son compaignon, por tant comme il aroit
este ses serjans; et tel salere doivent estre paié par l'estimation du juge, selonc l'estat de le persone qui le
demande et selonc le paine qu'il a eue en aministrer le
partie de son compaignon par se defaute, et fust encore ainsi que ses compains ne li eust ne dit ne commandé qu'il s'en entremesist. Car s'aucuns est mi compains d'une coze, et il ne pot ou ne veut fere ce qu'à
le compaignie apartient, il m'en convient entremetre
por esquiver mon damace; et je m'en puis entremetre
fors que de tout, puisque le coze n'est partie. Et ainsi
convient il estre aucune fois malgré sien sergans de
son compaignon : si est resons c'on y mete tel conseil
qu'il ne soit pas perdans.

35. Quant acompaignemens est fes de quel coze que
ce soit et perte tourne en le compaignie, çascuns des
compaignons doit paier de le perte selonc ce qu'il emportast du gaaing s'il y fust, se convenence ne le taut,
si comme il est dit dessus.

### *Explicit.*

Ci define li capitres de compaignie qui se fet par coustume ou par
convenance[1].

---

[1] B et T ajoutent *et de oster enfant de son bail.*

## CAPITRES XXII.

**Des compaignies de heritages, et comment on en doit par raison ouvrer.**

1. Nous avons parlé de plusors manieres de compaignies el capitre devant cestui, si parlerons en cest capitre [1] d'une autre maniere de compaignie en heritage; si comme plusors personnes poent avoir part en le justice d'une vile ou en un molin ou en un pressoir ou en une pesquerie, ou en aucun autre heritage qui est cousteus à retenir. Si avient aucune fois que li uns des parçonniers veut bien mettre soufisamment des mises selonc ce qu'il prent des reçoites, et li autre parçonnier y metent aenuis et si y prennent [2] volentiers, si ques il avient à le fois que li heritage en empirent et dequieent. Et porce dirons noz comment on doit ouvrer de tix compaignies.

2. Quant li uns des compaignons voit que si compaignon ne voelent metre soufisamment por l'eritage retenir [3], il doit les compaignons fere amonester par justice qu'il y metent lor avenant dedenz certain jour, li quix jors doit estre assis par le segneur, selonc ce qu'il est mestiers de haster l'ouvrage. Et se li jors passe et li parchonnier n'obeissent au commandement, por ce ne dequerra pas li heritages, se li parçonniers veut, qui requist, qu'il y meissent lor avenant; car il pot monstrer lor defaute au segneur de qui li heritages muet, et li sires li [4] doit donner congié qu'il y mete les cozes qui doivent estre mises par necessité por l'eri-

---

[1] *Chapitre après.* B. — [2] *Et si i prendroient moult.* B. — [3] *Atenir.* B. T. — [4] *Si.* B.

tage atenir; en tele maniere qu'il tenra l'eritage, sans parchonerie de cix qui n'i vaurront metre, dusqu'à tant qu'il aient rendu lor partie de tant comme il deussent avoir mis. Et toz les esplois qu'il levera de l'eritage dusques à tant que li cous[1] li sera rendus, seront siens, sans riens rendre ne rabattre as parchonniers qui n'i vaurrent[2] riens metre. Et ensi porra il tenir en mort gage[3] les parties de ses compaignons[4], dusqu'à tant qu'il l'aront paié; car s'il[5] rabatoit des levées les coustemens, donques aroit il presté les coz malgré sien, le quele coze nus ne fet s'il ne veut. Et mix vaut que li heritages soit retenus et qu'il emport les pourfis dusqu'à tant que li parchonnier y vaurront revenir, que ce que li heritages dequeist, si que il ne vausist riens à nul des parchonniers.

3. Toutes les fois que ples muet por les coz qui doivent estre mis en heritage qui sont à plusors parçonniers, li sires qui a les parchoniers à justicier ne[6] doit sufrir point de plet ordené, ançois doit regarder tout de plain combien çascun prent du porfit de l'iretage, et, selonc ce, le doit contraindre à mettre son avenant ou à laissier le droit qu'il a en l'eritage; car s'il avoit en tix ples autex delais comme il a en moult de quereles, li heritages seroient dequeu avant que li ples fust finés. Neporquant, se li uns des parchonniers dist qu'il a bones resons par les queles il n'i doit riens metre, ançois doivent tourner li coust sor les autres parçonniers, si comme li aucun ont rentes sor héritages qui lor furent donées, vendues ou ammosnées à

---

[1] *Le tout*. B. — [2] *Voudront*. B. — [3] *Mort usage*. B. — [4] *Parchonniers*. B. — [5] *Et se il ne*. B. — [6] *Justiche ne*. B.

penre çascun an franquement, ou si comme il avient
que aucuns dona son heritage à fere à moitié à heritage, ou si comme il avient que convenences sont
fetes que li uns des parchonniers doit paier toz les fres
et li autres doit penre se partie franquement, ou si
comme il avient que li uns des parchonniers se veut
aidier qu'il a tous jors pris se partie franquement, à le
veue et à le seue de ses parçoniers, sans riens paier des
coz, ançois les ont paiés si parchoniers plusors fois là
u il emportoit se partie quite et delivre, et de tel tans
que drois de proprieté li est aquis de penre se partie
quite et delivre : en toz tex cas et en sanllavles doivent
estre li parçonier oïs, li quel ne voelent riens metre es
coz ne es mises de l'iretage.

4. Voirs est que toutes les fois que plusors persones
ont parties en aucuns heritages et li uns requiert que
se partie li soit exeptée et mise d'une part, on li doit
fere, exeptés aucuns heritages, li quel ne se poent departir par fere certaines bones ne certains devis; si
comme travers et menues coustumes, tonlix et vina-
ges, justices, fours, molins et pressoirs, pesqueries et
autres rentes d'aventure. Donques, quant plusor parchonier ont compaignie en tix heritages, il doivent
estre à ' ferme ou à loier, et adont, du loier et de le
ferme pot çascuns des parchonniers, si come il avient,
penre de ce qu'à se part appartient. Mais ce entendons
noz es heritages parchoniers dont li uns ne doit pas
plus avoir le saisine que li autres; car il est assés d'eritages des quix li uns a le saisine et le proprieté, et par

---

¹ *D'aventures, où tant de pluriex persones ont part et compaingnie : tous tiex hiretages doivent estre donnés à.* B.

se main li autre parchonnier doivent estre paié : il
convient que li paiement soient fet selonc ce que il
est acoustumé de lonc tans et selonc ce que çascuns i
doit avoir.

5. S'aucuns tient en parchonerie avec autres, par
reson de bail ou de douaire ou d'engagement, ou d'aucune autre reson par le quele il poent lever les despuelles de se partie, et n'est pas soie le proprietés, et
il ne veut riens metre es coz de l'iretage, porce que
li coust li cousteroient plus que les rechoites ne li
vaurroient le tans qu'il l'a à tenir, ou por se niceté ou
por se volenté : il ne li doit pas estre soufert, ançois
doit estre contrains par son segneur s'il en est requis ;
voire tout sans requeste, s'il le fet à ce qu'il mete
son avenant es coz de l'iretage, puisqu'il en [1] ara aucune
coze levé ou qu'il sera entrés en le saizine de l'iretage.
Car autrement porroit perdre cix à qui li drois de le
proprieté apartient, par le fet de celi qui n'a droit
fors en le saizine, et ensi porroient perdre souvent li
orfelin et cil qui sont sous aagié.

6. Nous avons parlé des heritages qui ne se poent
partir s'il ne sont baillié à ferme ou à loier ; mais s'il
y a tant d'iretages et tant de parchonniers que çascuns puist penre d'une part [2], bien se poent fere les
parties. Se comme se doi molin sont à deux parchonniers, et il sont d'une valor, et çascuns des parchoniers
doit avoir le moitié es deus molins, bien se pot le
partie fere en tele maniere que çascuns ait l'un des
molins. Et se li molin valent mix li uns de l'autre,

---

[1] B — [2] Mès se il i a tant de tix hiretages qui ne se pueent partir en
nule maniere que chascun puist penre d'une part. T.

cil qui requiert le partie à avoir, doit avoir le pieur
molin, en tele maniere que li autres qui ara le bon
molin, de tant comme il vaurra mix de l'autre par
desor les coz, li rende le sorplus d'an en an. Et se li
uns ne doit avoir que li tiers es deus molins et li autres
les deus pars, cil qui n'i a que le tiers, doit avoir le
pieur molin; et en tele maniere que s'il[1] vaut mix du
tiers, que il en rende le sorplus çascun an à celi qui
les deus pars doit avoir. Et s'il sont trois parchonier
dont li uns doit penre la moitié et li autre doi l'autre
moitié, li doi autre poent avoir l'un des molins por
lor partie et li autres l'autre molin à par soi, en tele
maniere que le partie qui ara le melleur molin rende
à l'autre partie tant qu'il vaurra mix, si comme il est
dit dessus. Et ensi, comme noz avons dit, de[2] le partie
des deus molins doit on entendre de plusor fours ou
de plusors pressoirs, ou de plusors travers, ou de plusors tonlix, ou de plusors justices, ou de plusors pesqueries qui sont à plusors parchonniers, quant li aucun des parchonniers requierent à avoir partie.

7. S'il avient qu'aucune parchonerie d'eritage qui
se puist partir ait esté ensanlle sans estre partie, de si
lonc tans comme il pot souvenir à home; et li uns des
parchoniers requiert à avoir partie de nouvel, et li
autre parchonnier le debatent, porce qu'il voelent
qu'il soit ainsi comme il a toz jors esté : le[3] longue tenure qu'il alliguent ne lor vaut riens; car il loist bien
à toz qui ont compaignie ensanlle, soit en heritage ou
en marceandise ou en autres cozes, que il se suefrent
de partir tant comme il lor plest et il s'acordent ensanlle. Et si ne demore pas por le lonc tans, quant li

---

[1] S'il ne. B. — [2] B. — [3] Chelle. B.

uns veut avoir se partie d'une part, qu'il ne l'ait, s'il n'i a convenence parquoi le compaignie se puist deffere.

8. Se il sont plusor parchonnier en un heritage, et li parchonier sont damacié par le fet de l'un de lor parchonniers; si comme se il ont lor parties en un molin, et li uns des parchonniers ne fet pas envers son segneur ce qu'il doit, par quoi ses sires oste les fers du molin, si que il ne puist maurre, par quoi li parchonier sont damacié : en tix cas et en sanllavles doivent li parchonier avoir lor damaces de celi par qui li fers furent osté; ou s'il est povres ou hors du païs, ou en tel lieu qu'il ne puist estre justiciés, li parçonier de l'iretage poent bien aler autre[1] voie; car il poent requerre au segneur qui les fers osta, qu'il soient remis, si que li molins puist maurre. Et quant ce venra au lever le gaaing du molin, bien lieve le partie de celi qui ne fit envers li ce qu'il dut de se partie. Et li sires à qui ceste requeste est fete, doit fere le requeste par deus resons : l'une, porce que li parchonier ne doivent pas perdre por le meffet de lor compaignon; l'autre, porce que c'est pour le commun porfit au segneur et au païs et as parchoniers que li heritage soient fet à lor droit, selonc lor nature. Et se li sires ne veut fere ceste requeste et li parchonier s'en[2] plaignent au sovrain, li sovrains les doit fere fere; c'est à savoir premierement, li sires au segneur qui ne le vaut fere[3], et puis de segneur en segneur dusqu'à roy, se li autre segneur ne le vaurent fere.

9. Mult de foibles justices de compaignies ont esté fetes, parce que plusor segneur partissent à le justice;

---

[1] *Droite.* B. — [2] *Se.* B. — [3] *Le seigneur à chelui seigneur qui ne le vout pas faire.* B.[*]

si comme il est en moult de viles que le justice est à
deus sengneurs ou à trois ou à quatre ou à plus, si
avient que se li uns ou li doi ont grant volenté de bien
justicier, ne l'ont pas li autre ; ou à le fois li uns aimme
mix celi qui doit estre justiciés que li autres, ou à le
fois que li uns li veut aidier par priere ou par loier ou
par toute autre cause qui n'est pas resnable ; et por ce,
est il grans mestiers que li rois et cil qui tienent en
baronnie, des quix le justice des parchoniers est tenue,
sacent comment il oevrent de lor justices, si que s'il
en font trop poi, la justice à celi qui trop poi en fist, li
soit osté por son meffet et le justice fete par le sovrain.

10. Noz avons aucune fois tenus malfeteurs, des quix
li cors noz estoient requis d'aucun des parchoniers de
le justice là u il devoit estre justiciés ; mais noz ne
vausisme riens fere, se tuit li segneur qui estoient compaignon de le justice, ne furent au requerre, ou s'il n'i
envoioient procureur soufisant ; car se noz rendissons
le cort à l'un des segneurs et il ne feist pas droite justice, li autre parchonnier s'en peussent escuser, ne ne
m'en peusse penre fors à celi qui le cort fu rendue.
Et por ce est il bon que le cors soit rendue à toz les
segneurs, et qu'il lor soit commandé qu'il en facent
tant c'on n'i mette plus le main par lor defaute. Et
adont s'il n'en font assez, en tel maniere en poent il
fere poi qu'il en poent perdre lor justice. Et en quele
maniere il en doivent ouvrer, il sera dit el capitre des
meffès ª ; car là sera dit quele vengance doit estre prise
de çascun meffet.

11. Toutes justices qui sont à plusors parchonniers,

---

ª Chapitre xxx.

doivent estre fetes en liu commun as signeurs, et si
doivent tenir lor plet et fere fere lor jugemens en liu
commun, là u le justice est commune. Car se li uns des
parchoniers tenoit les ples qui apartienent à le communalté ou fesoit aucune venjance de justice sor sen
liu propre ou sor l'autrui, hors de le justice commune,
il se mefferoit vers ses compaignons. Donques, s'aucuns le fet ainsi, il est tenus à resaisir le liu commun
de ce qu'il justicha ou esploita hors de le justice commune, et si quiet en l'amende du segneur sovrain par
devant qui li ples vient.

12. Quant aucuns a à plaidier par devant plusors
seigneurs qui sont parchonier d'une justice, se li ples
est contre le segneur, il n'est pas tenu à respondre, se
li segneur n'i sont tuit, ou s'il n'i a soufisant procureur
por le cort tenir. Et encore se li segneur sont demandeur, ne poent il fere lor demande par procureur. Dont
s'il estoient quatre segneur parchonier d'une justice,
et li trois fussent present et feissent lor demande, et
li quars defaloit, ne seroit il pas tenus à respondre as
trois de riens qui apartenist à le communalté. Et por
ce est il bon as parchonniers d'une justice qu'il esta-
blissent aucune justice, le quele ait pooir de tenir le
justice commune por aus toz; et que ce soit fet si sain-
nement que ce qui sera fet par devant aus ne soit pas
à refaire. Et comment on le pot fere, il est dit el capitre
des procureurs [a].

13. Che que noz avons dit que li parchonier d'une
justice doivent estre ensanlle por justicier, ou por le [1]

---

[1] *Leur.* T.

[a] Chapitre iv.

cort requerre, ou por le cort tenir, neporquant il n'est
pas mestiers qu'il i soient tuit atendu, en toz les cas qui
poent avenir et especialment es prises des malfeteurs;
car il loist à çascun des parchoniers qu'il prengnent
ou facent prendre, par toute le justice commune, por
toutes manieres de meffès, soient grant ou petit. Mes
le prise fete, cix qui le prist ou fist penre, n'en pot
ne ne doit fere delivrance sans les autres compaignons.
Mais recreance en pot il bien fere, se le prise fu fete
por fet auquel il apartiengne recreance, en tel maniere
qu'il mete jor à celi qui est recreus, que par devant li
et devant ses compaignons sera; car s'il esploitoit
l'amende sans ses compaignons apeler, il se mefferoit.

14. Autrement seroit es liex là u li quens partist à
aucun de ses sougès en justice, car s'il esploite aucune
prise par se main, en le commune justice du lieu ou[1] de
ses sougès, par[2] reson des cas des quix il a le resors
comme souvrains par desor ses sougès, si comme par
obligation de letres ou por doaires ov por testamens
ou por se dete ou por novele dessaizine, por ces[3] cas
n'est il pas tenus à pledier en le justice commune, ne
à riens rendre des levées de ses parchoniers; car se
parchonnier ne poent pas plus avoir de segnorie là u
il partissent au conte, que se lor partie fust exeptée
d'une part; car s'il avoient lor justice d'une part, si y
aroit li quens le connissance des cas dessus dis, par le
reson du resort qu'il a sor ses sougès.

## Explicit.

Ci define li capitres des compaignies d'eritages.

---

[1] B. Et. A. — [2] Pour le. B. — [3] Tous liex. B. T.

## CAPITRES XXIII.

Quele coze est mueble et le quele est heritage, selonc le coustume
de Biauvoisis[1].

1. Moult de ples sont meu par plusors fois de cozes
qui quieent en parties, que l'une des parties en voloit
porter les cozes comme muebles et l'autre partie disoit
que c'estoit heritages. Et por oster les doutes qui de
ce poent estre, noz traiterons en cest capitre quix cozes
sont muebles et quix cozes sont heritage, selonc nostre
coustume et selonc ce que noz en avons veu uzer[2].

2. Muebles, à parler generalment, si sont toutes cozes
movables, c'est à entendre toutes cozes qui poent estre
mues de lieu en autre, et aucunes cozes sont il, selonc
nostre coustume, qui ne poent estre meues devant le
tans qu'eles sont meures, et si sont jugiés por mueble,
si comme voz orrés ci après.

3. L'eritage si sont cozes qui ne poent estre meues
et qui valent par anées as signeurs à qui il sont, si
comme teres gaignables, bois, prés, vignes, gardins,
chens, rentes, fours, molins, pressoirs, mesons, qui
sont droites tant comme eles tienent à quevilles ;

---

[1] *Chi commenche le* xxiii *chapitre de che livre, le quel parole comment che qui est fet par forche, ou par tricherie, ou par trop grant paour, ou par aucune autre maniere, et si ne fet pas à tenir.* B. Cette rubrique était sans doute destinée au chapitre suivant.

[2] La distinction entre les meubles et les immeubles, qu'il importe d'établir clairement dans toute législation, était d'autant plus nécessaire dans celle de la France, au moyen âge, que le partage des successions, les reprises matrimoniales, la confiscation des meubles appartenant aux vassaux, la saisie du temporel des prélats, et plusieurs autres actes judiciaires, reposaient sur cette distinction même, que tous les légistes de ce temps ont cherché à déterminer, mais dont Beaumanoir seul a fait l'objet d'une étude particulière.

yaues, uzages, mais qu'il soient tenu de segneurs;
corvées, homages, travers, tonlix : toutes tix cozes
sont heritage.

4. Mueble, si sont toutes les cozes qui des heritages
issent si tost comme eles sont coillies, si comme bois
quant il est copés, blés si tost comme il est semés. Et
du blé n'est il pas ainsi en moult de païs, ançois sont
heritage dusqu'à tant qu'il est soiés; mais à Clermont,
noz avons trois fois veu aprover par jugement que
estoit mueble. Et cha avant noz dirons les cas por quoi
ce fu jugié. Et des vignes aussi avons noz veu jugier, que
puisque le vigne est fete, tant que li roisin sont fourmé,
le despuelle est contée por mueble, et devant le pris
du gaaignage. Et aussi dès avant qu'il soient semé, li
gaaignage de teres est contés pour muebles. Aveines,
vins, deniers, cevax, tous metax : tex manieres de
marceandises qui poent estre portées, sont conté por
mueble.

5. Il avint que uns escuiers qui avoit une demisele
espousée, vendi ses blés en tere, et avant que li poins
venist du soier, il morut, et le demisele vaut renoncier as muebles et as detes, et emporter son doaire
quite et delivre; et de ses blés, qui estoient en tere,
ele en vaut porter le moitié par le reson de son doaire.
Et li marceans qui acetés les avoit, dist encontre, qu'ele
n'i devoit riens avoir, car ses barons, qui estoit sires
de le coze, li avoit cel blé vendu, li quix blés estoit
muebles, par le coustume de le terre; et s'il eust vendu,
el tans qu'il fist le vente, toz ses autres muebles, ne
peust ele cele vente rapeler, par le coustume de le
tere, et il li vendist le mariage durant. Il requeroit
que ses marciés li fust tenus; et sor ce se mirent en

droit. Il fu jugié que li marceaus l'emporteroit par le reson de son acat. Et par cel jugement pot on veir que blé en tere sont mueble, selonc nostre coustume. Car se ce fust heritages, nus ne doit douter qu'ele n'en eust porté son doaire tout vestu.

6. Encore avons noz veu plusors fois que cil qui fesoient testament lessoient à penre sor les muebles que li executeur, por le testament aemplir, emportoient, les despuelles qui estoient semées el point que cil qui fist le testament morut. Et par ce apert il que ce sont mueble, car se se sont iretages, li oir l'emportassent et non pas li executeur.

7. Noz avons dit[1] que blés en tere et aveines sont muebles; et les cas que noz en avons veu, par quoi il apert que ce sont mueble, noz avons dit. Neporquant, noz avons veu jugement qui sanlleroit à aucunnes gens contraires à ce que noz avons dit, car noz veismes jugier que blés en terre n'est pas muebles, quant[2] au doaire, que[3] le feme en deust avoir porté por son doaire les blés que ses barons vendi, puisque ses douaires li. vint avant qu'il peussent estre levé. Mais le reson que li jugeur regarderent, si fu porce que li marciés si[4] fu fes le mariage durant : ce qu'il en orent ala ou dut aler en lor commun porfit; et si regarderent que male coze scroit se li hous ne pooit vendre ses blés en terre et garantir. Mais voirs est, quant doaires esquiest simplement et le feme qui en veut porter son doaire quite et delivre a renonchié as muebles et as detes, el emporte son doaire si comme ele le trueve. Et ausi fet cil qui vient à terre quant il a esté tenu en bail, s'il

---

[1] *Veu et dit.* B. — [2] *Comme.* B. — [3] Pour car. — [4] *Qui.* B.

n'est ainsi que li heritages ait esté fes par loial muiage [1] ou à moitié; car en tel cas n'emporte li douaires ne li baus que le muiage ou le moitié. En ces deus cas, de bail et de doaire, ne sivent pas li blé en terre le condition d'estre mueble, tout soit ce qu'il le sont en autre cas.

8. On ne doit tenir à heritage nule coze qui muire, car ce qui muert faut et heritages ne pot faillir. Et porce que aucuns porroit dire que si fet, et dire : une [2] vigne qui est tenue por bone a failli deus ans ou trois ou quatre : il ne soufflist mie por ce à dire que ce ne soit heritages; car por les aventures des heritages qui faillent à le fois, emportent il menre pris; si que on voit que uns arpens de vigne n'est prisiés que quarante sous par an, et si voit on bien avenir qu'ele aporte dix livrées de vin en un an ou quinze ou vingt, si que qui fust certains des heritages qu'il ne peussent faillir : li pris en fust trop plus grans.

9. Noz avons dit que muebles sont cozes muables et desseurées d'eritages; et des heritages naissent li mueble, car si tost com les despuelles des heritages sont levées ou li pié copé de tix qui tiennent à rachines, ce qui pooit devant estre dit heritages, doit après estre apelés muebles. Donques, pot on veir que se denier de rente sont deu à certain jour, ou blés ou aveines, ou [3] ce qui est deu de terme passé, si comme de rentes, et mult d'autres cozes, et jors de paiement est venus : par le reson, de tix rentes doit estre conté por mueble; et dusques au jor que le rente est due, c'est heritage.

---

[1] *Minage.* T. — [2] *Ma.* T. — [3] B. *Que.* A.

10. Uns prodons en son testament laissa ses muebles à departir por l'ainé de li, en plusors liex; et avint qu'il trespassa le jor de le Saint Remi, ains hore de prime; et plusors rentes de deniers et d'autres cozes li estoient dues çascun an au jor de le Saint Remi. Et quant il fu mors, li executeur vindrent et vaurrent avoir les rentes de cele jornée, porce que cil qui fist le testament avoit vesqu dusqu'à tant que jor de paiement estoit venus. Et li oir au mort les voloient avoir, porce qu'il disoient que li jors du paiement n'estoit pas passés, et, devant qu'il fust passés, ne devoit on pas dire que ce fust muebles. Et disoient encore que li termes de paiement estoit de toute le jornée, car li rentier pooient paier à quele hore qu'il lor plesoit, puisqu'il ne l'ordenoient à certaine hore mes à certain jor; et sor ce li executeur et li oir au mort se mirent en conseil de bone gent, à savoir mon se les rentes de cele jornée seroient muebles ou heritage. Le consaus fu tex que li executeur emporterent les rentes de cele jornée comme muebles; car il disoient que puisque les rentes n'estoient deues à certaine hore, si tost comme li jours du paiement ajorna, jors de paiement estoit venus, aussi bien au matin comme au vespre. Mes se hore de jor fust determinée, dedens le quele les rentes deussent estre paiées, si comme prime, tierce, miedi, nonne et vespres, et cil qui fist le testament fust mors devant l'ore, li hoir en eussent porté les rentes comme heritage.

### Explicit.

Ci define le capitres qui enseigne queles choses sont muebles et queles choses sont iretages.

## CAPITRES XXIV.

Quele coze est coustume[1] et quele coze est usage, et li quel valent et li quel non[2].

1. Pour ce que tuit li plet sont demené selonc les coustumes, et que cest livre parole generalment selonc les coustumes de le conté de Clermont, noz dirons en cest capitre briement quele coze est coustume, tout soit ce que noz en aions parlé especiaument en aucun capitre, selonc ce qu'il convenoit es cas de quoi noz parlions. Et si parlerons des usages, et quel uzage valent et quel non, et de le diference qui est entre uzage et coustume[3].

---

[1] Ce qui précède manque dans A. — [2] *Chi commenche le xxiii chapitre de che livre, le quel parole des convenenches, les queles font à tenir et les queles non.* B.

[3] A une époque où la loi n'était autre chose qu'un mélange de traditions, d'usages et de coutumes, rien n'importait plus au souverain, aux magistrats, aux légistes et aux justiciables, que de savoir si certains faits, répétés pendant un espace de temps plus ou moins long, formaient un usage; si cet usage était devenu une coutume, et enfin si cette coutume avait reçu la sanction nécessaire pour prendre le caractère de ce qu'on appelait *consuetudo approbata.* Mais ces questions difficiles, complexes, et qui variaient selon les localités, ne pouvaient être soumises à un mode uniforme de solution; et nous savons que la cour du roi envoyait des enquêteurs sur les lieux, quand il s'agissait de rechercher si une coutume alléguée par une partie et contestée par l'autre, existait réellement (*Olim*, t. II, p. 240, n° xvii). En cette matière, la théorie cédait aux faits, et la science du jurisconsulte devait s'effacer devant l'expérience des anciens ou des prud'hommes. C'est ce que Beaumanoir a compris; et après avoir donné une définition générale de l'usage et la coutume, il porte son attention sur les droits qui, dans le comté de Clermont, naissaient de l'habitude et d'une possession suffisamment longue. Il n'a point fait ici défaut à la science, mais il s'est arrêté là où il ne trouvait plus que confusion et obscurité.

I.     22

2. Coustume si est aprovée par l'une de ces deus voies, dont l'une des voies si est, quant elle est general par toute le conté et maintenue de si lonc tans comme il pot souvenir à home, sans nul debat; si comme aucuns hons de poeste connoist une dete et on li fet commandement qu'il ait paié dedens sept jors et sept nuis, et au gentil home dedens quinze jors : ceste coustume est si clere que je ne le vi onques debatre. Et l'autre voie c'on doit connoistre et tenir por coustume, si est quant debas en a esté, et l'une des parties se veut aidier de coustume, et fu aprovée par jugement; si comme il est avenu moult de fois en parties d'oirs et en autres quereles. Par ces deus voies pot on prover coustumes. Et ces coustumes est li quens tenus à garder à ses sougès, que nus ne les corrumpe. Et se li quens meismes les voloit corrumpre ou soufrir que eles fussent corrumpues, ne le devroit pas le rois soufrir, car il est tenus à garder et à fere garder les coustumes de son roiame.

3. Le diference qui est entre coustume et uzage, si est que toutes coustume font à tenir; mais y a tex usages que qui vaurroit pledier encontre et mener dusques à jugement, li uzages seroit de nule valeur.

Or veons li quel usage valent et li quel non.

4. Uzages de an et de jor pesivlement soufist à aquerre saizine, si comme quant aucuns à une terre labourée ou une vigne ou autre heritage, et despouille pesivlement un an et un jor, et aucuns vient qui lui empeeque : li sires doit oster l'empeequement s'il en est requis, et tenir celi en sa saizine dusqu'à tant qu'il pert, par plet ordené, le proprieté de l'heritage. Le seconde maniere d'usage, si est de tenir l'eritage par

dix ans pesivlement, à le veue et à le seue de cix qui
l'empeequement y voelent metre : tex manieres d'usages
valent à aquerre proprieté et saisine d'eritage. Mais
c'on mete avec l'usage cause soufisant dont li heritages vint, comme d'acat ou de don ou de lais ou d'esqueance, et avec ce c'on le tiegne de segneur par aucune redevance c'on en doit. La tierce maniere d'usage
si est de trente ans, car cil qui poent dire qu'il ont
le coze tenue trente ans pesivlement, n'est tenus à alliguier le cause dont ce li vint, ançois li vaut se teuure
sans nule autre reson mettre avant, excepté ce qui est
tenu en doaire, ou à vie, ou à ferme, ou par engagement. Car se cil qui demande l'eritage qui a esté tenus
trente ans, voloit prover contre le tenant qu'il l'a tenu
par reson de le feme qu'il avoit, le quele feme le
tenoit en dôaire, et, dedens l'an et le jor que le femme
fu morte, il se traist avant por demander l'eritage
comme oirs : nule longe teneure el taus de doaire ne li
pot nuire, puisqu'il puist prover le douaire ; et ainsi [1],
s'il pot prouver que li heritages ait esté tenus par [2] engagement, si comme il avient que uns hons engage se
terre à dix ans ou à douze, et, quant ces anées sont passées, il engage à celi meismes : tex tenure ne valent
riens contre celi qui veut prover les engagemens. Et
aussi s'aucuns a vendues les despuelles de ses terres [3] à
vie d'omme, et cil qui les fruis aceta à se vie les tient
par trente ans ou plus, et puis muert, li oirs du mort ne
doit pas por ce gaaignier l'eritage por le tenure du pere ;
neporquant il emporte le saizine, dusqu'à tant que li
engagemens à vie sera provés, par bone seurté qu'il

[1] *Aussi.* B. — [2] *Pour.* B. — [3] *Rentes.* B.

doit fere de rendre les levées quant cil qui l'eritage
demande ara provée s'entention. Et aussi ne doit nus
gaaignier proprieté d'eritage par tenure qu'il ait fet à
ferme, puis c'on puist prover le ferme contre celi qui
le tient.

5. Or veons quel uzage ne valent pas. Quant li sires
voit aucun de ses sougès tenir heritage, du quel il ne
rent à nului chens, rentes ne redevances : li sires y
pot geter·les mains et tenir le comme soie propre; car
nus, selonc nostre coustume, ne pot pas tenir d'alues;
et on apele *alues* ce c'on tient sans rendre à nului nule
redevance[1]. Et se li quens s'aperchoit, avant que nus
de ses sougès, que tix alues soit tenus en se conté[2], il les
pot penre comme siens, ne n'en est tenus à rendre n'a
respondre à nus de ses sougès, porce qu'il est sires, de
son droit, de tout ce qu'il trueve tenant en alues[3]. Et se
uns de ses sougès y avoit geté le main, si ne li pot il
demorer, s'il ne proeve que ce fu de son fief ou de ce
qui devoit estre tenu de li, qu'il a trové concelé ou
esfranquié; et s'il ne le pot prover, li alues[4] doit demourer au conte, ne cil qui en alues le tenoit ne se
pot aidier de lonc uzage. Et por ce lo je bien à cix qui
en tele maniere tienent, que avant que li quens y mette
les mains, il en vieguent fere homage au conte ou ren-

---

[1] *Ne puet pas ne ne doit pas tenir si franchement se terre, que il
n'en paie nules redevanches à nului.* B. — [2] *Que tele chose soit aucune
en se terre.* B. — [3] *Pour che que il est seigneur de son droit et de tout
che que il trueve tenant en tele maniere.* B. — [4] *L'iretages qui ainssi
est tenus.* B. Le copiste de ce manuscrit s'est attaché, non sans raison,
à ne pas se servir du mot *alues* ou *aleux.*

[a] Voyez les *Establissemens*, l. I, c. xcix. La confiscation n'avait pas
lieu ou n'était pas absolue dans toutes les coutumes.

dre au conte aucune redevance au gré du dit conte;
et en cest cas, s'il le font ainsi, il ne devront pas perdre, ançois l'en doit on bon gré savoir quant il esclar-
chissent les cozes que lor anchisseur tinrent orbe-
ment.

6. Mesires Pierres de Thierni [1] proposa contre le
vile des Haiés, que le dite vile, à tort et sans reson, envoioient lor bestes pasturer en ses prés, es quix il avoit
toute justice et toute seignorie, comme cil qui [2] de tel
uzage ne li rendoient cens ne rente ne redevances; par
quoi il requeroit que il de tel uzage fussent debouté et
qu'il lor fust dit, par droit, qu'il n'i avoient droit de
uzer. A ce respondi le dite vile, que il cel uzage avoient
uzé et maintenu de si lonc tans comme il pooit souvenir à memore d'omme, et lor estoit bien uzages conneus du dit mesire Pierre; par quoi il requeroient
c'on lor laissast uzer pesivlement, si comme il avoient
uzé de lonc tans, et sor ce se mirent en droit. Li home
de Creeil, après ce qu'il orent pris toz lor respis et
qu'il s'en furent conseillié en moult de liex, pronon-
chierent par jugement, que le dite vile des Haiés
n'avoit droit d'uzer es prés monsegneur Pierre dessus
dit, et que li lons uzages qu'il avoient proposé ne lor
valoit riens, porce qu'il ne rendoient du dit uzage
chens, rentes ne redevances. Et par cel jugement pot
on veir que nus uzages qui damace autrui, ne vaut contre le signeur du lieu u li uzages est maintenus, s'on
n'en rent au segneur ne au conte chens, rente ou redevance.

7. Encore sont uzage en aucun lieu qui ne vaur-

---

[1] *De Tyverni.* B. *De Rigni.* T. — [2] B.

roient riens s'il estoient debatu et mis en jugement ;
si comme s'aucunne vile ou aucunne singulere persone
a uzé d'envoier ses bestes en mes bos, si tost comme
li bos est copés, car tex maniere d'usages c'est essil,
et nus essius ne doit estre soufers, s'il n'est ainsi que cil
qui ont tex manieres d'usages monstrent par chartre
que le coze lor fust otroiée par le segneur du liu et
afermé du sovrain ; car nus, se n'est pas l'autorité du
sovrain, ne pot otroier nul uzage qui tour à essil.

8. Nus uzages qui soit uzés contre le general coustume du païs, ne vaut riens, s'ele n'est otroiée et con-
fermée du souvrain, ou s'on n'en rent au sengneur
aucune de ses droitures, chest à savoir chens, rentes
ou redevances.

9. Li uzages du souget contre son segneur et en li
desheritant, est de nule valeur ; si comme il avient
que uns hons paie mains de rentes qu'il ne doit, ou
qu'il conchoile au segneur aucune de ses droitures : si
tost comme li meffet vient à le connissance du segneur, li sires ne pert pas por tel uzage qu'il ne r'ait son
droit. Mais voirs est en tex cas que li souget demeurent
saizi selonc ce qu'il ont uzé, dusques à tant que li
drois du segneur est prouvés contre eus ; mais bien se
gardent li souget qu'il ne mesprengnent en tix cas
envers lor segneurs, car quant li segneur r'ont par jugement ce qui lor estoit concelé ou fortrait de lonc
tans, li souget sont tenu à rendre toz les arrierages et
l'amende de çascun terme qu'il deussent avoir paié,
c'est à savoir, se li contens fu de droit chens, le simple
amende qui cort par le coustume du liu. Mais se li
contens fu por autres rentes, comme de blé, d'aveines
ou de vins ou de capons, les queles cozes ne doivent

pas amendes, s'on ne les paie au jor par le coustume general : por tex rentes li songès ne rendra que les arrierages.

10. Quiconques veut laissier ce qu'il tient à cens ou à rente de segneur, il le doit aquister dusques au jor qu'il le laisse, et dire au segneur de qui il le tient : « Sire, j'ai tenu heritage de voz à tel cens et à tel rente, « et veschi le rente de ceste anée », et s'il y a arrierages, il les doit paier aussi, « et desoremais je ne le voil « plus tenir, ains voz laisse des ores mes en avant [1] »; et tant comme il se taist de dire qu'il li laisse, il li doit toz jors les rentes. Et s'il avenoit qu'il laissast les rentes à paier, li sires le pot sommer qu'il li paie dedens an et jor les rentes et les arrierages. Se c'est droit chens, il pot demander qu'il li paie les amendes aveques les chens ; et se li tenans ne les paie dedens l'an et le jour, li sires pot penre comme siens le propre heritage. Et si ne demore pas por ce qu'il ne puist sivir celi qui le tint de li pour ses [2] arrierages, de tant comme il fu en saisine de l'iretage ; car autrement porroient gaaigner li bareteur en lor barat, s'il pooient tenir lor heritages et lor rentes conceler une grant pieche, et puis dire : « Je voz laisse l'eritage », sans riens paier ; car bien porroit estre qu'il deveroient plus d'arrierages que li heritage ne vaurroient, et ainsi perderoient li segneur par le triquerie de lor tenans, le quele coze ne seroit pas avenans.

11. Voirs est que par coustume general on pot laissier, quant on veut, l'eritage c'on tient de segneur ; mais c'est à entendre en tele maniere c'on l'ait aquité

---

[1] B. Le wason. A. Vuason. T. — [2] Des. A.

dusques au jour que on le laisse. Neporquant[1], convenences ou obligations poent bien corrumpre ceste
coustume, si comme quant aucuns prent bois à essarter ou vignes à planter, à certaine redevance, et s'oblige,
par pleges ou par foy ou par contre assens[2] d'eritage,
à paier les rentes du lieu qu'il a pris par tele condition qu'il ne les pot laissier : en tel cas ne pot on pas
laissier l'eritage, ains convient c'on tiengne le convenenche.

12. Selonc le coustume, nus cors d'omme n'est
pris por dette, s'il n'a par letres son cors obligié à
tenir et à metre en prison, se che n'est por le dete le
roi ou le conte. Mais por ches deus pot on penre les
cors et les avoirs, et si ne lor convient fere nul commandement de paier, ne à sept jors ne à quinze, ançois
à li princes[3], de son droit, qu'il les pot justicier, si tost
comme termes est passés, par le prise de lor cors et de
lor biens.

13. Plusors detes poent estre deues, es queles il ne
convient fere point de commandement, selonc le coustume general. Le premiere, si est quant on s'est obligiés par letres. Le seconde maniere, si est quant on
doit à manouvriers par le reson de lor jornées; car
male coze seroit à cix qui se doivent vivre de lor labor
à atendre le delai du commandement. Donques, si tost
comme li laboreres vient au juge, il li doit fere paier
sans delai, par le prise du sien penre et vendre. Le tierce
maniere, si est quant aucune dete est demandée et cil
à qui on le demande li nie, et li demanderes le procve
contre li : si tost comme ele est provée, on le doit fere

---

[1] Mes nepourquant. B. — [2] B. Contre à cens. A. T. — [3] Privées. T.

paier sans delai et sans nul commandement fere. Le quarte maniere, si est quant gens ont à partir muebles ensanlle, par reson de succession ou d'esqueance, et li uns se met en le saizine de toz les muebles ou d'une partie, contre le volenté des autres qui sont aussi prochains comme cil qui s'est mis en le saisine : si tost comme il est monstré à le justice, il doit tout penre en se main et fere fere les parties sans delai. Et s'il avient que cil qui s'est mis en le saizine veut alliguer aucunes resons par les queles li autre n'i doivent pas partir, toutes voies doit le justice tout tenir en se main, le plet pendant, porce que cil ne puist alouer, por le delai, ce que li autre requierent, s'il y ont reson.

14. Plusor uzage sont commun à toz, qui ne poent ne ne doivent estre deveés, tout soit ce c'on ne rende chens, rente ne[1] redevance; si comme d'aler et de venir par les voies communes, car de cest uzage n'est nus tenus à rendre[2] redevance, car il est à çascun de son droit; et aussi de penre yaue en riviere commune ou en puis commun : tex uzages ne pot ne ne doit estre deveés à nului; et aussi li moustiers est communs à toz por fere ses orisons, en tans et en lieu convenable, exceptés les esqueminciés, li quel n'i doivent pas aler devant qu'il le r'ont par le grace de sainte Eglise; et aussi li gué por les bestes abevrer; et aussi maint anisement commun et qui sieent es lix communs, fes et establis de lonc tans, ne doivent estre deveés à nului. Et porce que tix manieres d'uzages sont communs à toz, il est bien resons, quant il convient metre coz

---

[1] *Ne nule.* B. — [2] *N'en rent nus.* B.

por atenir, que tuit cil y metent, çascuns selonc lor
avenant, qui ont porfit en l'aisement des cozes. Et selonc nostre opinion, nus n'en doit estre espargniés,
tout soit ce que li aucun de noz gentix homes ne s'i
voelent acorder; car noz ne veons pas par quele reson
lor songès soient tenu à soustenir, por les gentix homes, tex manieres de lix communs, car plus en usent
li gentil home selonc lor avenant que ne font li home
de poeste.

15. Il avient bien que aucuns suefre ses voisins à
aler par lonc tans à son puis qui est en se cort ou
dedens seu enclos, neporquant tex uzages ne vaut pas
à aquerre proprieté, que cil qui li treffons est ne puist
deffendre tel uzage ou enclore ou estouper quant il li
plest. Neporquant, noz en avons bien veu emporter
le saizine à cix qui en avoient uzé d'aler y, mais il en
perdoient puis le proprieté, car male coze seroit se je
volois mon puis enclore ou estouper, se je ne le pooie
fere par ¹ l'aisement que j'aroie fet à mes ² voisins.

16. Bien se gardent cil qui ont certains uzages en
certains liex, par chartres ou par don de segneur, que
il en uzent ainsi comme il doivent; car s'il en mesu-
zent, c'est à dire s'il en uzent autrement qu'il ne doivent, il doivent perdre par lor meffet lor uzage. Si
comme il avient que uns gentix hons ou une meson
de religion a es bos d'un segneur une caretée de
buce le jor, et il en envoie querre deus ou trois; s'il
y est ainsi pris mesuzant, et li sires el quel bois il
avoit l'usage, pot prover que li mesusers fu par le commande et par le consentement de celi qui y avoit l'u-

¹ *Pour.* B. — ² *Aus.* B.

sage, il perderoit l'usage tout anet. Mes ce seroit fort
à prover contre religion, car il convenroit prover
que ce fu par le consentement de l'abbé et du couvent, se c'est [1] religions conventuaus; et se c'est contre
l'evesque, il n'en porroit perdre le proprieté de l'u-
zage. Donques, tel uzage qui sont amorti se passeroient
par amende du meffet, et si feroient le serement cil qui
contre qui il ne porroit estre prové que li mesusers [2]
eust esté de lor commandement. Et l'amende de tix
manieres de prises si est de soixante sous et du damace
rendre; et doivent cil qui ont fet le meffet, si comme
li caretous et cil qui sont au conduire, qui bien savoient comment on en doit uzer, estre bani du liu
u li uzages est, un an et un jor, si que par le banissement il se castient de lor meffet; et s'il y sont après
repris, longue prisons lor doit estre aparelliés et puis
banir à toz jors du dit uzage.

17. Cil qui servent ne doivent pas mesuzer [3] por
commandement qui lor soit fes de lor segneur. Cil qui
messert [4] por le commandement de son segneur, ou fet
damace à autrui ou larrecin ou autre cas de crieme, et
quant li sergans d'autrui est pris en cas de crieme meffesant, il n'est pas escusés du fet por dire : « Mes sires
« le me fist fere. » Et fust encore ainsi que li sires le
conneust ou que li sergans le prouvast contre son segneur, s'il le nioit, si seroit li serjans justiciés; car nus
qui meffet en cas de crieme n'est escusés por dire
que autres li fist fere, porce que nus ne doit fere mal
par [5] commandement d'autrui.

---

[1] *N'est.* B. — [2] *Le mauvaizement user.* B. — [3] *Messervir.* B. —
[4] *Meffet.* B. — [5] *Pour.* B.

18. Questions pot estre fete, se uns simples[1] chevaliers a un manoir delès une forest, et en cele forest
uzages li est otroiés dou seigneur[2] por son ardoir et
por son mesonner et por pasture à ses bestes, à li et à
ses oirs, et il ou si hoir voelent vendre cel manoir, à
tout l'usage, à une plus noble personne et plus rice, si
comme à tel persone que tex deus tans[3] comme li venderes[4] uzoit ne soufiroient pas à l'ostel ne[5] au mais-
nage de l'aceteur; à savoir mon se li sires du liu sor
quoi tex uzages est pris, doit soufrir tel vente : noz disons que nennil, car li venderes ne pot pas plus vendre
qu'il avoit en le coze, et il n'i avoit uzage que selonc
son estat. Donques, se il vent cel uzage à grengneur
personne[6], estimations doit estre fete à l'aceteur, selonc ce que li venderes en pooit uzer; et en tex manieres doit le vente de tix manieres d'uzages estre souferte.

19. Noz avons oy aucune fois par devant nous, que
quant aucun des segneurs demandoient lor cens et lor
rentes à lor sougès, et il n'en estoient pas paié au jor,
il prenoient, por lor cens et por lor rentes et por l'a-
mende du jor trespassé, leur eritages en leur main[7], et
li oste en traioient à noz, et disoient qu'à nul tans du
monde il n'en avoient paié amende ne point n'en voloient paier, et si ne metoient pas avant chartre ne
don de segneur; et comme noz veisons en tel cas droit
commun contre[8] eus, et le plus grant partie de le conté
de Clermont uzant en autre maniere, noz ne les vau-

---

[1] Manque dans B. — [2] B. — [3] *A qui i fauroit tès u tans.* B. —
[4] *Userres.* B. — [5] *Ne à l'ardoir ne.* B. — [6] Manque dans B. — [7] *Passé.*
*et.* A. — [8] *Encontre.* B.

sismes en che oïr, de tant comme au droit chens deu
en deniers à certain jor por heritages ou pour masures montoit; et lor fu prononcié par jugement, que
chil qui ne paieroient à jor lor droit chens, renderoient le chens et l'amende simple; si comme cinq
sous par le coustume de Clermont et sept sous et demi
par le coustume de plusors viles qui sont en le conté.
Mais voirs est que por rentes de blés et d'aveines et
de ce capons et de guelines, n'avons noz pas veu uzer
c'on en paie ameude, auçois quant on ne les paie à jor,
se eles sont deues por masures, on doit[1] oster les wis
et les fenestres et[2] penre des muebles à cix qui les doivent[3]. Et s'on n'i[4] trueve riens, on pot saisir les heritages por les quix les rentes sunt dues, à tenir tant
c'on soit païés des rentes et des arrierages.

20. Une autre maniere de rentes y a c'on apele *sorcens* ou *chens costier*[5], et de tix manieres de chens a il
moult es[6] bones viles. Si comme il ont vendu à un preu-
domme, sor lor manoirs, deniers de rente, ou sor lor
heritage, et si ne demeure pas por ce que li droit cens
n'en soit païés à autrui; ou si comme aucuns baille à
sorcens à autrui ce qu'il tenoit à droit chens d'autrui segneur: en tix manieres de sorcens n'a point d'amende
qui ne le paie à droit jor, auçois convient que cil qui y
a le sorcens se plaingne au segneur du tresfons quant
on ne li paie au jor; et adont, se li sorcens est deus sor
ostise, li sires doit fere oster les wis tant que li sorcens
soit païés. Et se li sorcens est sor autre heritage, li
heritages doit estre saisis et les despuelles levées tant

[1] *Peut.* B. — [2] *Ou.* B. — [3] *Devoueut.* B. — [4] *Ne.* B. — [5] *Encontier chens.* B. — [6] *A.* B.

que li sorcens soit paiés. Mais voirs est que, pour tex
sorcens, li sires du treffons qui le droit cens y a, ne
laisse pas por ce qu'il ne se face avant paier de son
droit cens et des amendes se elles y sont. Et à le coustume qui maintenant queurt, on ne pot vendre ne
donner de nouvel sorcens sor heritage qui ne le doit de
lonc tans, sans le segneur du lieu; car il a esté deffendu,
porce qu'il[1] carquoient si lor mesons et lor heritages
de tix chens, quant il avoient mestier de denier, c'on
lessoit après les mesons, porce que eles estoient trop
carquiés; ou quant eles caoient on ne les voloit refere,
et les autres heritages si en demouroient aucunes fois
en friez, porce c'on ne trouvoit qui oirs s'en feist por
le carque des sorcens. Et par ce sont maintes mesons
dequeues et maint heritage agasti; et por ce en[2] est le
deffense moult bonne.

21. On doit savoir, quant plusors gens ont sorcens
sor aucune meson ou sor autre heritage, et le coze
dequiet en tele maniere qu'il ne poent pas estre tuit
paié, li plus anciens doit estre premiers paiés; et puis
li autre en ordre, selonc ce que çascuns est plus anciens. Et se perte y a, elle torne sor les deerrains,
s'ainsi n'est qu'il voille penre l'eritage et paier les
drois cens au segneur et le sorcens à cix qui li ont à
çascun[3].

22. Aucun uzage sunt es bones viles de mesonner
et de plusors autres cozes qui ne sunt pas es viles campestres; car es viles campestres nul ne pot mesonner
si pres de moi que li degous de me meson ne me demeurt toz frans. Et se je fes caoir mon degout en le

---

[1] A. Porce que les aucuns. B. — [2] B. — [3] A. Qui li ont. B.

terre mon voisin, je doi estre contrains d'oster le. Mais
en bones viles queurent autre uzage de mesouner,
porce que les places sunt plus estroites. Car mes voisins pot apoier son merien contre mon mur qui joint
à li, voille ou non, mes que li murs soit si fors que
me meson ne demeure en peril. Et se li murs est trop
foibles et il est toz en me terre[1], il convient que mes
voisins face soustenir son merien sor se terre. Et s'il
veut fere plus haute meson que le moie, je ne li puis
deveer, tout soit ce qu'ele nuise à le clarté de me meson. Et se li murs est entre deus teres, çascuns a l'aisement du mur et pot mesouner dessus, en tele maniere que çascuns mete goutiere par devers soi, si que
li degous ne tombe pas sor son voisin. Et se les mesons sont d'une hauteur, bien se poent passer à une
goutiere qui serve as deus mesons; mais por ce ne
demorra pas, quant li uns vaurra haucier se meson,
qu'il ne le hauce et que çascuns n'ait se goutiere par
devers soi.

23. Il ne me loist pas[2] à fere mon essuier[3] ne l'essau
de me quizine en tel lieu par quoi l'ordure voist en le
meson ne en le closture de mon voisin; mais en tel
liu le face qu'il ne nuise à autrui. Mes dessus le[4] rue
le puis je bien fere, se mes lix est si estrois que je ne
le puisse aillors fere convenablement; car bone coze
est c'on tiengne les rues netes, es lix ou çascuns pot
fere par devers soi son aisement.

24. Quant aucuns fet son gardins ou son prael en

---

[1] *Maison.* B. — [2] A. *Il ne m'afiert pas.* B. — [3] B. *Mauoir.* A. —
[4] B. *Ou sor.* A.

lieu privé et la u il n'a nule veue de voisins, et aucuns
des voisins veut mesonner joingnant, on ne li pot
pas delfendre le mesonner, mais on li pot bien deveer
qu'il n'i face ne wis ne fenestre; parquoi le privetés du
prael ou du garding soit empiriés; car aucun le feroient malicieusement por oster le priveté de lor voisins. Donques, qui vaurra avoir clarté de cele partie, il
y doit fere verriere : adont si ara clarté et si n'en sera
pas li liex du voisins empiriés.

25. Noz avons dit dessus qu'aucuns ne lesse pas
se meson à lever haut, porce que ele taut de le clarté
à son voisin, et c'est voirs. Neporquant, il est grans
mestiers c'on prenne garde, es bonnes viles, comment
çascuns puist estre aaisiés à son porfit et au menre
damace d'autrui; et por ce porroit aucuns si outrageusement oster le clarté de son voisin, c'on ne li devroit pas soufrir, tout fust il ainsi qu'il n'ouvrast fors
sor le sien meismes, si comme se li voisins ne pooit
recovrer veue de nule part; car autrement porroit il
perdre se meson, parce qu'il n'i aroit point de clarté.

26. Nient plus que nus[1] ne pot mesonner ne edefier sor le terre d'autrui au rès de tere, nient plus ne
le pot il fere dedens tere n'en le hauteur de l'air. Donques, convient il que cil qui veut bonner bonne en se
terre tant solement, sans passer en le terre de son voisin[2], et se li lix où on veut bonner joint au quemin, et
il a mesons d'une part et d'autre, et il bonne desoz
quemin en droit soi : il ne doit pas passer le milieu du
quemin, car autel aisement comme il a en cel liu, doit

---

[1] A. *Neent plus que li uns.* B. — [2] B. *En me terre et son voisin.* A.

avoir cil qui maint encontre li, s'il veut bonner. Et
bien se gart qui oevre soz tere, qu'il face tel ouvrage
que les mesons des voisins ne fondent pas par son fet ne
les voies communes, car il seroit tenus à restorer les
damaces ; car en se terre meisme porroit il[1] fere tel coze
par quoi le meson de son voisin fonderoit, et il est
bien resons que cil qui fet tel damace le rende.

27. Aucunne fois avient il c'on prent aucunne coze
qui est autrui, sans le congié et sans le volenté de celi
qui ele est, et, quant on l'a par devers soi, on le met en
tel oevre que ele cange se nature et devient autre ; si
comme s'aucuns prent merien en autrui bos et le met
en ouvrage de meson ou de nés ou de moult autres
cozes c'on pot fere de merien ; ou si comme aucuns
fet fondre deniers[2] d'argent qui furent à autrui, et en
fet fere pos, escueles ou hanas[3] : en toz tex cas et en
sanllavles, je ne puis pas demander le coze qui est fete,
puis qu'il a en le fachon autre coze que ce qui du mien
vint ; car je ne puis pas demander le meson, porce que
je voil prover qu'il y at mis de mon merien : ne je ne
puis pas demander les pos ne les escuelles, por ce se je
voil prover qu'il y at de mon argent. Et comment
donques r'aurai je me coze? Je doi porsivir celi qui le
m'osta par action de larrecin, se je puis savoir qu'il
le m'ostast par corage d'embler ; si comme il avient
qu'aucuns parens a autrui coze et quide que ele soit
soie, et ele est autrui, ou on l'aceta à celi qui n'avoit
pooir du vendre, et li aceteres quidoit qu'ele fust au
vendeur, ou ele fut acetée en marcié commun ou donée
d'aucun qui n'avoit pooir du doner : par toutes tix

[1] On. B. — [2] Aucuns deniers. B. — [3] B. Thanas. A.

I.                                                    23

cozes se pot deffendre, cix qui le coze a, du larrecin ;
mais il n'est pas escusés qu'il ne rende le pris que le
coze valoit à celi qui ele fu, et il quiere son garant ;
car mestiers li est, pour recovrer son damace et por soi
escuser du larrechin.

28. Se une mesons ou autre coze est fete des cozes
qui furent à plusors, et çascuns redemande[1] se coze,
porce qu'il n'est pas paiés du pris qu'il le vendi, et
porce c'on ne le veut ou pot paier, le mesons ne doit
pas estre depeciés por rendre à l'un son merien et à
l'autre se pierre et à l'autre se tuille, ançois se doivent,
cil qui le coze baillerent ou vendirent, soufrir de lor
damaces quant il le baillerent, sans penre pleges, et à
tele persone qui ne pot paier. Mais voirs est se çascuns[2]
trueve le[3] coze entiere, avant qu'ele soit mise en oevre,
et après le terme qu'il dut estre paiés du pris, et ele est
encore à celi qui l'aceta : on le pot redemander arriere,
se li aceteres ne fet plain paiement ; car male coze seroit se je trouvoie mon merien que j'auroie vendu,
sans estre mis en oevre et en le main de l'aceteur, et
je ne pooie avoir le pris ne le merien qui fu miens. Et
parce que noz disons du merien, poons noz entendre
des autres cozes vendues.

29. On doit savoir que de toutes cozes ovrées, es
queles y a plusors matieres, doivent demorer entieres,
car ce seroit damaces du depecier. Et se deus persones
ou trois ou plus le demandent et le pruevent à lor, se
c'est coze que on apiat[4] mueble, et qui soit de tel nature qu'ele ne se pot depecier ne departir, si comme
un ceval ou un jouel d'or ou d'argent : cil qui le plus a

---

[1] *Si demande.* B. — [2] *Aucuns.* B. — [3] *Se.* B. T. — [4] *Apele.* B.

en le coze, le doit avoir, en tele maniere qu'il face
restor as autres, selonc ce que çascuns y a.

30. Se doi gens metent ensaulle lor blés ou lor vins
ou lor deniers ou lor marceandise qui soit d'une nature,
sans desconnissance, sans deviser et sans motir quele
partie çascuns y a [1], on doit entendre que çascuns y ait
le moitié, et tant en pot çascuns demander quant ce
vient au partir. Mais autre coze seroit des cozes mellées par mespresure ou par aventure ; si comme se mi
blé estoient en un grenier [2], et li greniers fondoit ou
perchoit en tele maniere que mes blés queist en un
autre grenier sor le blé d'aucun, et en moult d'autres
cas qui avienent çascun jor des cozes qui se mellent
ensaulle : en tex cas doit on savoir, au plus près c'on
pot, combien çascuns avoit de le coze, et par le serement des parties et en toutes les manieres qu'il porra
estre seu, et puis, rendre au plus près [3] à çascun ce qu'il
y avoit.

31. Nus uzages ne pot ne ne doit estre donés sor le
proprieté d'autrui, sans le volenté de celi qui le proprieté est, et sans l'acort du sengneur de qui le proprietés muet, se ce n'est uzages qui ait esté uzés et acoustumés de lonc tans ; et en tele maniere pot il estre demandé de novel, qu'il convient que li treffonseres et li
signeur s'acordent, si comme en cas de necessité.

32. Cas de necessité si est dont [4] on ne se pot soufrir
sans trop grant perte ou sans trop grant [5] damace, si
comme se [6] une riviere a corrumpu le cemin qui estoit
sor les rives, et me meson ou me vigne y joint au lieu

---

[1] *l aura.* B. — [2] *Grant grenier.* B. — [3] *Après.* B. — [4] *Ce dont.* B.
— [5] B. — [6] B.

corrumpu, il convient c'on prengne tant de me coze et convertisse en uzage de quemin, que li quemins qui corrumpus estoit en soit restorés; ou se j'ai mesons ou vignes fetes de nouvel, en aucun liu où il n'en ot onques mais point, on ne me pot deveer que je n'aie voie novele par le damace rendant, por aler en me meson ou en me vigne,

35. Par ce qui est dit en cest capitre pot on savoir c'on ne pot aler contre ce qui est aprouvé par coustume, mais on va bien contre aucuns uzages, quant il sont uzé à tort ou en escil[1], sans rendre redevance au segneur.

*Explicit.*

Chi define li chapitres des coustumes et des usages, les quiex usages vallent et les quiex non[2].

## CAPITRES XXV.

De quel larguesche li quemin doient estre, et dou conduit as pelerins et as marcheans; et comment il doivent estre maintenu sans empirier[3]; et des trueves en quemin[4].

1. Anchiennement, si comme noz avons entendu des segneurs de loys, fu fes uns establissemens[a] comment on maintenroit le larguece des voies et des quemins, si que li pueples peust aler de vile à autre, de castel à autre, et de cité à autre; et que marceandise peust aler partout et corre sauvement par le pays, en le

---

[1] *Et sans essil.* B. — [2] B. T. — [3] B. *Et.... empirier* manque dans A. — [4] Ces derniers mots sont donnés par T.

[a] Cette ordonnance ne nous est point parvenue.

garde des segneurs. Et por les marceans garder et garantir furent estavli li travers. Et de droit commun, si
tost comme li marqueant entrent en aucun travers, il
et lor avoirs sont en le garde du segneur qui li travers
est. Et moult doivent metre grant paine li segneur qu'il
puissent aler sauvement, car moult aroit li siecles[1] de
soufreté se marceandise n'aloit par terre. Et qui fet as
marceans aucun tort ou aucun meffet dont il soient
plaintiv, les justices ne[2] doivent pas ouvrer selonc les
delais que coustume done à cix qui sont resident au païs,
car avant que li marceant eussent lor droit de lor meffès,
par ples de prevosté ou d'assizes, porroient il perdre
par delai tant qu'il en leroient lor droit à porcacier,
et si ne seroit pas li porfis des signeurs ne du commun
pueple. Donques, les doit on tost delivrer et estre de-
bonere vers eus, es entrepresures[3] qui lor aviennent et
qu'il font plus par ignorance que par malice[a].

2. Il apert que quant on tailla les quemins on les
devisa en cinq manieres, et en çascune maniere se
larguece. Le premiere de quatre piés, le quele on apele
*sentier;* et tel sentier si furent fet por soi adrecier de
grant quemin à autre, ou de vile à autre; ne en tix
sentiers ne doit aler nule carete, en nul tans qu'ele
puist fere damace as biens de terre ne es cozes qui sunt
edefiées pres. Le seconde maniere de voie qui fust fete,
si fu de huit piés de largue, et l'apel'on *cariere;* et en
tele voie pot aler quarete l'une après l'autre, mais[4]

---

[1] *Li peuples.* B. T. — [2] *Si n'en.* B. — [3] *En leur mespresures.* B. —
[4] *Que mes.* B.

[a] Voyez les *Établissements et Coutumes de l'Échiquier de Normandie,* publiés par Marnier, p. 14.

bestes n'i poent aler fors en cordele; ne deus caretes l'une delès l'autre, se ce n'est ainsi' qu'eles s'entren-contrent. La tierce maniere de voie qui fu fete, si est de seize piés de largue; et en ceste poent aler deus ca-retes l'une delès l'autre et sentier de çascune part. Et si y pot on bestes mener ataché ², sans arester, de vile à autre, ou de marcié à autre, en tele maniere qu'il n'i soient arestant por pestre, en tans ne en saison qu'eles facent damace as biens d'entor. Et ceste maniere de voie fu taillié por aler de castel en autre et de vile cam-pestre à autre. La quarte maniere de voie qui fu fete, si fu de trente deus piés de largue, et en cele poent aler caretes, et bestes y poent paistre et arester et re-pozer sans meffet, et totes marqueandises corre, car eles vont par les cités et par les castiax là u lis travers sont deu. Mais ce ne poent il pas fere, par les voies qui sont dites dessus, en esquivant les droitures du travers; et souvent avient il qu'il en rechoivent grans damaces quant il le font. Neporquant, il poent aler par totes voies communes, là u quaretes poent aler, mais qu'il n'emportent le droit d'autrui. La quinte maniere de quemins qui furent fet, ce furent li cemin que Julien Cesar ³ fit ⁴ fere; et cil quemin furent fet à droite lingne, es liex ou ligne se pooit porter sans empeeque-ment de tres grant montaignes, de rivieres ou de mares, et de soixante quatre piés de largue. Et le cause por quoi il furent fet si large doit estre entendue que toutes cozes terriennes et vivans, dont hons et feme doivent vivre, y puissent estre menées et portées, et

---

¹ *Ains.* A. — ² *A chasse.* B. — ³ B. *Juliens et Cezar.* A. — ⁴ B. *Fi-rent.* A.

çascuns aler et venir et soi porveoir de toz ses aisemens en le larguece du quemin, et aler par quemins[1] et par chastiax porcacier ses besongnes[2].

3. Noz avons parlé de le division des quemins, porce que noz regardons qu'il sont, ne s'en faut gaires, tout corrumpu par le convoitise de cix qui y marcissent et par l'ignorance des sovrains qui les deussent fere garder en lor larguece. Et por ce, là u contens muet de larguece de quemins, que on gart[2] se che doit estre sentiers ou quariere ou voie ou quemins plus grans, apelés *quemins royal;* et selonc ce qu'il pot estre trouvé qu'il fu anciennement, il doit estre ramenés à le larguece qui est desus devisée; ne nus uzages c'on ait fet au contraire ne doit valoir, car uzages qui est fes contre le commun porfit, ne doit pas valoir que le coze ne soit ramenée à son ancien estat.

4. De droit commun, tuit les quemins, meesmement[3] cil de seize piés, de trente deus piés ou de soixante quatre piés sont et apartienent en toutes cozes au segneur de le terre, qui tient en baronnie,

---

[1] *Parmi chités.* — [2] B. *Regarde.* B. — [3] *Queummunement.* B.

[a] L'arrêt du conseil du 6 février 1776, art. II et III, partageait les routes de la France en quatre classes, et réglait ainsi qu'il suit la largeur de chacune d'elles :

|  |  |
|---|---|
| 1re classe............ | 42 pieds. |
| 2e classe............ | 36 |
| 3e classe............ | 30 |
| 4e classe............ | 24 |

Aujourd'hui nos routes royales de 1re, 2e et 3e classe, et les routes départementales, correspondent encore à la division établie par cet ancien règlement.

soient li quemin parmi lor demaine ou parmi le demaine
de lor sougès ; et est toute le justice et le segnorie des
quemins lor. Mais, de tant comme as quemins apartient, noz avons le coustume contraire en Biauvoisis ;
car le coustume general en Biavoisis est tele, que se j'ai
terre joignant du quemin d'une part et d'autre, en le
quele terre j'ai justice et segnorie, le justice du quemin est moie tant comme il dure parmi me tere ; et se
je n'ai tere que d'une part du quemin et uns autres par
devers d'autre part, le moitié du quemin par devers mi
apartient à moi et l'autre moitié à celi qui marcist par
d'autre part ; si que se mellée est fete sor le moitié du
quemin par devers moi, j'en doi porter toute l'amende
du meffet ; et se ele est fete en l'autre moitié, cil qui
marcist d'autre part l'emporte ; et se mellée est fete,
ou aucuns autres cas de justice avient si en milieu du
quemin c'on ne pot pas bien jugier de certain de quele
part il fu plus pres : li meffès doit estre jugiés communement par les deus segneurs qui marcissent au quemin.

5. Aucun sont qui contre ceste coustume vont ; c'est
à savoir, aucun sont qui ont, en Biavoisis, si comme
nous avons oï par le coustume dessus ditte[1], justice
es quemins qui vont parmi lor terre et parmi l'autrui,
et ce sunt cil qui ont lor voierie[2], le quele ils tiennent
de segneur en fief et en homage ; et ces voieries si durent dusques en certains lix, et tout li cas de justice
qui avienneut, dedens les termes de le voierie, doivent
estre justicié par le segneur qui le voierie est. Et qui

---

[1] *Si comme.... ditte* manque dans A. — [2] *Voirie.* B.

ne pot prover, par chartre ou par lonc usage pesivle, qu'il ait voierie en autrui terre qu'en le soie, le justice en apartient as marcissans des quemins, si comme il est dit par dessus.

6. Tout ainsi comme noz avons dit que li aucun en Biavoisis ont voierie parmi lor tere et parmi l'autrui, tout ainsi li quens en plusors liex[1] a voierie en autrui terre et parmi son domaine, et est tout cler que nus n'a le justice parmi ces liex fors li; car autrement aroit il mains en se terre que si souget n'aroient es lor. Et là u il a voierie sor les terres de ses sougès, il convient bien qu'il en eit uzé pesivlement contre ses homes, ou autrement si home emporteroient le justice endroit lor teres par le general coustume du païs, si comme il est dit dessus. Et que ces voieries soient, il apert de cler; car à Clermont, à Creeil[1], à Remen, à Sachi le Grant, il a ostes[3] qui tiennent des homes le cónte, et ont li home toute justice et toute segnorie dedens les ostises qui sont d'aus tenues. Neporquant, si tost qu'il yssent de lor wis sor les voies, il sont sor le justice le conte, et tuit li cas qui y avienent doivent estre justicié par le conte. Et aussi hors des viles durent les voieries. Mais fort coze seroit à deviser toz les liex, et neporquant il sont bien seu[4].

7. Tout soit il ainsi que li quemin, par le droit commun de Biavoisis, soit à celi qui au quemin marcist, neporquant il ne le poent estrecier n'empirier; car tout est tenu du conte, si lor doit li quens fere tenir en lor droite larguece por lor commun porfit, ne li quens ne doit pas soufrir que li grant quemin de seize

---

[1] *Cas.* B. — [1] *Gournay.* B. T. — [3] B. *Homones.* A. — [4] *Sien.* B.

piés ou de plus soient transporté de liu en autre en
empirant. Dont, qui ce vaurra fere, il doit penre congié au conte; et se li quens voit que ce soit li porfit du
païs et li amendemens du cemin, bien le doit soufrir
et transporter. Et se li quens voloit soufrir l'empirement des quemins, ne souferroit pas li rois; ançois,
à le requeste du païs ou d'aucun de cix qui s'en daurroient[1], et sans fere plet ordené, pot commander au
conte qu'il face tenir les quemins de se terre en lor
droite largueche.

8. Se on veut bonner un cemin, on ne le doit pas
fere en un lieu large et en l'autre estroit, ançois se doit
comporter d'une meisme larguece. Neporquant, s'il
y a larges places en aucuns liex c'on apele *fros*, si
comme s'il sanlle c'on les laissast por reposer ou por
pasture, ou porce que por le nature du teroir il y a plus
malvese voie : teles places ne doivent pas estre ostées,
car c'est grans aisemens à tout le commun, ançois
doivent estre maintenu en lor ancienne largueche sans
apeticier.

9. Quant on voit que uns quemins est corrumpus en
plusors liex et on le veut remetre en son droit point,
on doit penre le largueche chertaine. On ne le doit pas
penre en le larguece du fros[2], ne en l'issue des viles, car
il est, en moult de viles et en moult de liex, que es issues
des viles li quemin sont plus largue que il ne doivent
estre à plain camp, por l'aisement des viles, si comme
por l'yssue des bestes et por l'amendement fere et por
aler jouer; ançois le doit on penre loins de le vile, à
plain camp, el liu où il apert mix, ou par bonnes an-

[1] *Dieuroient.* B. — [2] *Des fries.* B.

ciennes qui sont trouvées, ou par douves anciennes de fossés qui sont trouvées, et là doit on penre le larguece. Et s'aucuns a labouré trop avant en le larguece dudit quemin, tex uzages ne li doit riens valoir, porce que c'est contre le commun porfit. Mes amendes ne l'en doit nus demander, puisqu'il n'i avoit bonnes qui devisassent le quemin, ne douves de fossés anciens.

10. Toutes amendes qui sont por empiremens de quemins, si comme por esboouler quemins, ou por fere murs ou fossés ou edifices, ou terre oster en empirant le quemin, sont de soixante sous, et de remettre le quemin en autel point comme il estoit devant. Mais de fere aucune coze par quoi quemins soit amendés, nus ne doit estre mis en amende, ançois en doit on bon gré savoir à toz cix qui amendement y metent.

11. Quant aucuns a tere gaaignavle d'une part et d'autre le quemin, et li¹ quemins est de mains de seize piés, il pot bien fere passer se carue au travers du quemin por labourer se tere tot à une roie. Mais se li quemins est de seize piés ou plus et il est bonnés ou il y a douves² de fossés anciens, il ne le pot pas fere qu'il ne quiée en amende de soixante sous.

12. Puisqu'il est dist que nus empiremens ne doit estre fes en quemins, il est certaine coze que cil l'empire qui deffet les cauchiés qui furent fetes por le quemin amender, ou qui oste les pierres ou les planques qui furent mises por les malvès pas, ou qui caupe les arbres qui furent planté por les reposées et por avoir

---

¹ Se. B. — ² Bonnes. B.

ombre; tout soit il ainsi que cil qui ostoit aucune de ces cozes ait le justice du quemin, ne li doit pas li souvrains soufrir, ançois en doit lever l'amende et fere le quemin refere. Et s'il y copa arbres, nous noz acordons que le valeur de l'arbre soit au conte, si ques il ne les coupe pas par convoitise. Neporquant, se li arbres est sec ou s'il y a bois esbouli, li sires qui a le justice du quemin le pot couper et essarter[1] sans nul meffet.

13. Quant uns quemins est si durment empiriés en aucuns liex, c'on ne le pot refere sans trop grant coust, il loist au souvrain qu'il le face aler au plus pres du lieu où il estoit, et de cele meisme larguece dont il doit estre, en tele maniere que li damaces soit rendues à cix qui terre on prent por le quemin refere. Et li coust doivent estre pris sor le commun des marcissans qui le plus grant aisement ont du quemin.

14. Bien pot cil qui tient en baronnie doner une fausse coustume entre ses sougès, un an ou deus ou trois, selonc ce que mestiers est, por amender et por fere bons les quemins qui sont convenable à le communalté du païs et as marceans estraugers. Mais à tous jors ne pot il establir tele coustume novele, se n'est par l'otroi du roy.

15. Se li segneurs des viles qui ont le justice es quemins, voient qu'il soit grans mestiers d'amender les, et si sougès ne s'i voelent accorder por les coz, il ne les doit pas pour aus[2] lessier à fere amender, mais que ce ne soit à coz trop grans ne trop outrageus por grever ses sougès. Et si pot et doit contraindre ses sougès,

---

[1] *Esrachier.* B. T. — [2] *Ce.* B.

soient gentil home ou de poeste, à ce que çascuns pait des frais selonc son avenant; et l'estimations doit estre fete par le serement de bones gens esleus par le segneur.

16. Il avient à le fois que cil qui font assiete por cous de quemins ou d'eglise ou d'aucun commun porfit et sont aus meismes de l'assiete, se mettent à ' mains en lor persone que les autres, et che doit li sires amesurer quant il le set et lor doit fere paier lor avenant, et si lor doit deffendre qu'il ne facent trop outrageus despens sor lor assiete, mais selonc lor estat et selonc ce que le besongne est grans ou petite. Et s'il font trop outrageus despens ou il assieent trop poi sor eus, et li communs s'en plaint ou une partie du commun, li sires y doit metre conseil, car autrement porroient il carquier autres por eus alegier.

17. Il est dit dessus que l'assiete des coz qui sont fet por le commun porfit doit estre assize par le serement de bone gent, et c'est voirs. Neporquant, sor clers ne sor gentix homes, par nostre coustume, ne poent il metre asiete. Or veons donques comment on les contraindra à metre lor avenant es coz, car nus n'en doit estre quites qui ait heritage et residence sor le lieu. Il convient que li clerc soient contraint par lor ordinaire et li gentil home par le conte, en tel maniere que s'il y metent de lor volenté soufisamment, on les doit laissier em pès; et s'il ne voelent, li quens y doit metre estimacion sor les gentix homes, et li officiax sor les clers. Ne ce n'est pas bon à soufrir que li povre paient l'aisement que li rice ont es cozes com-

---

' *Aus.* B.

munes, car plus sont rices et plus grans mestiers
lor est que li quemin et les cozes communes soient
amendées.

18. Se cars ou caretes ou sommiers ou gens carquiés s'entrencontrent en destrois quemins, cil qui
est le mains carquiés et des cozes mains perilleuses, se
doit destorner; si comme se l'une carete menoit pierre
et elle encontre une autre carete qui mene un tonnel
de vin, mix se doit destorner cele qui maine le pierre
que cele qui maine le tonnel de vin; car ce ne seroit
pas si grans damaces de le pierre com du vin; et par ce
poés voz entendre de toutes autres cozes, que les mains
perilleuses se doivent destorner. Et se cil qui les mains
perilleuses conduient sont si outrageus qu'il ne voelent ne ne daignent lessier lor voies, et il mesavient
as denrées perilleuses, par lor outrage ou par lor niceté ou porce qu'il ne se vaurrent destorner, et si le
peussent bien fere s'il vausissent : il sont tenu au damace rendre, et fust encore ainsi qu'il eussent recheu
aucun damace de ce meisme qu'il menoient; car se je
me fes damace par me sotie[1] et à autrui aussi[2], je ne sui
pas escusés de l'autrui damace por le mien.

19. Grans perix est d'user malvesement des cozes
qui sont trouvées es quemins, et maint mal en sont
avenu. Cil en usent malvesement qui truevent autrui
cozes et sevent bien qu'eles ne sunt pas lor, ains le
muchent ou il l'aproprient à eus; et c'est une maniere
de larrecin, tout soit il ainsi qu'il sont une maniere
de gent si negligent qui ne le quident pas, ains quident que che doie estre lor, meesmement quant nus

---

[1] *Folie.* B. — [2] B. *Et autrui.* A.

le lor demande; mais non est, auçois en doivent ovrer
en le maniere qui ensuit.

20. Quant aucuns trueve en quemin aucune coze
queue, lever l'en pot et porter en apart[1]; et s'aucuns
l'en porsuit et le fet porsoies[2], et l'en dist vraies en-
segnes, rendre li doit. Et si nus ne suit le coze trovée, cil qui le trouva doit aler à le justice du lieu où
le trueve fu fete, et li doit baillier, et adont le justice
doit fere dire au prosne et en plain marcié, que tix coze
a esté trovée; et se nus vient avant qui le proeve à soie,
rávoir le doit; et se nus ne le proeve à soie[3], elle demeure
au segneur comme coze espave. Et ainsi poés voz entendre que li trouveres n'i a riens, se cil qui le coze
est ou li sires ne l'en fet aucune cortoisie de se volenté; et se li trouveres en uze autrement, avoir en pot
honte et damace. Et se nus ne l'en demandoit riens,
si ne le pot il retenir que il ne l'ait malvesement et
contre l'ame de li.

21. Nus ne doit penre l'autrui coze ne lever qu'il
truist hors de quemin commun, car il[4] pot estre qu'ele
y fu mise à essient, par une entention de revenir le
querre. Neporquant, on pot bien trouver une coze en
si repost liu, si comme coze perdue de si[5] lonc tans, c'on
le pot bien lever et porter au segneur, si comme dit
est. Et tex cozes[6], qui les retient à soi[7], li sires l'en pot
sivir comme d'espave concelée. Et creons en tel cas
que l'amende doit[8] estre d'autant de valeur comme le
coze trovée, le quele li trouveres vaut retenir à soi.

22. Quiconques perde le coze et le trueve en autrui

---

[1] *Apert.* B. — [2] *Poursieurre.* B. — [3] *Poursieue.* B. — [4] *I.* B. — [5] B.
— [6] *Trueves.* B. — [7] *Que on retient à soi.* B. — [8] *Deveroit.* B.

main que en le soie, par[1] vente ou par garder ou en
autre maniere, cil qui a le coze perdue le pot demander, s'il li plest, à celi qui le trouva; et convient que
li trouveres l'en responde et qui li rende le coze, ou le
valeur s'il ne pot le coze ravoir. Et s'il plest mix à celi
qui le coze demande, à porsivir celi qui a le coze de celi
qui le trouva ou d'autrui, fere le pot; si comme cozes
se remuent[2] de main en main, et est cil qui a le coze,
tenus à respondre. Mais s'il le requiert, il doit avoir jor
de garant de celi qui le coze li bailla; et s'il ne le pot
avoir ou li garans ne li pot garantir par povreté ou par
autre coze, por ce ne demorra pas que cil qui demande se coze ne le r'ait de celi qui l'a, exeptés aucuns
cas; si comme se cil qui a le coze l'aceta en marcié
commun, comme cil qui creoit que li venderes eust
pooir du vendre et ne connoist le vendor, ou il est en
tel liu qu'il ne le pot avoir à garant : en tel cas, cil qui
porsuit se coze qu'il perdi ou qui fu emblée ou tolue,
ne le r'aura pas, s'il ne reut ce que li aceteres en paia;
car puisqu'il l'aceta sans fraude et en marcié, il ne doit
pas recevoir le perte de son argent por autrui meffet.
Mais s'il l'avoit aceté hors de marcié, par menre pris
que le coze ne vaurroit, le tiers ou le moitié, et il ne
pooit trouver son garant, li demanderes auroit[3] se coze
sans l'argent de le vente[4] paier, porce c'on doit avoir
grans presontions contre cex qui ainsi acatent.

23. Encore, s'aucuns a presté deniers sor le coze qui
fu tolue ou emblée ou perdue, et cil qui le coze fu le
demande à celi qui l'a engagés[5], et cil qui presta sor

---

[1] *Pour.* B. — [2] *Si reviennent.* B. — [3] *R'aroit.* B. — [4] B. *Le coze.* A.
[5] *Qui le presta dessus le gage.* B.

le gage ne pot avoir son garant de celi qui li bailla en
gages, il ne r'aura pas se coze, s'il ne paie l'argent
qui fu prestés sus, et ce¹ qu'il presta à uzure, li demanderes ne paiera fors l'argent du catel. Et s'il pot estre
seu, ou le justice voit grans presontions que cil qui
presta seust ou creust que le coze venoit de malvès
lieu, en tel cas noz nous acordons que li demanderes
r'ait le coze sans paier ce qui fu presté; car autrement
porroit on esquiver l'aceteur et feroit on le prest en
entention que le coze ne fust pas racetée. Et grans
presontions seroit à celi qui presteroit sor un ceval à
le requeste d'un povre homme, qui l'emmeneroit et
diroit qu'il seroit siens et ne monstreroit nule cher-
taineté, ançois apparroit à son estat et à le connissance du presteur, qu'il n'aroit pas uzé tele marceandise
et qu'il ne seroit pas siens. Et par ceste presontion pot
on entendre les autres qui poent avenir en tel cas.

24. Coustume est en moult de liex c'on fet crois de
pierre ou de fust es quarrefors des quemins ou en
autres liex, hors de sains liex qui sont dedié; et le
coustume est bone por l'onnor² de nostre Segneur Jesu
Crist, qui por nostre redemption y vaut soufrir mort
et passion. Neporquant, tix crois qui sont assizes hors
des liex sains, ne garantissent pas les malfeteurs, tout
soit il ainsi qu'il y voisent en entention d'avoir garant
de lor meffet; car se tix crois pooient garantir les malfeteurs, li murdrier et li robeor des quemins et li
meslieu aroient trop grant marcié de lor meffès, et en
porroient moult de mal estre fet apenseement. Et se
tex crois portoient garant, ausi bien porroit porter

---

¹ *Car.* B. -- ² *La ramembranche.* B.

I.                                                    2'1.

garant une crois que aucuns porteroit sor li, et ensi
porroient li malfeteur toz jors estre saisi de lor garant
par les crois qu'il porteroient sor eus.

25. Entre les autres cozes que noz avons dites des
aisemens communs que çascuns doit avoir es quemins
por aler et por venir pesivlement, tout li segneur
doivent moult penre garde que li pelerin n'i soient
pris ne destorbé por petite occoison[1]; car c'est max de
destorber ciaus qui sunt en voie de bien fere. Et s'aucuns les areste ou destorbe à tort ou por petite oc-
quoison, li sovrains les doit fere delivrer et rendre lor
damaces, et aussi[2] de toz autres estranges qui vont par
les quemins.

### *Explicit.*

Chi define li chapitres des chemins et des trueves qui i sont faites,
et dou conduit aus marccans et aus pelerins.

## CAPITRES XXVI.

### Des mesures et des pois à coi on poise et mesure[3].

1. Dit avons el capitre devant cestui de quele larguece li quemin doivent estre maintenu, si que li
marqueant et li pelerin et autres gens qui en ont mestier y puissent aler sauvement; et porce que moult de
marceandises queurent par poys et par mesures, et
especialment es cozes qui par mesures doivent estre
livrées, noz parlerons en cest capitre ci en droit des
mesures et des cozes qui sans mesures ne se poent mar-

---

[1] *Por petit d'achoison.* B. — [2] *Et est aussi.* B. — [3] *Chi commence li*
xxvj *chapitres de che livre, li quiex parole comment on doit garder*
*chozes baillieez.* B.

ceander, et du peril qui est en vendre et en aceter,
porce que les mesures se diversifient selonc le coustume de çascune vile; et quelc mesure est general, selonc nostre coustume [a].

2. Jehans proposa contre Pierre, et dist à Pierre
qu'il li devoit [1] un quartier de blé quant il moloit dix
mines à son molin, et de cinq mines demi quartier; et
comme cis demi quars ne fust pas fes, ains prenoit
Pierres au quartier par esmé, et chertaine mesure ne
pooit estre fete : en tele maniere requeroit il qu'il
eust demi quartier certain el molin, por soi aquiter
de cinq mines. A ce respondi Pierres, qu'il avoit uzé
de toz jors à penre le demi quartier au quartier et par
avis, ne autrement ne le voloit fere, ains requeroit
c'on le tenist en son uzage. Il fu jugié que puisque
Pierres connissoit que Jehans li devoit certaines mesure de dix mines et de cinq mines, que ses uzages ne
li vaudroit [2] pas qu'il ne li feist quartier et demi quartier.
Et par cel jugement pot çascuns entendre que toute
coze qui se doit paier par mesure, doit avoir droite mesure, selonc le coustume du liu où le coze est deue.

3. Certaine coze est que les mesures ne sont pas en

---

[1] B. *Et dist qu'à Pierre il devoit.* A. — [2] B. *Valoit.* A.

[a] Les avantages de l'uniformité des poids et mesures ont été compris dès le commencement du xiiie siècle. Nous lisons dans l'édit publié par Jean, roi d'Angleterre, en 1215 : « Une mesure de vin seit
« par tot nostre regne, et une mesure de cerveise et une mesure de
« blé, com est li quartiers de Londres, et une leise de dras teinz et de
« rasez et de habergiez, com est deus aunes dedenz listes. Et de peis
« seit ensement come des musures. (D'Achery, *Spicilegium*, t. III,
p. 581, ed[e] 1723.) Voyez le *Grand Coustumier de Normendie*, c. xvi,
p. 9; Britton, c. xxx, p. 127.

le couté de Clermont ygaus, ains se diversefient en plusors viles. Or est à savoir se Jehans vent à Pierre, en le vile de Creeil, dix muis de blé rendus à Clermont à certain jor, à la quele mesure Pierres le rechevera [1], ou à cele de Creeil où li marciés est fes, ou à cele de Clermont là u il le doit recevoir. M'opinions est que il le doit recevoir à le mesure de Clermont. Mais se Jehans eust dit au vendre : « Je voz vent dix muis de blé con-« duis à Clermont » : je deisse qu'il les deust livrer à Clermont, à le mesure de Creeil où li marciés fu fes, car par le mot du *conduire,* il saulle qu'il soit tenus au mener.

4. Quiconques mesure à fausse mesure et y est atains, le mesure doit estre arse et li damaces rendus à toz cix qui porront monstrer qu'il aient eus par le mesure; et si est à soixante sous d'amende envers le segneur s'il est hons de poeste, et s'il est gentix hons, l'amende est de soixante livres.

5. Çascuns par nostre coustume pot avoir mesure, mais qu'ele soit juste, selonc le coustume du lieu où il en vaurra uzer.

6. Il est dit que çascuns pot avoir mesure selonc où il en vaurra uzer, mais c'est à entendre c'on n'en doit pas uzer en autrui damachant ne les marciés uzés de lonc tans [2], c'est à dire que nus ne doit ne ne pot fere nouvel marcié; mais por son uzer et por son mesurer ce qui est creu en son heritage et pour vendre, pot çascuns mesurer en se meson sans fere estauble de nouvel lieu.

---

[1] B. *A quele mesure Pierres le rendera.* A. — [2] *Nlès che ne à entendre que on ne doit pas user en damachant les marchiés usés et acoustumés de lonc tans.* B. T.

Et qui veut avoir certaine mesure et oster soi de peril, si face se mesure sengnier au saing le conte, et adont porra mesurer sans peril.

7. Mesure de toz grains si est par toute le conté que il a el mui douze mines. Mais les mines sont en un lieu plus grans qu'en un autre; et por ce, qui vent et acate, il doit bien regarder en quel lieu et à quele mesure il fet son marcié, qu'il ne soit deceus par les mesures.

8. Mesures de vins ne sunt pas omnies[1], neporquant on conte, en çascun mui, vingt quatre sestiers. Mais li sestier ne sont pas tuit ausi grant li uns comme li autres, ançois a moult de viles en le conté qui prennent et mesurent lor vins à gauge et à le mesure de Caste-noi. Et de teles viles, y a qui le prennent à le mesure de Clermont, et si y a de tix viles qui ne le prennent n'à Clermont n'aillors, ançois ont certaines mesures acoustumées de lonc tans. Et il est bien resons c'on tiegne çascune vile en l'usage de tele mesure comme ele a acoustumé, meesmement quant li uzages n'ape-tice de riens le droiture au segneur. Car en moult de cas ne vaut riens uzages contre segueur, si comme voz orrés el capitre qui enseigne li quel uzage valent et li quel non[2].

9. Les mesures des teres ne sunt pas omnies ne que celes du grain. Neporquant, communement[3] là u le mesure de grain est petite, le mesure de tere est pe-tite, et là u le mesure de grains est grans, le mesure de tere est grans; si ques il sanlle merveille bien c'on

---

[1] *Onnies*. B. — [2] Manque dans B.

[3] Chapitre xxiv.

fist anciennement les mesures de terre selonc le mesure
du grain, car aussi comme on conte douze mines de
blé por un mui de blé en çascune vile de le conté, tout
aussi en çascune vile on conte douze mines de tere por
un mui de tere. Et si voit on clerement que en çascune
vile, poi s'en faut, on semme une mine de tere d'une
mine de blé; car à Clermont le mine de terre est de
soixante vergues, de vingt cinq piés le vergue, et si le
semme on d'une mine de blé à le mesure de Clermont.
Et à Remi le mesure [1] de tere a quatre vingt verges, de
vingt deus piés et plaine pamme le verge, et si le
semme on d'une mine de blé à le mesure de Remi. Et
li muis de blé de Remi fet à Clermont quatorze mines
et demie, si que c'est auques, selonc l'avenant, de [2] ce
que le mesure de Remi est plus grans que cele de Clermont. Et tout aussi comme je voz ai dit de ces deus
viles, que le mesure de tere suit cele du blé, tout aussi
es autres viles le mesure des teres suit cele du blé.

10. Bois, vignes, aunois, gardins, prés, communement ne se mesurent pas selonc le mesure des terres,
par mines, ançois se mesurent par arpens, li quel arpent se mesurent, selonc le coustume, en deus manieres:
l'une, si est que on tient por un arpent cent vergues,
en tele vergue comme il quort el liu à mesurer les terres
gaaignavles; si que il est en aucun lieu que le vergue
n'a que vingt piés, et en tix lies y a plus et en tix y a
mains, si que cent vergues, à le vergue du liu, sont
contées por un arpent. Et l'autre maniere d'arpent
si est li quix contient cent vergues de vingt cinq piés

---

le vergue, et c'est li drois arpens le roi. Et à tel arpent deust on mesurer toz les heritages desus dis qui
par arpent se mesurent; mais les acoustumances de
lonc tans les corrumpent en plusors liex, si que il
convient garder en tix mesures le coustume de çascun
lieu.

11. Quant aucuns doit livrer à autrui heritage par
mesure, dusques à certain nombre de mesures, par
vente ou par don ou par autre titre, il le doit livrer
à le mesure du lieu là u li heritages siet qui doit estre
mesurés, tout soit ce que li marciés ou le convenence
en fust fete en tel liu où le mesure couroit plus grans
ou plus petite. Neporquant, elle est raportée à le mesure du lieu là u li heritages siet, se convenence ne le
taut; car s'on convenence[1] à fere greingnor mesure
que le coustume du liu ne donne, le coustume ne taut
pas c'on ne doie aemplir[2] se convenence.

12. S'il avenoit[3] qu'il convenist[4] mesurer aucun heritage, duquel nus ne seroit ramembrans qu'il y eust
onques esté[5] mesures, on doit penre garde à le coustume du plus prochain heritage qui ont esté mesuré; et
se li heritages siet en marche[6], si ques on a uzé en l'un
des costés à mesurer à l'arpent de cent vergues, de
vingt cinq piés le vergue, et à l'autre costé au plus
petit arpent : on doit penre le mesure à le plus grant,
car elle est fete et establie par le sovrain, ne les autres
mesures ne sont venues fors par acoustumance et par
soufrance de segneur, qui ont baillé lor heritages à
chens et à rentes anciennement et les livrerent par

---

[1] *Se on a convenenche.* B. — [2] *Acomplir.* B. — [3] *Avient.* B. — [4] *Con-
vertist ou convenist.* B.      [5] B. — [6] *Marchié.* T.

convenence à lor tenans, à plus petite mesure que li
sovrains n'avoit establie, et li tenant ont uzé depuis à
livrer[1] à chele mesure par usage[2], comme eles lor estoient
livrées des sengueurs; et par ce est le droite mesure
du souvrain corrompue en plusors liex, si comme il
est dit dessus.

13. Il loist à çascun segueur qui a justice et segnorie en se terre à fere garder justement teles mesures
c'on[3] a uzé de lonc tans, soit à grain soit en liqueur
soit en heritages; et quiconques l'apetice, s'il est hons
de poeste, l'amende est de soixante sous, ne croistre
ne le pot il. Mais s'il fet gregner mesure que droit, et
il est clere coze qu'il vende plus à tele mesure qu'il
n'acate, on li doit ardoir se mesure; mais il ne doit
pas estre mis en amende, car on pot veir apertment
qu'il ne le fesoit pas par malice, ançois y perdoit. Mais
s'il avoit deus mesures, l'une trop grande et l'autre
trop petite, et il acetoit communement à le grant et
vendoit communement à le petite, en tel cas l'amende
seroit à le volenté du segueur.

14. En aucunes viles est il que nul n'i pot avoir mesures à grain, s'ele n'est seignié au saing du segueur;
et s'il font mesures qui n'i segniés soit et il y vendent
ou acatent, en ces viles où ceste coustume quort, il
quieent en l'amende de segueur de soixante sous. Et
ceste coustume est generalment en toutes les viles où
marquiés queurt.

15. On fist entendant à Pierres qui sires estoit d'une
vile, qu'il y avoit aucuns tavreniers qui mesuroient à
trop petite mesure. Pierres ala par les tavernes et prist

---

[1] *Et se li tenant ont livré.* B. — [2] B. — [3] *Comme l'en.* T.

les pos à quoi il mesuroient; et entre les autres il y
ot un tavernier, qui si tost qu'il vit que Pierres aloit
par les tavernes et qu'il preuoit les mesures, il prist
ses mesures et les depecha, si que quant Pierres i vint,
il n'i trova que les tessons des mesures qui estoient
depeciés. Pierres demanda au tavernier porquoi il
avoit ce fet, et il respondi : porce qu'il li plesoit, ne
autre reson n'en vaut rendre, car il n'i avoit point de
bone reson depecier el point que ses sires les queroit.
Et Pierres prist le tavernier et le mist en prison et fit
juster ¹ toutes les autres mesures qu'il avoit prises es
autres tavernes; et celes qu'il trouva bones, il les rendi
sans damace; et celes qu'il trouva petites, il contraint
les tavernìers qui y vendoient à ce qu'il li fust amendé.
De celi qui depecha ses mesures, il vaut qu'il li amendast, porce qu'il li avoit brisiés et que par le brisure
il fust atains du meffet de mesurer à petite mesure,
car il aparoit et saulloit, par clere presontion, qu'il
avoit brisiés ses mesures quant il sot le venue son segneur, porce qu'il les sentoit à malveses. A ce respondi li taverniers, qu'il ne voloit pas estre tenus à
fere amende, car il li loisoit bien à depecier ses pos à
se volenté, meesment quant nule defense ne l'en estoit
fete, ne il n'estoit pas clere coze ne provée que les
mesures fussent malveses ne trop petites, par quoi il
ne voloit pas estre atains du meffet; et sor ce se mirent
en droit. Il fu jugié que li taverniers seroit en amende
envers Pierre, et en aussi grant amende comme si ses
mesures eussent esté trop petites, c'est à dire de
soixante sous; car presontions estoit si clere de son

_____

¹ *Justoier*. B.

meſſet, qu'il ne dut pas gaaignier en son malice. Mais
s'il eust depeciés ses mesures avant qu'il fust nule
mention que ses sires le quesist, il n'en dust estre
trais en nul damace. Et par cel jugement pot on entendre c'on coudampne bien en jugement par clere
presontion, en amende*.

16. Parce que noz avons parlé des mesures des
terres et des cozes qui a mesure doivent estre livrées,
pot on entendre des cozes qui sont bailliés à pois.
Mais il n'a pas tant de diferences es pois comme il a
es mesures, car eles ne se caugent pas en tant de liex.
Neporquant, elles se cangent, car li pois est plus grans
en une bone vile que en une autre; si doit on peser
en çascune vile au pois qui y est acoustumés de lonc
tans, car qui seroit pris à menre pois qu'à celi qui
seroit establis el liu, il seroit aussi pusnis comme cil
qui seroit pris mesurant à fausse mesure; et aussi seroit
cil qui seroit pris aunant à trop petite aune. Car aussi
comme les mines droites ont mestiers à mesurer les
blés et les aveines et les autres grains, aussi ont mestiers li sestier et les quartes à mesurer les liqueurs, si
comme vins, oele et miel; et aussi les aunes à auner
les dras et les toilles, et les vergues à mesurer les heritages, et les toises à mesurer les ouvrages, et li pois
à peser les laines et toz les avoirs de pois. Et tout soit
ce que toutes ces mesures dessus dites ne s'entreres-
sanllent pas, neporquant, qui meſſet en aucune de
ces mesures, il est aussi pusnis por l'un comme por

---

* Malgré un arrêt rendu au parlement de la Chandeleur 1268
(*Olim*, t. I, p. 745, n° XVII), il n'en est pas moins vrai que les baillis
cherchaient à faire passer pour un cas royal l'usage des fausses mesures.

l'autre; car autant meffet cil qui livre son drap à trop petite aune, comme cil qui livre son blé à trop petite mine, et aussi pot on entendre des pois et des autres mesures.

*Explicit.*

Chi define li chapitres des mesures et des pois[1].

## CAPITRES XXVII.

Des esplois qui poent venir as seigneurs des heritages qui d'aus muevent, si comme de racas ou de ventes; et de pris d'eritage[2].

1. Or est bon, après ce que noz avons parlé que li segneur doivent fere garder les mesures selonc les coustumes du liu, que noz parlons, en cest capitre, des esplois qui poent venir as segneurs, par reson d'eritages qui sont tenu d'aus en fief et en vilenages. Et si parlerons du pris d'eritages, quix il doit estre quant il convient qu'il viegnent en pris, selon le coustume de Biavoisis; si que le segneur sacent queles redevances il doivent demander à lor tenans, et que li tenans sacent quix redevances il doivent à lor segneurs, et quix pris d'eritage doit estre quant il en est mestiers.

2. Quant fiés esquiet à hoirs qui sont de costé, il y a racat, et li racas si est de tant comme li fiés vaut un an. Et li sires qui loialment le veut prendre, doit regarder combien li fiés pot valoir en trois ans, et puis

---

[1] B. — [2] *Chi commenche li xxvij chapitre de che livre, liquiex parole des chozes qui sont prestees, et comment chaus qui les empruntent en pueent et doivent user en bonne maniere.* B. *Chi commenche li vingt septiesme chapitre de che livre, liquel parole des values qui peuvent venir as seigneurs de ce que l'en tient d'aus, et si parole de pris de hiretages.* T.

penre por son racat le tierce partie; car il avient souvent que uns fiés gist en terres gaaignavles, les queles
sont toutes à ' une roie ou le grenguor partie, si que
le greguor valor n'est que une fois en trois ans, c'est '
l'anée que le grengnor roie porte blé; et se li fiés
esquiet en cele anée que li fief est de gregnor valor,
il ne seroit pas resons que li sires emportast cele
anée. Et aussi, se li fiés esquiet el tans que les terres
sont wides, il ne seroit pas resons que li sires s'e...
tenist à paiés; et por che doit on regarder que ...
teres doivent valoir, par loial pris, en trois ans, et
penre le tierce partie, si comme je ai dit dessus.

5. Quant fiés esquiet qui siet en bois, se li bos est
soz aage de sept ans, il n'est pas resons que li sires
atende tant que li bos soit aagiés, ne il n'est pas resons
qu'il caupe le bois desoz l'age de sept ans. Donques,
convient il qu'il soit regardé que çascuns arpens vaut,
par loial pris, par an; et de tant que li pris d'une
anée monte, li oir, à qui li fiés est esqueus, doivent
finer au segneur por lor racat. Et se li bois estoit de
sept ans ou de plus, jà por ce li pris n'en doit estre
graindres; car se li sires emportoit por son racat le
pris des despueilles du bos aagié, li oir n'i penroièn
riens devant sept ans entiers, s'il ne le copoient ' sous
aage, et ainsi seroient les hoirs durement adamagiés [4].

4. En fief qui venra à oirs, en descendant de pere
ou de mere, d'aiol ou d'aiole, ou de plus haut degré,
mais qu'il viegne en descendant, n'a point de racat,
fors en fief et es arrieres fiés mouvans de Bules et de

---

' *Sont contées en*. B. — ' *A savoir en*. B. — ' *Copent*. B. — ' *Et*....
*adamagiés* manque dans A.

Conty. Mes en quelque maniere que cil fief viegnent, de main en autre, soit en descendement ou d'esqueance, ou par escange ou par don ou par lais, il y a racat.

5. Li aucun dient que quant escanges est fes de fief à autre, sans nule saute[1] d'argent, qu'il n'i a point de racat; et il dient voir quant li sires veut soufrir l'escange; mais il n'est pas tenus à cangier son homme por autre, s'il ne li plest, sans racat. Donques, convient il que li escanges se face par le gré du segneur. Et en pot peure li sires ce qui li plest, selonc le valeur du lieu, por soufrir l'escange, ou li escange ne se fera pas. Et neporquant, quant li sires voit qu'il pot avoir home, duquel il se pot aussi bien aidier comme de celi qu'il avoit, il doit soufrir l'escange.

6. Quant li heritages est de fief et il est donés, il y[2] a racat; et s'il est de vilenage, il n'i a fors[3] saisine, les queles saisines sont diverses. Car il y a tex viles là u on ne doit que deus deniers de saisine, et teles où on eu doit trois deniers, et de teles où on doit trois deniers de gans ou douze deniers de vin, et de teles y a en l'une plus et en l'autre mains; et por ce, en cas de saisine, il convient garder le coustume de çascune vile. Et je croi que tex coustumes qui sont diverses et qui ne sivent le coustume du castel de Clermont, ne vindrent fors que par le coustume que li home firent anchiennement sor leur sougès; et neporquant on les doit tenir en ceste coustume, quant elle est maintenue de si lonc tans, et meesment quant li tenant l'ont souferte sans nul debat.

---

[1] *Soute.* B. T. — [2] *Quant hiretages est donnes, se il est de fief, il.* B. — [3] *Fors que.* B.

7. Quant heritages est vendus, s'il est ' de fief, li sires a le quint denier de le vente, c'est à savoir : de cent sous vingt sous, de dix livres quarante sous et du plus plus et du mains mains. Et quant le vente est fete d'eritage qui est tenus en vilenage, li sires a le dou-sime denier de le vente, c'est à entendre de douze livres vingt sous et de vingt quatre livres quarante sous et du plus plus et du mains mains. Quant heri-tages est vendus soit de fief ou de vilenage, li venderes et li aceteres s'en poent bien, s'il lor plest, de lor commun assentement, repentir avant que saisine de segneur soit fete, car après saisine fete, ne pot li ven-deres revenir à l'eritage, se ce n'est par novele vente.

8. S'il avient que heritages soit vendus et la vente creantée à tenir, et li venderes s'en repent, si que il veut que li marciés soit nus, il ne pot fere le marcié nul, se ce n'est par le volenté de l'aceteur; ançois le pot li aceteres fere contraindre qu'il se dessaisisse comme de vente, par le segneur de qui li heritages muet, tout soit ce que li venderes soit couquans et levans soz autre segneur.

9. Pierres proposa contre Jehan, par devant le segneur de qui cix Jehans tenoit heritage, qu'il li avoit cel heritage vendu par chertain pris d'argent, et comme il fust pres de l'argent paier, il requeroit que li dis Jehans fust contrains à ce qu'il se dessaisist de l'iretage. A ce respondi Jehans, qu'il n'estoit pas tenus à res-pondre par devant le segneur de qui il tenoit cel heri-tage, porce qu'il estoit couquans et levans soz autre segneur; et par le coustume general li sires de soz qui

---

' *Muet.* B.

on est couquans et levans doit avoir le connissance
des convenences et des muebles et des catix son couquant et son levant; et comme Pierres ne le sivist
que de convenence, il n'estoit pas tenus à respondre
ilueques. Et Pierres disoit que si estoit, porce que le
convenence dependoit de l'iretage; et sor ce mirent
en droit. Il fu jugié que Jehans responderoit en le
court du segneur de qui li heritages mouvoit, porce
que le convenence dependoit de l'iretage; car se le
convenence fust conneue ou provée par devant le segneur de soz qui li venderes estoit couquans et levans,
ne peust il metre le coze à execution, puisque le coze
ne fust ten re de li. Et tex manieres de convenences on
les apele *reeles*, et en convient respondre devant le
segneur de qui les cozes muevent dont li ples est.

10. Aussi comme li aceteres n'est pas tenus à clamer
quite, s'il ne li plest, le marcié qui li est convenenciés, aussi li venderes ne clamera pas quite l'aceteur
s'il ne veut; mais s'il le veut sivir de convenence, il
le doit sivir devant le segneur de soz qui il est couquans et levans.

11. Drois pris d'eritage, selonc le coustume commune en le conté de Clermont, si est le muis de terre
soixante sous par an, quant le tere est tele c'on
truist[1] qui le laboure à moitié; et s'ele est meillor que
moitiere[2], li pris de soixante sous doit croistre selonc
le plus; et s'ele est pieur que moitiere, on doit abatre
du pris de soixante sous, selonc ce qu'ele vaut mains.
Et li muis moitiers[3] que noz entendons de[4] soixante

[1] *Trueve.* B. — [2] *Moitesrie.* B. *Moitoierie.* T. — [3] *Et se li muis à moitier.* B. — [4] *Qui vaut.* B.

sous, ch'est à le mesure en le quele il a douze mines el mui et [1] quatre vingt vergues, de vingt piés le verge. Mes les mesures des teres se diversefient, poi s'en faut, en çascunne vile, et por ce doit on regarder les queles sont graindres et les queles sont meures, et le valeur du teroir et le carque que les teres doivent; et, selonc ce qu'eles valent mains de moitieres ou plus de moitieres, on doit prisier si comme il est dit dessus. Et de le diversité des mesures poés vous veir plainement [2] el capitre des mesures.

12. Li arpens de bois, selonc drois pris, est prisiés dix sous l'arpent, mais on doit regarder le siege du bois et le valor qu'il vaut quant il vient à caupe et de quele revenue il est et comment il est tenus; et selonc ce c'on le voit meillor de pris commun par desor le quarque qu'il a, on doit le pris de dix sous haucier. Et s'on voit qu'il vaille mains, par malvès teroir ou par malvese vente ou par malvese revenue, on doit et pot rabaissier du pris.

13. Voirs est que bois tant comme il tient à racine est heritage, et si tost comme il est copés c'est muebles; et ce ai je veu aprover par jugement, en le maniere qui ensuit. Un chevaliers fu, qui [3] fist en se deerraine volenté le partie de ses enfans. Li uns de ses enfans si ot se partie en heritage de bois, li quix bois estoit en aage [4] de cauper, et estoit vendus au vivant du chevalier et bone seurté prise de l'argent; et el point que li chevaliers morut, li marceans avoit une partie du bois caupé et l'autre partie estoit à cauper. Et li [5] che-

---

[1] Ou. B. — [2] Se vous volés regarder. B. — [3] B. Et. A. — [4] Aagiés. B. — [5] Chiex. B.

valiers en son testament ordena et devisa c'on preist le
devis de son testament sor le bois, par le main de ses
executeurs ; et quant il fu mors, li oirs qui avoit à se
partie le bois, deffendi le bois à coper, dusqu'à tant que
bone seurté li fust fete du bois qui estoit à coper, selonc le vente que li peres en avoit fete. Contre ce
disoient li executeur du pere, que li marceans n'i
estoit pas tenus, ne qu'il n'en devoit riens avoir en
ce que ses peres avoit vendu, par deus resons, si comme
il disoient. Le premiere, porce que despuelle de bois,
puis qu'ele est en aage de coper, est muebles, et li mueble apartenoient à eus et les devoient avoir par le reson
de l'execussion du pere. Le seconde, porce que li
peres avoit à son vivant le coze vendue et bone seurté
prise, par quoi il aparoit clerement que ce qui estoit
trové en dette apartenoit à eus par le reson de mueble ;
et sor ce se mirent en droit. Il fu jugié que li executeur n'avoient riens en le vente du bois qui estoit à
coper el tans de le mort du pere, ançois l'emporteroit
li oirs comme son heritage. Et par cel jugement il fu
resgardé combien il y avoit du bos[1] copé et combien à
coper el tans que li peres morut, et fu estimation fete
sor l'un et sor l'autre selonc le vente du pere, et emporterent[2], li executeur de le dette, selonc ce qu'il y
avoit du bos copé, et li hoirs emporta le remanant.
Et par cel jugement apert il clerement que bois, tant
comme il tient à racine, est heritages.

14. Li pris des vignes, selonc nostre coustume, si
est l'arpens quarante sous, mais ce sont celes qui sont
moitieres ou c'on feroit volentiers à moitié à heritage ;

---

[1] De bois. B. — [2] Emporteroient. B.

et se eles sont de menre valeur, on doit rabatre du pris selonc ce que eles valent mains.

15. Pris de prés, selonc nostre coustume, si est l'arpent vingt sous, mes c'est à entendre quant il sont bon et bien seant et en bon lieu. Et s'il valent mains, selonc les lix où il sieent, on doit rabaissier du pris; et generalment li lieu se diversefient si de valeur, qu'à paines[1] pot on fere nul pris, fors en regarder combien on porroit avoir de çascunne pieche d'eritage à toz jors, et, les frais de l'iretage rabatus, li heritages doit estre prisiés tant comme il vaut de remanant par desor[2] che qu'il est carquiés.

16. Drois pris de rentes, à le mesure de Clermont, se c'est blés moitiers[3], le muis est prisiés vingt sous, à pris de terre; et purs fourmens vingt cinq sous; et se le mesure est plus grans qu'à Clermont, si comme ele est en aucunes viles, on doit croistre du pris. Capons de rentes : çascuns capons est prisiés six deniers, et le gueline quatre deniers.

17. Le pris des deniers de rentes si est tix que, se denier sont deu de rente[4] en gros, si comme sorcens qui ne pot valoir que le nombre d'argent que on paie çascun an, itix pris d'argent ne croist ne n'apetice, ançois est prisiés tant comme il vaut par an[5] tant solement. Mes il y a une autre maniere de rentes de deniers que on apele *menus chens*, si comme il avient que on tient de son segneur un arpent de vigne, qui vaut quarante sous de rente, à un denier de chens, ou à plus ou à mains, ou autres heritages c'on tient à chens d'argent :

---

[1] *Que à grant painne.* B. — [2] *Pardessus.* B. — [3] *Moitoiens.* B. T. — [4] *Manque dans* B. — [5] *Un an.* B.

tcle maniere de cens, quant che vient à pris, doit doubler, por le justiche et por les ventes qui poent avenir
as segneurs par le reson de tex saizines, c'est à entendre : s'aucuns a dix livres en autel rente, et il vient en
pris de terre, les dix livres seront prisiés vingt livres.
Et combien qu'il y ait de tix cens, soit poi ou auques,
on doit toz jors prendre le double à pris ¹ de terre.

18. Qui veut prisier edefices, si comme mesons ou
pressoirs ou molins, il doit regarder le liu où li edifices est, et en quel point il est, et combien on en
porroit avoir à tous jors, par desor les coz qu'il couste
à retenir el point là u il est quant li pris est fes ; car
en toutes cozes qui sont contées por heritage, li coust
doivent estre rabatu quant il vionnent à pris, car pris
d'eritage si est à entendre ce que li heritages vaut par
an et à durer à toz jors, par desor les coz et les mises
rabatues, que ² il convient metre pour les heritages
maintenir et retenir.

19. Prix de courtix et d'aunois et de gardins doit
estre selonc les liex là u il sieent, tant comme il poent
valoir par an à toz jors, et par desor les rentes que
tel lieu doivent ; ne en tix manieres d'eritages n'a point
de pris commun, car les values ne sunt pas onnies,
et à paines en trueve on nul semblant que li uns ne
vaille mix que li autres ; et por ce convient il tex heritages prisier selonc le valeur.

20. Vivier et sauvoir ³ et fossé où poisson se poent
norrir et fruitefier, quant il vienent à pris ⁴, on doit
regarder, quant on les pesque de trois ans en trois

---

¹ Au prisier. B. — ² Car. A. — ³ Viviers sauvouers. B. — ⁴ A prisier. B.

ans, combien il valent par desor les coz et les mises
et le garde et les clostures, et puis doit on metre en
pris le tierce partie du remanant.

21. Fours, quant il vient en pris', doit estre prisiés
en le maniere que noz deismes dessus des edefices, car
c'est edefices; et bien doit on penre garde, quant on
prise fours ou molins ou pressoirs, s'il y a nul banier,
ou s'on y vient de volenté, ou se li voisin poent fere
tex edefices pres, par quoi cil vaillent mains; car il
n'est pas resons c'on prise tant un heritage tel quant
on n'i vient à* volenté et non autrement³, ou quant
il poent estre grevé par set aparant, comme quant on
voit qu'il ne poent estre grevé.

22. Carues de rentes doivent estre prisiés çascunne
jornée à deus quevax, deux sous par an, et à un queval,
douze deniers; et se le corvée est d'omme sans queval,
quatre deniers.

23. Plusors heritages sont dont porfit poent venir
as segneurs, neporquant il ne quieent pas en p..s de
terre, si comme justices, ventes de fief, homage qui
sunt tenu en arriere fief; car justice si couste moult
sovent à garder et à maintenir plus qu'ele ne vaut. Et
ventes de fief si n'aviennent pas souvent, si que nus
n'i set metre pris. Et homage qui sont tenu en arriere
fief ne font nule redevance fors à lor segneurs de qui
il tienent nu à nu; donques, ne doivent il queoir en
nul pris d'eritage au segneur de qui lor sires tient,
tout soit ce qu'il puist raprocier⁴ et revenir à estre
tenu nu à nu du segneur de qui il estoit tenus en arriere fief, par moult de resons qui sont dites el capitre

---

' *A prisier.* B. — * B. *Fors de.* A. T. — ³ B. — ⁴ *Aprochier.* B.

qui ensegne comment lí fief poent alongier et rapro-
cier de lor segneurs par coustume [a].

24. Ventes de vilenages de cans [1] à canpart poent bien
queoir en pris de terre, car on pot bien veoir, quant
aucuns a plusors tenures à campart [2], combien il en
vient en [3] dix ans ou en douze, et puis doit on metre
estimation en çascunne anée, selonc ce que on voit que
il valent en dix ans. Et s'il est aucuns heritages de quoi
noz n'aions pas fet mention, par ce qui est dit, selonc
le valeur de l'iretage on doit fere le pris, et toz jors les
coz et les mises qui sont mis es heritages, rabatues.

25. Droit pris de vins de rentes, selonc le coustume,
doit estre prisiés en trois manieres de vin, à savoir :
vin formentel, vin de moreillons et vin de gros noir.
Li vins formentix, à le mesure de Clermont, doit estre
prisiés douze sous le mui de rente, et li vins de moreillons, çascuns muis nuef sous de rente çascun an ;
et li vins de gros noirs ou de goet [4], çascuns muis six
sous de rente.

26. Travers, tonllix et autres heritages qui çascun
an montent et abaissent, ne p ent estre prisié fors
par estimation. Et à l'estimation fere, on doit regarder combien on en avoit à ferme dusques à dix ans
par desor les coz, et puis penre le disime partie por
le pris d'une anée, ne autrement on ne pot fere certain pris.

27. Il avint que uns gentix hons devoit et n'estoit
pas aaisiés de paier fors que par le vente de son heritage, et s'acorda, entre li et ses creanciers [5], que il

[1] *Comme de chans.* B. — [2] B. — [3] *A.* B. — [4] *Gouès.* B. — [5] *Detteurs.* B.
[a] **Chapitre** ti.

aroient de l'iretage au dit escuier, par le pris que li
home de Clermont y meteroient[1]. Et le coze aportée
par devant les homes, il regarderent, par jugement,
c'on priseroit l'eritage selonc le droit pris que coustume donne, ainsi comme il est dit dessus en cest capitre, et, le pris fet, on bailleroit[2] as deteurs vingt saudées de terre por dix livres, en tele maniere que li
venderes paieroit les ventes et meteroit les aceteurs es
homages as signeurs. Et par cel jugement pot on veir,
que quant heritages vient à pris, por vente ou por autre coze, les vingt saudées à heritage sont prisiés dix
livres en deniers. Et aussi bien comme les vingt saudées de fief sont prisiés di. livres, heritage qui sont
tenu en vilenage, quant il vienent en pris por vente,
les vingt saudées doivent estre prisiés douze livres,
car li fiés doit estre mains prisiés pour les services et
les autres redevances c'on en doit as segneurs, li quel
service sunt grief, si comme voz orrés el capitre après
chesti.

### Explicit.

Chi define li chapitres qui parole des esplois qui pueent venir
aus seigneurs[3].

## CAPITRES XXVIII.

Comment on doit servir son segneur de ronchi et de service par
reison de fief[4], et quel damage on en puet avoir.

1. Cil qui est semons por ronci de service, selonc
le coustume de Biavoisis, a droit jor de quinsaine ou

---

[1] *Meteroient par jugement.* B. T. — [2] *B. Bauroit.* A. — [3] *B. Chi define li chapitre des values, et qui pueent venir as serjans, et quiex
pris doivent estre mis en hiretages.* T. — [4] T.

de plus, si ne doit pas contremander mais ensonnier
une fois s'il a ensoine ª.

2. Or veons comment il doit servir que ses sires ne
le puist torner en nule defaute, car c'est le querele
qui queure en le conté ª, dout li prove gentil home
sont plus grevé par lor segneurs, porce que certaine
estimation n'est pas fete par jugement, quex roncis
il doivent et de quel pris; et por ce voil je monstrer
une voie par le quele cil qui sont semons en tel cas
se puissent deffendre et offrir assés à lor segneurs ᵇ.

3. Il est certaine coze que tuit cil qui tiennent de
fief, en le conté de Clermont, doivent à lor segneur,
por çascun fief, un ronci de service, se li segneur le
voelent penre. Mais se je tieng d'aucun segneur et il
me suefre que je ne serve pas, tant que ce que je tieng
de li va d'une main en autre main, li sires ne le me
pot mais demander, car je ne sui mais ses hons, par
quoi je ne li doi point de service; ne il ne le pot demander à celi qui est ses hons de le coze que je tenoie
por cause de moi; mais por soi, por le reson de son
homage, le pot il bien avoir s'il veut.

4. Se je sui semons por paier ronci de service, je doi
au jour de le semonse mener ronci sains de toz
membres et offrir loi à mon segneur, et dire en tele

---

ª B.

ª Sur la différence entre l'essoine et le contremand, voyez du
Cange, *Glossarium*, verbis *Essonium*, *Contramendatum*; Laurière,
*Glossaire du Droit français*, à ces deux mots.

ᵇ Sur le roncin de service, voyez les *Establissemens*, l. I, c. cxxxi;
du Cange, *Glossarium*, verbo *Runcinus*; et Laurière, *Glossaire du
Droit français*, aux mots *Cheval de service*, *Destrier*, *Roucin de service*. On comprend qu'il s'agit ici d'un cheval de guerre.

maniere : « Sire, semons m'avés de ronci de service,
« vesci¹ un rouci que je voz offre sain de toz membres;
« si voz requier que voz le prenés, et s'il ne voz plest
« au penre, donés moi jor sofisant et je voz amenrai
« un autre. » Donques, s'il ne li plest à penre, il me
doit doner jor d'amener autre à quinze jors; et ensi
me pot fere par trois fois s'il li plest. Et quant je li
menrai ronchi à le tierche fois, je doi offrir et le ronci
et deniers, et dire en tel maniere : «Sire, semons
« m'avés de ronci de service; amené voz en ai un et
« deus, et vesci le tiers qui est sains de toz membres :
« si vous requier que voz le prenés; et se li roncis ne
« voz siet, je voz offre soixante sous por le ronci, et
« vesci les deniers; et se voz ne volés penre le ronci ne
« les deniers, je voz requier que del service me laissiés
« empès. Et se volés dire que je ne voz aie fet offre
« souffisant, je voz requier que voz me faciés dire par
« droit et par mes pers quel ronci je voz doi et de quel
« pris; et je vous offre à servir sans delai, dusqu'à l'es-
« gart de lor jugement. » Se je vois en ceste maniere
avant, mes sires ne me pot cel jugement veer, ne moi
tourner en nule defaute qu'il ne me face tort. Et s'il
prent ou ne seizist² le mien, s'il ne le fet³ par le jugement de mes pers, il est tousjors tenus à moi resaisir
avant que je responde à riens que il me⁴ demant en
plet.

5. Se me sires a pris de moi un ronci de service et il
ait tenu le ronci quarante jors continuels sans renvoier
le moi, je sui quites de mon service; et s'il le me renvoie dedens les quarante jors, sains de toz membres,

---

¹ *Veez chi.* B. — ² B. *Ne lesse.* A. — ³ *Se che n'est.* B. — ⁴ *Je.* A.

je ne puis refuser que je ne le reprengne, et serai de requief ses redevans d'un ronci de service. Mais se je l'ai servi de ronci sain, et il l'afole tant comme il le tient, et il le me renvoie : je ne sui pas tenus que je reprengne, ançois doi estre quites.

6. Quant j'ai servi mon segueur de ronci, du quel il est tenus à paiés ou le quel il a tenu quarante jors sans renvoier, je sui quites de mon service à tous les jors de me vie, ne ne sui tenus à aler puis lueques[1] en avant aveques mon segneur en sa guerre ne en se meson deffendre, se je ne voil. Mais je ne doi pas por ce laissier à aler à ses semonses et à ses jugemens.

7. Il sont aucun fief c'on apele *fiés abregiés;* quant on est semons por service de tix fiés, on doit offrir à son segneur ce qui est deu par le reson de l'abregement, ne autre coze li sires n'i pot demander, se li abregement est prové ou conneus et il est fes soufisalment par letres du conte. Car je ne puis soufrir à abregier le plain service c'ou tient de moi, sans l'otroi du conte, combien qu'il y ait de segneurs desoz le conte l'un après l'autre, et soit ainsi qu'il se[2] soient tuit acordé à l'abregement. Et s'il s'i sont tuit acordé et li quens le set, il gaaigne l'omage de celi qui tient le coze, et revient li homage à le nature du plain service; et si le doit amender, cil qui l'abrega à son home, de soixante livres au conte.

8. S'aucuns abrege le fief à son home et s'oblige à li garantir comme fief abregié, et li sires par dessus y met le main, porce qu'il ne veut pas soufrir l'abregement, li sires qui l'abregement fist, pert l'ommage, si

---

[1] *Illuec.* B. — [2] *Ne.* B.

comme noz avons dit. Et por ce n'est il pas quites qu'il
ne doie fere restor à celi qui fief il abrega, de tant
comme il est damaciés, en ce qu'il revient à devoir
plain service. Et por ce est ce grans perix de fere abregement de fief, se ce n'est par l'assentement des segneurs dessus, de degré en degré dusqu'au conte.

9. Li rois ne cil qui tient en baronnie ne doivent
lever nul ronci de service, porce qu'il poent penre les
cors armés et montés toutes les fois qu'il veulent et
qu'il en ont mestier.

*Explicit.*

Chi define li chapitres des ronchis de serviche[1].


## CAPITRES XXIX.

Des serviches fais par loier ou par quemandement ou par volenté[2]
des compteres as sergans[a].

1. Il est parlé el capitre devant cesti d'une maniere
de service que li homme doivent à lor segneurs par
le reson des fiés qu'il en tiennent, si parlerons en
cest capitre d'autres manieres de services qui sunt fet
par loier, et des services qui sunt fet par commande-

---

[1] La suite manque dans B. — [2] *Contes.* T.

[a] Le mot *sergent* avait plusieurs acceptions très-diverses : ici il désigne un officier judiciaire, chargé de l'exécution des jugements et
des mandements d'un seigneur. Voyez du Cange, *Glossarium,* verbo
*Serviens.* Beaumanoir, après avoir traité des fonctions de ces officiers,
aborde un sujet plus vaste, et développe sur la nature et sur la conséquence du mandat des idées qui ont trop d'analogie avec celles des
jurisconsultes romains (*Digest.,* l. XVII, t. I. *Cod.,* l. IV, t. XXXV;
l. VIII, t. XLI. *Novel.,* IV), pour que l'on puisse penser que leurs
écrits ne lui servirent pas, en cette occasion, de flambeau.

ment, et des services qui sunt fet par volenté et sans
commandement et sans loier; et si parlerons de cix
qui s'entremettent de plus grans services qu'à eus
n'apartient, et du peril qui y gist; et des contes que
li sergans doivent fere à lor segneurs, si que cil qui
servent sacent comment il doivent servir, et li segneur sacent comment il se doivent maintenir envers
cix qui lor font serviches.

2. Li sergans se doit entremettre de l'office qui li
est bailliés tant solement, et s'il s'entremet d'autre,
sans le commandement ou sans le mandement de son
segneur[1], et aucuns damaces en avenoit, li sires l'en
porroit sivir ou depecier le marcié qu'il aroit fet,
mais que ce fust si tost comme le connissance du fet
du serjant venroit à li. Et ce entendons nous quant li
serjans s'entremet des cozes qui ne li sont pas bailliés
à serjanter; car des cozes qui li sunt bailliés, il pot
ouvrer selonc le pooir qui li est bailliés tant solement.

3. S'aucuns sires baille à son serjant le pooir de justicier, et li serjans en justichant fet aucunne coze qui
soit contre le droit du segneur de qui ses sires tient, et li
sires contre qui li serjans a meffet ou desobey, s'en veut
penre au segneur du serjant qui ce fist, fere le pot, ne
li sires ne pot pas desavouer le fet de son serjant; car
donques porroient il fere fere par lor serjans les desobeissances à lor segneurs, et après dire que ce ne seroit pas par eus. Et se li serjans l'amendoit, li quix
ne seroit pas gentix hons, l'amende ne seroit que de
soixante sous, qui pot estre quant[2] li sires du serjant
l'amende de soixante livres, se li meffès le requiert.

---

[1] B ne fait pas cette distinction entre *mandement* et *commandement*.
— [2] *Que*. B.

Et li quel meſſet doivent tel amende, il est dit el capitre des meſſès[1]. Et porce est il bon as segneurs qu'il
gardent par qui il font lor justices garder, puisqu'il
ne poent desavouer ce que lor serjant font en justichant, et ce avons noz veu jugier en l'ostel le roy.
Neporquant li cas de crieme en sont excepté, car se
mes serjans, par sa folie ou par sa hastiveté, meſſet en
cas de crieme, on ne s'en pot penre à me persone,
mes à li qui fist le meſſet, s'il n'est prové contre moi
que je li fis fere ou le porcachai, car en tel cas porroie
je perdre.

4. Moult de segneurs ont eu damaces par malvès
serjans et aucunnes fois avec le damache vilonnie, car
li serjant font moult de cozes qui ne sunt pas du commandement lor segneur là u il a à reprendre; et por
ce, se li serjans fet aucun meſſet, du quel li sires est
damaciés porce qu'il ne le pot desavouer, il a action
contre le serjant de demander li le damace qu'il a par
son meſſet; mais ce entendons noz es meſſès que li
serjant font à essient[2], quant il avient aucune fois
que il meſſont et si ne cuident pas meſſere; si comme
quant il prendent aucun en justichant en autrui
tere et il quident prendre en le tere son segneur,
ou quant il tienent prisonniers es prisons qui sunt
acoustumées selonc lor meſſès et li prisonnier escapent, en aucunne maniere, sans l'ayde et sans le consentement des serjans : en tex cas et en sanllavles
doivent il estre escusé. Mais s'il le fesoient à essient
et sans commandement, adont lor porroit on demander le damache. Et ce avons noz moult de fois veu que

---

[1] *Et malissieusement.* B

[2] Chapitre xxx.

se uns vaquiers ou uns porquiers ou uns berquiers
maine les bestes son segneur ou eles soient prises en
forfet, il convient que li sires des bestes en face
l'amende et qu'il le pait, s'il aimme tant les bestes
qu'il les volle ravoir, et qu'il rende le damace que ses
bestes firent aveques l'amende; mais tout cel damace
pot il demander à celi qui devoit ses bestes garder,
car por ce met on serjans à ses bestes garder que eles
ne voisent en damace ne en forfet. Et se cil qui les
gardent n'en pooient estre damacié, tix manieres de
serjans s'acoustumeroient plus legierement à aler en
autrui forfès.

5. Trois manieres de services sunt : le premier par
convenence; si comme aucuns me fiance à servir bien
et loialment ou à estre mes procureres dusques à certain tans et de certain service; si comme quant il lor
est devisé, en le convenence qu'il feront, s'il garderont
justice ou bos ou vignes, ou s'il s'entremetront de
toutes ces cozes garder, si comme aucun sires baille
bien à son [1] sergant l'aministration de plusors cozes : et
en ceste maniere de service doit li sires à bailler à son
sergant ce que mestiers li est por son serviche; car
s'il convient le serjant armer por le service son segneur
et convenence ne le taut, li sires li doit livrer [2] armes;
et s'il l'a retenu entor [3] soi por aucun autre service [4], si
comme por carpenter ou por machonner [5], tix manieres de menestrix ont coustume qu'il aportent lor
ostix là u il sont loué, car selonc ce se louent il mix.
Neporquant, s'il sont loué dusqu'à certain tans et lor

---

[1] A aucun. B. — [2] Prester. B. — [3] A. B. — [4] Office. B. — [5] Maison-
ner. B.

ostix brisent ou empirent, il doivent estre refet au
coust du segueur. Mais ce n'est pas fet quant il en
oevrent à lor tasque ou à lor jornées, car adont est li
perix des ostix lor. Par ceste voie que noz avons dite,
de livrer as serjans ce que mestiers lor est por lor services et as menestrix non, en aucun cas pot on entendre des autres manieres de serjans dont noz n'avons
pas fet mention. Le seconde maniere de serjant, se sont
cil qui ne sunt ne fiancié ne serementé ne retenu dusqu'à terme, neporquant il s'entremetent de service
d'autrui par priere ou par mandement. Et ceste voie
de serjanter pot estre en moult de manieres, car elle
est à le fois par priere de bouce, si comme Pierres
prie à Jehan : « Je voz pri que voz m'acetés le tere
« Guillame por mi, et je m'en tenrai à ce que voz en
« ferés » : en tel cas se Jehans l'acate, Pierres est tenu
au paier. Neporquant, li dis Pierres n'est pas obligiés
vers Guillame, car il n'a à li nule convenence ne marcié ; mais Guillames pot sivir Jehan qu'il li tiegne son
marcié, et Jehans pot sivir Pierre qu'il le delivre de
ce qu'il li fist fere de son commandement ou de se
priere : à ce pot on veoir que Jehans est obligiés par
le marcié qu'il fist, et Pierres est obligié envers Jehan,
porce que Jehans fist le marcié por li et por se priere.

6. Aucune fois avient il que priere n'est pas fete de
bouce, mais on le mande par letres ; si comme aucun
mande à son ami par ses lettres qu'il li face aucunne
besongne, et tix mandemens pot estre perilleus à celi
à qui li mandemens est fes, se les letres du mandement ne sont pendans ; car se cil qui le mandement
fist ou le priere sans letres, le nie, et cil à qui il fu
mandé ne le pot prover, il demeurent toz seus obli-

giés, tout soit ce qu'il feist marcié en eutention qu'autre le prist. Car on ne pot sivir de marcié ne de convenence fors celi qui le marcié fist, tout fust il fes por autrui, se ce n'est de ce que procureur font en cort por lor segneurs, de quoi il laissent bone procuration par devers le cort; car li sires est obligiés en tout ce que ses procureres fet selonc le vertu de le procuration. Et de ceste matiere est il parlé assés soufisamment ù capitre des procureurs [*].

7. Noz avons dit que mandement oblige celi qui le mandement fet envers celi à qui il fet le mandement; et si avons dit que cil qui le mandement du quemandement d'autrui fet, est obligiés envers celi à qui il fet le marcié ou le convenance, tout soit ce qu'il le face por autrui. Mes ce entendons noz es mandemens et es prieres qui sont fetes selonc les bones meurs; si comme se je mande ou prie à aucun qu'il tue un home ou qu'il arde une meson ou qu'il face un autre mal, je ne suis pas obligié envers celi à qui je fis le mandement ou le priere; car s'il fet le meffet, il doit estre condampnés por le meffet; et cil qui est condampnés selonc droit ne pot autrui condampner. Neporquant, on l'a aucunnes fois soufert, quant on voit grans presontions contre celi qui devoit avoir fete le priere ou le mandement; mais se cil qui font tex malices por mandement d'autrui en sunt en coupe, c'est à bon droit; car nus ne doit obeir à fere autrui priere ou autrui mandement en toz tex [1] cas. Et bien se gart qui

---

[1] *En vilain.* B.

[*] Chapitre iv.

fet autrui mandement, qu'il ne le face fors en le maniere qui li est commandé ou prié, car s'il en fesoit
plus, cil qui le mandement ou le priere li fist ne seroit
pas obligiés el plus; si comme se je mande ou prie à
aucun qu'il m'acate le vigne que Pierres veut vendre
et qu'il en doinst cent livres tant solement, et il après
ce mandement[1] fet cel marcié par six vingt livres,
sans avoir novel mandement de moi : je ne sui pas
obligiés es vingt livres; donques convient il que li
marciés li demeurt por les six vingt livres, et ensi perdroit il vingt livres, porce que il n'aroit pas usé selonc
mon mandement[2].

8. Se je prie ou mande aucun qu'il face pour mi
aucun marcié, et il dist que si fera il volentiers; et
après, quant il a fet le marcié, il le veut retenir por
li, ou il done plus du marcié que je ne li dis qu'il en
donast malicieusement, por mi doner à entendre qu'il
ne le pot avoir por tant : il doit estre à mon cois
d'avoir le marcié por tant qui li[3] couste; car tres dont[4]
qu'il m'ot en convent qu'il l'aceteroit por mi, il ne
le pot puis aceter por li sans mon otroi.

9. Se je fes aucunne priere ou aucun mandement
et je le rapele avant que le coze soit fete ne convenencié, li mandemens est falis; et se cil à qui je fis le
mandement ou le priere le fesoit après mon rapel, je
ne seroie de riens obligiés vers li par reson de mandement, puisque je l'aroie rapelé; car je puis rapeler ce
que j'ai mandé ou prié ou commandé à fere, tant comme
le coze est entiere.

---

[1] B. — [2] Manque dans A. — [3] *Comme il.* B. — [4] *Des lors.* B.

10. Çascuns doit savoir que se priere ou mandemens est fes à aucun, et chil qui le priere ou le mandement fist, muert en tant comme le coze est encore [1] entiere, li mandemens est falis, ne [2] ne le doit pas cil fere à qui li mandemens fu fes. Neporquant, s'il le fet por cause de bone foi, si comme s'il quide que cil vit encore ou il voit que c'est li porfis as hoirs, li hoirs est obligiés vers li par le reson du mandement ou de le priere sen [3] predecesseur. Car male coze seroit que cil qui s'entremetent de fere autrui service par priere ou par mandement, recheussent damace el service qu'il font por cause de bonne foy.

11. Tout soit il ainsi que cil qui font autrui service par priere ou par mandement ne soient pas sergant seremente ne convenencié à cix qui font le priere ou le commandement, por ce ne demeure pas que s'il metent coz ne despens resnables et convenables por fere les cozes qui furent priiés ou mandées, que ce ne doie estre au coust de celi qui fist le priere ou le mandement; car, si comme noz avons dit ailleurs, nus n'est tenus à servir autrui à ses coz, s'il n'a por quoi il le doie fere; si comme li gentil homme qui tienent les fiés et en doivent les services, et si comme li serf as quix il convient servir lor segneurs au leur, quant il plest à lor sengneurs, porce que tout ce qu'il ont est à lor segneurs.

12. Noz avons parlé de deus manieres de services, che sont de cix qui sunt convenencié ou loué [4] et de cix qui servent par priere ou par mandement. Or y a encore autre maniere de service, si comme cix qui s'en-

---

[1] *Oncore.* B — [2] *Si.* B. — [3] *De son.* B. — [4] *Levés.* B.

tremetent de servir autrui sans mandement et sans priere et sans estre loué ou convenencié; et ceste voie de service si est moult perilleuse à cix qui s'en entremetent, se il n'est ainsi que il lor conviegne fere à force; car aucunne fois me convient il servir autrui malgré mien, sans priere et sans mandement, où je porroie avoir damace et vilonnie, et de ce toucasmes noz el capitre de compaignie*. Et encore est il d'autres services c'on fet tout sans commandement et sans priere d'autrui, et si sunt li service à guerredonner por cause de bone foi; si comme se je voi mon cousin ou mon ami ou mon voisin sur le point d'avoir grant damace et je le destorne d'avoir le, si comme se se mesons art et je l'estaing, ou se je le garanti en ma meson por doute de ses anemis, et je met coz à li garder ou au fu de se meson estaindre : il est bien tenus à mi rendre tex damaces. Et ausi se je labore son heritage en entention que je quidoie qu'il fust miens, et il emportoit les despuelles par bon' droit : il me doit rendre bien mon laborage. Et aussi se je sui en aucunne cort de cort laie ou de cort de Crestienté et on le veut metre en deffaute, et je l'escuse porce que je sai son ensoine, tout ne le m'eust il pas mandé, et g'i met aucuns coz resnables por li deffendre : il les me doit bien rendre. Neporquant, en cel cas, il ne le fera pas s'il ne veut, par nostre coustume. Et che que noz avons dit que services sans louage et sans mandement est perilleus, noz l'entendons en deus manieres : le premiere, porce que se je m'entremet d'autrui servir,

---

* *Son.* B.

* Chapitre xxi.

sans estre loués ou priés ou sans mandement, cil qui
service je fes n'est tenus à moi riens rendre, ne despens ne loier, fors es cas dessus dis et en sanllavles; le
seconde, si est porce que en tele maniere s· pot on entremetre d'autrui service, tout n'i pensast on fors
qu'à * bien, c'on en porroit avoir honte et damace ; si
comme s'on s'entremetoit de rechevoir les cozes d'aucun sans mandement et sans estre loués à ce fere, car
qui se porroit en tel cas escuser par cause de service,
li larron qui prendent * autrui cozes par cause de larrecin s'en escuseroient ; et por ce n'est ce pas tenu por
service mes por larrecin. Neporquant, on prent aucunnes fois autrui cozes que ce n'est pas larrecins ne
services; si comme quant on quide que le coze soit
soie, et plet naist por savoir à qui elle est, et cil qui
le prist le pert par jugement : en tel cas prent on aucunne fois l'autrui coze et si n'est pas larrecins, car
larrecins n'est pas sans avoir corage d'embler.

13. Li conte qui sunt fet du sergant au segneur sont
aucunne fois fet moult priveement, sans apeler tesmoins au conte fere, car li segneur ne voelent pas aucunne fois que li estrange sacent comment lor besognes
vont. Or veons donques se descors muet par le conte
entre le segneur et le serjant, si comme se li sires dit
que li sergans a plus recheu qu'il ne li conte, ou que
il li veut conter les despenses qui n'ont pas esté fetes
ou plus grans qu'eles ne furent fetes, ou se li sergans
requiert à son segneur qu'il rabate de ses rechoites
aucuns paiemens ou aucunnes despenses et li sires ne
veut c'on en doit fere. Se li sergans renie aucunnes re-

---

* *Fors à.* B. — * *Portent.* B.

choites, il le pot aucunne fois prover par deus de se[1]
mesuie, soient homes ou femes, aveques presontion;
si comme se li sergans est establis à ce rechevoir, car
cil qui est establis à autrui dete recevoir, ou il doit dire :
Je les ai recheues[2], et en doit rendre compte, ou il
doit dire que cil qui les devoient les doivent encore;
et s'il dist que les detes sunt encore deues, li sires les
pot demander as deteurs; et s'il alliguent qu'il en firent
paiement au serjant et li serjans le nie, il convient que
li deteur le proevent ou qu'il paient le dete au segueur.
Et se il[3] pruevent li paiement contre le sergant qui à
ce recevoir fu establis, il doivent estre quite, et li
serjans le doit rendre au segueur et doit rendre les
damaces resnables que li deteur orent par se niance et
l'amende de le niance[4], et si demore mal renommés,
car niance fete de ce c'on a recheu por autrui damacier
n'est pas sans triquerie ne sans volenté de recevoir autrui coze à tort.

14. Se li serjans a l'aministrations de vendre blés,
aveines ou autres denrées, il convient qu'il conte du
pris qu'eles furent vendues ou qu'il monstre les denrées qu'eles ne soient pas encore vendues; et se li serjans conte mains qu'eles ne furent vendues, et li sires
le pot prover par les acteurs ou par autres qu'eles
furent plus vendues qu'il ne li conta, il est tenus du
sorplus au segueur. Neporquant, en cel cas doit estre
escusés li serjans aucunne fois, quant il monstre que li
sorplus ala es cozes vendues, si comme par le carier
ou par autres fres[5] qui poent estre en denrées mener[6]

---

avant qu'eles soient vendues, si que il ne conta fors ce
qu'il ot des cozes par desor les fres. Mais tout soit il
escusés par ceste voie, ce ne fu pas sagement conté,
car cil qui content des cozes vendues à lor segneurs,
doivent conter en lor rechoites tout le pris des cozes
qu'il vendirent et toutes autres rechoites qu'il ont fet
entierement, et par çascunne partie à par soi et par
escris doubles, dont li sires en ait l'un et li serjans
l'autre, tout mot à mot. Et quant toutes les parties
des reçoites sunt dites et somme fete, après doit estre
fete le somme des despenses et de toutes manieres de
fres [1], et des paiemens que li serjans a fes por les rechoites dessus dites trere à soi ou du commandement
son segneur [2]. Et qui ainsi conte, il conte sagement et
loialment; car se descort muet entre le segneur et le
serjant, si comme s'il dist : « Voz ne me contastes pas
« de cest vin ou de cel blé que voz vendistes lors »; ou
se li serjans dist à son segneur : « Voz ne me rabatistes
« pas ces despenses que je fis en tel point » : toz jors
pot on trouver le verité par les escris, se ce qui est demandés fu contés ou non.

15. Aucune fois se proeve li contes à malvès, que
li serjaus fet à son segneur, par l'aparance de li
mesmes; si comme se li sergans coute si grans parties
de despenses que li sires li doit de retour à grant
somme d'argent, et il est aperte coze qu'il n'avoit pas
tant vaillant comme il dist que ses sires li doit, et si
ne trueve pas là u il les doie por son segneur : en tex
cozes a grans presontions contre le sergant, se il ne
monstre apertement dont ce li est venu qu'il a presté

---

[1] *Fiez.* B. — [2] *Ou à son commandement de son seigneur.* B.

et por quel reson il fu meus au prester; si comme se
li sires estoit hors du païs, ou si comme se li sergans
vit si graus damace de son segueur aparoir, comme de
se meson qui voloit queir ou de ses heritages fere qui
demoroient en fries, ou d'autres cozes fere porfitables
au segueur : en tex cas ne doit pas perdre li serjans ce
qu'il presta du sien, auçois l'en doit ses sires savoir
bon gré comme de bon service.

16. Quant il avient que li sires veut estre paiés de
son sergant des rechoites qu'il a fetes, et il ne li veut
rabatre ses despenses resnables qu'il fist en son service,
li serjans ne doit pas estre contrains de tant qu'il dist
qu'il y a de rechoites, devant que contes soit fes entre
li et son segneur. Mais tant que li serjans connoist ses
despenses rabatues, tant doit il paier; si comme se je
reconnois que j'ai recheu des biens mon segueur dusqu'à vingt livres, et je di après que dix livres me doivent estre rabatues por despenses resnables, des queles
je sui pres¹ de conter : je ne doi estre contrains que de
payer des vingt livres les dix livres, devant que li contes
soit fet; car perilleuse coze seroit à toz les sergans
qu'il convenist qu'il rendissent toutes les rechoites
qu'il ont fetes por lor segueurs, et après il lor con-
vendroit pledier des despenses.

17. Il ne seroit pas ainsi de moult de rechoites que
autres persones que serjant poent fere por autrui; car
s'aucuns me prie que je rechoive vingt livres por li
d'aucun qui li doit, ou il me baut vingt livres à garder,
et je les preng en garde; ou aucuns me prie que je li
port ce que on li doit, et après je ne li vois baillier

---

¹ *Tout pres.* B.

ne rendre ches cozes, por che que je di qu'il me doit assés et sui[1] pres de monstrer par bon conte : ce ne me vaut riens que il ne conviegne avant toutes cozes que je li rende ce qui li fu envoiés par mi ou que j'ai receu[2] por li ou qui me fu baillié à garder ; et après, s'il est tenus à mi, je le dois porcacher par justice, car se je les tenoie en ceste maniere por moi, donques seroie je justice de moi fere paier, le quel coze ne doit pas estre[3] souferte.

18. Çascuns doit savoir que li serjant doivent estre contraint de rendre conte de ce qui apartient à ce por quoi il furent serjant ; et se li sires ne veut conter, porce qu'il pense qu'il doie de retor à son serjant, si comme il avient souvent que les despenses sont plus grans que les rechoites : li serjans a bone reson de fere contraindre son segneur, par celi qui il est justichavles, que contes soit fes. Et se li sires, quant il est contrains à conter, nie les despenses que li serjans met avant, il convient que li serjans les proeve. Et en ce cas li serjans a deus voies de proves : l'une, si est par prueves s'il les a ; l'autre, s'il n'a proeves, par l'aparance du fet ; si comme s'il fist mener denrées à le bone vile, pour vendre, à voituriers estranges, les quix il ne pot avoir por tesmogner : on pot bien savoir que les denrées ne volerent pas d'un lieu en autre ; donques, apert il, par l'aparance des cozes, que le voiture soit[4] contée selonc le grandeur des cozes et selonc le tans ; ou si comme se li serjans veut conter manouvrages de terre ou de vignes ou d'autres heritages, et li sires le nie,

___

[1] *Sul tous.* B. — [2] *Retieng.* B. — [3] *Si ne seroit pas.* B. — [4] *Si doie estre.* B.

li sergans en doit estre creus par l'aparance des heritages qui sont fet, dont les despuelles sont venues el
porfit de son signeur, se li sires ne veut monstrer
apertement contre le serjant, que li dit ouvrage [1] aient
esté paié du sien, par autrui main que par le serjant
qui en veut conter; ou se li serjans veut conter d'aucun ouvrage retenir [2], porce qu'il perdoit, ou d'aucun
ouvrage noef, fet por le porfit de son segneur, et li
sires li nie que le coze n'a pas esté fete, et il est trové
que le coze a esté fete, si comme mesons a esté fete ou
pressoirs ou viviers ou molins : li serjans doit estre
creus par l'aparance de le coze fete. Et se li sires ne
veut conter aucune des cozes dessus dites ou sanllavles,
porce qu'il dist qu'eles ne furent pas fetes par li ne
par son commandement, ce ne li doit riens valoir c'on
ne face conter au sergant; car grief coze seroit à cix
qui servent s'il lor convenoit prover que tout ce qu'il
font en lor services si fust du commandement de lor
segneur, ançois soufist, s'on voit que li sergans l'ait
fet en bone maniere por son segneur. Ne cil ne seroit
pas bons serjans qui ne feroit nule coze se ses sires ne
li commaudoit especialment, ne li serjant ne doivent
pas atendre tant que lor segneur lor commande çascunne
coze, ançois doivent fere ce qu'à lor service apartient,
tant comme il sont en service; car dès ce que li services
est bailliés à aucun, li est donés li pooirs de fere ce qu'au
service apartient, tant comme il demeure el service.

19. Che que noz avons dit des services des sergans
en cest capitre et des services qui doivent estre fet par
le reson de fief, noz entendons en toz cas de services,

---

[1] *Labourage.* B. — [2] *Recheu.* B.

aussi por les femes comme por les homes; car s'eles
tienent fief, eles doivent cel meisme service que uns
hons devroit s'il le tenoit; et s'eles se metent en autrui
service, eles doivent fere ce qu'à lor service apartient,
sauf ce qu'eles se poent escuser en moult de cas que li
home ne poent pas fere; si comme se ses sires le se-
monnoit d'ost ou de cevaucié on por se meson garder, il soufist s'ele y envoie home soufisant por li.
Se elle est dame, qu'ele y envoit chevalier, et s'ele
est demoiselle, que elle y envoit escuier; car de toz
cas d'armes sunt femes escusées en lor persones. Et
aussi se femes sunt en autrui service, eles se poent
departir ains [1] terme de lor mestres por lor ensoines,
ne il ne lor convient pas dire lor ensoines s'il ne lor
plest [2]. Et aussi ne doit nus baillier à feme service qui
ne soit honestes à feme, car nule serjanterie ne nule
garde, es queles on doit porter aucune armeure, ne lor
doit estre bailliés, ne advocations, ne procurations,
ne garde de cevax, car tout cel service apartienent as
homes et non pas as femes. Et s'aucun baille aucun service deshoneste à feme et damaces l'en vient, porce que
le feme ne s'en set ou ne pot entremetre : il n'en pot
riens à le feme demander, ançois s'en preingne à sa folie.

20. En aucun cas pot on redemander ce c'on a paié,
tout fust il ainsi qu'il en fust tenus à fere le paiement
quant on le fist; si comme se je fes procureur et je
li baille deniers por fere mes besognes ou por loier,
dusqu'à certain terme, et après, por aucune cause, il
laist à estre mes serjans et à mi servir : en tel cas je li

---

[1] *Au* B. — [2] *De leur mestre, pour leur essoine, se il ne leur plet,
et sans dire leur essoine.* B.

puis redemander ce que je li ai paié, non pas tout, s'il
yssi de mon service par resnable cause, mais selone le
tans qu'il y avoit à servir. Et s'il s'en partoit, sans resnable cause, ains sen terme, je li porroie le tout redemander. Et ainsi comme noz avons dit des procureurs, entendons noz de toz autres services qui sunt
convenencié à certain terme, quant li terme du service
ne sunt acompli. Et ainsi, s'aucuns m'a convenencié à
servir dusqu'à certain terme, et je l'oste de mon service sans resnable cause, je sui tenus à li paier tout
son loier, porce qu'il ne demore pas en li qu'il ne face
le service tel comme il l'ot en convent. Et por ce ont
aucunne fois li avocat et li fusicien grans saleres à poi
de paine.

### Explicit.

Chi define li chapitre des serviches qui sout fet par loier[1] et par
mandement ou par volenté, et des contes as serjans que li doivent
fere[2].

## CAPITRES XXX.

De pluriex meffès et quele veujance doit estre prise de chascun meffet, et quelles amendes sont à volenté, et des bonnages, et des
banis, et des faus tesmoins, et combien de tans gages doivent estre
gardés, et des alianches, et des quiex cas on se passe par sen serement, et de coi on est tenus à rendre à autrui seignourie, et de
chaus qui sont apelés ou emprisonés pour cas de crime, et dez lès
dis et des melleez[3][a].

1. La coze dont il est plus grans mestiers à toz cex
qui maintienent justice, ce est qu'il sacent connoistre

---

[1] B. — [2] T. — [3] Ce qui suit *meffait* ne se trouve que dans B. Après
ce mot, T ajoute : *Soit en cas de crieme ou en autre cas qui n'est pas
de crieme est plus petite.*

[a] Chaque pays possédait, pendant le moyen âge, sa législation pé-

les meffès, quel il sunt, ou grant ou petit, et qu'il
sacent quele vengance doit estre prise de çascun meffet.
Car, aussi comme li meffet ne sunt pas onni, ne sunt
pas les venjances onnies, anchois sont aucun meffet
li quel doivent estre vengié de diverses mors, si comme
li cas de crieme qui sunt fet par les malfeteurs en diverses manieres; et le seconde maniere de meffès doit
estre vengiés par longue prison et perte d'avoir, et
non pas onniement, mes selonc ce que li fes le requiert.
Le tierce maniere des meffès doit estre vengié par perte
d'avoir, sans mort et sans mehaing et sans prison; et
si n'est pas l'amende onnie, ne que des autres que noz
avons dites; anchois est l'une grans et l'autre petite,
selonc le meffet et selonc le persone qui meffet. Et
porce que li communs pueples sacent comment il doivent estre pusni s'il meffont, et çascun en se persone
s'il meffet, et que li segneur sacent quele venjance il
doivent penre de çascun meffet, noz traiterons en cest
capitre de çascun meffet c'on pot meffere et de le venjance de çascun meffet quele elle doit estre.

2. Quiconques est pris en cas de crieme et atains
du cas si comme de murdre ou de traïson, d'omicide

---

nale particulière. En France, cette législation variait non-seulement
selon les provinces, mais selon les villes, car il n'existe guère de
chartes de commune qui ne contiennent une sorte de code pénal,
approprié aux coutumes et aux habitudes des localités. Cependant
quelques principes généraux dominaient ces usages variés et souvent
contradictoires. Beaumanoir développe sur le meurtre, la trahison,
l'homicide et le viol, des règles qui étaient reçues partout; mais ce
qu'il dit ensuite ne s'appliquait qu'au comté de Clermont. Les lois
pénales de cette époque semblent très-dures, mais il faut dire que
leur application rigoureuse avait rarement lieu, et que les plus grands
crimes n'étaient souvent punis que par des amendes.

ou de feme efforcier, il doit estre trainés et pendus;
et si meffet tout le sien quauques il a vaillant, et vient
le forfeture au segneur desoz qui il est trouvés; et en
a çascuns sires ce qui en est trouvé en se segnorie [a].

3. Murdres, si est quant aucuns tue ou fet tuer
autrui en agait apensé, puis soleil couquant dusqu'à
soleil levant, ou quant il tue ou fet tuer en trives ou
en asseurement [b].

4. Traïsons, si est quant on ne monstre pas sanllant
de haine et on het mortelment, si que par le haine on
tue [1] ou fet tuer, ou bat ou fet batre dusqu'à afolure
celi que il het, par traïson [c].

5. Nus murdres n'est sans traïson, mes traïson est
bien sans murdre en moult de cas, car murdres n'est
pas sans mort d'omme, mais traïsons est bien por
batre ou por afoler en trives ou en asseurement ou en
agait apensé, ou por porter faus tesmongnage por celi
metre à mort, ou por li fere banir, ou por li fere haïr
de son segneur lige, ou por moult d'autres cas sanllavles.

6. Omicides, si est quant aucun tue aucun en caude
mellée, si comme il avient que tençons naist et de le
tenchon vient lede parole et de le parole mellée, por
le quele aucuns rechoit mort souventes fois [d].

7. Femme efforcier, si est quant aucuns prent à force

---

[1] *On me tue.* A.

[a] Pour tous ces cas, il y avait duel. (*Establissemens*, l. I, c. xxvii.)
[b] Voyez la définition donnée par les Établissements, l. I, c. xxv, et
par les Assises de Jérusalem, t. I, p. 133, et note *a*.
[c] *Assises de Jérusalem*, t. I, p. 129, 388.
[d] *Establissemens*, l. I, c. xxvii, xxxvi.

carnele compaignie à feme contre le volonté de le feme, et sor ce qu'ele fet tout son pooir du deffendre soi [1].

8. Chil quatre cas dessus dit qui sunt de crieme, doivent estre pusni et vengié par un meisme jugement. Mais il y a autre cas de crieme li quel doivent estre vengié par autre maniere de jugement, et orrés les cas et le venjance de çascun.

9. Qui art meson à essient, il doit estre pendus, et forfet tout le sien en le maniere dessus dite [b].

10. Qui emble autrui coze, il doit estre pendus, et meffet tout le sien en le maniere que nous avons dit dessus [c].

11. Qui erre contre le foi, comme en mescreance, de le quele il ne veut venir à voie de verité, ou qui fet sodomiterie, il doit estre ars, et forfet tout le sien en le maniere dessus [d].

12. Li faus monnier [1] doivent estre bouli et puis pendu, et forfont tout le lor en le maniere de dessus [2].

---

[1] *Monnoiers.* B. — [2] *Si comme il est dit devant.* B.

[a] Les Établissements prononcent la même peine (l. I, c. LI), mais elle était si peu générale, que la charte d'Athyes (*Ordonnances*, t. XI, p. 500, art. XXI) et celle de Tournay (*Id.*, p. 250, art. XXIII) punissaient le viol d'un simple bannissement à temps.

[b] *Establissemens*, l. I, c. XXIX.

[c] L'usage distinguait entre les différents genres de vol, ce que ne fait pas Beaumanoir. On lit dans les Établissements : « Cil pert les « iex, qui emble riens en moustier. Et qui emble soc de charrue, et « qui emble autres choses, robes et deniers ou autres menues choses, « il doit perdre l'oreille du premier meffet, et de l'autre larrecin, il « perd le pied, et au tiers larrecin il est pendable. » Il faut ajouter que ces peines étaient purement comminatoires, et que les seigneurs ou les juges arbitraient les peines selon l'équité ou leur convenance.

[d] Les jurisconsultes anglo-normands réunissaient également l'hérésie à la sodomie. (*The Myrror of Justice*, c. I, sect. IV.)

Plusors manieres sont de faux monnier : li un se sont
cil qui font monnoie à essient de malvès metail et les
voelent alouer por bone; et s'il estoient pris fesant,
avant qu'il en eussent point aloué, si seroient il justicié por le reson de le fausse monnoie[1]. Le seconde
maniere de faus monniers, ce sont cil qui le font de
boue despoise, mais le monnoie n'a pas son drois
pois[2]. Le tierce maniere, c'est cil qui fet monnoie en
repost, tout soit ce qu'ele soit bone et juste et de droit
pois, mais il le fèt sans le congié du segneur qui pot
fere et doit tele monnoie; car il emble le droiture du
segneur, qui fet monnoie en se tere sans son congié.
La quarte maniere de fax monniers, si est quant aucun ronguent monnoie, car le monnoie en pert son
pois, et si emble, cil qui le rongne, ce qui n'est pas
sien. La quinte maniere de faus monniers, si sunt cil
qui acatent à essient fausse monnoie et l'alouent por
bonne. Toutes tex manieres de fax monniers doivent
estre pendu et ont forfet le lor en le maniere dessus
dite, et avant c'on les pende il doivent estre bouli[3].

13. Encore y a autres cas de crieme, si comme
s'aucuns est pris et mis en prison par le souspechon
d'aucun cas de crieme et il brise le prison, et il est
repris : il[3] est atains du fet por lequel il estoit tenus,
et doit estre justiciés selonc le meffet porquoi il estoit

---

[1] *Despoise.* A. — [2] B omet cette phrase, d'où il résulte que ce manuscrit ne donne que quatre définitions du crime de fausse monnaie.
— [3] B. *Puis il.* A.

[a] L'art. xxiii de l'ancienne coutume glosée d'Anjou porte également : « Et pour ce sont tels delinquans bouillis. » Cette peine était
un reste de l'ancienne pénalité symbolique usitée dans les temps barbares.

tenus. Et aussi s'il est apelés por cas de crieme et il
ne vient pas, ains atent qu'il est banis, s'il est [1] puis
repris, il doit estre justiciés selonc le meffet porquoi
il est banis [2].

14. Encore sont il dui cas de crieme : li uns si est
d'autrui empoisoner et li secons d'estre omicides de li
meismes, si comme de celi qui se tuent à essient [b].

15. Nos avons parlé des cas de crieme et des venjan-
ches qui y apartienent, or parlerons des menres meffès.

16. Qui fiert ne ne bat autrui, par le coustume de
Clermont, hors de trives et d'asseurement et hors de
jor de marcié, et il n'a point de sanc en le bature,
cil qui bat, s'il est hons de poeste, est à cinq saus
d'amende; et s'il est gentix hons, il est à dix saus. Se
le bature est fete en marcié, ou en alant ou en venant
du marcié, l'amende du païsant est de soixante saus
et du gentil home de soixante livres, car tuit cil qui
sunt el marcié [2], ou en alant ou venant du marcié,
sunt el conduit le conte et doivent avoir sauf aler et
sauf venir.

17. Encore, se cil qui est batus saine par le nés por
le bature, par tel sanc l'amende ne croist de riens,
mais s'il y a sanc dont cuirs soit perchiés, ou il y a
caus orbes de poing garni, comme de baston ou

---

[1] *Soit.* B. — [2] Ce qui suit le mot *saus* manque dans B.

[a] On peut voir dans La Thaumassière (*Commentaire sur Beaumanoir*, p. 408) comment le crime de sodomie était puni par l'ancienne
coutume d'Orléans. Ici encore on trouve la plus grande différence
dans les peines.

[b] « Se il avenoit que aucuns hons se pendist ou noiast ou s'occist en
« aucune maniere, si muebles seroient au baron, et aussi de la fame. »
(*Establissemens*, l. 1, c. LXXXVIII.)

d'autres cozes : li bateres doit estre pris et tenus sans recreance fere, dusqu'à tant c'on voie que par ledite bature il n'i ait point de peril de mort; adont, s'on voit que li perix soit hors, l'amende de l'omme de poeste est de soixante saus et du gentil home de soixante livres[1]. Et se li batu muert de le bature, li bateres, ou li bateur s'il sunt plusor, doivent estre justicié en le maniere qu'il est dit dessus des ocisions.

18. Qui navre autrui ou afole, il li doit rendre ses damaces, c'est à entendre le coust des mieres et les despens du blecié, et restorer ses jornées selonc le mestier dont il est[2]. Et s'il y a mehaing, on doit regarder le maniere du mehaing et l'estat de le persone qui est mehaingnés et l'avoir de celi qui le mehaigne, et selonc ce qu'il a vaillant, on doit doner largement du sien au mehaingnié. Et selonc l'ancien droit, qui mehaignoit autrui, on li fesoit autel mehaing comme il avoit à autrui fet, c'est à dire, poing por poing, pié por pié; mais on n'use pas selonc notre coustume en tele maniere, ains s'en passe par amende, si comme j'ai dit dessus, et par longue prison et por fere rendre au mehaignié selonc son estat soufisant, son damage, et selonc ce que il est et selonc que celui a d'avoir qui le mehaingna.

19. C'est anieuse coze quant nostre coustume suefre que uns petis hons de poeste pot ferir home vaillant et si n'en paiera que cinq saus d'amende; et por ce je m'acort que longe prison li soit baillié, si que par le doute des prisons li musart se castient de fere tex folies.

---

20. Se bature est fete devant juge, en cort vestue, l'amende est à le volenté du segneur. Dont il avint que uns borgois de Clermont feri un home devant le prevost, là où il tenoit ses plais. J'en levai trente livres d'amende. Il s'en alla plaindre au roy et empetra une letre que je li feisse l'amende jugier par les homes de Clermont. Je ne vaus, ançois alai au parlement, et, le borgois present, je proposai le fet. Il fu regardé qu'il ne convenoit pas tel cas metre el jugement des homes le conte, porce que li fes touquoit à despit au segneur[1]; et fu dit au bourgois qu'il en avoit bon marcié quant il en estoit quites por trente livres. Et por ce poés voz savoir que en plusors cas qui touquent despis as signeurs, les amendes sont à le volenté des sengneurs.

21. Autres manieres de meffès sunt, si comme de lais dis : or veons donques. Se uns hons dist vilonnie à autrui, et cil s'en plaint à qui le vilonie est dite, l'amende est de cinq saus, s'il est hons de poeste; et s'il est gentix hons, l'amende est de dix saus. Et encore m'acorde je, se uns hons dist vilonnie à un vaillant[2] home, qu'il ait paine de prison, si que, par le paine de le prison, li musart en soient castié.

22. Se vilonie est dite devant juge, si comme là u li prevos tient ses ples ou li baillis : entre gens de poeste, l'amende est de soixante saus; et entre gentix gens, l'amende est de soixante livres.

23. Se li uns tient l'autre en cort vestue, devant juge, por malvès ou por traitre, ou il li met sus aucun vilain cas de crieme, il convient, se li juges veut, qu'il

le face por tel comme il a dit, ou il l'amendera à le volenté du segneur.

24. Se vilonnie est dite à prevos ou à sergans : d'omme de poeste, l'amende est de soixante saus, et de gentil home, de soixante livres *.

25. Quant aucuns est·tenus en prison por lais dis ou porce qu'il ne veut respondre en cort ou por dete ou por aucun cas, li quix n'est pas de crieme, qui brise la prison, l'amende est à le volenté du seigneur; car moult fet grant despit au segneur qui brise se prison. Neporquant je ne vi onques lever que soixante saus.

26. Li prevos tenoit un home en prison por dette, il li dona quinze jors de respit, en tele maniere que dedens les quinze jors il paiast ou il revenist en ' le prison, sor paine de prison brisié. Li hons ne paia pas ne il ne revint pas en le prison. Li prevos le fist penre et le vaut sivir de prison brisié; mais il fu jugié et resgardé que ce n'estoit pas prison brisié, et qu'il s'en passeroit par cinq saus d'amende du * commandement trespassé; car moult de simple gent porroient estre deceu, parce qu'il s'en yroient de prison par respit et ne saroient pas le peril qui est en prison brisier.

27. Il y a encore uns cas de crieme, dont je ne parlai pas devant, qui touque larrecin, c'est de bonnes

---

¹ *Arrieres en.* B. — ² *Comme de.* B

ª L'amende était peu de chose pour les gentilshommes, mais la flétrissure qui résultait d'une condamnation, augmentait tellement la peine à leurs yeux, que la coutume aurait pu ne pas doubler l'amende prononcée contre eux. Le pape Innocent III déclare à Rénier de Vic, chevalier, qu'il ne doit pas se regarder comme noté d'infamie, parce qu'il a été condamné à 10 sous d'amende, pour avoir dit à Bartholomée que le cheval de celui-ci valait autant que ses cheveux. (*Innocentii III Epistolæ*, t. II, p. 678, 1.)

esracier et puis rasseir, en autrui desheritant por soi
aheriter. Qui en seroit atains, il en seroit pusnis
comme de larrecin. J'entent de bonnes qui ont fet
devises de lonc tans; car se le bonne est mise joignant
de mon heritage, sans mi[1] apeler de novel, ce n'est
pas cas de crieme, se je l'esrace sans rasseoir. Neporquant, s'eles furent[2] assizes par justice, tout fust ce
en derriere de mi, je paierai amende de soixante saus
se je sui hons de poeste, et se je sui gentix hons
l'amende est de soixante livres; car je doi requerre à
le justice que ce qui a esté fet en derriere de mi soit
rapelé et osté, et il le doit fere et fere bonner les parties presentes. Et se cil qui à mi joingnent, bonnent
sans justice et sans mi apeler, ce je m'en perchois, ançois qu'il ait esté de tel bonnage en saisine an et jor,
se je l'esrace, je ne meffès nient; ou, se je voil, je m'en
puis clamer[3] de novele dessaisine. Et se je les esrace
puis qu'eles y aront esté an et jor, cil ara action de
soi plaindre de novele dessaisine de mi, et convenra
que elles soient rassises avant toute oevre, et puis sera
li ples entamés[4] sor le proprieté, se je ne voil que les
bonnes soient toz jors où[5] le resaizine sera fete.

28. Toutes gens qui requierent bonnage le doivent
avoir, et poent bien les parties, se eles s'acordent,
bonner sans justice. Mais que ce ne soit en diverses
segnories où il ait plusors segnors, car, en devise de
plusors segneurs, li tenant ne poent bonner sans les
segneurs apeler. Neporquant, il a plusors viles en le
conté, tout soit ce qu'il[6] tiegnent d'un segnorage[7],

---

[1] Moi. B. T. — [2] Fussent. B. T. — [3] Plaindre. B. — [4] B. — [5] Ou
lieu là où. T. — [6] Qu'il ne. B. — [7] Seigneur. B.

où il ne porroient bonner sans lor segneur; et s'il bonnoient, l'amende seroit de soixante saus; et por ce, se convient il garder en çascunne vile selonc le coustume.

29. Chil qui a le campart en autrui treffons, toute le justice et le segnorie apartient à lui par nostre coustume, et qui ne fet de son campart che qu'il doit, il quiet en soixante saus d'amende, et si doit rendre le campart. Cil ne fet pas de son campart ce qu'il doit, qui emporte ses garbes anchois qu'eles soient campartées.

30. Qui brise saisine de segneur, s'il est hons de poeste, il doit soixante saus d'amende, et si est te-nus au lieu¹ resaisir; et s'il est gentix hons et le sai-seine est sor fief, il est à soixante livres d'amende, et est tenus à resaizir le liu. Mais se li sires saizist et cil n'en set mot, sor qui le saizine est fete, si comme s'il n'est pas trouvés à le saizine fere, ou c'on le face à se mesnie, ou c'on saisisse en derriere de li sans fere li savoir : s'il brise le saisine et on l'en veut metre à amende, il s'en² passe par son screment, mais toutes voies il est tenus du lieu³ resaisir.

31. Qui trespasse le commandement son segneur, si comme se li sires commande que une dette soit paiée dedens le terme, c'est à savoir à l'omme de poeste, sept jors et sept nuis, et au gentil home quinze jors, l'amende de l'omme de poeste est de cinq saus et du gentil home de dix saus; et tout ainsi est s'il defalent de venir as jors as quix il sont ajornés de lor segneurs.

32. Li serjant le conte serementé sont creu de lor

---

¹ *A lui.* B. — ² *Se.* B. — ³ *A lui.* B. T.

ajornement sans alliguer contre. Mais se li serjans tesmogne qu'il ne le trouva pas à l'ajornement feré, mais il le commanda à ¹ fere à se feme ou à se mesnie, qu'il li feissent savoir, se cil veut jurer sor sains qu'il ne sot rien de l'ajornement, il se passe de le defaute.

33. Assés est ajornés qui se part de cort por continuation de jor; et porce que il ² ne revient ³ à son jor, ou que il ne contremande ou ensonnie, se contremans ou ensoniemens y afiert, il quiet en pure defaute aussi bien que s'il estoit ajornés de novel.

34. Qui va contre le deffense au segneur, si comme se sires deffent en se tere jeu de dés, et aucun y joue; ou li sires deffent à porter coutel apointé ou aucune autre armeure molue ou arc et sajettes, et aucuns les porte; ou li sires-fet aucunnes deffenses sanllavles : quiconques contre tex deffenses va, li hons de poeste est à cinq saus d'amende et li gentix hons à dix saus. Mes autre coze est se uns gentix hons va armés nule part en le conté, hors de son fief; car s'il est pris, il est à soixante livres d'amende.

35. En son fief, pot bien li gentix hons tenir armes, qui se doute, et ses amis aveques li, mes qu'il ne mefface à autrui, ains le fet proprement por son cors garder et deffendre, comme por guerre aouverte ou por manaces qui li ont esté fetes ª.

---

¹ B. — ² Que il. B. — ³ B. T. Venoient. A.

ª Saint Louis rendit contre le port d'armes une ordonnance qui ne s'est pas conservée, et à l'exécution de laquelle le parlement tenait sévèrement la main (Olim, t. II, p. 104, n° XXIII). En 1277, cette cour accorda, par arrêt, aux vicomtes de Turenne, de Comborn et de Ventadour, quod possint portare arma pro feodis. (Ibid., p. 105, n° XXVI.)

36. Qui recete ¹ le bani de son segneur sor le hart,
il desert c'on ² abate se meson et est l'amende à le volenté du segneur, soit gentix hons ou de poeste, chil
qui le recete, s'il set qu'il soit hanis; ne il ne se pot
escuser qu'il ne le seust ³, s'il fu el liu là u li banisse-
mens fu fes, ou se commune renommée quort el païs
de son banissement, ou s'il est de son lignage.

37. Qui est pris alans en faus sentier ou caupant en
bois ou soiant en blés, ou en mars ou en prés, s'il
est hons de poeste, il est tenus au damace rendre et
l'amende de cinq saus, et li gentix hons dix saus.

38.  Qui entre en heritage par title de don ou de lais
ou d'acat ou d'escange, sans saisine de segneur, il est à
soixante saus d'amende, s'il est hons de poeste; et s'il
est gentix hons et il entre en fief par un des titles dessus dis, il est à soixante livres d'amende.

39. Li hons de poeste qui doit droit cens au segneur
à chertain jor, ou à autrui de quoi il tient heritage, s'il
ne paie à jor, il est à cinq saus d'amende. Et aussi
seroit li gentix hons qui tenroit heritage à cens. Mais
s'il doivent ⁴ aveines ou capons ou autres rentes de
grain, on n'en a pas uzé de penre ne lever amende,
mais oster pot on les wis de lor mesons, se les rentes
sont deues por le reson de masurages. Et se les rentes
sunt deues por le reson d'autres heritages, li sires
pot, s'il n'est paiés, les heritages saisir, et aussi fet il
les masures, et fere sien toutes les yssues et toz les
esplois des liex, dusqu'à tant qu'il sera paiés de toz
les arrierages. Et se li sires veut sommer ses ⁵ tenans à
ce qu'il perdent les liex, s'il n'est paiés de toz les arrie-

---

¹ Rechoit. B. Reçoite. T. — ² Que on li. B. — ³ Feust. B — ⁴ Devoient. B. — ⁵ Les. B.

rages, il lor doit enjoindre, par devant bones gens, qu'il aquitent lor heritages dedens an et jour; et s'il ne le font, li sires pot penre les heritages comme siens propres et fere ent se volenté, s'il n'est ainsi que li tenant fussent enfant sous aage ou li heritages fust tenus en doaire. Mais en ces deus cas, pot li sires tenir les porfis de l'iretage por le defaute de ses rentes, dusqu'à l'aage des enfans, ou le doaire le vivant de le feme, se li hoirs, à qui li doaires doit venir, ne se trait avant por aquiter.

40. Quant heritages est tenus en doaire et il doit cens ou rentes, et li sires le prent en se main porce qu'il n'est pas paiés, li hoirs pot fere fere commandement à cele qui ' tient en douaire, par le segueur de qui li heritages est tenus, que ele l'aquite dedens an et jour; et s'ele ne le fet, ele se fet ² morte comme à cel douaire; et y pot li hoirs venir, par paier ce que li liex doit de viés et de nouvel; et des arrierages, il a bone action de demander les à cele qui en doaire le tenoit; car qui tient en doaire, il doit aquiter ce qu'ele en tient ou renoncier à son doaire avant qu'il y ait nul arrierage. Et tantost comme ele y ara renoncié, li oirs y pot entrer comme en son heritage.

41. Qui ne paie les ventes de l'iretage qu'il acate, dedens sept jours et sept nuis, entre gens de poeste, se li acas est de vilenage, il y a cinq saus d'amende, aveques les ventes paier; et se c'est de fief, entre gentix homes, l'amende est de dix saus. Mais s'on laisse passer an et jor sans ventes paier, li sires pot penre l'eritage en se main por ventes concelées. Et se cil qui l'aceta

---

¹ *Qui le.* B. — ² T. *Ele ne le fet, de se fet.* A. *Et se elle ne le fet.* B.

vent l'iretage, se c'est vilenages, il en pot lever
soixante saus d'amende, et se c'est fief soixante livres.

42. Se gentix hons tient vilenage et il meffet de ce
qui apartient au[1] vilenage, les amendes sont d'autele
condition comme s'il estoit hons de poeste, c'est à
dire qu'il se passe par petites amendes par cinq saus,
des grans amendes par soixante saus; et se c'estoit fief,
il paieroit dix sous et des grans soixante livres.

43. Voz devés savoir que, par nostre coustume, se
gentix hons maint en vilenage, il pot estre ajornés du
jor à lendemain; et se li pot on fere commandement de
paier, se il doit, dedens sept jors et sept nuis; et de
toz autres cas, il est demenés ainsi comme uns hons
de poeste seroit, exepté le fet de son cors; car s'il fesoit aucun meffet de son cors, il seroit selonc le loi
des gentiex hommes.

44. Se hons[2] de poeste maint en franc fief, il est
demenés comme gentix hons, comme des ajornemens
et des commandemens, et pot uzer des francizes du fief.

45. Qui porte faus tesmoins et[3] en est atains, il doit
estre tenus en longe[4] prison et puis estre mis en l'esquele devant le pille; et si est l'amende à le volenté du
segneur. Et tout aussi est il de celi qui amaine les fax
tesmoins à essient.

46. Il[5] est faus tesmoins qui[6] dist à essient men-
chongue en son tesmongnage après ce qu'il jure, por
amor ou por haine, por loier ou por pramesse ou por
peur.

47. Nus ne doit dire autre coze en son screment

---

[1] *A*. B. — [2] *Li hons.* B. — [3] *Et il.* B. — [4] *Il doit longuement tenir.* B.
— [5] *Chelui.* B. — [6] *Quant il.* B.

fors que verité, nis por son frere sauver de mort, et qui autrement le fet il n'est pas loiax.

48. Qui nie ce qui li est demandé en cort, et il est prové contre li, cil qui nia est à cinq saus d'amende, et si est atains de ce qui est prové contre li ; et s'il est gentix hons, l'amende est de dix saus. Et s'il ne pot prover, il pert se demande, et si est l'amende de cinq saus, et de dix saus s'il est gentieus homs.

49. Qui n'obeist au commandement qui est fes de paier ce qui est deu, dedens le terme qui est donés, c'est à savoir quinze jors au gentil home et sept jors [1] et sept nuis à l'omme de poeste, se cil se reclaime por qui li commandemens est fes : cil qui n'a tenu le commandement, s'il est gentix hons, est à dix saus d'amende, et li hons de poeste à cinq saus ; et si doit on penre de celi qui ot le commandement por le dete paier. Et avant doit on fere paier le dete que l'amende lever, car de le reson de le dete vient l'amende. Mais s'en trueve tant à penre que le dete et l'amende soit paiée, le justice pot penre à un caup por le dete paier et por l'amende.

50. Se cil à qui le dete est deue [2] se replaint [3] à tort, si comme se bons gages li a esté offers dedens le commandement et il ne le vaut penre, ou se [4] il ne vaut puis se dete demander, por celi metre en damace ; ou il dona à celi respis puis le commandement : il quiet en amende là u il [5] seroit s'il se replaignoit à droit.

51. Li gage qui sunt pris por gentil home de dete, doivent estre gardé quarante jors sans vendre, s'il

n'est ainsi que li gentix hons n'ait mis pleges d'ommes de poeste, et que li plege ' aient por tenir plegerie
baillié lor nans; car, en cet cas, il ne les gardera, s'il
ne veut, que sept jors et sept nuis.

52. Quant un gentix hons baille pleges por se dete '
de gens de poeste, et cil à qui le dete est deue, veut
avoir nans de ses pleges, et li gentix hons veut baillier
de ses nans au creancier, il ne les penra pas, s'il ne
veut, car il convenroit garder les nans de son deteur
quarante jors, et il n'est tenus à garder les nans de
ses pleges que sept jors et sept nuis. Mais se li pleges
sont gentil home, aussi bien est il tenus à garder les
nans quarante jors comme du deteur. Donques poés
voz savoir se uns gentix hons baille pleges de gentix
homes et il veut baillier nans por ses pleges, li creanciers les doit penre, car li nant sunt d'une meisme
condition. Et aussi, se uns hons de poeste baille pleges de home de poeste, il pot bailler ses nans por ses
pleges aquiter, car li nant sunt d'une condition; et se
li detes est hons de poeste et li pleges sunt gentix
home, se li detes veut baillier nans por ses pleges,
encore les doit mix penre li creanciers, car ' il n'est
tenus à garder les nans du dete que sept jors et sept
nuis, et il garderoit les nans de ses pleges quarante jors.

53. Quant li nant sunt baillié au creancier, et il les
a tant gardé que coustume done ', si comme il est dit
dessus, il doit monstrer, par devant bone gent, à celi
de qui il tient les nans, qu'il viengne à ses nans vendre ou qu'il les racate; et se cil ne les veut ne racater

---

ne aler au vendre, li creanciers les pot vendre et est
creus de le vente par son serement. Et se li creanciers
les vent' sans li monstrer ou avant que li tans de le
garde soit falis, cil qui les nans bailla a toz jors action, en quel tans qu'il vaurra, de redemander ses
nans por l'argent; et doit estre li creanciers contrains
as nans fere revenir, ou à rendre le damace à celi qui
les nans bailla tix qu'il le porra prouver.

54. Or veons des rescousses qui sunt fetes as signeurs qui prennent ou font penre en justichant. Se li
sires prent ou fet penre sor son home de poeste ou son
cors ou du sien, se li hons se resqueut ou il resqueut
ce c'on prent du sien, il quiet en amende de soixante
saus; et en tel maniere pot il fere le rescousse, que
l'amende est à le volenté du segneur, si comme se li
hons met main par felonie à celi qui a pooir de penre
en justichant, car moult fet li hons grant despit à son
segneur qui son sergant li bat.

55. Se le feme d'un home fet rescousse ou se mesnie, li hons respont du[1] fet, car il doit avoir tel feme
et tel mesnie qui ne facent pas tel vilonnie au segneur;
c'est à entendre, dusqu'à l'amende de soixante saus,
car se li hons n'estoit pas el liu où le rescousse seroit
fete, et se mesnie batoit ou vilenoit le preneur, il ne
seroit pas resons que li prodons fut raens[2] por le meffet, ains s'en penroit li sires as persones qui ce aroient
fet. Et se li hons les tenoit puis en son service qu'il
saroit qu'il aroient fet le meffet, li sires l'en porroit
tenir à coupable.

56. Toutes rescousses qui sunt fetes de gentil home

---

[1] *Du meesme.* B. — [2] *Raiens.* B.

vers son segneur, l'amende est de soixante livres; et
se li preneres est batus, l'amende est à le volentě du
segneur. Et qui met main à son segneur par maltalent,
il pert quanques il tient de li, et l'a li sires aquis par
le meffet de son souget.

57. Bestes qui sunt prises, à garde fete, en damaces,
si comme en taillis ou en vignes, el tans qu'eles sunt
deffendues; ou en prés, puis mimars dusqu'à tant
qu'il sunt fauquié; ou en blés ou en mars, doivent
soixante saus d'amende et le damace restaurer. Et les
autres prises qui ne sunt pas à garde fete, l'amende est
de cinq saus. Et s'il y a beste liée et ele rout son lien
et va en damace, se cil qui le beste est, veut jurer sor
sains que le beste rompi son lien, et sitost comme il le
sot il l'ala[1] querre, il s'en passe sans amende; mais il
est tenus au damace rendre que le[2] beste a fet, car le
negligence d'aucun ou le malvese garde n'escuse pas
contre autrui damache.

58. Se uns chevaliers fet aucun fet où amende ap-
partiengne et il maine aveques li escuiers au fet fere
por li aidier, se li chevaliers traist le fet à li, il garantist les escuiers qu'il n'en paient point d'amende,
exeptés les cas de crieme; car s'il faisoient murdre ou
omicide ou aucun autre cas dont on perde le cors et
le sien, il ne les garantiroit pas, ains en seroient tuit
coupable cil qui seroient alé en l'ayde du fet.

59. Se chevaliers maine chevaliers, il ne les garantist
pas, ne escuiers escuiers, ains convient que çascuns
amende le meffet en se persone.

60. Toutes les amendes qui sunt dites en cest livre,

---

[1] Il le r'ala. B. -- [2] Se. B.

de cinq saus par le coustume de Clermont, ne sunt à
Vile Noeve en Hés ne à Sachi le Grand que de douze
deniers, par le lonc uzage qu'il en ont eu, tout soit
che qu'eles soient des membres de le conte. Et à Remi
et à Gournai eles sunt de sept saus et de six deniers,
et en plusors autres viles qui sunt as homes le conte.
Mes les amendes des gentix homes ne celes des homes
de poeste, de plus de dix saus, ne se cangent de le
commune coustume nule part en le conté.

61. Bonne coze est que on queure au devant des
malfeteurs et qu'il soient si radement pusni et justicié
selonc lor meffet, que por le doute de le justice li autre
en prengnent exemple, si que il se gardent de meffere. Et entre les autres meffès dont noz avons parlé
ci dessus, li uns des plus grans et dont li segneurs se
doivent penre plus pres de penre vengance, si est des
aliances fetes contre segneurs ou contre le commun
porfit.

62. Aliance qui est fete contre le commun porfit,
si est quant aucunne maniere de gent fiancent ou
creantent ou convenencent qu'il n'ouverront plus à
si bas fuer comme devant, ains croissent le fuer de
lor auctorité et acordent qu'il n'ouverront por mains
et metent[1] entr'ax peine ou manaces sor les compaignons qui lor aliance ne tenront; et ainsi, qui se lor[2]
souferroit, seroit ce contre le droit commun ne jamès
bons marciés d'ouvrages ne seroit fes; car cil de çascun
mestier s'efforceroient de penre plus grans loiers que
reson, et li communs ne se pot soufrir que li ouvrages

---

[1] *Ou enconvenanchent que il n'ouverront pas pour mains et met-*
*tent.* B. — [2] *Qui lor.* B.

ne soit fet. Et porce, si tost que tix aliances vienent à le connissance du sovrain ou des autres segneurs, il doivent geter le main à toutes les persones qui se sunt assenties à tix aliances, et tenir en longe prison et destroite; et quant il ont eu longe painne de prison, on pot lever de çascunne persone soixante saus d'amende.

63. Une autre maniere d'aliances ont esté fetes moult de fois, par lesqueles moult de viles ont esté destruites et maint segneur honni et desherité; si comme quant li communs d'une vile ou de plusors viles font aliance contre lor segneur, en aus tenant à force contre li, ou en metant main vilainement en lor segneur ou à sa gent. Donques, si tost comme li sires s'aperchoit que tele alliance est fete, il les doit penre à force; et s'il les prent si tost qu'il n'i ait encore riens du fet fors que l'aliance fete, il doit punir toz les consentans par longue prison et raembre à se volenté selonc lor avoir. Et s'il pot savoir les quievetains qui l'aliance porcacerent, si les fet penre. Et il ne lor fet nul tort; car il ne demora pas en eus que lor sires ne fu honnis par lor porcas; et por ce pot dire li sires que ce sunt si traitre. Et quant li sires les prent puis le fet qu'il aront meffet contre li par l'aliance fete, tout li consentant qui sunt au fet ont mort deservie, se li sires veut, et ont perdu quanques il ont, car il est clere coze qu'il sunt tuit traitre à lor seigneur. Neporquant, s'il n'i a home mort, li sires, s'il li plest, s'en pot passer par penre le lor à se volenté et par eus tenir en longe prison. Et bon est qu'il en facent tant que li autre qui le verront s'en castient.

64. Por donner example as signeurs qu'il se pren-

gnent pres de pusnir et de vengier tex aliances, si tost
qu'il voient qu'il naissent ou doivent naistre par aucun mouvement, je voz conterai qu'il avint en Lombardie[a].

Il fu que toutes les bones viles et li castel de Lombardie furent à l'empereur de Romme, en son demaine, et tenues de li; et avoit ses baillis, ses prevos
et ses sergens par toutes les viles, qui justichoient et
gardoient les drois l'empereor; et avoient esté par devant li Lombart moult obeissant à l'empereor comme
à lor segneur. Et avint que, en l'une des bones viles,
avoit trois Lombars rices, à qui li baillis n'avoit pas
fete lor volentés, ains avoit fet pendre un lor parent
por se deserte et par droite[1] justice. Li Lombart en furent meu par malvese cause, et porcacerent malicieusement un home soutil, malicieus et bien parlant. Cil,
par l'ennortement de cix, se mist en tapinage et ala
par toutes les bones viles de Lombardie; et quant il
venoit en une bone vile, il enqueroit dix ou douze
des plus fors de lignage et d'avoir, et puis parloit à
çascun à par soi et lor disoit que les autres bones viles
s'estoient acordées priveement, qu'eles ne voloient
plus etre en obeissance de segneur, et que le vile qui
ne s'acorderoit seroit destruite par les autres viles
bones; et seroit çascunne vile dame de soi, sans tenir
d'autrui. Et tant fist[2] et tant porcacha cis messages,

---

[1] *Droit de justiche.* B. — [2] *Fust.* B.

[a] Beaumanoir rapporte ici, mais d'une manière peu précise, les
faits relatifs à la formation de la première ligue lombarde, conclue
en 1164, par les villes de Vérone, Vicence, Padoue et Trévise, contre
l'empereur Frédéric Ier. Voyez Sismondi, *Hist. des Répub. italiennes
du moyen âge*, t. II, p. 145.

qu'il mist cinq ans au porcacier; et au cief de cinq
ans, en un sor jor, et en une sole heure, toutes les
viles de Lombardie coururent sus à cix qui estoient à
l'empereòr et les prist comme cil qui ne s'en donerent garde. Et quant il les orent pris, il lor coperent
les testes à toz, et puis establirent en lor viles tex lois
et tex coustumes comme il lor plot, ne onques puis
ne trouverent empereor qui cest fet vengast ne adre-
chast. Et par che poés vous entendre que c'est grans
perix à tox segneurs de soufrir teles aliances entre les
sougès, ains doivent toz jors corre au devant, si tost
comme il se poent perchevoir et fere vengance selonc
le meffet, si comme j'ai dit dessus.

65. Grans meffès est d'autrui metre à mort, et doit
estre le justice aspre et crueuls, comme de trainer et
pendre celi qui le fet. Neporquant, on pot bien metre
à mort autrui, en tel maniere c'on ne pert ne vie ne
membre ne le sien, en deus manieres : le premiere, si
est quant guerre est aouverte entre gentix homes, et
aucuns ocist son anemi hors de trives ou d'asseurement;
le seconde, si est de tuer autrui sor soi[1] deffendant.

66. Mestre autrui à mort sor li deffendant, est quant
aucuns ne se done garde c'on le doie assalir, et on
l'assaut par haine ou par roberie ou à le requeste
d'autrui par loier. Se cil qui en tel maniere est assalis, voit qu'il[2] getent à li, sans merci, caus qui portent peril de mort, et est si apressés[3] qu'il ne se pot
metre à garant, il li loist à li deffendre; et se il, en
soi deffendant, en met aucun à mort, on ne l'en doit
riens demander, car il le fet por le mort esquiver. Et

---

[1] B. *Li.* A. — [2] *Que on.* B. — [3] *Et che lui est si apres.* B.

s'il est apelés en jugement sor cele ocizion, il pot bien venir avant et atendre droit : mais qu'il puist bien estre prové qu'il le fist sor li deffendant, si comme dit est.

67. Quant uns hons est assalis en caude mellée, de poins et de piés tant solement, sans armeure dont on puist metre à mort, et cil qui on bat, por soi deffendre trait aucunne armeure et en met aucun à mort de cix qui l'assalirent, il n'a pas bone reson de dire qu'il l'ocist sor li deffendant; car il ne li loisoit à li deffendre que de poins et de piés, puisqu'il n'estoit assalis d'armeure dont il ne pooit estre trais à mort. Donques, qui ainsi met autrui à mort, il doit estre justiciés.

68. Qui amessure son souget por avoir amendes de plusors cas, li sougès s'en passe par son serement qu'il en ont bien fet ce qu'il doivent. Et orrés les cas es quix il poent passer par serement. Li premiers cas, si est quant aucuns qui à travers, met sus à aucun qu'il en a son travers emporté [1], se cil à qui il met sus veut dire qu'il en a bien fet ce qu'il dut par sen serement, il s'en passe quites et delivres; mais bien se gart qu'il n'entre en connissance n'en niançe ains son serement, car il aroit au serement renoncié; si comme s'il disoit : « J'ai paié mon travers »; ou : « Je ne quidoie point devoir [2] de travers. » S'il disoit une de ces cozes [3], il ne venroit pas après à serement; car s'il disoit : « J'ai paié mon travers », et on li nioit, il converroit qu'il le montrast par proeves; et s'il

---

[1] Que il en a son travers porté. B. — [2] Je ne doi point. B. — [3] Voies. B.

disoit : « Je ne doi point de travers », il converroit
qu'il deist reson porquoi, et qu'il meist le reson en
voir, s'ele li estoit niée. Mais il porroit dire tele reson
qu'il en seroit creus par se foy, si comme s'il disoit :
« Je sui clers », ou : « Ces denrées sunt à clerc ou à
« gentil home oû à persone previlegié, et sont por lor
« uzer » : de tex resons seroit li acusés creus par se
foi. Et s'il disoit : « Je n'en quit¹ point devoir de tra-
« vers »¹, il renonce au serement, et se doit paier le
travers et l'amende, car ses quidiers ne l'escuse point
du meffet. Car çascuns qui mainne marceandise doit
enquerre les coustumes des liex par là u il passe, si
que il puist paier ce qu'il doit sans emporter les drois
du segneur.

69. Voirs est que clers ne gentix hons ne doivent
point de travers, de cozes qu'il acatent por lor uzer,
ne de cozes qu'il vendent qui soit creu en lor heritages ; mais s'il acatoient por revendre, si comme autre
marceant, il converroit que les denrées s'aquitassent
du travers et des cauciés et des tonlix¹, en le maniere
que les denrées as marceans s'aquitent. Et ce que j'ai
dit des travers, j'entent de toutes manieres de paiages
et de tonlix, car tout soit ce que les reçoites ne soient
pas onnies, neporquant toutes manieres de redevances
doivent estre demenées selonc le coustume dessus dites ;
fors en tant que qui emporte travers et en est atains,
l'amende est de soixante saus et du⁹ travers rendre ; et
qui emporte son tonliu ou se cauchié¹, l'amende est
de cinq saus.

---

¹ *Je ne cuidoie.* B. — ² *Le.* B. — ³ *Et dou tonlieu et de le chaus-
sié.* B.

70. Li secons cas dont li acusés se passe par son serement, est quant aucuns sires acuse son tenant qu'il ne li a pas payé son chèns à jour. En tel cas, se li acusés veut dire qu'il en a bien fet ce qu'il doit, il s'en passe par son serement. Mais bien se gart qu'il n'entre en connissance ne en niance, car il renonceroit au serement, si comme j'ai dit dessus de cix qui sunt acusé de travers emporté[1].

71. Li tiers cas dont li acusés passe[2] par son serement, si est quant aucuns sires acuse son tenant qu'il ne li a pas paié son campart si comme il doit; se li acusés veut dire qu'il en a bien fet ce qu'il doit[3], par son serement il s'en passe, s'il le fet en le maniere que j'ai dit des autres cas dessus, sans entrer en connissance ne en niance et sans alliguier autre reson que le serement. Et ainsi de toutes rentes deues qui renouvelent çascun an, se passe li acusés par son serement qu'il en a bien fet ce qu'il dut, mais quant il s'en est passés une fois par son serement[4] de celi cas dont il s'est passés, il ne s'en pot pas passer une autre fois; car s'il s'en passoient toz jors, li segneur en porroient estre moult damacié par les tricheurs qui meteroient poi[5] à eus parjurer por estre quite de lor redevances et de lor meffès.

72. Pierres si camparta à un sien tenant une piece de terre et commanda à son tenant qu'il li amenast trente garbes qu'il y avoit de campart; car, de droit commun, çascuns est tenus de mener le campart de son segneur tout avant que le remanant; et li tenans

---

[1] *Emporter*. B. — [2] *Se passe*. B. — [3] *Li devoit*. B. — [4] Ce qui précéde depuis *mais* manque dans B. — [5] *Moult peu*. B.

carca les garbes dessus dites et les mena en le grange
de son segneur; et quant il les conta, il n'i en trouva
que vingt nuef; et quant li tenans vi ce, il dist à son
segneur : « Sire, il me faut une garbe de votre droit;
« je ne sai s'ele m'est queue* ou s'ele m'est mescontée,
« mes je le vois requerre et larrai³ ici mes quevaus et
« me carete, dusqu'à tant que je l'arai aportée. » A ce
respondi Pierres, qu'il ne le voloit pas, ançois voloit
qu'il li amendast ce qu'il ne li avoit pas paié son campart si comme il devoit et comme il li avoit commandé; et sor ce se mirent en droit, à savoir s'il y
avoit amende en tel cas. Il fu jugié qu'il n'i avoit point
d'amende, par le reson que li tenans meismes s'acusa
avant qu'il se departesist de le grange, et voloit aler
querre le garbe ançois qu'il emmenast ses quevaus ne
se carete. Mais se li tenans en eust mené ses quevaus
et se carete, sans soi acuser, hors de le grange et sans
le congié de son segneur, l'amende y fust. Et par ce
pot on entendre que les amendes sunt establies por ce
c'on se gart de meffere por peor d'avoir damace. Mais
cil n'a pas très bonne conscience, qui lieve amende de
coze qui n'est pas fete malicieusement, tout soit ce
c'on l'en peut lever par coustume⁴ en plusors cas.

73. Pierres aresta les denrées de Jehan, porce qu'il
li metoit sus qu'il emportoit son travers. A ce respondi Jehans qu'il l'avoit paié à un sien serjant et le
nomma; et après, quant Pierres li ot nié, il s'en vaut
passer par son serement, et sor ce se mirent en droit,
à savoir se Jehans avoit renoncié au serement porce
qu'il avoit dit qu'il l'avoit paié. Il fu jugié que Jehans

---

¹ A Pierre. B. — ² Chevée. B. — ³ Lesserai. B. — ⁴ B.

ne s'en passeroit pas par son serement, ains converroit qu'il provast le paiement par prueuves. Et par
cel jugement pot on entendre que qui se veut passer
par serement des amessures dont on se pot passer par
coustume, on doit dire tout simplement : « J'en ai
« bien fet ce que je dui », et adonques il s'en passe
une fois, si comme j'ai dit dessus.

74. Pierres et Jehans si avoient en un grant teroir
le campart là u il avoit moult de tenans ; et, de si
lonc tans comme il pooit souvenir, li tenant avoient
mené li campart de ches liex en une grange, et là par-
tissoient Pierres et Jehans, si comme il s'acordoient[1];
moitié à moitié. Puis avint que Pierres ne vaut pas
que li tenant de ces liex menassent plus se moitié[2] de
campars el lieu où il l'avoient toz jors mené, ançois
voloit qu'il le menassent en une mesou qu'il avoit hors
du teroir et hors du fief dont li campart mouvoient.
A ce respondirent li tenant, qu'il n'estóient pas tenu
à ce fere, ne ne voloient estre tenus[3], ne amener ne
le voloient fors ainsi com il l'avoient acoustumé de
mener ; et se li dis Pierres ne voloit pas c'on le me-
nast en tel lieu plus, il le menroient quel part que
Pierres vaurroit el teroir du quel li campart sunt tenu,
et partant seroient delivres dou mener[4]. Il fu jugié
que li home ne le menroient pas hors du teroir et
qu'il offroient assés.

75. Li quars cas de quoi li acusés se passe par son
serement, si est quant li sires demande aucunne defaute d'ajornement, et li ajornemens ne fu pas fet à
se persone, ançois fu commandé à se feme ou à se

---

[1] *S'acorderent.* B. — [2] *Sa moitié.* B. T. — [3] B. Manque dans A. —
[4] B. Manque dans A.

mesnie ou as voisins de l'ajorner, qu'il li deissent qu'il
fust à tel jor par devant son segneur : se li ajornés veut
jurer qui ne li fu pas dit, il se passe de le defaute
tant de fois qu'il sunt ainsi ajorné. Mais commander
lor pot li sires qu'il metent tex gens en lor ostix ¹ qui ²
facent savoir les ajornemens; et s'il ne le font, li sires
pot lever d'aus amendes du commandement trespassé.
Et se li serjant qui ont pooir d'ajorner, dient, par lor
serement, qu'il firent l'ajornement à se persone, li
ajornés est en le defaute, ne ne s'en pot escuser par
son serement; mes se il est fet en son ostel, en la
maniere dessus dite, il se passe par son serement ³. Et
tout ainsi est il des gentix homes qui sont ajorné par
pers, par reson de fief; se li ajornemens est fes à se
persone, il ne s'en pot escuser; mes s'il est fes en son
ostel, en le maniere dessus dite, il se passe de le defaute
par son serement.

76. Li quins cas dou quel li accusés se passe par son
serement ⁴, si est quant li sires met sus aucun qu'il li
a se saizine brisié, et le saisine fu fete en derriere de
celi qui le brisa : se li acusés veut jurer qu'il ne sot
riens de le saizine, il se passe de l'amende de saisine
brisié, mais toutes voies doit il le liu resaisir.

77. Pierres proposa contre Jehan qu'il li avoit brisié
se saisine, parquoi il voloit qu'il resaisesist le liu et
qu'il amendast ce qu'il li avoit se saisine brisié. A ce
respondi Jehans, qu'il ne savoit riens de se saizine,
car ele ne fu pas fete à li ne en se presence, et ce voloit
il jurer; et sor ce se mirent en droit, s'il s'en passeroient par son serement. Il fu jugié que Jehans s'en
passeroit de l'amende de saizine brisié, par son sere-

---

¹ Ostiens. T. — ² Qui leur. T. — ³ T. — ⁴ A ne répète pas cette phrase.

ment, puisque li saisine ne fu pas fete à li ne en se
presence; mais il seroit tenus au liu resaisir; et le resaisine fete, s'il le brisoit puis il querroit en l'amende
de saisine brisié, car adont ne s'en porroit il escuser.

78. Bien se gart qui fet autrui [1] damace en blés semés,
ou en mars ou en bois ou en prés, que cil qui y est
pris damace fesant est tenus à rendre tout le damace
qui est prové par l'aparance du lieu, tout soit ce que
cil qui y est pris n'ait fet pas tout le damace, anchois
le firent autre gent qui n'i furent pas trouvé. Car se
cil qui y est pris ne rendoit que le damace qu'il a fet
presentement, donques aroit il grant avantage d'aler
en meffet, que toutes les fois qu'il n'i seroit trouvés,
il seroit quites du damace; et ainsi porroient estre
moult de bien essillié. Et por ce est bone le coustume,
que cil qui y est trouvés rende tout le damace et l'a-
mende; mais l'amende est simple, c'est à savoir de
cinq saus; et en tex liex y a, de sept saus et six deniers,
et en tix liex y a, de douze deniers, selonc le coustume
du lieu.

79. Et en tele maniere porroit estre fes li damaces
que l'amende seroit de soixante saus, si comme qui
emporteroit despuelles ouvrées, comme blé en gavele
ou en garbes, ou blé fauquié, ou bois copé. Et en tele
maniere l'en porroit on porter, c'on le tenroit à larrecin, si comme qui l'emporteroit par nuit, à queval ou
à carette ou autrement, dusqu'à le value de deus saus.

80. La coustume des damaces qui sunt fet en vignes
se diversefient en tant de liex, c'on n'i pot metre droit
commun es amendes, ançois en convient uzer selonc

---

[1] A autrui. B.

le coustume de çascun liu; car cil qui est pris es vignes
et ne prent des roisins que por son mengier, se passe
en moult de liex par un denier, et en tix liex y a, par
six deniers; et porce convient il garder le coustume de
çascunne vile en ce cas. Mais qui emporteroit en ven-
dangant, por fere vin ou por fere vergus, par nuit,
dusqu'à le valor de deus saus, ce seroit larrecins, et
doit cil qui est pris en tel cas estre justiciés comme
larres. Et s'il en emporte si poi c'on ne l'ose jugier à
larron, si est l'amende de soixante saus, quant il l'emporte par nuit.

81. Çascuns pot penre en son heritage ou fere penre
celi qui il y trueve meffesant, comment qu'il tiengue
heritage de signeur, ou en fief ou en vilenage; mais
se le prise est fete en ce qu'il tient en vilenage, il le
doit tantost fere mener en le prison du segneur de qui
il tient l'eritage, et doit requerre au segneur qu'il li
face restorer son damace; et adont, li sires doit demander à celi qui est pris, se c'est voirs dont cil qui
le prist l'acuse; et s'il le connoist, il doit fere rendre
le damace à son tenant par estimation de bone gent;
et s'il le nie, il convient que cil qui le prist en son
vilenage le proeve par li et par un autre; et s'il le
proeve, ses damaces li doit estre rendus, et li pris est
en deus amendes au signeur : l'une, si est du meffet,
et le seconde, si est de le niance dont il est atains. Et
se cil qui en ceste maniere prent en ce qu'il tient en
vilenage ou fet penre, s'il metoit le piés en se maison '
ne il ' esploitoit du meffet comme justice, et ses sires
le savoit à qui le connissance apartient : tout ce qu'il

---

aroit fet seroit rapelé, et si amenderoit à son segneur
ce qu'il aroit uzé de le justice, et seroit l'amende de
soixante saus, fust gentix hons ou hons de poeste.

82. Se cil qui est trouvés en damace se resqueut à
celi qui le prent, tout soit ce que cil qui li heritages
est le prengne, il y a amende[1] de soixante saus; mais
l'amende est au segneur de qui li heritages est tenus.
Et se le rescousse est niée, il le convient prover à celi
qui le prise fist en son vilenage, par deûs tesmoins;
et se li rescoueres s'en va, en rescouant malgré le pre-
neuf, li preneres le doit moustrer à son segneur, et
li sires le pot sivir por s'amende et por sa rescousse et
por fere rendre le damace à son tenant. Mes se li
sires veut porsivir, le connissance en apartient au segneur desoz qui cil qui fu pris est couquans et levans.
Et se li sires en qui justice le prise fu fete, ne le veut
porsivir, por ce ne lera pas cil qui le prist en son vilenage à celi poursivir de son damace.

83. Li sergant de çascun segneur, qui sont establi
par foi ou par serement à garder justice, sunt creu de
lor prises et des rescousses qui lor sunt fetes. Mais que
ce soit contre persones des quix le rescousse ne pot
monter que jusques à[2] soixante saus d'amende, car se
uns gentix hons estoit acusés d'un sergant qui li eut fet
rescousse, et li gentix hons li nioit, il converroit qu'il
fussent deus sergant à prouver, ou un loial tesmoing
aveques un sergant, porce que le rescousse du gentil
home porte soixante livres d'amende, et il n'est pas
resons que une sole persone soit creue de si grant coze
en tesmognage.

[1] Il l'amande. T. — [2] B.

84. Il avient sovent que uns sergant prent en le justice et en le segnorie de son segneur, et quant il l'a[1] pris et il le mainne en le prison de son segneur, il convient qu'il passe par autrui segnorie; et quant cil qui est pris se voit en autre segnorie que en cele où il fu pris, il se resqueut et s'en va à force : que fera donques li sergans à qui tele rescousse est fete? Il le pot porsivir et fere arester en quel liu il le truist, hors de saint liu. Et cil[2] en qui segnorie il est arestés, le doit rendre au segneur en qui segnorie il fu primes pris, et là doit estre pusnis du damace por quoi il fu pris et de l'amende. Et se li sergant ne le porsivent pas, ou il ne le poent porsivir, porce que cil qui se resqueut se met en bos ou en buisson ou en liu saint, por ce ne lera pas li sires en qui sengnorie il fu pris, à li sivir par devant le sengneur desoz qui il est couquans et levans; et li doit estre renvoiés por rendre son damace et por l'amende. Et l'amende de le rescousse doit estre au segneur en qui terre ele fu fete, s'il l'en veut sivir.

85. Nus ne r'a se cort d'omme qui est pris en present meffet, soit en mellée, soit en damace fesant à autrui; anchois apartient le connissance au segneur en qui tere le prise est fete. Mais se li malfeteurs s'en part sans estre arestés, le connissance en apartient au segneur desoz qui il est couquans et levans, exepté le conte de Clermont[3], qui connoit des meffès qui li sunt fet.

86. En toz les cas où on se pot passer par loy selonc nostre coustume, quant li seremens est fes, on ne pot

---

[1] B. — [2] Se cil. A. Chelui. B. — [3] B.

puis traire amende de celi qui le fet. Et s'on demandoit à aucun aucun meffet [1], du quel il ne se devroit
pas passer par loi [2], et il avenoit que cil qui l'acuse en
prenoit le loy, il aroit renoncié en tel droit comme il
aroit en l'amende. Et à ce pot on veir que qui prent
loy, cil doit estre creus qui le loy fet [3]; mais ces cas
entendons noz en acusations de travers emportés, ou
toullix ou campars, chens ou rentes, ou de menues
masures [4], des queles on se pot passer par son serement; car noz veons bien aucuns cas es quix il convient bien fere serement, et si porroit on bien autre
coze perdre que estre parjures, et dirons comment.

87. Quant bien vienent, quel bien que ce soient,
muebles ou heritages, si convient bien que çascunne
partie qui a aucunne coze de ces cozes qui à partie doivent venir, jurent que il raporteront sans riens retenir
ne celer l'aport; et s'il avient que cil qui jure en choile
riens ou detiegne contre son serement, et on le pot prover contre li, il pert tout ce qui fu concelé ou ce qu'il
detint contre son serement, et l'emporte le partie
qu'il quida conquier [5], et s'en demore mal renommés.
Et s'en pot se sires, desoz qui il est couquans et levans,
lever grant amende par le malvès serement de quoi il
est atains, c'est à savoir soixante livres, s'il est gentix
hons, et s'il est hons de poeste, soixante saus. Et toz
jors puis on le pot debouter de tesmongnier, car ce
n'est pas drois que cil soit puis creus en serement qui

---

[1] *Demandoit aucun meffet.* A. — [2] *La loi* B. — [3] *Par le loi fai-*
*sant.* B. — [4] B. *Ou de menues à messures.* A. — [5] *Que il cuide con-*
*chier.* B.

est prové à parjures. Et ce que noz avons dit des parties, noz entendons aussi des rapors qui doivent estre
fet par coustume entre enfans qui reviennent à partie,
après les decès des peres et des meres.

88. Noz avons parlé d'aucuns cas, en cest capitre
meisme, par les quix il apert que li hons de poeste
pot bien mellère que l'amende passe soixante saus,
tout soit ce qu'il n'ait pas mort deservie por le mellet,
et encore en dirons noz d'autres cas que noz avons veu
jugier et esploitier de nostre tans.

Doi frere pledoient en l'assise de Clermont par devant noz por lor parties, et proposa li uns en tele
maniere contre l'autre : « Sire, à un jour qui passa,
« noz feismes convenences de nos parties, et furent
« les convenences escrites et scelées du seel de le baillie,
« à le requeste de noz, et furent ces lettres bailliés à
« garder à mon frere, por moi et por li, dont je requier
« que ces lettres soient aportées avant et qu'eles noz
« facent nos parties tenir, selonc le teneur des lettres. »
A ce respondi li autres freres : « Chertes, ces lettres
« n'aporterai je pas, car eles furent faussement empe-
« trées et scelées. » Et noz qui tenions le cort, quant
noz oïsmes qu'il disoit parole qui touquoient à le cort
et à le partie, li deismes : « Gardés que voz dites », et
il dit encore de requief qu'eles estoient faussement
empetrées et scelées. Et adonques noz proposasmes
contre li et deismes : « Tex paroles avés dites, si voz
« commandons que vous alliés avant, ains comme voz
« devés aller en tel cas, se voz connissiés que voz aiés
« ainsi dit ; et se voz le niés, noz le metrons en voir. »
Et maintenant il ne vaut connoistre ne nier : si fu

retenus en prison. Et puis le fins fust tele, qu'il l'amenda connissamment[1], et requist c'on li feist jugier l'amende par le conseil le roi de France et le conseil le conte de Clermont son frere. Ele fu jugié que li quens en porroit lever selonc se volenté, et fu se volenté à trois cens livres qui en furent levé. Par cel jugement pot on veir apertement que, en plusors cas, hons de poeste pot bien mefère plus de soissante saus.

89. Encore. Cil qui garda le forest de Hés por le conte et uns hons de poeste se tencherent ensanlle[2], et tant monterent les paroles que li hons de poeste dona au forestier une bafe[3], et puis le noz amenda connissamment; et, l'amende fete, il n'en osa atendre jugement, ançois s'en mist en nostre volenté, et noz en levasmes vingt livres. Et si creons, par le conseil que noz en aviemmes, que s'ele fust venue dusqu'à jugement, elle eust esté jugié à le volenté le conte, car moult fet grant despit à son segneur qui son sergant li bat.

90. Noz avons parlé en cest capitre comment cil doivent estre apelé qui sunt acusé de cas de crieme et ne vienent à cort si comme il doivent. Or veons de cix qui sunt pris et emprisoné por cas de crieme, contre les quix nus ne se fet partie, ne li fes n'est trouvés notoires par quoi on les doie justicier : combien, selonc nostre coustume, on les doit tenir emprisonnés. Noz disons que de tant de tans comme il ont, quant on les apele par nostre coustume, avant qu'il doivent estre bani, tant de tans on les doit tenir en prison

---

[1] *Cougnoissament.* B. — [2] *Contencherent.* B. — [3] *Baffe.* B.

avant qu'il soient delivré du fet, par jugement; et ce
entendons noz es apiax que li gentil home ont, quar
il est dis que li hons de poeste n'est apelés que par trois
quinzaines, en prevosté, et puis a une assize de quarante[1] jors au mains. Et s'il ne vient à cele assize, il
doit estre banis. Et li gentix hons aveques les trois
quinzaines de prevosté, il doit estre apelés à trois
assizes, dont cascunne contiengne quarante jors au
mains[2]. Or poés donques veir, quant on tient home
enprisonné, si comme dit est, soit gentix ou hons de
poeste, on doit crier par trois quinzaines en prevosté,
et après par trois assizes dont cascunne contiegne quarante jors au mains : « Noz tenons tel home en pri-
« son, et por le souspechon de tel cas », et doit on
dire le cas, « s'il est nus qui li sache que demander,
« noz sommes aparellié de fere droit. » Et quant tout
cil cri sunt fet, et nus ne vient avant qui droitement
se voille fere partie, et li juges, de s'office, ne pot trouver le fet notoire, li emprisonnés doit estre delivrés
par jugement, ne ne l'en pot nus puis la delivrance
acuser.

91. Noz tenions[3] un home por souspechon, emprisoné, por le cause d'une ochision, et le tenisme tant
de tans comme il est dit dessus, et feismes crier en le
maniere qui est dite; et après ce que tuit li cri furent
fet, et les quarantaines passées, partie se traist avant
et l'acusa droitement de tel fet; et li emprisonés mist
en se deffense, qu'il avoit esté tant tenus en prison et
tant de fois l'avoit ou crié que coustume l'aportoit, ne

---

[1] B portoit xL., mais la dernière lettre de ce chiffre a été grattée. —
[2] Ce qui précède depuis *au mains* manque dans B. — [3] *Tenismes.* B.

en tel cas nus ne s'estoit fes partie contre li : porquoi il requeroit se delivrance par jugement, comme on venist trop tart à li acuser. A ce respondi li acuseres, qu'il y venoit assés à tans, puisque sa delivrance n'estoit pas encore fete par jugement ; et sor ce se mirent en droit. Il fu jugié que li acuseres venoit assés à tans, puisqu'il trouvoit   elui qu'il acusoit en main de le justiche, avant que la delivrance li fust fete par jugement. Mes se li jugemens de la delivrance fust fes, li acuseres venist à tart, mais porce qu'il vinrent avant, li gage furent rechut. Et par cel jugement pot on veir le peril qui pot estre en estre tenus en prison plus que coustume ne porte. Et pequié fet li juges qui ne haste le jugement de le delivrance quant il ont tant esté tenus en prison comme il est dit dessus, et il ne trueve le fet notoire [2], ne nullui qui se face partie dedens le tans dessus dit.

92. Li prevos de Clermont proposa contre dix homes qu'il voloit avoir de cascun une amende de cinq saus, porce qu'il lor avoit fet commandement qu'il feissent comme bon plege dedens les nuis, d'une dette de le quele il avoient conneu plegerie. A ce respondirent li home, que entre eus toz ne devoient que une sole amende de cinq saus, porce que li commandemens qui fu fes à toz, fu d'une sole querele ou d'une meisme dette, et sor ce se mirent en droit. Il fu jugié que cascuns paieroit cinq saus d'amende. Et par cel jugement pot on veir que nule amende de commandement trespassé ne se fet par partie ; et aussi ne fet ele en nul autre cas. Mes bien est voirs quant on fet pes d'au-

---

[1] B. A. A. — [2] Et.... notoire manque dans A.

cunne querele et aucunne amende est esqueue par l'errement du plet, et les parties s'acordent à fere l'amende
d'une main, en tel cas l'une partie doit autant d'amende
comme l'autre.

93. Il ne convient pas que semonses soient fetes en
toz cas, puis c'on truist[1] celi de qui on se veut plaindre
en cort de segneur qui a haute justiche en se terre, si
comme qui porsuit aucune coze qui li a esté mal tolue,
ou quant on le veut acuser d'aucun cas de crieme. Neporquant, entre ches deus cozes a difference; car s'il
est sivis por cause qu'il ait en son commandement, et
on li met sus qu'il l'ait tolue ou emblée, cil en qui
cort il est atains ou arestés en a le connissance et pot
vengier le mellet quant il en est atains. Mais s'il est
acusés de cas de crieme, sans porsuite de coze qui soit
entor li ou[2] en son commandement, li acusés pot dire
à le justice : « Sire, je me ferai por bon et por loiel,
« et sui pres que je m'espurge de che qu'il me met sus,
« en le cort de mon segneur, là u je dois estre justi-
« ciés, c'est à savoir du segneur soz qui je sui cou-
« quans et levans, ou du souvrain de qui mes sires
« tient »; et s'il dist ainsi, il doit estre renvoiés à le
cort de son segneur. Et s'il va en se delfense tout simplement, sans requerre qu'il soit renvoiés à son segneur, li sires ne fet nul tort, s'il maintient le plet de
l'acusation qui est fete par devant li.

94. On doit moult secorre les negligens qui ne sevent pas les coustumes, porce qu'il n'ont point re-
pairié as ples ne as jugemens. Quant il sunt acusé

---

[1] *Truisse.* B. — [2] *Sans avoir entour lui nulle choze qui affiere au
fet ou.* B.

soudainement de ce dont il ne se donnent garde, quant il passent le coustume en aucunne coze sans malice. Si comme il avint que Pierres trouva Jehan en cort, sans ce qu'il li eust fet ajorner, et l'acusa de traïson, et dist le cas comment, et l'offroit à prover par gages[1], s'il le nioit. Et Jehans, qui de ce ne se donnoit garde, respondi qu'il manderoit de ses amis et de son conseil, et ne fust pas si sages qu'il demandast congié à son segneur de li remuer de devant li[2], ançois ala à une part du porpris pour[3] parler à ses amis qu'il ot mandés, et revint por respondre au claim qui estoit fes contre li, avant que li plet fussent fali. Et portant qu'il s'estoit partis de devant le juge, Pierres le vaut avoir ataint de le traïson qu'il li avoit mis sus et fu mis en jugement. Il fu jugié que Jehans ne seroit pas condampnés de si vilain cas por si petite negligence. Mais s'il se fust mis en pure defaute, sans revenir en le jornée, tout fust ce qu'il ne fust pas ajornés à respondre contre Pierre sor cel cas, il venist puis à tart à se deffense. Et par cel jugement pot on veoir le peril qui est en defaillir, quant on est acusés de vilain cas, et aussi[4] comment on ne doit pas condampner de si grant cas por un poi de negligense.

95. Il avient moult souvent que li aucun fortraient les femes d'aucun ou lor filles ou lor nieces ou cheles qui sunt en lor gardes et en lor mainburnies, et s'en vont à tout hors de le contrée; et teles y a qui emportent ou font porter par cex qui les emmainent ce qu'eles poevent avoir et penre es ostix dont eles se par-

---

[1] *Gages de bataille.* B. — [2] *De remuer soi par devant lui.* B. — [3] B. — [4] B. *Ainsi.* A.

tent; et quant tel cas avienent et chil en sunt porsivy
qui les emmainent, on doit moult regarder à le maniere du fet, et qui mut celi qui l'emmena à ce fere,
ou l'amors de le persone ou le volentés de fere larrecin. Et porce que noz en avons veu moult de ples, noz
en touquerons d'aucun. Se Pierres emmaine le feme
de Jehan, ou se fille ou se niece ou cele qui est en se
garde, et il n'emporte riens aveques le feme, fors ce
que ele a acoustumé à vestir, et Jehans veut acuser
Pierre et metre en gages par dire que Pierres li ait
maltolue et[1] traitrement : li gage gisent[2] en le connissance de le feme et en se renommée; car s'ele connoist qu'ele s'en ala aveques li de son bon gré, sans
force fere, il n'i a nul gage; mais s'ele disoit que force
li eust esté fete, et disoit le force et comment et que
par peor ele obey à se volenté, et si tost qu'ele pot
ele se mist hors de son pooir por estre à sauveté,
adont y seroient li gage par le reson du rat. On[3] apele
*rat* feme efforcier.

96. Se Pierres emmaine le feme qui soit en le garde
de Jehan, et il fet fardel de l'avoir Jehan et l'emporte
avec le feme, et il est porsivis par Jehan, ou d'autrui
de par Jehan : Pierres doit estre arrestés en quelque
justice qu'il soit trovés; et s'on le porsuit de larrecin,
le feme ne le pot pas escuser, puis qu'ele ne puist dire
que les cozes soient soies. Mais de son cors le pot ele
escuser, s'il en est poursivis si comme dit est. Donques,
pot estre justiciés Pierre comme lerres, por les biens
de Jehan qu'il embla, non pas por le feme, puisqu'ele
s'en ala de son bon gré.

---

[1] *Tollue et fortraite.* B. — [2] *Sont.* B. — [3] *Que on.* B. *L'en.* T.

97. Or veons [1] se Pierres emmaine le feme de Jehan
et emporte avec le feme les muebles de Jehan, autre
coze que les robes et les jouiax de le feme, se Jehans
pot porsivir Pierre de larrecin, ou se le feme porra
Pierre escuser Pierre par dire : « Je pris des muebles
« comme des miens : » noz disons que en cest cas le
feme ne pot Pierre escuser de larrecin, puisqu'il les
ait despendus ou aloués ou vendus comme les siens.
Car le feme n'a riens en le proprieté des cozes son
mari, tant comme il vive; car s'ele perdoit par fere
malvès marcié, si le porroit ses barons rapeler. Neporquant, ele, en se persone, tout soit ce qu'ele en
uze malvesement, ne doit pas estre justicié comme
larrenesse, por reson de le compaignie et du droit
que li mariages li [2] dona. Donques [3], pot on veoir,
en tel cas, qu'ele en sera delivre, et Pierres, qui
ouvra malvesement des cozes, sera justiciés comme
lerres.

98. En tele maniere se porroit plaindre feme que [4]
force li aroit esté fete, qu'ele ne seroit [5] pas à croire, si
comme il porroit avenir que Pierres porroit amener [6]
la feme de Jehan ou cele qui seroit en se garde, et
après, Jehans feroit tant qu'il l'aroit par devers li et li
feroit, par amors ou par prieres ou par maneces,
qu'ele acuseroit Pierre de force : on pot entendre [7]
qu'ele le feroit de se propre [8] volenté, por quidier couvrir se honte et por doner à entendre que ce ne fu pas
par son gré qu'ele en fu menée. Donques, se tele acusations est fete, moult de demandes apartienent à fere

---

[1] *Regardons.* B. — [2] B. — [3] *Dont.* B. — [4] *De.* B. — [5] *Feroit.* B. —
[6] B. *En aroit menée.* A. — [7] *Où il puet moult bien estre.* B. — [8] *Bonne.* B.

à le justiche : premierement s'ele cria au prendre, et
s'ele dist : « Oil », et ele estoit pres de planté de gent :
ele n'en doit pas estre creue, s'il n'est seu par aucun
c'on l'ait oy crier; et s'ele dist : « Nennil », on li doit
demander porquoi ele ne cria : s'ele dist : « Por peril
« de mort, porce qu'il disoit qu'il m'ociroit se je
« crioie », ele respont assés quant à cele demande.
Après on doit demander où il le mena, et combien il
le tint, et quel vie il menoient; et s'on le trueve à
menchonge par si que li contraires soit provés, on ne
le doit pas croire. Après, on li doit demander s'ele se
consenti puis à li de se bonne volenté, sans force,
par plevine ou par mariage : s'ele dist : « Oil », li gages
sunt hors; mais s'ele dist : « Il fist tant, par force et por
« peur de mort, que je le plevi, » ou : « il me mena à [1]
« un prestre en secrè lieu qui m'espousa, et je ne l'ozai
« veer qu'il ne m'ocesist » : ele respont assés quant à
tele demande. Et s'il sanlle à la justice qu'ele responde
assés as demandes qui li sont faites et que ce puist bien
estre voirs, li gage sunt à recevoir. Et s'ele est contraires à li meisme en respondant as demandes par quoi
il apere qu'elle voille ouvrer [2] en faus gage, on ne les
doit pas recevoir, car au refuser les gages, c'est li porfis
des deus parties; et grant pecié fet le justice qui rechoit
gages en cas où il ne doivent pas estre, car il metent
les parties en peril de perdre cors et avoir.

99. La forfeture de l'omme et de le feme qui sunt
ensanlle n'est pas d'une meisme nature, de tant comme
as biens apartient; car se le feme qui est mariée meffet
tant que son cors perde la vie [3], li sires por son meffet

---

[1] *Amena.* T. — [2] *Entrer.* B. — [3] B. *L'ame.* A.

emporte se part des muebles, et[1] les heritages qui
sunt de par li, soit d'aqueste soit de son heritage,
emportent li segneur, et tuit li autre mueble demeurent au baron[a]. Mes se li barons meffet son cors, il
pert toz les muebles avecques[2] les heritages, que nus des
muebles n'en demore à le feme. Et par ce apert il que
tuit li mueble sunt à l'omme, le mariage durant, car
après le mort de l'un ou de l'autre, partissent aussi
bien li hoir devers le feme comme par devers l'omme.

100. Se feme meffet et puis se destorne, si ques on
ne le pot avoir por justicier du fet, quant ele est banie
por ses defautes li segneur poent penre les aquestes
et les heritages qui a se part apartienent, si comme il
est dit dessus ; et as muebles ne as heritages du baron
il ne doivent touquier. Mais il est tout autrement
quant li barons est banis pour son meffet, et le feme
demore sans coupe ; car, tout n'i eust ele coupes, ele
pert toz les muebles et encore toutes les levées des
heritages qui sunt de par li, et les levées de toz ses
conquès sont en le main des signeurs, tant que ses
barons vit, fors que lor meson tant solement, en le
quele ele doit avoir le covert por son cors garder et
garantir. Et ensi comparent elles malement les meffès
de lor barons, tout soit ce qu'eles n'i aient coupes. Et
se li barons morent bani ou ataint du meffet, adont
goïssent eles de lor heritages qui vienent par elles et
de lor aquestes et de lor doaires. Et le reson porquoi
eles n'en goïssent pas tant com lor baron vivent en

---

[1] B. *N'emporte pas se part des muebles, mes. A.* — [2] *Les acquès.* B.

[a] Le mot *baron* est employé ici dans le sens de *mari*, et *seigneur*
dans celui de *suzerain.*

tel point, c'est porce que au baron apartienent tout li
mueble et toutes les levées de lor heritages, tant comme
il vivent; et encore, porce que se eles goïssoient de
lor levées, li malfeteur en seroient soustenu. Neporquant, por cause de pité, se le feme qui est sans coupe
et demore en tel point, n'a pas amis qui li puissent ou
voillent aidier à amenistrer son vivre, trop grant
crualté seroit c'on le lessast morir de fam ou desespe-
rer par povreté; et por ce li segneur qui tiennent ce
qui sien fust, se ses barons fust mors, li doivent doner
soustenance de vivre et de vestir; et s'il ne le voelent
fere, il en doivent estre contraint par lor sovrain. Car
tout soit le coustume si cruels contre eles, comme il est
dit dessus, neporquant li rois ou cil qui tienent en
baronie y poent metre remede por cause de pitié.

101. Entre les autres meffès de quoi noz avons parlé,
li plus grans, après les cas de crieme, si est de metre
sus à aucun par maltalent c'on a geu o se feme carnelment; car c'est le vilonie que nus puist dire, de quoi
cil à qui elle est dite se courouce plus, et par le grant
courous qu'il en a [1] poent avenir moult de maus à celi
qui le dist. Et si comme noz avons entendu des anciens, il avint au tans le bon roy Phelippe[a] que uns
dist à un autre par grant maltalent : « Voz estes coz, et
« de moi meismes. » Et cil à qui tel vilonie fu dite, en [2]
quay tantost en si grant ire, qu'il saça un [3] coutel et
ocist celi qui le vilonie li ot dite. Et quant il ot celi
ocis, il se mist en le prison le roy Phelippe et reconnut le fet, et dist qu'il l'avoit ocis comme son ennemi,

---

[1] *Que il en.* B. — [2] *Il.* B. — [3] *Son.* B.

[a] Philippe-Auguste.

car il disoit qu'il le connissoit à son anemi, en tant
qu'il li reprovoit qu'il li avoit fet si grant honte; et
bien en requeroit droit. Et sor ce il fu delivrés par
jugement, par le bon roy Phelippe et par son conseil.
Et comme tel cas ne soit pas puis avenus que noz sa-
çons, noz creons que s'il avenoit, que cil qui l'ociroit
en tel cas n'en perdroit ne cors ne avoir.

102. Comment que noz sorions en doute du cas dessus dit, porce qu'il n'est pas avenus en nostre tans, noz
sommes certain d'autres cas qui sunt avenu en nostre
tans por tex meffès. Car il est clere coze que se uns
hons deffent à un autre, par devant justice ou par devant bones gens, qu'il ne voist plus entor se feme
ne en son ostel por li porçacier tel honte, et il, après
le deffense, le trueve en fet present gisant o se femene,
s'il ocist l'omme et le feme, ou l'un à par li, il ne pert
ne cors ne avoir. Et en tel cas noz les avons veü delivrer par jugement trois fois en l'ostel le roi, ançois
que noz feissions cest livre.

103. Porce que c'est fort¹ coze de trouver gisant carnelment deus persones ensanlle après le deffense desus
dite, por ce pot estre qu'il s'enferment ensanlle en tel
lieu c'on ne pot venir à eus sans fere noise por l'uis
c'on brise ou por autre reson, par quoi il s'aperchoi-
vent qu'il sunt gaitié, dont il se traient l'un en sus de
l'autre : ce ne les escuse pas quant il sont trové seul
à seul en lieu privé, si comme s'il sunt trové vestant
ou cauchant du lit où ils estoient coucié. Mais neporquant, puisqu'il ne sunt trové en fet present, il convient que les presontions soient moult apertes, ou cil

---

¹ *Moult fort.* B. T.

seroit trainés et pendus qui les metroit à mort. Et
aussi, comme noz avons dit, que cil ne perdroient ne
cors ni avoir qui truevent le fet d'avoltire present de
lor femes, après le deffense desus dite, aussi l'entendons noz de cix qui vont en autrui mesons sor le deffense du segneur, por se fille ou por se suers ou por
se niece, fors en tant que se il ocioit ou sa suer ou sa
fille ou sa niece, aveques l'omme, tout le trovast il en
fet present, il ne seroit pas escusés aussi comme de se
feme, ançois seroit pendus et trainés; car la fille qui
fait fornication contre le deffense son pere, ou se suer
ou se niece, n'a pas mort deservie, mais che a bien [1]
feme mariée, quant ses maris en veut prendre vengance en le maniere desus dite.

104. Mais bien se gart li maris qui tele venjance veut
penre de se feme, qu'il ne laisse passer le fet present;
car s'il l'ocioit après ce qu'il s'en seroient parti la feme
ou l'omme, et offrist à prover qu'il avoient esté trouvé
ensanlle puis se deffense, ce ne li vaurroit riens qu'il
ne fust trainés et pendus, puis qu'il auroit lessié passer
le fet present [2].

105. Aucunne gens quident que cil qui sunt pris,
en present meffet, emblant connins ou autres grosses
bestes savages, en autrui garennes anciennes, ne soient
pas pendavle, mes si sunt quant il sunt pris par nuit,
car il apert qu'il y vont por corage d'embler. Mais s'il
y vont par jor, si comme jolivetés mainne les aucuns
à folie fere, il se passent par amende d'argent, c'est
assavoir soissante livres li gentix hons et soissante
saus li hons de poeste. Et autel com noz avons dit des

---

[1] B. Cha. A. — [2] Puis.... present manque dans A.

garennes, disons noz des enclos qui sunt là u il a poissons et es viviers. Et par ce pot on veoir qu'il sunt moult de cas qui sunt tenu por larrechin, quant il sunt fet par nuit, qui ne seroient pas s'il estoient fet de jor. Et porce que li un des larrechins sunt en couvert et li autre en apert[1], nos declairons, el capitre après cesti, plus plainement des larrecins que noz n'avons fet, et en ferons un propre chapitre[2].

106. Noz avons parlé en cest chapitre de moult de meffès et de le vengance qui y afiert. Neporquant noz n'avons pas parlé de toz, ançois sunt li meffet de quoi noz n'avons pas parlé eci, escripts[3] es autres capitres de cest livre, selonc ce qu'il parolent des cas; que, poi s'en faut, toutes cozes qui vienent en plet sunt por le meffet de l'une des parties, si que toz nostre livres est fondés sor le venjance des meffès, car se nus ne meffesoit li uns l'autre, nus ples ne seroit.

### Explicit.

Chi define li chapitre de plusieurs meffez et de la venjance qui i apartient[4].

## CAPITRES XXXI.

Des larrechins qui sont cler et apert et de chiaus qui se pruevent par presomptions[5].

1. Plusors manieres de larrecins sont, car li un sont apert et se pruevent d'aus meismes, et li autre ne sont pas si apert et neporquant il se proevent par

---

[1] *Sont couvers et les autres sont espeis.* B. — [2] *Et...., chapitre manque dans* A. — [3] T. — [4] T. — [5] *Et de chaus qui sont en doute, et comment larrechins se prueve.* B.

presonrions et par renommée, et li autre sont en
doute à savoir se c'est larrecins ou non. Si traiterons
en ceste partie de trois manieres de larrecins, et dirons premierement quel coze est larrecins [a].

2. Larrecins est penre l'autrui coze el non seu de
celi qui ele est par corage de torner le en son porfit et
el damace de celi qui elle fu.

3. Li apers larrecins si est celui qui est [1] trouvés
saisis et vestus de le coze emblée, tout soit ce c'on ne
le vit pas embler; car por ce l'apel'on larrecin, que li
lerres espie l'ore et le point que nus ne le voie; ne nus
plus apers [2] larrecins ne pot estre que cil qui est trovés
saisis et vestus de le coze emblée, ne il n'i a point de
difference s'on trueve le coze emblée sor li ou s'on li
voit geter hors d'entor li, quant on le suit por prendre;
car autant vaut s'on li voit geter ou queoir d'entor li,
comme s'il estoit pris à tout.

4. Aucun larron sunt qui, par malice, le coze qu'il
ont emblée baillent autrui à garder, porce que se li
larrecins est sivis, qu'il ne soit trovés saisis et vestus et
qu'il se puist destorner s'on en prent cheli qui n'i a
coupes et nie [3] le fet. Quant tix cas avient, se cil qui
est pris à tout le larrecin pot trouver son garant qui li

---

[1] B. *Larrecins est.* A. — [2] *Espers.* B. — [3] *Nier.* B.

[a] Presque toutes les chartes des communes contiennent des dispositions sur le vol (*Ordonnances*, t. XI, Table des matières, p. cl,
au mot *Vol*), et les jurisconsultes du XIIIe siècle se sont attachés,
comme Beaumanoir, à définir ce délit et à déterminer les peines qui,
selon les usages des pays où ils vivaient, devaient servir à le réprimer;
mais aucun n'a apporté dans ses explications autant de précision que
le bailli de Clermont. Voyez *Fleta*, l. I, c. xxxvi et xxxvii; Britton,
c. xv, p. 39; *The Myrror of justice*, c. i, sect. ix; *Ancien Coustumier de Normendie*, c. lxxi; *Las siete partidas*, t. XIII et XIV.

bailla, il est delivrés; et s'il ne pot, si comme s'il s'en est fuis ou s'il est en liu qui ne pot estre justiciés, bone renommée pot bien aidier à celi qui est pris à tout le larrecin. Et plusors demandes li doit on fere, car s'il a coupes en le coze, pas diverses demandes porra estre atains du fet. Et se li pot avoir loiele espurge, il est moult [1] grans mestiers; si comme s'il dist le liu où il estoit quant li larrecins fu fes et le proeve, et on voit que ce fu en tel liu qu'il ne pot pas fere le larrecin; et se cil se trait avant qu'il tret à garant, et li nie qu'il ne li bailla pas : gages en poent nestre, et si l'avons veu debatre, neporquant li gage furent jugié. Mes ce doit estre gardé entre persones souspechonneuses; car se uns hons de malvese renommée acusoit un home de bone renommée de tel cas, il ne devroit pas estre oïs, porce que nus lerres saisis et vestus n'est qui ne meist volentiers son fet sor autrui por escaper de son meffet; et por ce doit on moult regarder en tel cas entre queles persones tex acusemens gist.

5. Li larrecins qui n'est pas apers [2], mais toutes voies il se prueve par presontions, si est de cix qui sunt pris par nuit, en autrui mesons, par force ou à cri ou ahu, par sousclaves ou par esqueles ou par fenestres [3] ou par fosses fere avant qu'il aient fet le larrecin; et par [4] cix meismes qui sunt pris saisi et vestu, qui sont de lor compaignie à cix qui vont de nuis; et tix manieres de larrecins se pruevent par malvese renommée ou par manaces, si comme s'il manacerent celi en qu'il [5] meson il furent trouvé outre hore à fere damace.

6. Li larrecin qui sunt en doute, si sunt cil dont

<hr>

[1] B. — [2] Espers. B. — [3] Manque dans B. — [4] Pour. B. — [5] Qui. B.

on n'est pas pris saisi et vestu, mes li larrecins est trovés en lor liu; si comme quant aucuns a perdu, et il
fet garder, par le justice, par les mesons des voisins,
s'on trouvera le coze emblée, et on le trueve en le
meson d'aucun : en tix larrecins a grant doute, car il
pot[1] estre que li sires de le meson ne l'embla pas, mes
aucuns de se mesnie ou aucuns de ses voisins, et mist
le larrecin par haine ou por soi escuser du meffet; et
por ce, quant tel larrecin sunt fet, le justice doit
penre toz les souspeçonneus et fere moult de demandes,
por savoir s'il porra fere cler ce qui est orbe. Et bien
les doit en longe prison tenir et destroite, et toz cex
qu'il ara souspechonneus par malvese renommée. Et
s'il ne pot en nule maniere savoir le verité du fet, il
les doit delivrer, se nus ne vient avant qui partie se
voille fere d'aus acuser droitement du larrecin.

7. Cil qui tient[2] le coze emblée à essient et set qu'ele
fu emblée, et cil qui le porçace[3] à embler, et cil par qui
conseil elle est emblée et par quel consentement, et cil
qui partist à le coze emblée, tout ne fust il pas au larrecin fere : tous cil sunt coupable du larrecin, aussi
bien comme s'il y eussent esté, et doivent estre justicié
por le fet, quant il en sunt ataint.

8. Cil est bien atains de receter larrecin, contre qui
il est prové qui prist loier du garder à autrui ce qu'il
savoit bien qui estoit emblé[4] à autrui persone qu'à celi
qui li bailla, ou qui l'açata à meure pris le moitié qu'ele
ne valoit, et bien savoit qu'ele[5] estoit à autrui qu'à celi
qui le vendoit : et por ce doit il estre pusnis du fet.

---

[1] *Pot bien.* B. — [2] *Rechoit.* B. *Reçoite.* T. — [3] *Pourçacha.* B. —
[4] *Manque dans* B. — [5] *Que la chose.* B.

9. Il est bien ¹ resons que cil soit coupables du larrecin, qui enfet fuir les bestes d'aucun en tel liu que
ses compains ² les puist embler, ou qui donne liu au
larrecin fere ; si comme aucuns de me mesnie oevre
l'uis as larrons, ou s'aucuns est establis à garder mes
biens quels qu'il soient et il fet lieu à essient as larrons
por embler les; et de ceste maniere de larrecin a on
trouvé plusors sergans qui estoient establi à garder
bois ou viviers ou garennes, et sofroient à essient que
li larrons en fesoient damace, par loier ou por partir à
eus au larrecin : et tex manieres de sergans doivent
estre plus haut pendu qu'autre larron, porce c'on se
fioit en eus de le garde qu'il avoient pramise.

10. Chil est fors lerres qui vent coïvre ³ por or, ou
estaint por argent, ou pierre de voirre por pierre pre-
cieuse, car se tele maniere de larrecin pooit corre
sans estre justiciés comme lerres, moult de gent porroient estre deceu par tix qui oevrent d'or et d'argent,
et par autres. Et por ce cil qui vent lix cozes doit dire
le verité de le coze qu'il vent et de quel metail et le
matiere de quoi ele est, et s'il en est trovés à menchongne, il doit estre justiciés comme lerres. Et por
ce dist on : « marcheant ou larron. »

11. Aucun larron sont qui n'osent fere le larrecin
ne fere fere par persones souspechonneuses, mais il
le font fere par les fix ou par les filles des prodommes
à lor peres et à lor meres, porce que s'il sunt percheu⁴,
li pere et les meres s'en taisent por le honte de lor
enfans covrir; et s'il ne s'en ⁵ voelent taire que toutes

<hr>

¹ B. — ² *Compaingnon.* B. — ³ *Conduire.* B. — ⁴ *Apercheus.* B. —
⁵ *Se.* B.

voies qu'il soient escusé, porce qu'il sunt sous aage
et en le poeste de lor peres ou de lor meres. Mais ce
ne vaut riens à cix qui ce lor font fere, car tout en
soient li enfant delivre, li recetcur et cil par qui il le
font, doivent estre justicié por le meffet.

12. Ne se fie nus de fere si vilaine coze comme de
larrecin por lignage ne por autre coze, car cil qui sunt
en aage de quinze ans ou de plus, soit à pere ou à
mere ou à autre, il ont deservi à estre justicié comme
larron, tout soit ce que li aucun en aient esté deporté
por l'amor des peres ou des meres. Neporquant, en tel
cas pot en avoir liu [1] misericorde; si comme se li peres
et le mere sont rice et, par malvesté ou par angoisse,
sans le meffet des enfans, il ne lor voelent doner lor
soustenance, et li enfant, por lor vivre, prennent de
lor pere ou [2] de lor mere : en tix cas en doit on avoir
pitié, s'il n'emporterent parties soufisans quant il se
partirent de lor mainburnie, car s'il avoient le lor
folement aloué, il n'ont pas à retorner ne à recouvrer
à lor peres ne à lor meres sans lor volenté.

13. Aucune fois avient il que aucuns prent le coze
de son parent ou de son voisin ou de son ami, sans son
seu et en derriere de li; si comme il avenroit que
g'iroie en le meson d'un mien ami por emprunter son
ceval, et je trouveroie le ceval en l'estable, et non
pas le segneur, et je, par le fiance que j'aroie à li,
emmenroie le ceval; et cil qui le cevax seroit s'en
courouçoit quant il le saroit et me vaurroit sivir de
larrecin, si comme il avient c'on quide tel à son ami
qui ne l'est pas : se tix cas avient, on doit moult re-

---

[1] *Puet on avoir.* B. — [2] B. *Et.* A.

garder s'il avoit entre noz deus saullant d'amor ou
compaignie, si comme s'il me presenta onques l'ayde
de li ne de ses cozes, et par quele reson je me fioie tant
en li ; et s'on voit familiarité, il ne doit pas estre oïs
de le porsuite du larrecin contre mi, porce c'on doit
croire que je ne pris pas le coze par corage de larrecin. Neporquant, por soi oster de toute souspechon, il
est bon que cil qui le prent, le prengne à le seue ou à
le veue de se mesnie ou de ses voisins ; et comment
qu'ele soit prise, se cil veut qui le coze est, il pot
ravoir se coze, et en pot celi trere en damace de l'a-
mende d'autrui coze prise sans son congié, le quele
amende est de soixante sous, car elle pot estre tornée
à nouvele dessaizine. Et por ce se doit on bien garder
en qui on se fie tant c'on prengne sans son congié se
coze.

14. Çascuns pot porsivir le larron qui est saisis et
vestus, soit de sa coze soit de l'autrui, soit en se justice soit en l'autrui, et arester les[1] et prendre, en
quelque liu qu'il le truist, hors de liu saint, et bailler
le à le justice du liu ; car c'est li communs porfis que
çascuns soit sergans et ait pooir de penre et d'arrester
les malfeteurs ; ne le justice en qui tere le prise est
fete n'en empire pas, ançois en esclarcist, car à li en
apartient le justice et l'exccussion del meffet. Mes autrement est de cix qui ne sont pas saisi et vestu, car
s'aucuns le veut acuser[2] du larrecin ; il le doit acuser
par devant le segneur desoz qui il est couquans et
levans, s'il a arrestance ; car s'il n'a point de certain

---

[1] B. *Loi.* A. — [2] *Encuser.* B.

liu là u il demeure, si comme moult de gent qui n'ont
point d'arestance, cil qui en justice il est arestés, por
li sivir de vilain cas, en doit avoir le connissance.

15. Nus ne pot autrui sivir de larrecin se le coze
ne li a esté emblée, ou s'il n'a damaces en ce que autres le perdi, ou s'il n'est pris saisi du larrecin, si
comme dit est. Il a bien damace, se li coze emblée li
estoit prestée, par quoi il le pot sivir, car s'il ne queroit qu'il le r'eust[1], il li convenroit rendre[2] le damace
à celi qui li aroit prestée. Et si y a bien damace, s'il est
hoirs de celi qui le coze perdi, car elle li peust venir.
Et si y a bien damace se le coze li estoit baillié à garder, et il ne perdi fors ce qu'il avoit en garde; car il
est tenus à rendre le à celi qui en garde li bailla, puis
qu'il ne perdi riens du sien; et por ce pot il sivir le
larron en toz tex cas. Mes se cil qui le coze li presta
ou bailla en garde, veut porsivir le larron de le coze
qu'il bailla en le main d'autrui, fere le pot, et si tost
comme il le porsuit du larrecin, cil à qui le coze fu
baillié en garde ou prestée, est delivres, car il ne pot
pas l'un porsivir de coze prestée ou baillié en garde et
l'autre de larrecin d'une meisme coze, ançois se doit
tenir au commencement au quel il li plera à porsivir,
celi à qui le coze fu baillié ou celi qui à celi qui ele
fu baillié[3] l'embla.

16. Se une coze est louée à aucun et ele est emblée, le porsuite en apartient à celi qui le loua, car il
est tenus au rendre le coze qui li fu louée o tout le

---

[1] *Que il l'eust.* B. — [2] *Que il restorast.* B. — [3] *Ou chelui qui à chelui la choze fu baillié embla.* B.

louage qui fu convenenciés. Neporquant, s'il ne l'a de quoi rendre, cil qui le coze li loua le pot porsivir où que le coze soit alée, soit par larrecin ou par autre maniere; car çascun a loi de demander ce qui doit estre sien à celi qui le tient; et cil qui le tient, s'il l'a d'autrui main que de celi qui le calenge, quiere son garant; et comment il le doit querre, il est dit el capitre de porter garantie [a].

17. S'aucuns tient un larron en prison ou il l'emmaine pris, et on li brise se prison ou on li resqueut à force, par quoi li lerres escape, cil qui le prison brisierent ou qui le rescousse firent, doivent estre pendu, car il tolerent justice à fere. Et aussi entendons noz des rescousses qui sunt brisiés por tix sauver de mort qui par droit ont mort deservies; et aussi de cix qui abatent les fourques et qui despendent les pendus.

## *Explicit.*

Ci define li chapitres des larrecins apers [1].

## CAPITRES XXXII.

De dessezine, et de force, et de nouviau tourble, et comment on en doit ouvrer; et de l'obeissance que li ostes doit à sen seigneur [2].

1. Après ce que nous avons parlé de plusors meffès et des cas de crieme et d'autres et de le vengeance qui appartient à çascun meffet, il est bon que noz parlons en cest capitre d'autres manieres de meffès, sor les quix li rois a establi novele voie de justicier et novele

---

[1] B. — [2] *Et.... seigneur* manque dans A.

[a] Chapitre xliii.

L.                                                                        3o

vengance contre cix qui les font. Et cil meffet de quoi
noz volons traitier, sunt devisé en trois manieres, c'est
à savoir : force, novele dessaisine et nouvel tourble. Si
desclairons quel coze est force et quel coze est novele
dessaisine et quel coze est novel torble, et comment
on se doit plaindre de ces trois cozes, ou de çascune à
par soi [1], quant on en a mestier; et si dirons comment
cil qui tiennent le liu du conte en doit ouvrer, selonc
l'establissement le roi [2].

2. Nouvele dessaisine, si est s'aucuns emporte le
coze de le quele j'aurai esté en saisine an et jor pesivlement. Por ce, se je tieng le coze ou voil esploitier, de
le quele j'arai esté an et jor en saisine pesivlement, et
on le m'oste de me main ou de le main à mon commandement, ou on me veut oster me coze à grant
plenté de gent ou à armes, si que je n'i oze estre por
peur de mort, en tel cas ai je bone action de moi plaindre de force ou de novele dessaisine. Vos poés savoir
que nule tex force n'est sans novele dessaine, mais no-

---

[1] B. *Li.* A.

[2] L'auteur parle ici de Philippe-le-Hardi, qui rendit une ordonnance relative à la dessaisine, dont on ne trouve nulle part ailleurs la
mention. Laurière (Note sur le chapitre ıv du premier livre des Établissements, et *Glossaire du Droit français*, t. I, p. 274) attribue à
saint Louis ce qui fut décidé sur cette matière pendant le xıııᵉ siècle;
or, le chapitre ıv, livre I, des Établissements, ne contient pas, à beaucoup près, des dispositions aussi étendues et aussi précises que celles
qui se trouvaient dans l'acte de Philippe III, et il faut reconnaître
que c'est à ce prince qu'appartient l'honneur d'avoir fixé les règles
d'une matière de droit féodal et civil qui était très-importante à une
époque où la propriété reposant rarement sur des titres positifs et
incontestables, le législateur se trouvait forcé d'accorder à la simple
possession une autorité souvent trop grande. Voyez les chapitres xxxıı,
xlıı, xlıv et xlv de Britton.

vele dessaisine est bien sans force, si comme il est dit dessus.

3. Nouviax torbles, si est se j'ai esté en saisine an et jor d'une coze pesivlement et on le m'empecque, si que je ne puis pas goïr en autele maniere comme je fesoie devant, tout soit ce que cil qui m'empecque n'emport pas le coze. Aussi comme s'on oste mes vendengeurs ou mes ouvriers d'une vigne ou d'une terre dont j'aroi esté en saisine au et jor, ou en assés d'autres cas sanllavles : ce sont nouvel torble, et me puis plaindre et ai bone action de moi plaindre, si que le coze me soit mise arriere en pesible estat. De ces trois cas de novele dessaisine, de force et de novel torble, est il ordené et establi comment on en doit ouvrer par une novele constitution que li rois a fete en le maniere qui ensuit.

4. S'aucuns se plaint d'une novele dessaisine, s'il est gentix hons, il doit estre ajornés à quinzaine, et s'il est de poeste, il doit estre ajornés d'ui à demain, et li ajorné doivent venir sans contremander; adonques doit cil fere son claim en ceste maniere : « Sire, « veschi Pierres qui m'a dessaisi de novel de tele coze »; et le doit nommer, « de le quele j'avoie esté en saisine « pesible an et jor. S'il le connoist, je requier à estre « resaisis; s'il le nie, je l'offre à prouver. » Et se le coze li fu ostée à force, il pot metre le force en son claim aveques le novele dessaisine. Et s'on ne li fist force, n'on emporta pas le coze, mais on li empeequa, si que il n'en pot uzer en le maniere de devaut, il doit fere sou claim sor novel torble; et quant li clains est fes, li quens doit contraindre le partie à connoistre ou à nier. Mes tant y a de delai, que, s'il veut, il ara

jor de veue; et au jor de veue, li quens doit envoier,
et s'il trueve le liu dessaizi, il le doit fere resaizir tout
à plain, avant qu'il en oïe nules deffenses du deffendeur; et le liu resaisi, il doit tenir les cozes en le main
le conte, et puis connoistre le novele dessaizine après
le jor de veue.

5. Se cil qui dist¹ pot metre en voir qu'il avoit esté
an et jor pesivlement, par le connissance de son adversaire ou par proeves, se il est nié qu'il avoit esté
en saisine an et jor pesivlement de le coze dont il est
dessaisis, il doit estre resaisis tout à plain; et cil qui
le dessaisi le doit amender au conte de soixante sous.
Et s'il ne le pot prover ou li deffenderes met bones
resons avant par quoi il n'i a nule novele dessaizine,
il quiet en tele amende et dequiet de se querele.

6. Quant ples de novele dessaisine est falis, cil qui
pert sa saisine pot fere rajorner sor le proprieté celi
qui emporte le saizine; mais que ce soit dedens l'an
et le jor que le saizine li fu baillié; et s'il laisse passer
l'an et le jor, il a renoncé à le proprieté et ne l'en pot
jamès riens demander.

7. Se çascune partie dist qu'il est en le deerraine
saisine d'an et de jour pesivlement, prueves doivent
estre oyes de çascunne partie; et qui mix proeve, il en
doit porter le saizine.

8. Mes hons ou cil qui de moi tienent, ne se poent
plaindre de moi de novele dessaisine, por coze que je
prengne ne ne saisisse en coze qu'il tienent de moi;
car entre segneur et tenant n'a point de dessaisine;
porce que, par moult de resons, pot li sires penre et

---

¹ *Se chelui qui se deut.* B.

saizir en ce qui est de li tenu. Donques, cil qui se
plaint de novele dessaizine de son segneur de qui il
tient le coze, il l'amende au conte de soixante sous,
et est renvoiés en le cort de son segneur por penre
droit, s'il le voelent demander par autre voie que par
novele dessaizine.

9. Qui se veut plaindre de force, de novele dessaizine ou de novel torble, il s'en doit plaindre avant
que li ans et li jors soit passés puis le dessaizine; et s'il
lait l'an et le jor passer, l'action qu'il avoit de novele
dessaizine est anientie et ne pot mes pledier fors sor le
proprieté.

10. L'amende de novele dessaizine, qui en est atains,
est toute autele au gentil home comme à l'omme de
poeste, c'est à savoir de soixante saus.

11. De le coze de quoi on se plaint de nouvele dessaizine, de force ou de nouvel torble doit on sievrre
en haste de juge; si comme s'on me soie mes blés ou
vendenge mes vignes ou fauque mes prés ou caupe
mes bois, sitost comme il est denoncié au conte, il
doit penre le coze en se main et esploitier sauvement,
et puis demener le plet de novele dessaizine en le maniere qui est dite dessus.

12. S'aucuns me deffent, à qui je ne sui pas tenus
à obeir, que je n'esploite ne ne lieve aucunne coze,
je n'ai pas action de novele dessaisine devers[1] li, que[2]
je ne doi pas lessier à esploiter por se deffense de ce
de quoi[3] je sui en le saizine.

13. Cil qui tient autrui terre à ferme ou de grain
ou de denier, à certain tans, se li tans est passés et je

---

[1] *Envers.* B. — [2] *Car.* B. — [3] *Che de quoy.* B.

me remet en me terre, il ne se pot pas plaindre de
moi de novele dessaizine. Et aussi s'il l'a par reson de
gage ¹ qu'il ait engagié à anées, et les anées sunt hors,
et je rentre en le coze, il n'a pas action de novele dessaisine vers moi, car male coze seroit se cil qui tient
mon heritage à gage ou par reson d'engagement,
après son tans passé pooit aquerre saizine contre moi.
Mes se je li oste le coze le tans durant de son engagement, il a bien action de nouvele dessaizine contre
moi.

14. Li ² sergans qui a levée et mainburnie me coze,
et je li oste le pooir de ma coze recevoir, il n'a pas
action contre mi de novele dessaizine.

15. En aucun cas me puis je bien plaindre de novele dessaizine, tout soit ce que je n'aie pas esté en
saisine de le coze dont je me plains, an et jor; si
comme se je sui en saizine d'un queval ou d'une autre
beste ou de denier ou de mueble quel qu'il soit, ou
d'aucune despuelle que j'ai gaignié et labourée en mon
nom, sans auctorité d'autrui : se on m'oste aucunne de
ces cozes et je le requier, je doi estre resaisis, et quiet
cil en amende; mes, moi resaisi, se cil qui le m'osta
prueve le coze à soie, il le r'aura. Et par ce pot on entendre c'on pot bien estre resaisis de tel coze par coustume c'on en porteroit après le hart, si comme s'on
avoit le coze dont on seroit resaisis, mal tolue ou emblée ³, et il est prové clerement.

16. Une ⁴ feme qui tient en doaire, s'on le despuelle
de son doaire, se pot bien plaindre de novele dessaizine,
tout soit ce contre l'oir à qui le coze venroit se le

¹ B. *Muiage.* A. — ² *Mon.* B. — ³ *Mal emblée.* B. — ⁴ *S'une.* B.

feme estoit morte, car il n'i a riens tant comme ele vive.

17. Uns chevaliers proposa contre un autre chevalier qu'il avoit retenu en se vile de novel un sien oste, li quix ostes avoit manu dessoz li, par le reson de s'ostise, un an et un jor, et s'en estoit partis, sans ce qu'il n'avoit se masure donée, vendue, quitée, ne laissié oste dedens, ançois l'avoit laissié toute gaste et toute wide, par quoi il requeroit qu'il fust contrains à ce qu'il renvoiast¹ son oste couquant et levant dessoz li, si comme il avoit esté, tant qu'il eust fet envers li de s'ostise ce qu'il devoit. A ce respondi li chevaliers, qu'il n'estoit pas tenus à ce fere, car il loisoit à cascune france persone à aler manoir quel part qu'il li plest, et à¹ laissier s'ostise au segueur por les rentes, par quoi il voloit qu'il demorast desoz lui comme son oste tant qui li pleroit; et sor ce se mirent en droit. Il fu jugié qu'il li renvoieroit couquant et levant desoz li, et qu'il ne le pooit receter devant qu'il aroit fet son devoir de s'ostise envers son segneur, par quitance ou par vente ou par escange. Mes ces voies ne pot li sires deffendre à son oste, puis qu'il est ses frans ostes sans servitute. Et fu encore dit à cel jugement fere, si comme il avoient oï tesmongnier à lor peres et à lor aieus, que ceste concordance fu fete entre le conte Raoul de Clermont² et ses homes de le conté de Clermont,

---

¹ *A che que il li envoiast.* B. — ² B.

² Raoul de Clermont, successeur de Renaud, son père, connétable de France sous Louis-le-Jeune, accompagna Philippe-Auguste à la Terre-Sainte, et mourut au siége d'Acre, dans le mois de juillet 1191.

porce que li quens Raous avoit fet crier, el liu de le Vile Noeve en Hes, frances masures et à petites rentes, et les donoient à cix qui y venroient abiter france- ment, et uzage au bois sec ¹ en la forest de Hes; et, por le francize et l'aaisement, li hoste de ses homes y venoient, sans fere envers lor segneurs de lor ma- sures ce qu'il devoient, ançois les laissoient gastes. Si en furent plaintiv li home au conte Raoul lor segneur, et adont il fu acordé, entre lor segneur et eus, qu'il ne porroient receter les ostes li uns de l'autre devant qu'il aroient fet de lor ostise lor avenant à lor signeurs, si come il est dit dessus ².

18. Çascuns doit savoir que, puisque j'ai ajorné mon home ou que je le tieng en plet par devant mi, il ne pot laissier m'ostise, l'ajornement ou le plet pendant, ançois convient qu'il se delivre avant du plet ou de l'ajornement, soit contre mi soit contre autrui; et puis, quant il est en se delivre, sans plet et sans jor, il pot aler manoir où il veut; mes qu'il face de s'ostise ce qui est dessus devisé.

19. On ne pot pas, par nostre coustume, contraindre son oste à ce qu'il doinst ou qu'il plege s'il ne li plest, mais on le pot contraindre qu'il pait les cens et les rentes qu'il doit de se masure; et en aucun liu est il c'on pot penre en çascun ostel une queute ³ por les sor- venans, mais ce n'est pas partout. Et por ce, el cas de le queute penre, on en pot uzer es liex où on en a uzé pesiblement, et es autres lix non.

20. Çascuns sires pot penre ses hostes à son besoing,

---

¹ B. C'est. A. — ² B. — ³ Coute. B.

por son cors ou por se meson garder, dedens le fief
où les ostises sunt mouvans, et autre part non. Et
s'il les maine hors du fief par lor volenté, por son
besoing, il doit à çascun à pié, huit deniers por se
jornée, et s'il est à queval, deux saus. Neporquant,
il ne sunt pas tenu à issir hors du fief s'il ne voelent,
s'il n'est ainsi que li quens semongne ses homes et
qu'il lor commant qu'il aient lor ostes en certain
liu, dedens le conté, car en ce cas ne se poent escuser li hoste le conte, ne li ostes des sougès, qu'il n'i
voisent.

21. En aucuns liex est il, dedens le conté, que li oste
d'aucun doivent par an certaine somme d'argent, par
reson de taille, aveques lor cens et lor rentes. Mes noz
ne savons nul liu en le conté où on les puist tailler à
volenté, si comme on fet en moult de païs. Mes quant
il doivent par reson de lor fres communs et de lor aisemens, et il a contens au paier, li sires pot asseoir sor
çascun selonc son avenant.

22. Aucune fois avient que aucuns est plaintis de
novele dessaisine, et proeve qu'il a esté dessaisis de
novel, si que il convient qu'il soit resaisis ; et après cil
qui dessaisi avoit et a resaisi, a bien action de soi plaindre de novele dessaizine, de celi meismes qu'il a resaisi
par jugement, et de le coze meisme dont le resaizine
est fete. Et veons comment, car aucunes gens quide-
roient, quant ples a esté de novele dessaizine et cil
qui se plaint est resaisis, qu'il n'i puist jamès avoir
plet de nouvele dessaizine, mes si fet en aucuns cas,
et dirons comment.

23. Pierres estoit entrés en une tere el mois de mars
et le fist arcer et semer pesivlement, et quant vint à

l'aoust¹, et² il quida l'aveine soier³, et tout presentement la terre despoullier de celle année⁴, et y estoient
si ovrier jà dedens pour queillir les biens⁵, adont vint
Jehans et en osta les ouvriers dudit⁶ Pierre et contre
son gré, et y mist les siens ovriers, et emporta, que lui
que sa mesnie, l'aveine⁷. Adont fist Pierres ajorner
Jehan sor novele dessaisine, et quant il vinrent en cort,
Pierres requist à estre restablis de l'aveine que Jehans
en avoit emporté, le quele il avoit arrée et semée et
laborée paisivlement et y estoit entrés pesivlement⁸,
qu'onques nus à celui temps de lors n'i mist arrest ne
contens pour debatre le labourage⁹. A ce respondi
Jehan, qu'il li connissoit moult bien que Pierres avoit
le terre laborée et semée et entrés el soier, mes à tort
l'avoit fet, si comme il disoit, car le terre estoit soie;
mes il n'i estoit pas entrés par li, par quoi il ne voloit
pas estre tenus à li resaisir ne restablir; et mesment,
porce que Pierres ne disoit pas qu'il eust esté en saisine an et jor, par quoi il ne pooit demander saisine,
comme il fust aparelliés de prover que li heritages fust
siens; et sor ce se mirent en droit : se Pierres seroit
restablis ou non. Il fu jugié que Pierres seroit resaisis et
restablis de l'aveine¹⁰, le quele il avoit laborée pesivlement, tout n'eust il pas esté en saisine an et jor. Et par
cel jugement pot on veoir que, de quelque coze je soie
en saisine, et que le saisine soit bone ou malvese, et

---

¹ *Au mois d'aoust.* B. — ² *Que.* B. — ³ Manque dans B. — ⁴ *Et tout.... année* manque dans A. — ⁵ Manque dans B. — ⁶ *Qui i estoient de par le dit.* B. — ⁷ *Toute la despueille de chelle année.* B. — ⁸ *Le quele il avoit toute labourée dou sien propre et semée bien paisible-ment.* B. — ⁹ *Qu'onques.... labourage* manque dans A. — ¹⁰ *L'an-née.* B, comme précédemment.

de quelque tans que ce soit, soit graus ou petis, qui
m'oste de cele saisine sans jugement ou sans justice,
je doi estre resaisis avant toute oevre, se je le requier.
Dont, s'il avenoit que uns lerres eust emblé aucunne
coze, et cil qui le coze seroit le tausist au larron sans
justice, et li lerres requeroit à estre resaisis, avant
toute oevre il le resaisiroit, et puis li convenroit trover bon garant de le coze, ou il seroit justiciés du
meffet.

24. Or veons comment cil qui est tenus à resaisir
par jugement, se pot puis plaindre de novele dessaisine
de celi qu'il a resaisis et de ce meismes dont il l'a resaisi. Quant Jehan out[1] resaisi de l'aveine dessus dite et
aempli le jugement, il fist Pierre ajorner, qui resaisis
estoit, sor novele dessaisine, et proposa contre li, qu'à
tort et sans cause estoit entrés en le saisine et en le
possession de son heritage, et sans saisine de segneur,
et de novel puis un an et un jor, pourquoi il requeroit
que cele saisine fust ostée à Pierre et baillié à Jehan,
comme à celi qui avoit esté en le derraine saisine de
un an et un jor, et dusqu'au jor qu'il entra en le terre
por[2] laborer et semer. A ce respondi Pierres, qu'il avoit
pledié au dit Jehan de cele meisme coze et sor novele
dessaizine, et li avoit esté livrée le saisine par jugement, par quoi il ne voloit estre tenus à nule resaisine
fere ne à respondre, se n'estoit au plet de le propriété,
quant il seroit sor le proprieté ajornés, et sor ce se
mirent en droit. Il fu jugié que Pierres respondroit
au claim que Jehans avoit fet contre li; car por ce se
Pierres avoit esté resaisis de ce dont il avoit esté tro-

---

[1] B. *Est.* A. — [2] B.

vés en saisine, et il n'avoit maintenu le saisine d'un an
et un jor entierement, ne demore pas ' que Jehans qui
maintenoit se saisine d'un an et un jor entierement,
ne se peust plaindre de novele dessaisine de Pierre qui
derrainement estoit en le saisine entrés et n'i avoit pas
esté an et jor.

25. Tout aussi comme il se convient plaindre de
novele dessaisine dedens l'an et le jor qu'ele seroit fete,
ou en n'en seroit² puis oïs, tout aussi qui se veut
plaindre que force li ait esté fete, jà soit ce qu'il n'i
ajouste pas novele dessaisine en son claim, doit il fere
son claim et se plainte dedens l'an et le jor que le force
li est fete, ou il n'en doit pas puis estre oys, se ce
n'est sor le proprieté de le coze et les perix de le force
mis tout hors.

26. S'on me vout me coze efforcier, je le puis bien
rescorre à force, se le force en est moie; mes que ce
soit presentement quant on me veut le force fere, et
que ce ne soit contre le segneur qui de le coze me pot
justicier. Mes se j'atent tant c'on en ait me coze em-
portée à force, je ne l'ai pas à reporcacier par force
mes par justice, et requerre que drois me soit fes et
me coze rendue.

27. Male coze seroit se on me toloit mon ceval ou
voloit tolir, et j'avoie pooir du rescorre, se je ne le
pooie rescorre sans estre justiciés de³ le justice. Mais se
le force n'est pas moie, si que il m'est tolus et en est
li toleres en saizine, je ne le doi pas aler retolir, mais
arester le puis fere par le justice et moi plaindre de le
taute. Et se li quevaus est conneus à miens, il me doit

---

¹ Por ce. B. — ² Est fete en l'an ou en n'en seroit. A. — ³ De par. B.

estre rendus, ou se je le proeve; ne on ne doit nul
gage recevoir en tel cas, car se li toleur et li robeur
pooient venir à gages de lor meſſès, il s'ameroient mix
à ¹ combatre qu'à estre pendu sans bataille, por esperance d'escaper; et male ² coze seroit s'il me convenoit
combatre por mon ceval qui m'avoit estés tolus et
c'on saroit communement qu'il seroit miens. Neporquant, cil à qui je metroie sus le taute, porroit alliguer
tel cause et estre de si bone renommée que sor le
proeve de le cause qu'il alligueroit, porroient cair li
gage; si comme s'il me metoit sus que je li eusse vendu
ou doné por son service ou presté, et je ne pooie le
taute prover et je li nioie le don, le prest ou le vente :
bien porroit venir à gages. Et tout autel comme noz
avons dit du queval, entendons nous des autres cozes
tolues ou efforciés.

28. Il soloit estre que ³ aucuns gentix hons qui avoit
justice en se terre, prenoit sor un autre gentil home
que cil sor qui il ⁴ prenoit, ne ⁵ r'aloit pas tant solement querre le coze qui li avoit esté tolue ou efforcié, mais, quanques il pooit trover de chose au
gentil home qui ce li avoit fet, en se terre ⁶, il prenoit; et porce que c'estoit droitement mouvement
de guerre et de mortix haines, tix contregagement
sunt deffendu du pooir et de l'auctorité du souvrain
le roy de France. Et est li establissemens ᵃ tex, que
se je me doil de me coze c'on m'ait tolue ou efforcié,

---

¹ *Trop durement.* B. — ² *Et trop male.* B. — ³ B. *Quant.* A. —
⁴ *On.* B. — ⁵ *Ne le.* B. — ⁶ A ajoute, mais à tort : *ou en la terre de
celi qui ce li avoit fet.*

ᵃ L'ordonnance sur la dessaisine, dont il a été parlé précédemment.

et je le vois requerre par force ou autre coze de celi
qui ce m'ara fet, je suis tenus à celi resaisir por le
reson de le contre prise et à li rendre son damace
que je li arai fet en contreprendant. Et sui queus
en l'amende le roy, porce que je suis alés contre son
establissement, lequele amende, se je sui gentix hons,
est de soixante livres, et de poeste, soixante saus. Et
neporquant l'amende n'est pas si taxée que se li rois
voit qu'aucuns de ses barons, ou des nobles homes
poissans de son roiamme, face tix contregagemens,
que il n'en puist bien plus grosse amende lever; car
de tant comme li home est plus fors et plus poissans,
de tant fet il plus grant despit au roi quant il va contre
l'establissemens que li rois a fet por le commun porfit
de son roiamme.

29. Aucune fois avient il que cil qui font ajorner
sor novele dessaizine, quant ce vient à lor claim fere,
metent tout ensanlle en lor claim novele dessaisine et
proprieté; si comme se Pierres dist que Jehans l'a dessaisi de novel de l'iretage dont il avoit esté en saisine
an et jor, et puis dist dix ans, vingt ans ou de tel tans
que le coze li est aquise par longe tenure. Et quant
tex cas avient, li ples doit estre demenés selonc ce
c'on doit demener plet de proprieté, ce est à dire que
Jehans, qui fu ajornés sor le novele dessaisine et fu
toutes voies trouvés en pesible saisine de le coze, aura
les delais que coustume donne en plet de proprieté,
et aura Pierres renoncié à l'establissement que li rois
a fet de noveles desšaisines, porce qu'il fonda le plet
sor le proprieté.

30. S'il avient qu'aucuns plede tant solement sor
saisine et il gaaigne le saisine par jugement, et cil qui

pert le saisine le fet rajorner sor le proprieté, et le gaaigne par jugement : li heritages li doit estre rendus aussi bons et aussi soufizans comme il estoit quant le saizine fu gaaignié contre li. Et se cil qui gaaigna le saisine leva aucune coze de l'iretage, le plet pendant de le proprieté, il doit rendre toutes les levées qu'il fist puis le jor qu'il fu ajournés sor le proprieté, tout fust ce qu'il eust gaaignié le saisine par jugement; car on gaigne souvent saisine, tout soit ce c'on n'ait point de droit el treffons de l'iretage. Et quant il apert c'on n'avoit point de droit en tenir le, dont apert il que ce qui fu levé fu levé à tort. Ne jugemens de saisine ne fet point de damace à celi qui le pert, fors en tant qu'il plede dessaisis dusqu'à tant que ses drois est conneus par jugement; et quant il r'aura le saisine par son droit, adont pot il demander les arrierages qui furent levé à tort. Et ce que noz avons dit de rendre tix arrerages, veismes noz passer par jugement en l'ostel le roy.

### *Explicit.*

Ci define le chapitre de nouvele dessaizine, et de force, et de nouvel trouble, et de l'obeissance que li ostes doit à sen seigneur.

## CAPITRES XXXIII.

De ce qui est fet par force ou par tricerie ou par trop grant peur ne fet pas à tenir[1].

1. Tous les damaces qui sont fet par force ou par triquerie doivent estre rendu, quant le force ou le

---

[1] T. *Comment on doit restorer damages.* A.

triquerie est provée, soit en cort laie ou en cort de
Crestienté, tex damaces c'on pot prover soufisamment
que on a eus par le reson du fet; car les despens qui
sunt fet en plet ne rent on pas par le coutusme de le
cort laie, mais à le cort de Crestienté les rent cil qui
eu quiet de quelque cause que ce soit.

2. Li pleges ouvra triqueressement qui bailla[1] ses
gages por son deteur, et après fist contraindre celi qui
le mit en pleges qu'il li rendist cent livres por ses
gages, et après il fist tant à celi à qui il avoit baillié
les gages, qu'il les ot[2] por soixante livres. Et quant
cel qui en pleges le mist, le sot, il vaut ravoir quarante
livres des cent livres qu'il li avoit bailliés; car il aparoit qu'il n'estoit damaciés por li que de soixante
livres, puisqu'il r'eut ses gages por tant, por toz despens et pour toz empiremens. Et li pleges voloit maintenir que les cent livres li devoient demourer, porce
qu'il disoit que li gage li eussent bien tant valut, et
tans que li deteres les tint, comme as soixante[3] livres
monte; et porce que li gage avoient esté tant gardé
qu'il estoient forgagié et en poioit li deteres fere se
volenté, et, s'il avoit fet son bon marcié, il ne voloit
pas que li porfis fust à autrui. Neporquant, ses resons
ne li valurent riens, ançois convint qu'il rendist ses
quarante livres des cent livres qu'il avoit levés; car
nus pleges ne doit enriquir de ce dont il est pleges, el
damace de celi qui en pleges le mist, mes tant solement estre desdamaciés et estre mis el point là u il
estoit quant il devint pleges.

---

[1] *Bailla tricheressement.* B. — [2] B. *Rent.* A. — [3] xl. A.

3. On ne doit pas oïr toutes persones en plet de triquerie; car se li fix veut pleder à son pere ou à se mere, en eus metant sus triquerie, ou li sergans à son segneur, tant comme il est en son service; ou li hons de fief à qui il est hons, tant comme il est en son hommage; ou li sires contre le franc home, ou li escommeniés, ou li parjures, ou cil qui sont ataint de vilain cas de crieme, tout soit ce qu'il en feissent pes, contre persones qui sont delivre de toz tix cas; ou cil qui sont difamé, contre cix qui sont de bone renommée : toutes tex manieres de gens ne sont à oïr en plet de triquerie, li un, porce qu'il sont en si vilain point qu'il sanlle que il meisme soient en estat de triquerie ; et li autre, por les obeissances que il doivent à¹ lor peres, à lor meres et à lor segneurs.

4. S'aucuns est atains de triquerie, on doit regarder le cas por quoi le triquerie fu fete. Se ele fu fete por heritage, ou por mueble, ou por autrui desheriter, ou por autrui fere despit ou vilonie, ou por cas de crieme : selonc ce que li cas est grans, on doit pusnir celi qui est atains de le triquerie et fere rendre les damaces qui par le triquerie furent fet. Et noz acordons, se le triquerie fu fete por autrui desheriter, ou porter faus tesmognage, ou por cas de crieme, que l'amende soit à le volenté du segneur de l'avoir que cil à qui fit la tricherie². Et se vilains fais avint par le triquerie, por lequel cas li feseur doivent recevoir mort; cil par qui le triquerie fu fete en doit porter autel paine comme cil qui le firent, car poi de diference a entre triqueur et traiteur. Car li triquierres

---

¹ B. Qu'il ont es. A. — ² Que.... tricherie manque dans A.

veut couvrir se triquerie, souvent avient, par beles paroles, et souvent avient qu'il le porcace si traitrement et si malicieusement, c'on ne pot avoir tesmoins encontre li.

5. Cil qui est acusés de triquerie se pot bien escuser et deffendre contre celi qui l'acuse, par gages de bataille, par nostre coustume, s'il li plest; ou, s'il li plest, il pot bien debouter celi qui l'acuse, porce qu'il est persone qui ne pot acuser de triquerie, se ne sont des persones qui sont dites ci dessus; ou se ce sont clerc qui voillent accuser home lai, porche qu'il ne pot entrer en gages; ou se c'est feme qui ait mari, et ele, sans l'auctorité de son mari, voille acuser de triquerie; ou procureres por zutrui, car procureur ne pot acuser de triquerie, se ce n'est en deffendant se querele; mes, en deffendant le querele son mestre, pot il dire que le coze fu fete malicieusement ou triqueressement, par quoi il ne veut pas qu'ele tiegne. Et quant il aura ce dit, jors li doit estre donnés d'amener son mestre, por savoir s'il vaurra porsivir droitement en se personne le plet de triquerie que ses procureres mist avant. Et s'il le veut porsivir, li ples tient; et s'il ne veut, il revienent au plet, en l'estat où il estoit quant li procureres proposa le triquerie; et adont, li procureur doit amender le vilonnie qu'il dist en cort à le partie que son mestre ne veut pas poursievir [1], mais l'amende n'est fors autele que de lait dit.

6. Se je convenence aucune coze ou donne, por ce que mi anemi estoient entré en me terre por mi venir penre en ma meson [2], bien le puis redemander, car j'ai

---

[1] B. *Que.... poursievir* manque dans A. — [2] *Prison.* B.

action de peur resnable, s'il est ainsi que mi anemi fussent tant que je ne me peusse pas deffendre d'aus par foible meson, ou porce que j'eusse poi de gardes en ma meson. Car se ma meson estoit bonne por mi deffendre et je, par me deffaute de cuer, ne m'osai deffendre : je ne m'acort pas que je r'aie ce que je donai, puis c'on n'avoit pas mise le main à moi, n'a me meson ; car cil qui est assalis se pot et doit deffendre.

7. Force est bien fete sans metre main ; si comme s'aucuns me veut efforcier mon blé ou mon vin ou mes autres cozes, et il vient armés, et me trueve desarmé et en non pooir de rescorre, et me dit, se g'i met le main, qu'il me mehaingnera ou m'ocerra ; se je, por ceste peur, y laisse à metre le main et il emporte me coze, bien me puis plaindre de force. Et se je en donnai aucune choze en cel point, por le sauveté de mon cors ou por le mien sauver, redemander le puis et le doi ravoir, car je le fis par peur.

8. Tout soit il ainsi que li gentil home, par nostre coustume, puissent guerroier et ocirre et mehaignier l'un l'autre, hors de trives et d'asseurement, por ce ne poent il pas penre li un de l'autre, ne ardoir l'un sor l'autre ; ançois s'il prenoient l'un sor l'autre par le guerre, il doit estre conté por roberie ; et s'il ardent l'un sor l'autre, il meffont as segneurs de qui les cozes sunt tenues, par quoi il sunt tenu à restorer les damaces au souvrain en quele terre il viennent et amender de l'amende de soixante livres. Car il ne sont pas tenus à destruire les terres ne les fiés as autres gen-

---

Trop peu de gens. B. T. — B. Seroit. A. — Na. B. — Bien.... choze manque dans A.— Car il apert que je le fis par droite paour. B.

tix hommes, quant il leur meffont d'aucunes chozes;
ainchois convient que quant il chieent en tel forfet,
que il l'amendent au souverain segneur, qui doit estre
par dessus, de soixante livres [1]. Mes arsions ou roberie
fete hors de tans de guerre, emporte plus grant paine;
car le cors en desert à estre trop griement justichiés [2].
Mes ceste paine oste le guerre et condampne tant solement au damace rendre et l'amende dessus dite.

9. On apele triquerie tout ce qui est fet à essient,
par menchongne c'on veut afermer por verité por autrui grever, tout soit il ainsi c'on ne mette pas en son
porfit ce qui par le triquerie est gaaignié. Et, quant
à Dieu, entre triquerie et larrecin a poi de différence.
Mais il avient à le [3] fois que aucuns fet aucune coze,
et sanlle qu'il le feist par triquerie, neporquant il n'i
entendi nul mal au fere, ançois quidoit bien fere. Et
por ce que ce est fort coze à entendre c'on ait fet triquerie à essient, se suefre on de tenir triquerie por
larrechin [4].

### Explicit.

Ci define li chapitres de ce qui est fet par force ou par tricherie.

---

[1] B. Toute la phrase depuis *car il ne sont* manque dans A et dans T.
— [2] B. *Car.... justichiés* manque dans A. — [3] B. *Aucune.* A. —
[4] T ajoute : *Et nepourquant il em parlera encore el chapitre des
convenanches, et en autres chapitres là où li cas monstreront que l'en
en doie parler.*

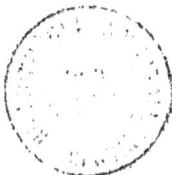

FIN DU TOME PREMIER.

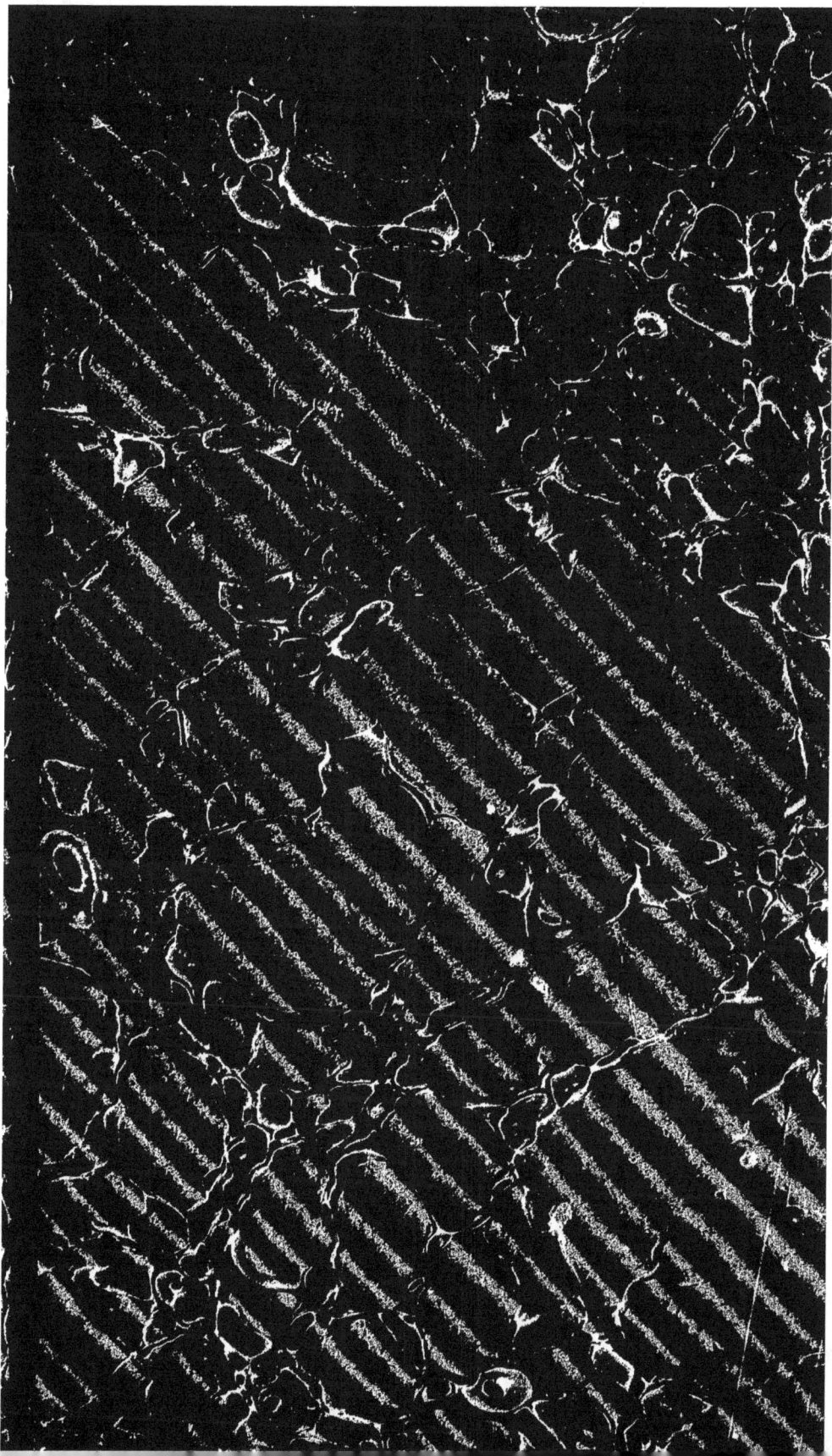